上教心理学教材系列

Psychology in Chinese Language Teaching and Learning

语文教学心理学

董蓓菲 / 著

上海教育出版社
SHANGHAI EDUCATIONAL
PUBLISHING HOUSE

大学心理系主任、认知学派的权威皮连生教授。2005 年,《语文教育心理学》一书由上海教育出版社出版,皮教授还审读了全书。近 20 年来,华东师范大学语文学科的硕博士生从《语文教育心理学》一书中受益匪浅,也包括我带教的一批独立开设这门课程的国内高校访问学者。而今,承蒙上海教育出版社谢冬华先生的信任和徐凤娇女士的支持,新的专著《语文教学心理学》得以顺利付梓,在此深表感谢!

《语文教学心理学》以中小学语文教学为主线,从三个方面阐述语文学习的心理规律与基于学习心理的教学研究:一是学习理论与语文教学;二是语文教师心理与专业发展;三是语文学科中的识字、阅读、写作、口语交际、文化学习,以及教学评价的一般规律与相应的教学研究。根据我国语文学科核心素养培育的实践需求,书中阐述了相关的教与学的心理学前沿理论和语文教学实践案例。例如:具身认知、社会认知的社会情感发展与学科立德树人;阅读心理过程与整本书阅读;基于写作心理的教学流派与清单写作、情境化题型;文化自信、文化认同、文化体验学习理论与中华优秀传统文化、革命文化、社会主义先进文化的教与学。

拙作与时俱进地更新了教与学的心理学原理,增加了语文课程文化教学等研究成果。笔者虽全力以赴撰写《语文教学心理学》一书,但难免有疏漏和不尽之处,恳请同仁不吝赐教!

华东师范大学教授、博士生导师
董蓓菲
2023 年 7 月于湖墅

目　录

第一章

导　论

儒家经典之作《论语》,记载了孔子及其弟子有关学习和为人处世的言行。

子曰:"学而时习之,不亦说乎? 有朋自远方来,不亦乐乎? 人不知而不愠,不亦君子乎?"

曾子曰:"吾日三省吾身:为人谋而不忠乎? 与朋友交而不信乎? 传不习乎?"

子曰:"温故而知新,可以为师矣。"

子曰:"学而不思则罔,思而不学则殆。"

子曰:"由,诲女知之乎! 知之为知之,不知为不知,是知也。"

子曰:"知之者不如好之者,好之者不如乐之者。"

子曰:"见贤思齐焉,见不贤而内自省也。"

子曰:"三人行,必有我师焉。择其善者而从之,其不善者而改之。"

曾子曰:"士不可以不弘毅,任重而道远。仁以为己任,不亦重乎? 死而后已,不亦远乎?"

子曰:"岁寒,然后知松柏之后凋也。"

子贡问曰:"有一言而可以终身行之者乎?"子曰:"其恕乎! 己所不欲,勿施于人。"

子夏曰:"博学而笃志,切问而近思,仁在其中矣。"

语文教材中必选的《论语》篇,论述了学习方法和学习态度的精深道理,反映了我国古代传统的教学心理思想。在中国教育史上,语文是最古老的学科之一。两千多年来,对这门学科的解释,主要基于哲学的认识论和教师的教学实践经验。随着教育心理学的发展,我国语文教学心理学扬帆启航,为语文学科的科学性夯实地基。

《语文教学心理学》基于认知心理学理论的研究成果,主要诠释学生如何获得、储存、转换、运用语文知识,以及借助听说读写能力来沟通信息。当学生在语文课上开展注意、知觉、记忆、思考、分类、推理、决策等心理活动时,他们的大脑究竟经历了什么? 我们举个例子。

2022年新冠疫情期间,中学生小瀚走进一家新商场,想去超市买一个面包。他打开手机中的健康码,扫码、测温进入超市后,开始左右巡视,决定以货架上方的分类牌子为线索找面包货柜。他看见右侧转弯处的牌子上贴着"烘焙"二字,就走了过去。他发现,虽然是疫情期间,但是面包的种类真不少。他很快就找到了自己的最爱——海盐面包,并选定了一款麻薯馅的海盐面包。正当他用夹子取面包的时候,玻璃柜对面也伸过来一个夹子,夹住了同一个面包。他抬头一看,对面一位中年阿姨正仔细打量着他。"小瀚! 不认识我了?"因为戴着口罩,他一下子蒙了:她是谁? 看上去很眼熟,到底是谁? 好一会儿,他才认出居然是小学班主任林老师,忙上前打招呼……

在这个颇具情节色彩的例子中,小瀚实际经历了哪些认知过程呢? 具体而言,小瀚的认知过程包括:注意(attention)——从心理上关注一些刺激(货架上方的分类牌子);知觉(perception)——解释感觉信号,以形成有意义的信息(烘焙、海盐面包、麻薯馅);记忆(memory)——认知的信息存储和提取过程(回忆认识的中年女性);再认(recognition)——认知的信息确认和辨认过程(认出眼熟的中年女性是曾经的班主任)。当然,在这个过程中,小瀚还可能运用了决策(decision making)、推理(reasoning)、问题解决(problem solving)策略,来帮助自己确认眼前的女性是谁。超市巧遇班主任是小瀚将所学知识进行心理组织的结果,即知识表征(knowledge representation)。后续小瀚和林老师打招呼并交流,定会使用语言和其他非语言线索和符号。

学生在语文课堂上经历的心理过程,远比上述分析要复杂得多。知晓学生识字、阅读、写作、口语交际的心理过程,并基于学习心理实施语文教学,是有效教学的基础。

第一节　教学心理学的发展历史

心理学发展至今已产生100多个分支,处于空前繁荣阶段。教育心理学是心理学的一个重要分支。

一、教育心理学的发展

最早尝试将心理学与教育学相结合的学者是德国教育家赫尔巴特(Johann Friedrich Herbart)。他在 1806 年出版的《普通教育学》一书中提出,教育儿童的方法必须以心理学为基础,要用心理学的观点来看待教育中的问题。

学习理论是心理学中最核心的也是研究最成熟的领域之一。在学习心理学研究史上,两位德国心理学家冯特(Wilhelm Wundt)和艾宾浩斯(Hermann Ebbinghaus)产生了重要影响。1879 年,冯特建立了世界上第一个心理学实验室。这个具有划时代意义的心理学实验室,标志着心理学从哲学家的理论思辨中独立出来,成为一门科学。艾宾浩斯证明了实验法的有效性,是将高级心理过程引入实验室研究的先驱,同样对心理学建设起到重要作用。

赫尔巴特　　　　　　冯特　　　　　　　艾宾浩斯

1903 年,美国心理学家桑代克(Edward Lee Thorndike)的《教育心理学》一书问世,标志着教育心理学从教育学和儿童心理学中分离出来,成为一门独立的学科。该书提出了"教育心理学"这个名词,并确立了教育心理学学科体系。《教育心理学》包括《人的本性》《学习心理》《个别差异及其起因》三卷。在第二卷《学习心理》中,桑代克阐述了学习心理学规律,认为学习就是形成联结,此即联结主义学习观。

桑代克

二、教学心理学的研究

20 世纪 60 年代,教育心理学研究成果丰富,并逐渐形成学习心理和教学心

加涅

理两大领域。1969 年,美国学者加涅(Robert M. Gagnè)在《美国心理学年鉴》中首次提出"教学心理学"这一概念。20 世纪 80—90 年代,教学心理学在西方心理学界受到空前重视,许多有声望的心理学家,如加涅、奥苏贝尔(David Paul Ausubel)等,都从狭小的实验室走向广阔的课堂,研究学校教学情境中主体的心理活动现象、特征、效应和规律,使教学心理学不仅成为一个崭新的研究领域,而且成为教育心理学的一个重要分支和最具活力的研究领域。

教学心理学研究为认识教学规律、解决教学问题、实施有效教学提供了诸多理论和技术,但它尚存在理论研究和实证研究的系统性、教学实际的针对性不足的缺陷。

第二节   语文教学心理学的发展历史

语文教学心理学是教育心理学的一个分支。我国真正意义上的语文学科教学心理学研究尚不成熟,主要以引进西方理论,或从学科教学角度诠释教育心理学观点为主,相对于学生语文学习心理而言,语文教师的教学心理研究显匮乏。

我国古代《论语》《学记》等论著对语文教学的心理规律有所涉及,现代意义上的语文教学心理学则始于 20 世纪 20 年代,当时一些留学生受国外学者的启发着手研究,至今已形成较为系统的学科体系。在研究方法上,微观实证研究日趋增多。

一、20 世纪 20—40 年代的研究

从 1916—1919 年刘廷芳在美国哥伦比亚大学做汉字心理研究算起,在语文教学心理学百年历史中,早期主要代表人物和研究成果如下。

1. 刘廷芳

1919 年,留美博士刘廷芳(1891—1947)研究汉字学习。他发现汉字学习是借助已识单字,通过联想来解释所学生字。学习者必须具有一定的识字量,才

能对新字产生联想。1921 年,刘廷芳在美国哥伦比亚大学以中国成人和学生以及美国成人和学生共 205 人为研究对象,研究汉字的难易、再认、重现、看写等问题,并开展有关汉字的字形和字音对字义理解的影响的实验研究,得出的结论是汉字的字形对字义的影响要大于字音对字义的影响。

刘廷芳　　　　　　　陈鹤琴　　　　　　　陈礼江

2. 陈鹤琴

1921 年,留美硕士陈鹤琴(1892—1982)在《语体文引用字词》中列出语体文应用字量——4 261 个单字。这是最早的汉语字量研究。

3. 陈礼江

1925 年,留美硕士陈礼江(1893—1984)研究了汉字横直编排对阅读的影响。

4. 艾伟

1923—1926 年,留美心理学硕士、哲学博士艾伟(1890—1955)在美国佐治亚大学组织 200 多名中国人和美国人,开展汉字的辨认与读写关系、形声在学习上的区别、形声及形义在课堂的形成等研究。其有关汉字识字心理的经典成果《汉字问题》于 1949 年出版。同时,他还研究了汉语文句的学习、理解和表达,其研究成果《国语问题》于 1948 年正式出版。此外,他还开展了汉字横排与竖排对阅读的影响(中文的易读性)、书法学习和汉字简化的心理基础研究。

艾伟

5. 沈有乾

1925—1927 年,沈有乾(1900—1996)在斯坦福大学迈尔斯的指导下利用眼动照相技术对汉字横直阅读与眼球运动的关系作了比较研究,并发表了实验报告。他将眼动时的注视时间、每次注视所读的字数,以及每秒所读的字数作为指标,以中国留学生为被试,并将中文阅读的实验结果与英文阅读相比较,得出相关结论。

沈有乾

二、20 世纪 50—70 年代末的研究

这一时期语文教学心理实验研究日渐增多。

* 1963 年曹传咏、沈晔研究速示条件下儿童辨认汉字字形的特点,1965 年研究儿童对汉字的分析概括和辨认字形能力的发展。
* 1964 年叶绚、曹日昌研究了同时识记中国语文的视觉、听觉材料时的干扰与相对优势。
* 1964 年段惠芬、曹日昌对文言文与白话文的识记方法和过程开展实验。
* 1965 年曾性初研究了汉字学习难易度(冗余度信息)。
* 1973 年林青山以汉字为视觉刺激开展了皮电反应实验研究。
* 1978 年郑昭明开展了汉字列表的语音相似性对记忆的影响的实验。①

三、20 世纪 80 年代至 20 世纪末的研究

这一时期语文教学心理学研究有了重大突破,形成了理论体系的雏形。其代表人物为潘菽和朱作仁。

1. 潘菽

1980 年,潘菽主编并出版了《教育心理学》,该书第八章阐述了语文教学的心理学问题。

2. 朱作仁

1982 年,朱作仁出版了《语文教学心理学》,该书构建了本学科的理论框架,并系统阐述了小学语文教学的心理规律。

----

① 钟为永.语文教育心理学——语文教育科学性、艺术性探索[M].北京:警官教育出版社,1998:4.

潘菽　　　　　　　　　　朱作仁

　　此外,这一时期出版的语文学科教学心理学专著还有谭惟翰的《语文教学心理学》(1986)、杨成章的《语文教育心理学》(1994)、蔡起福的《语文教学心理学》(1994)、钟为永的《语文教育心理学——语文教育科学性、艺术性探索》(1998)、周庆元的《中学语文教育心理研究》(1999)等。张必隐的《阅读心理学》(1992)是学科领域的分项研究。这一阶段的相关研究包括听和说、识字、阅读、写作、综合能力等的研究。

　　听和说的研究:

* 1984 年戴宝云、李济明,1988 年胡兴宏,研究了小学生口语表达能力的发展。

* 1991 年,张敏研究了儿童听话和说话能力结构因素及测评。

* 1992 年,祝新华、杨一青研究了儿童书面与口头语的发展关系。

识字研究:

* 1982 年,朱智贤等对让步连接词进行实验研究。

* 1983 年,曾性初对汉字易学易用进行论证。

* 1985 年郭可教,1987 年杨继本,研究了学生汉字学习信息的处理、认知特点。

* 1985 年,张素兰、冯伯麟研究了场依存性对集中识字与分散识字效果的影响。

* 1987 年,冯慧研究了小学生掌握汉字结构的特点。

* 1990 年,陈良璜研究了小学语文课本生字量。

* 1990 年,沈美华开展识字量测验。

* 2007 年,陶本一等研究了基础教育教材语言建设和应用的字量、等级字表和词表。

阅读研究:

* 1983 年,李志强研究了中小学生课外阅读兴趣的特点。

* 1984 年,缪小春、陈国鹏、应厚昌研究了词序和词义在汉语语句理解中的作用。

* 1985 年,彭聃龄等研究了汉字信息的提取。

* 1985 年刘胐胐,1989 年高本大,研究了中小学生语感培养。

* 1987 年张德、赫文彦,1990 年刘春玲,研究了语文教材插图对学生的影响。

* 1987 年莫雷,1988 年朱作仁、李志强,编制学生阅读能力测验量表。

* 1987 年戴小力、万云英,1989 年曹锋等,研究了儿童阅读理解监察和评价能力。

* 1988 年,黄仁发对全国五个省市 1 152 名中小学生进行了单句、复句发展的实验。缪小春对柯林斯、奎连的语义层次网络模式进行了检验研究。

* 1989 年,张厚粲、舒华用启动(priming)的方法研究字音加字形以及字音、字形的不同启动效果。

* 1989 年王翠翔、彭聃龄,1990 年张必隐、郭德俊、何莉也用启动的方法,对中文心理字典展开研究。

* 1989 年,张必隐研究了中、英文读者在阅读篇章时采用的不同策略。

* 1990 年,莫雷分析中小学生阅读能力因素。

* 1990 年程汉杰,1992 年乐连珠,开展了中小学生速读训练研究。

* 1993 年彭聃龄、刘松林,1995 年陈烜之、熊蔚华,研究了语义分析、句法分析及其关系。

* 1995 年,宋华等研究了字音、字形在中文阅读中作用的发展。

写作研究:

* 1980 年,李建周研究了写作能力发展的个体差异。

* 1983 年范守纲,1984 年吴栋,1991 年周新发,研究了学生写作心理特点。

* 1985 年,余强基开展了中小学生作文个性实验研究。

* 1985 年黄军等,1986 年江西省招办科研组,1991 年祝新华,1992 年全国高考作文评分误差控制研究组,先后开展了写作能力测评研究。

* 1987 年朱作仁、李志强，1988 年祝新华，研究了写作能力结构及其发展。
* 1988 年黄凤珍，1990 年张熙、戴国良，研究了中小学生写作心理障碍。
* 1988 年，祝新华编制儿童写作量表。
* 1991 年，崔承日研究了中学生写作能力发展高原期现象。

综合能力研究：

* 1990 年，朱智贤、刘辉等研究了全国中小学生语文能力发展问题。
* 1992 年，葛大汇分析了语文学能结构。

四、2000 年后的研究

这一时期出版的论著颇多，如韩雪屏的《语文教育的心理学原理》(2001)、申继亮和谷生华的《中学语文教学心理学》(2001)、马笑霞的《语文教学心理研究》(2001)、王松泉的《语文教学心理学基础》(2002)、韦志成等的《语文教育心理学》(2004)、钱谷融和鲁枢元的《文学心理学》(2005)、董蓓菲的《语文教育心理学》(2006)。学科分项研究有刘淼的《作文心理学》(2001)、闫国利的《阅读发展心理学》(2004)、莫雷的《阅读与学习心理的认知研究》(2006)、朱晓斌的《写作教学心理学》(2007)、周小蓬的《语文学习心理学》(2013)等。这些成果有助于完善学科理论体系。这一时期相关研究还有：

* 2000 年王小明进行了图式理论在小学语文句子教学中的应用研究，姚夏倩进行了任务分析在语文教学中的应用研究，王穗萍进行了篇章阅读理解中信息通达过程的实验研究。
* 2001 年何更生进行了知识分类学习论和教学论在作文教学中的应用研究，朱晓斌进行了学生写作的认知负荷研究。
* 2001 年潘忠建进行了小学生阅读说明性文本的理解监控策略研究，2005 年金花进行了文本阅读中预期推理的生成及脑机制研究，2007 年王晓平进行了小学阅读理解策略教学研究。
* 2005 年隋雪进行了学习困难生阅读过程的眼动特征研究，2008 年阎明进行了中文阅读中的眼动控制研究。
* 2006 年刘友谊研究了获得年龄及其在汉语视觉词汇加工中的作用机制，何先友总结了文本阅读中时间信息的加工及其对文本理解的影响。
* 2013 年陈永香进行了早期习得动词的语义特征及其对词汇加工的影响研究。

* 2015 年周爱保等研究连续进行多个篇章的学习,提取练习策略对高阶技能的影响。
* 2018 年伍新春等研究儿童汉语语素意识在阅读理解中的作用,发现汉语语素意识具有中介效应,能通过字词阅读流畅性促进阅读理解的发展。
* 2020 年刘志芳等探讨阅读中语境预测性如何影响中文词汇加工问题。

纵观学科发展的轨迹,尤其是 2000 年以后的研究,可以发现存在的问题:语文教学心理学的学科理论体系还不完善;对各学段学生的语文学习心理研究不够全面,学习心理与教学心理的联系不够紧密;反映语文学科核心素养学习和教学心理方面的成果欠缺。

第三节　语文教学心理学的任务与本书框架

一、学科含义

语文教学心理学是教学心理学与语文课程及教学理论紧密结合的产物。它主要借鉴教学心理学的研究成果,从学科心理学的角度,研究实践领域中各种心理现象、特点和规律,即研究语文学科领域学生学与教师教的心理活动规律。

这门应用性学科的研究对象,首先是语文教学过程中学生的心理现象及其变化,旨在揭示学生语文学习的心理过程,使教师能依据学生学习的心理活动及其规律进行有针对性的教学,从而提高语文教学的科学性和有效性。其次是语文教师的个性心理特性、社会心理特性。其终极目标是奠定语文教学研究的科学基础。

二、研究内容

1. 学生在语文学习过程中感受中华优秀传统文化、革命文化、社会主义先进文化,认同中华文化的心理特征及其规律。

2. 学生学习、保持和掌握系统语言知识,发展思维能力、提升思维品质的心理特征及其规律。

3.学生积极参与听、说、读、写语言实践活动,掌握语言文字的特点和运用规律,形成国家通用语言文字运用能力的心理特征及其规律。

4.学生个性化、多样化语文学习和发展需求,形成学习风格的个性心理特征及其规律。

5.语文教师的心理特点,专业发展过程中形成教学风格、教学流派的心理规律,以及基于学习心理有效实施识字与写字、阅读与鉴赏、表达与交流、梳理与探究教学的一般原理。

三、本书框架

本书以中小学语文教学为主线,从三方面阐述语文学习的心理规律与基于学习心理的教学研究:一是学习理论与语文教学(第二至第三章);二是语文教师心理与专业发展(第四章);三是语文学科识字、阅读、写作、口语交际、文化学习,以及教学评价的一般规律与相应的教学研究(第五至第十章)。

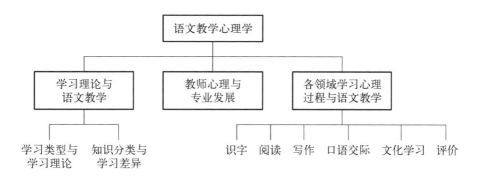

本书根据我国语文学科核心素养培育的实践需求,阐述了教与学的心理学前沿理论,以及基于理论的语文教学研究案例。例如:具身认知、社会认知的社会情感发展与学科立德树人;阅读理解的心理过程与整本书阅读;基于写作心理的教学流派与清单写作、情境化题型;中华优秀传统文化、革命文化、社会主义先进文化的学习心理与教学。内容兼具理论视域和实践观照。书中以专栏、案例形式呈现的内容,拓展了理论和实践视野。为便于读者检索,章首列出了章节要点,书后附有心理学概念速查表。

第二章

语文学习理论

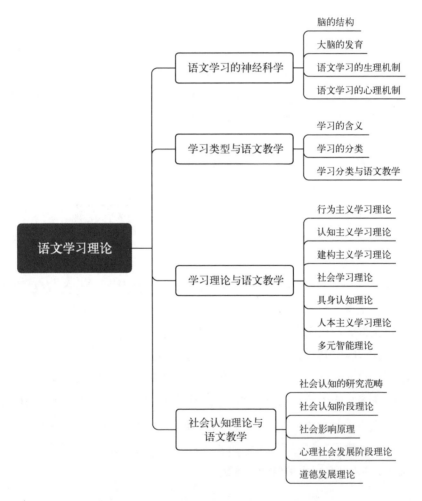

语文学习理论

- 语文学习的神经科学
  - 脑的结构
  - 大脑的发育
  - 语文学习的生理机制
  - 语文学习的心理机制
- 学习类型与语文教学
  - 学习的含义
  - 学习的分类
  - 学习分类与语文教学
- 学习理论与语文教学
  - 行为主义学习理论
  - 认知主义学习理论
  - 建构主义学习理论
  - 社会学习理论
  - 具身认知理论
  - 人本主义学习理论
  - 多元智能理论
- 社会认知理论与语文教学
  - 社会认知的研究范畴
  - 社会认知阶段理论
  - 社会影响原理
  - 心理社会发展阶段理论
  - 道德发展理论

自 20 世纪 90 年代起,基于脑科学研究的学生学习与教学成为一种国际教育思潮。脑科学的发展为语文教学提供了新的科学依据。

第一节　语文学习的神经科学

脑生理学研究表明,学习可以改变人脑的生理结构。人脑生理结构的改变又带来人脑功能组织的变化。

一、脑的结构

历经几个世纪的探讨,脑科学研究人员根据脑的形态和功能,对人脑的不同部位进行划分和命名。从脑的外部结构看,脑包括额叶、颞叶、枕叶、顶叶、运动皮层以及小脑和网状结构等（见图 2-1）。大脑半球在中央沟以前、外侧裂以上的部分称为额叶,执行规划和思维功能。颞叶位于外侧裂下方,处理声音和语言（主要在左侧）,部分长时记忆也在这里加工。枕叶是大脑半球后端的部分,几乎专门执行视觉加工功能。顶叶为大脑外侧裂上方、中央沟与顶枕裂之间的部分,主要负责定位、计算和某些类型的识别。顶叶和额叶之间,从左耳到右耳横跨脑的顶部有一条带状区

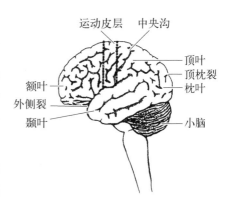

图 2-1　脑的外部结构图

域,称为运动皮层,控制躯体运动。它与小脑协同,共同完成动作技巧的学习。

脑的内部结构中,大脑分左右两个半球,由 2.5 亿个神经纤维组成的胼胝体相连。大脑的各个区域执行人类的思维、记忆、言语和肌肉运动等重要功能。脑干的功能主要是维持个体生命,包括心跳、呼吸、消化、体温、睡眠等。大脑和脑干之间的丘脑、海马、杏仁核称为边缘系统。除嗅觉外,所有感觉信息首先输入丘脑。海马可以进行信息的转化,来自工作记忆的学习通过电信号传导的方式转入储存区,此过程需要几天或数月,该脑区不断检测传递来的工作信息并尝试与记忆中储存的经验相比较,这是意义产生所必需的。杏仁核负责对情绪进行编码,目前的研究尚不清楚情绪记忆本身是否确实储存在杏仁核中。小脑位于大脑尾部的下端,协调并控制各种躯体运动（见图 2-2）。

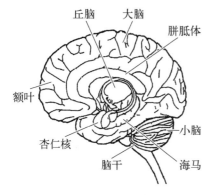

丘脑　大脑　胼胝体

额叶

杏仁核

脑干　海马

小脑

图 2-2　脑的内部结构图

人脑的各个部分通过信息传递（以神经冲动的形式）相互协作、各尽其职。

颞叶——加工听觉信息。如听到教师说"上课"，颞叶就会加工和识别声音信号，然后产生适当的行为，如人坐正、起立问好。与枕叶、顶叶在皮层左半球交叉的地方有个韦尼克区。

额叶——加工与记忆、计划、决策、目标、创造力有关的信息。

运动皮层——是从大脑顶部一直延伸到耳朵的条状细胞区域，控制身体的运动。前部是布洛卡区，该区域控制语言的产生。语言在韦尼克区形成，再被送达布洛卡区。

顶叶——加工触觉信息，决定身体姿势，整合视觉信息。顶叶的前部接受来自身体的信息，如触觉、温度、身体姿势以及痛苦和压力。后部整合触觉信息，如确定身体各部分正处在什么位置，提供身体的空间意识。

枕叶——加工视觉信息。视觉刺激由丘脑接收并传递过来后，经与记忆中的信息比较而被识别。学生可以通过强迫自己关注一些特征，忽视另一些特征而更快地控制自己的视觉感知。如在人群中寻找自己的同学，就是重点关注面部、身材或衣着特征的信息，忽略其他信息。

小脑——调节身体平衡和姿势，控制肌肉和移动，获得运动技能。小脑是获得运动技能的最重要的组织，一些自动化的技能，如握笔写字、拼音输入文字等，都是小脑协同大脑加以控制，从而使大脑皮层集中关注需要意识参与的思考和决策活动。

脑干——通过其网状结构处理自主神经系统的活动。

网状结构——一个由神经元和神经纤维构成的网络，可以调节控制身体呼吸、心率、血压、眼球运动、唾液分泌等功能。如当你进入卧室，拉上窗帘准备入睡时，网状结构就会降低大脑活跃程度，让你进入睡眠状态。

杏仁核——控制情绪和进攻，评估感觉输入（除嗅觉外）的刺激是否安全。若识别到有害刺激，就会传递信息给下丘脑。

丘脑——将信息（除嗅觉外）从感觉器官传递到皮层。下丘脑控制体内平衡功能，如体温、睡眠、水分等，在有压力的情况下，加快心跳和呼吸。

大脑(皮层)——加工感觉信息,调节各种学习和记忆功能。它是覆盖大脑的一个橘子皮厚薄的皮层,分左右两个半球,每个半球都有颞叶、额叶、顶叶和枕叶。

胼胝体——连接大脑左右半球的带状纤维组织。

海马——保持瞬间记忆和工作记忆,储存长时记忆中的信息。

二、大脑的发育

每个学生的大脑结构相似,但大脑的发育不尽相同。有五大因素影响人脑发育:遗传、环境、营养、类固醇(一种影响性发育和反应功能的激素)和致畸物质(导致胚胎和胎儿畸形的外来物质)。

1. 大脑发育的时间特征

大脑发育包括神经元的繁殖、分化以及大脑皮层的生长。人类大脑从出生时的 350 克长到约 1 350 克,其实质是连接细胞体和其他神经元的神经纤维的增长和分支的增加。在发育的某一阶段,大脑能够以每秒 4.8 万个新神经细胞的速度增生。神经心理学研究认为,大脑重量的变化呈倒 U 形。

* 出生时,是成人脑重量的 25%;
* 6 个月时是成人脑重量的 50%;
* 2 岁时是成人脑重量的 75%;
* 5 岁时是成人脑重量的 90%。

在个体发展的早期,脑重量持续增加,到中年时保持在一定的水平上,进入老年期后,大脑重量开始下降。如 70 岁时会降低 5%～10%,80 岁时会降低 16%～18%,而正常老年人脑的体积萎缩一般为 10%～15%。①

大脑皮层就像树皮包裹树干那样包围着大脑表层,厚 3～4 毫米,是人脑最后一个停止发育的部分。具体而言,听觉皮层和视觉皮层中突触的大幅度增长始于儿童 3～4 个月大,持续到 1 岁末。语言皮层的神经纤维髓鞘化(指髓鞘发展的过程,使神经兴奋在沿神经纤维传导时速度加快,并保证其定向传导)持续时间相对较长。额叶是最后发展的区域,大约在儿童期至青春期达到成年人的水平。到了 11 岁左右,大脑左右半球以及连接通道完全发育成熟,连接两侧大脑的胼胝体也完全成熟。

---

① 尹文刚.神经心理学[M].北京:科学出版社,2007:43.

2. 大脑发育的关键期

儿童大脑发育存在一个关键期,即大脑在某一阶段特别容易接收来自环境的特定刺激。图2-3呈现了儿童大脑发育的部分关键期。在关键期提供相应的学习活动,对大脑的发展极其重要。若缺少刺激或刺激不当,则会导致发育不良。当然,过了关键期,大脑依然具有可塑性,只是需要花费更多时间和努力。

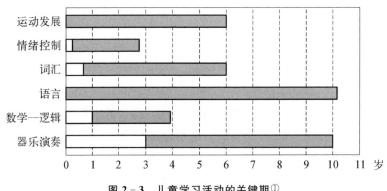

图 2-3 儿童学习活动的关键期①

3. 大脑一天的时间表

生理学研究表明,大脑有其自身活动的规律,一天中有四个学习高效期,学生加以合理利用,可以提高学习效率(见表2-1)。

表 2-1 大脑一天的时间表

高效期	时段	最佳时机
1	清晨起床后	短时记忆力
2	8:00~10:00	严谨、周密的思考能力,认知和处理能力
3	18:00~20:00	回顾、复习
4	入睡前一小时	复习难以记忆的内容

---

① ［美］David A. Sousa.脑与学习［M］."认知神经科学与学习"国家重点实验室 脑与教育应用研究中心,译.北京:中国轻工业出版社,2005:20.

专栏 2-1 ·—·

野 孩 子

这是 1800 年巴黎的一项教育实验。一个名叫维克托(Victor)的男生和伊塔德(Jean Marc Itard)医生参加了实验。维克托一直生活在与世隔绝的法国艾龙(Ayron)森林里,人们发现他时,他赤身裸体、肮脏不堪,且口齿不清。他似乎对温度与痛觉很不敏感,无法维持注意力,吃生食,只会用手进行活动。他的身体很健康,但几乎没有任何社会化的行为表现。这名来自艾龙的野孩子引起人们极大的兴趣。

伊塔德医生给他取名维克托,并坚信他能成为一名正常的社会人。在之后的五年中,医生根据以下原则,采用各种教学手段与方法来教育他。

第一,以学习者为中心,符合儿童的需要与个性特点,灵活调整教学以适应学生的需要。

第二,教育方案要基于学生已有的某种准备性技能,并通过与物理环境、社会环境的自然交互作用来实施。比如,学生在学习某一物体的名称之前,必须接触过或看到过该物体。如果学生缺乏必要的感性经验,则必须提供机会,使其先形成相应的经验,然后学习。

第三,学生必须有学习的动机。伊塔德医生认为,维克托之所以能够成功地应对其生存环境,是因为求生动机。现在,医生对维克托提出学习社会技能的新要求,则需要激发其相应的动机。

第四,教学中需要采用新的教学技巧和手段。

经过五年的学习,维克托掌握了基本的生活技能,如自己穿衣、不尿床、使用餐具等;利用自己的感觉,如视觉、听觉、味觉等;学习表达情感,取悦他人;用书面语言交流。然而,他始终未学会说话,没有达到完全生活自理,其余生都在他人的照料下度过。

导致这种结果的因素有多种,比如在发展的关键期缺乏适宜的刺激就是重要的原因。

(摘编自:[美]理查德·迈耶.学科教学心理学[M].姚梅林,等译校.南京:江苏教育出版社,2010:2.)

·—·

三、语文学习的生理机制

和人体其他器官一样,大脑是一个具有特殊功能的细胞集合体。它是最高级的控制中枢,负责人的运动、思维、记忆、情感和行为,大脑通过神经系统与身体各部位相连。

　　大脑分成左右两个半球,由胼胝体相连,主要由灰质和白质构成。其创造信息的灰质位于大脑半球的表面,由神经细胞组成。白质由各种不同功能的神经纤维在中枢神经系统内聚集而成。这两个半球相当对称,但在功能上又完全不对称。左半球支配人的右侧身体,右半球支配左侧身体。90%的人和100%的右撇子右手强壮有力,灵活敏捷,这是因为他们的左侧大脑占优势。人脑不同的区域执行各自特定的功能。

　　从外形看,大脑神经元是一种拉长的球状细胞和处理信息加工的细胞。它的功能就是从其他神经元那里收集电冲动形式的信息,综合处理后把这些信息传递给其他神经元。大脑皮质神经冲动大约以每秒 1.5 米的速度传播信号,类似于我们骑自行车的速度,最快的神经冲动可达到每秒 100 米。人脑内约有1 000 亿个神经元。一些神经元只与一个神经元产生联系,另一些神经元会与多个神经元产生联系,甚至与周围 5 000 多个神经元产生联系。因此,人类的大脑共存在 1 000 万亿个神经联系。

　　学生的语文学习活动主要以脑神经活动过程为物质基础。脑神经系统由神经细胞联结而成,脑神经细胞对器官感受到的文字、声音等外界环境的变化,形成条件反射和暂时神经联系,是脑的分析、综合活动的结果。一项阅读思考活动包括数百万神经信号,这些信号在数十亿脑细胞的参与下,沿着数兆条路径传播信号、形成反射。因此,神经联系形成条件反射,是语文学习最基本的生理机制。

四、语文学习的心理机制

　　心理是人脑对客观现实的反应机能,是人脑的产物。每个健康的人脑都具有与生俱来的无穷的学习能力。凯恩(Renate N. Caine)在《创设联结:教学与人脑》一书中指出,人脑的学习能力包括:探索模式和作出估测的能力;各类非凡的记忆能力;通过分析外部数据和自我反思从经验中进行自我纠正和学习的能力;无穷的创造能力。

　　大脑左右半球在结构上几乎完全相同,但在功能上存在显著差异,而且这些功能不能相互转换。左半球被喻为"逻辑半球",主管言语、阅读、书写、计算、排列、分类、记忆和时间感觉等心理活动。如识别汉语拼音字母、生字、数字,理

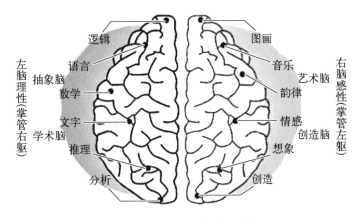

图 2-4 大脑左右半球的功能

解文字的字面意思,知觉时间和顺序等,是处理言语,进行抽象逻辑思维、集中思维、分析思维的中枢,具有连续性、有序性、分析性等特征。右半球被喻为"直觉半球",主管视觉、复杂知觉、模型再认、形象、记忆、认识空间关系、识别几何图形、想象、做梦、理解隐喻、发现隐蔽关系、模仿、音乐、节奏、舞蹈以及态度、情感等,是处理表象和进行具体形象思维、发散思维的中枢,具有非连续性、弥漫性、整体性等特征。

语文学习过程是大脑左右半球协同活动的结果。如两个同桌正在交流对同一篇作文的看法,大脑左半球使他们产生言语,并从文字的字面意思理解对方表达的含义,右半球提供了交谈的情境,从身体语言、情绪、语音语调等理解对方表达的含义。大脑左右半球的协作使同桌能理解对方话语的意思。大脑研究表明,左半球主要加工语文学科内容,右半球主要加工情境。在语文学习中,若教师过多关注学科内容,忽视学科知识的情境,将导致学生语文学习与生活实际脱节。如学生写了无数篇应用文,但从不涉及生活中的手机短信、微信聊天、腾讯会议、电子邮件、广告、电子产品运用指南、应聘资料的阅读和写作。这样,学生不仅难以体会学习语文知识的意义,而且语文知识在新情境中的迁移运用会受阻。教师设计的语文学习活动应该尽可能融合生活情境。

专栏2-2 ┉┉┉┉┉┉┉┉┉┉┉┉┉┉┉┉┉┉┉┉┉┉

自测大脑半球优势

用几分钟的时间,你就可以对大脑半球优势进行自我评估。当然,这只是一个大致的评估,结果并非结论性的,仅供参考。

指导语:从"A"或"B"中选一个最符合你的情况,并画圈。所有陈述都无对错之分。

1. A. 我喜欢按照自己的方式完成新任务。

   B. 完成新任务时,我喜欢别人告诉我一个好方法。

2. A. 我必须自己来安排计划。

   B. 我可以按照别人的计划行事。

3. A. 我是一个非常灵活、有时难以预测的人。

   B. 我是一个非常稳定、始终如一的人。

4. A. 我把各种东西都放在一个特定的地方。

   B. 我放东西的地方取决于所做的事情。

5. A. 我会根据时间均衡安排工作。

   B. 我喜欢把工作拖到最后。

6. A. 我知道自己是正确的,因为我有合理的理由。

   B. 即使没有任何原因,我也知道我是正确的。

7. A. 我的生活需要大量变化。

   B. 我的生活需要井井有条,按部就班。

8. A. 遇到新情况,有时我会有太多想法。

   B. 遇到新情况,有时我没有任何想法。

9. A. 我先做容易的事情,最后做重要的事情。

   B. 我先做重要的事情,最后做容易的事情。

10. A. 在作出一个艰难的决策时,我选择知道是正确的决策。

    B. 在作出一个艰难的决策时,我选择感觉是正确的决策。

11. A. 我为工作制定时间计划。

    B. 我工作时不考虑时间。

12. A. 我是一个良好的自我约束者。

    B. 我常常凭感觉行事。

13. A. 其他人不理解我如何安排事情。

    B. 其他人认为我把事情安排得井井有条。

14. A. 我会比别人先接受新观念。

    B. 我会对新观念提出比别人多的质疑。

15. A. 我倾向于通过图形来思考问题。

　　B. 我倾向于通过言语来思考问题。

16. A. 我尽力寻找解决问题的最佳方法。

　　B. 我尽力寻找解决问题的不同方法。

17. A. 我常常能推测出接下来将要发生的事情。

　　B. 我常常能感觉到接下来将要发生的事情。

18. A. 在工作中我不是非常富有想象力。

　　B. 我做任何事情几乎都发挥想象力。

19. A. 我会在一项工作还没有完成就开始新的工作。

　　B. 我完成一项工作后才开始新的工作。

20. A. 我会探索新方法用于常规工作。

　　B. 当一种方法用得很好时,我不会改变它。

21. A. 冒险是很有趣的事情。

　　B. 即使不冒险我也觉得很有趣。

分数统计和自我评估:

1. 计算第 1、3、7、8、9、13、14、15 题中,你选择"A"的次数,填在下划线上。

　　A _____

2. 计算剩余的题中,你选择"B"的次数,填在下划线上。

　　B _____

3. 计算"A"和"B"的总次数,也就是你的总分,填在下划线上。

　　总分_____

4. 比较下面的分数等级,分析自己的优势半球。

　　0～5 明显左半球优势

　　6～8 中度左半球优势

　　9～12 双侧半球平衡(几乎没有偏差)

　　13～15 中度右半球优势

　　16～21 明显右半球优势

　　(改编自:[美] David A. Sousa.脑与学习[M]."认知神经科学与学习"国家重点实验室 脑与教育应用研究中心,译.北京:中国轻工业出版社,2005:149-150.)

第二节　学习类型与语文教学

学习是一种范围广泛的复杂活动。当今，认知心理学研究人类学习受到计算机科学、传播学、工程学、语言学、进化论、人类学等其他学科领域的影响，所运用的研究范式有信息加工的方法、联结主义的方法、进化论的方法和生态学的方法。语文学习是学生学习的一项内容，既有学习的一般特征，又有语文学习的特殊内涵。

一、学习的含义

学习是在经验作用下，行为发生系统的、相对持久的变化，它来自实践或其他形式的经验。该定义包含三层意思：第一，学习是一种行为或能力的改变。虽然我们无法透视学生大脑的变化，但从学生操作行为的进步中可以发现这种变化。当然，操作行为本身并不能显现学习的全部内容，如态度和价值观的改变很难通过可测量的行为表现出来，因为它是内隐的。第二，这种变化不是短暂的，而是比较持久的、稳定的行为变化和思维变化。第三，学习产生于经验，如实践、对他人的观察。学习必须通过体验才能发生。我们知道，人的言语器官成熟之后就能产生语言，但有实际意义的言语产生于人际交流。

从结果看，学生的学习是一种接受学习——占有人类已有的经验，把他人发现的经验变成自己的经验。从过程看，它是一个主动建构的过程——在一定时间内，学生在教师的指导下，依据课程目标和教材，建立起自己的认知结构。

学生语文学习的目的是，初步学会运用祖国语言文字进行交流沟通，吸收古今中外优秀文化，提高思想文化修养，促进自身精神成长。2017 年的普通高中语文课程标准第一次提出学科核心素养，即学生在积极的语言实践活动中积累与建构起来的，并在真实的语言运用情境中表现出来的语言能力及品质，这是学生在语文学习中获得的语言知识与语言能力，思维方法与思维品质，情感、态度与价值观的综合体现。这个学习过程是一个语言实践的过程，其内容包括语言建构与运用、思维发展与提升、审美鉴赏与创造、文化传承与理解。

二、学习的分类

由于依据的标准和分类的视角不同,心理学家对学习类别的划分也不一致。其目的在于强调不同类型知识的学习,具有不同的心理过程和内部条件。其中,布卢姆、加涅、奥苏贝尔的学习分类最具代表性。

(一) 布卢姆的教育目标分类

20世纪50年代,布卢姆(Benjamin S. Bloom)提出教育目标分类学(taxonomy of educational objectives)。他从教育目标和教育任务的角度出发,将学校教育目标分为认知、情感和动作技能三大领域(见图2-5)。该分类被世界各国广泛运用与推崇。

布卢姆(1913—1999)

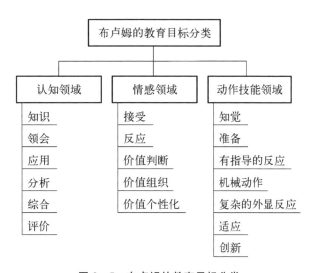

图2-5 布卢姆的教育目标分类

1. 认知领域

布卢姆教育目标分类学中,认知领域的教育目标是针对知识的结果而言的,由最简单到最复杂可分为知识、领会、应用、分析、综合和评价六个水平或层次。

(1) 知识

这里的知识指对具体事物和普遍原理的回忆,对方法和过程的回忆,或者对一种模式、结构或框架的回忆。简而言之,是对先前学过的知识的简单回忆。对语文学科而言,就是感知和机械记忆或回忆语言知识的具体材料。如汉语拼音字母表排列顺序、默写生词、背诵古诗文等。统编版七年级上册《秋天的怀念》一文是作者史铁生对已故母亲的回忆,表现了史铁生对母亲深切的怀念、无尽的爱,以及"子欲养而亲不待"的悔恨之情。教师问学生:《秋天的怀念》的作者是谁?"絮絮叨叨"是什么意思?什么是插叙?这属于知识水平。

（2）领会

这里的领会是指理解和把握知识材料意义的能力,如解释成语的意思、褒贬词的归类、理解句子的含义等。教师在学生默读《秋天的怀念》后,要求学生回答问题:《秋天的怀念》主要写了哪些人?叙述了几个生活片段?课文哪里运用了插叙的手法?这属于领会水平。

（3）应用

应用是指将所学的规则、方法、步骤、原理和概念等用到新情境中的能力,即能把理解和记忆的语言知识应用于具体情境,如根据语境填入适当的古诗名句、变换句式。学完《秋天的怀念》一课,教师问学生:又是秋天,当史铁生站在母亲的墓前看着她的遗像,会说些什么呢?这属于应用水平。

（4）分析

分析指将整体分解成各个组成要素或组成部分,并理解各要素或部分之间的联系的能力,即能把整体感知的语言材料分解成各组成部分,领会各组成部分之间的关系及其结构,如分析文章的段落层次,概括层、段或全文的意思。教师在学生初读课文《秋天的怀念》后,要求他们按三次看菊花的脉络来梳理课文结构,并说说三次看菊花的内在联系,以及作者思想情感的变化过程。这属于分析水平。

（5）综合

综合是将各个要素或组成部分重新组合为一个整体,产生新的思想或结构的能力。如写作文,学完《秋天的怀念》教师布置小练笔:当人生的挫折与我们不期而遇,我们应该怎样面对?这属于综合水平。

（6）评价

评价是根据特定标准,判断材料和方法的价值的能力。如学完《秋天的怀念》,教师问:《怀念母亲》和《秋天的怀念》,你认为课文以哪个为题更好?为什么?

2. 情感领域

1964年,美国学者克拉斯沃尔(D. R. Krathwohl)等人提出,情感领域的教育目标主要包括态度、兴趣、理想、欣赏和适应方式等。具体可以分为接受、反应、价值判断、价值组织和价值个性化五个层次。

（1）接受

接受指愿意注意特殊现象或刺激，对环境中正在发生的事情是一种低水平知觉。如语文课上，教师播放视频：史铁生出席"华语文学传媒大奖 2002 年度杰出成就奖"大会，以及大会对史铁生的授奖词。这时，一个在切橡皮玩的男生立刻停止了小动作，专注地看屏幕。这说明男生开始注意视频，并选择注意观看视频内容而不是手上的动作。

（2）反应

反应是指主动注意新刺激，并主动地以新方式行动。这是由经验引起的新的行为反应，如语文课上那个切橡皮的男生开始倾听同学们讨论《秋天的怀念》中插叙部分的作用。当一位同学说：文中的插叙说明了母亲为了不让儿子伤心而强忍病痛作出超常的努力，体现了她的无私和坚忍，也为下文母亲的突然去世作了铺垫。他微微点头表示赞同，甚至开始举手回答教师的问题。

（3）价值判断

价值判断是指感到接触的特殊对象、现象或行为有价值，因而表现出积极的态度并重视其价值。态度和欣赏属于该层次。如学生在学习《秋天的怀念》一课后，主动加入班级史铁生作品研读小组，利用业余时间读了史铁生《爱情的命运》《我的遥远的清平湾》《奶奶的星星》《命若琴弦》《务虚笔记》《我与地坛》《合欢树》《病隙碎笔》等。

（4）价值组织

价值组织是将不同的价值系统组织起来，使其具有一致性。如为了更好地展示史铁生作品，史铁生作品研读小组的学生利用网络技术，收集大量文献资料，制作演示文稿，开展微讲座。

（5）价值个性化

价值个性化是指将价值系统内化，使其成为个性或信念的一部分，并按照这个信念行事。如为了自己的文学爱好，省下零用钱买余秋雨的《文化苦旅》《行者无疆》；抓紧时间完成学校作业，每天阅读文学作品；寒暑假动笔写作，尝试投稿，屡败屡投，毫不气馁。

3. 动作技能领域

布卢姆意识到动作技能领域的存在，但没有提出具体的目标体系。1972年，美国学者辛普森（E. J. Simpson）提出，动作技能领域的目标可以分为知觉、准备、有指导的反应、机械动作、复杂的外显反应、适应和创新。

（1）知觉

知觉是通过感官获得信息以指导动作，主要是了解与某个动作技能有关的知识。如一个学生买来毛笔，准备学书法，他仔细阅读语文书上有关握笔的图文。

（2）准备

准备指对固定动作的准备，包括心理定势、生理定向和情绪准备三个方面，目的是为某一动作作好准备。如该生听说练书法需要悬臂，手会很酸，他下定决心不怕苦、不怕酸，要学会这个本事。

（3）有指导的反应

有指导的反应是指在复杂动作学习的早期，通过教师评价或一套标准判断操作是否合适。它包括模仿和尝试错误，如教师一直指出他的悬臂动作不对，手臂一直在抖，肘部倾斜。

（4）机械动作

机械动作是指反复练习所学的动作，从熟练到逐渐养成习惯。如该生反复练习握笔悬臂动作，最终可以悬臂握笔练字一两个小时。

（5）复杂的外显反应

复杂的外显反应指个体能够熟练地表现出复杂的动作和行为。操作熟练的标准是精确、迅速、连贯、协调和轻松。如该生经过一年的学习，提笔、悬臂、运笔一气呵成，即使写上两个小时毛笔字也感觉不到手臂不适。

（6）适应

适应是指技能达到高度发展水平，学习者能修正自己的动作模式以适应特殊的设施或满足具体情境的需要。如该生参加中华传统文化专题研讨任务群学习活动展示时，一改在桌上习字的习惯，直接站在背景墙前草书"腹有诗书气自华"。

（7）创新

创新指根据具体情境表现出新的行为方式和动作。这以高度发展的动作技能为基础，如该生在项目化学习"汉字英雄"成果展示中，左右双手同时握笔书写两幅草书——"汉字英雄"。

布卢姆教育目标分类是世界上公认的第一个权威性的教学目标分类系统。它包含教学领域中认知、情感和动作技能三大领域，以及认知领域涵盖的具体目标，但该分类受行为主义心理学观点影响较大。当下，我国语文课程标准中语文课程总目标的设定,以及教师的课堂教学目标的设计,都基于布卢姆教育目标分类的实践运用。

(二)加涅的学习水平分类

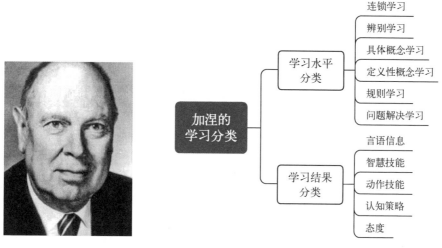

加涅(1916—2002)

图 2-6 按学习水平和结果分类

1965 年,美国著名学习和教学心理学家加涅(Robert Mills Gagne)根据学习过程的心理机能,将学习划分为由低到高的八个层次,认为简单低级学习是复杂高级学习的基础。

1. 信号学习

信号学习(signal learning)指学习对某种信号刺激作出特定反应,是巴甫洛夫提出的经典条件反射:刺激—强化—反应。巴甫洛夫条件反射学说中,狗听见铃声分泌唾液就是信号学习。学校里的学生听到上课铃声就会向教室跑,这也是信号学习。

2. 刺激—反应学习

刺激—反应学习(stimulus-response learning)指学习已经成为自主反应,个体只对特定刺激作某种特殊反应。它比信号学习复杂,是桑代克的工具性条件反射和斯金纳的操作性条件反射:情境—反应—强化。如课间休息时,学生想排尿了,就去上厕所。

3. 连锁学习

连锁学习(chaining learning)指两个或两个以上的刺激—反应组成的一系

列行为。如一年级学生指读课文就是左手压书,右手指书上的字,读出声音的连锁学习。

4. 语言联想学习

语言联想学习(verbal association learning)指在语言材料之间建立联想,是一系列刺激—反应的联合。如小学生学习晴天的"晴"时,联想到已经学过的相近的字"睛",两个字都有"青",但部首不同。

5. 辨别学习

辨别学习(discrimination learning)指学会识别多种刺激,并对不同刺激作出不同反应,即辨认出诸多刺激的异同点。如学生看到"晴"和"睛",能区分前者是晴天的"晴",后者是眼睛的"睛"。

6. 概念学习

概念学习(concept learning)指学会对具有共同属性的同类刺激作出同一反应,是对事物抽象特征的反应。如学生听到"晴天霹雳"和"晴空万里"两个词语,就应该知道两个词中的"qíng",都是指好天气的"晴"。

7. 规则学习

规则学习(rule learning)指由两个以上的概念联结而构成的学习。如学生在学习句子和关联词的概念后,学习各种类型的关联复句。

8. 问题解决学习

问题解决学习(problem-solving learning)指学会利用一个或多个规则解决遇到的各种问题。如在新情境中灵活运用所学语音、词汇、语法等语言知识规范来表达自己的想法。

加涅提出的八个学习层次显然体现了学习具有连续性的思想。通过最低层次的学习所获得的能力,为逐步获得更高层级的能力奠定基础或创设前提,揭示了在日常学习中经常发生但从未得到过圆满解释的现象:当个体能够创造性地解决问题时,必定已掌握先前的相关原理和规则;当个体能够从事现在的规则学习时,必定已掌握先前的相关抽象概念;当个体能够从事现在某一抽象概念学习时,必定已获得定义中涉及的另一些抽象或具体概念;由于抽象概念不可能总以循环的定义方式来获得,因此在获得某些抽象概念时,必然要借助对具体事物的辨别经验;当个体建立这种辨别经验时,又可以追溯到他先前通过最简单的刺激—反应联结而建立起来的一系列行为连锁和言语连锁。经过加涅的解释,人的高级学习形式的产生和高级学习能力的获得,不再是一种只可意会不可言传的过程。

1971 年,加涅将前四个层次的学习合并成一类,将第六个层次拆分为两个层次,形成了六类不同的学习:连锁学习、辨别学习、具体概念学习、定义性概念学习、规则学习、问题解决学习。

(三) 加涅的学习结果分类

20 世纪 60 年代,信息加工心理学诞生,并逐渐成为现代认知心理学的主流。信息加工心理学认为,学习是包含信息选择、加工和存储的复杂过程。20 世纪 70 年代,加涅在学习的八个层次的基础上提出,人的学习结果是能力和倾向发生变化。他把后天习得的素质称为学习结果并指出,表面上千差万别的学习,其对应的个体内部性能的变化有五类:言语信息、智慧技能、动作技能、认知策略和态度。在该分类系统中,除了态度属于倾向之外,学习的其他结果是四种能力的习得(见图 2 - 6)。在心理学史上,加涅首次对人的学习结果(学生在学校教育中习得的)提出了一个系统分类。

1. 言语信息

言语信息是指用陈述性的语言文字表达知识的能力。在语文课程中指文体、语法、修辞、逻辑、文字等语文知识以及作家作品等文化常识。如学生能用自己的话解释比喻、拟人、排比等修辞手法的特点。该类知识具有易学易忘的特点。

2. 智慧技能

智慧技能是指运用概念和规则办事的能力。在语文课程中表现为正确理解和运用祖国语言文字,具有识字写字、阅读、写作和口语交际的能力。如学生能找出阅读材料中的比喻、拟人、排比等修辞手法,并分析其表达上的效果。加涅将智慧技能又分为五个亚类。

(1) 辨别:区分事物之间差异的能力。如学生在阅读文章时,能指出材料中运用的表达手法是比较还是对比,设问还是反问。

(2) 具体概念:识别具有共同特征的同类物体。如学生阅读文章后能一一指出文中多处运用排比的修辞手法。

(3) 定义性概念:运用概念的定义性特征对事物进行分类。如学生能按词性、描写对象、褒贬意思等将词语归类。

(4) 规则:运用单一规则办事。如运用举例或列数字的方法写说明文。

(5) 高级规则:同时运用几条规则办事。如根据提供的材料,写一篇话题作文,要运用描写和议论的方法。

3. 动作技能

动作技能也称运动技能,指通过练习获得的按一定规则协调自身肌肉运动的能力。如学生能协调手部小肌肉用毛笔临帖书写,或用钢笔、铅笔书写等。习得该类技能的速度相对较慢,但一旦习得,便不容易遗忘。

4. 认知策略

认知策略是指支配注意、学习、记忆和思维以提高认知活动效率的能力,是学习过程中的控制能力。如果说智慧技能指向学生的外部环境,解决怎么做的问题,那么认知策略旨在调控自己的内部行为,管理学习过程的方式。学生能在学习实践中采用适合自己的方法,改进自己的学习,这种方法就成了学生的认知策略。

认知策略有一般和具体之分。具体策略的适用范围相对小一些,也比较容易学习。如语文学科中的学习方法,小学生能运用加减部首的方法记忆字形,初中生能迅速、准确地做课堂笔记和积累写作素材。一般策略适用范围广,学起来困难。如高中生能根据自己语文学习的特点和高中阶段的学习任务制定学习计划,并努力按计划执行。该类知识具有内隐性的特点。

5. 态度

态度是一种影响个体对他人和事物作出选择的内部状态。如中国童话寓言中,狼是一种狡猾、凶残的动物,羊是善良、柔弱的动物。低幼学生重复听读这类故事,一提到大灰狼就感到憎恶,一提到小山羊就想亲近它。这种行为反映了学生对狼和羊的不同态度。学校教育中的态度是对他人、自己、社会和国家的各种情感态度。可分为三种:

(1) 对与他人交往活动的态度,如容忍、体谅、合作、帮助别人等。

(2) 对某类活动的积极倾向,对学校、学习的态度,对学科的态度。如喜欢上语文课,课外借阅世界名著,参加征文活动。

(3) 与公民义务有关的态度,如热爱祖国、关心社会需要和社会目标,愿意履行公民职责等。

就语文课程而言,态度的学习与改变是指学生从课文中学习为人处世的价值标准,以课文歌颂、赞美的人物为榜样,与作者在文中表达的情感产生共鸣以陶冶情操。包括对中华优秀传统文化、革命文化、社会主义先进文化的情感态度。

以上五种学习结果又可分为三个领域:言语信息、智慧技能、认知策略这三种学习结果属于认知领域;动作技能这种学习结果属于动作技能领域;态度这种学习结果属于情感领域。

(四) 奥苏贝尔的学习分类

奥苏贝尔(1918—2008)

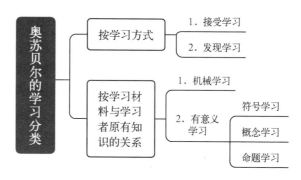

图 2-7 按学习方式和材料分类

美国现代教育心理学家奥苏贝尔(David Pawl Ausubel)认为,影响学生学习的最重要因素是学生已知的内容。他从两个维度对认知领域的学习进行分类。

1. 学习分类

奥苏贝尔按学习方式,把学习分为接受学习和发现学习;按学习材料与学习者原有知识的关系,把学习分为机械学习和有意义学习。在有意义学习中,又分出符号学习、概念学习和命题学习三类(见图 2-7)。

(1) 接受学习和发现学习

接受学习是指学习内容以定论的形式呈现给学习者的一种学习方式。如学生在语文课上听教师讲解《出师表》中的"表"是一种公文文体。这是一种接受学习。

发现学习是指教师不讲述,学习者独立发现和揭示问题,探索解决问题的方法的一种学习方式。如教师布置家庭作业,要求学生收集 4 篇研究报告,并根据收集的研究报告,思考研究报告这种文体的写作方法。学生完成这项作业的学习过程就是一种发现学习。

(2) 机械学习和有意义学习

机械学习是指学生只记住了某个符号,并不理解符号代表的知识。如一些幼儿背出了《三字经》《百家姓》,但并不知道背诵的"人之初,性本善"这句话的意思。这就是一种典型的机械学习。

有意义学习是指以符号为代表的新知识与学生认知结构中已有的相关知识建立非任意的、实质性的联系。这里的认知结构指的是学生观念的全部内容与组织,即新观念被认知结构已有的知识同化、储存并相互作用,新知识纳入原有认知结构。如学生已有关于小说人称及其作用的知识,知道"我"是第一人称,用第一人称可以增强小说的真实性和亲切感。教师在教授《孔乙己》一课时,让学生理解《孔乙己》这篇小说用的是第一人称"我",但文中有两个"我":12岁的酒店伙计和成年的"我"。小说的叙述者是成年的"我",视角是少年的"我"——酒店伙计。通过学习,学生知道小说的阅读在关注人称的同时,还可关注作者的叙述视角,来推断作者的情感倾向。这样,有关叙述视角的新知识就与学生已有的小说阅读知识建立了实质性的联系,并纳入学生已有的关于小说阅读的知识结构。

奥苏贝尔指出,学生在校的主要学习形式不是发现学习,而是接受学习——教师将学习内容以定论的形式直接呈现给学生,也就是教师传授、学生接受。接受学习既可以是有意义的,也可以是机械的。由于一些教师采用接受学习的方式让学生进行机械学习,因此造成接受学习是机械学习的错觉。同理,发现学习既可以是有意义学习,也可以是机械学习。有意义学习需具备两个条件:一是学生具备有意义学习的意向,如学生想阅读《孔乙己》这篇小说,理解其表达手法。二是学习的材料具有逻辑性,可以和学生已有的认知结构中的知识相联系。如学生拥有小说第一人称的知识,教师引导学生阅读并理解《孔乙己》中有两个"我",再体会叙述视角的运用,这样的学习符合逻辑。

2. 有意义学习的分类

奥苏贝尔主张,学习是一个演绎的过程——从一般到特殊。他钟爱有意义学习,并进一步探索了有意义学习,细分出符号学习、概念学习和命题学习三种类型。

(1) 符号学习

符号学习是指学习一个符号或一组符号代表的意义。符号既包括语言符号(词汇),也包括实物、图像、图形等非语言符号。如学生通过李清照的《声声慢·寻寻觅觅》来学习"韵部"一词,知道韵部是指押韵字的归类,包括韵腹和韵尾。《声声慢·寻寻觅觅》的韵部属于十二锡。

(2) 概念学习

概念学习的实质是掌握一类事物共同的本质属性和关键特征。如学生学习古诗词韵部的一种类型——辙韵,不仅知道辙韵的特征,即韵尾是 ang、iang、eng、ing、ong、ao、an、ian、uan、ou、ei、ui、ü、i 等,而且知道其韵尾开口度的大小会造成发音和音调上的差异。

（3）命题学习

命题学习是指学习由几个概念构成的复合意义，即学习若干概念之间的关系。如学生通过学习知道一七辙是一种辙韵。这里"一七辙""辙韵"是两个概念，有类属关系。

（五）安德森对布卢姆目标分类的修订

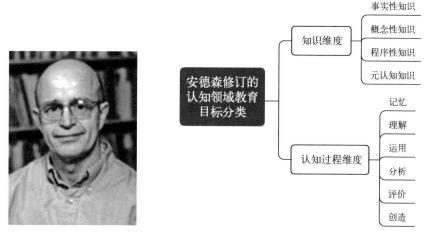

安德森（1947—　　） 　　　图 2 - 8　修订的认知领域教育目标分类

2001 年，美国心理学家安德森（L. W. Anderson）联合心理学家、教学专家和测量评估专家，对布卢姆的教育目标分类进行修订，推出《学习、教学和评估的分类学——布卢姆教育目标分类学修订版》。修订版将认知领域的教育目标分成知识维度和认知过程维度，形成知识类型与认知过程两维分类框架。

首先，将最简单的知识水平单列出来，形成一个知识维度，具体分成四个类别：事实性知识（factual knowledge）、概念性知识（conceptual knowledge）、程序性知识（procedural knowledge）和元认知知识（metacognitive knowledge）。统一用名词或名词性短语来表述，指向学科内容。其次，认知过程维度分出六个类别：记忆（remembering）、理解（understanding）、运用（applying）、分析（analyze）、评价（evaluate）、创造（create）。全部用动（名）词来表述。

表 2 - 2 左侧列出的四类知识对学生而言是外在的，储存于教科书、社会文化或教师头脑中，是人类共享的知识。这些知识被学生掌握，变成其内在知识和分析、解决问题的能力，需要经历由低级到高级的认知过程：记忆、理解、运

用、分析、评价和创造。这个两维的分类框架将研究视角同时聚焦于知识领域和认知过程,强调知识与能力互相依存:知识维度的四类知识只有经过认知过程维度的多个环节才能最终形成能力。

表 2-2   安德森修订的布卢姆认知领域教育目标分类

知 识 维 度	认知过程维度					
	记忆	理解	运用	分析	评价	创造
事实性知识						
概念性知识						
程序性知识						
元认知知识						

1. 知识维度

知识维度分为事实性知识、概念性知识、程序性知识和元认知知识四个类别。每个类别又细分为 2~3 个亚类(见表 2-3)。

表 2-3   知识维度框架解读

序号	类 别	含义及语文学科的例子
一、事实性知识		学生通晓一门学科或解决问题必须了解的基本要素。如《秋天的怀念》一文中的插叙。
1	术语知识	每个学科特定的符号、术语或词句知识。
2	特定细节和元素的知识	有关事件、位置、人、数据、信息等个别事实的知识。
二、概念性知识		在一个更大体系内共同产生作用的基本要素之间的关系,各个学科中的概念、原理、理论都属于这类知识。如插叙和倒叙的区别。
1	分类和类别的知识	用于确定不同事物的类别、等级、划分和排列情形的知识。
2	原理和规则的知识	由观察而抽象出来的普遍知识。
3	理论、模式或结构的知识	对复杂现象、问题及学科内涵,提出清晰、完整、系统性观点的知识。

序号	类 别	含义及语文学科的例子
三、程序性知识		是一套做事的步骤,是如何做某些事的知识,以及使用技能、算法、技术和方法的准则。 如运用插叙的方法写一个故事。
1	特定学科的技能和演算的知识	有固定的最终结果或具有固定顺序、步骤的知识。
2	特定学科技术和方法的知识	通常没有固定的最终结果,没有事先决定的单一答案或解决策略的知识。
3	运用规则的知识	知道在何种情境运用何种程序的知识。
四、元认知知识		关于一般认识的知识,以及关于自我认知的意识和知识。 如知道自己的生物钟,知道自己的优势学科。
1	策略性知识	可用于许多不同的任务或学科主题,是有关方法的知识。
2	认知任务知识	包括适当的背景脉络与情境的知识,是有关正确使用和为何使用某知识的策略。
3	自我知识	包括自己对自我的认知、学习优劣的知识与动机信念。是知人的知识,以认识自我的知识为主,了解别人的知识为辅。

2. 认知过程维度

认知过程维度有六个类别,每个类别又细分,共有 19 个亚类(见表 2 - 4)。

表 2 - 4 认知过程维度框架解读

序号	类 别	含义及语文学科的例子
一、记忆		从长时记忆系统中提取有关信息。
1	再认(recognizing)	从记忆中找到与所读材料一致或相似的知识。 如,圈出括号内正确的字:(崇、祟)山峻岭。
2	回忆(recalling)	从记忆中提取相关的知识。 如,写出"天街小雨润如酥,草色遥看近却无"诗句的作者。
二、理解		能够确定口头、书面或图表图形信息表达的意义。
1	解释(interpreting)	能换一种方式来呈现信息。 如,加点词"风景"在文中的意思是什么?

序号	类　别	含义及语文学科的例子
2	举例（exemplifying）	能找出一个概念或原理的具体例子。 如，用直线画出文中描写"我"矛盾心理的句子。
3	分类（classifying）	能识别某些事物是否属于某一类别。 如，标出括号内不属于同一类的词语， 水果（苹果、梨、胡萝卜、芒果、橘子）。
4	概括（summarizing）	能提出一个简短的陈述来代表已呈现的信息或归纳出一个主题。 如，联系全文，概述上海世博会中国馆的文化底色。
5	推断（inferring）	能从提供的信息中得出具有逻辑性的结论。 如，绘本《小黑鱼》中写了小黑鱼遇到海鳗、海葵和小红鱼，你认为后来它还可能遇到谁。
6	比较（comparing）	能确定两个或两个以上客体、事件、观念、问题或情境之间的异同。 如，阅读第三段和第五段画线句子，简析人物描写的手法有何不同。
7	说明（explaining）	能建立一个系统的因果模式。 如，联系全文，解释作者认同牡丹群花的缘由。

三、运用　在特定的情境中运用某个程序。

序号	类　别	含义及语文学科的例子
1	执行（executing）	能用一个固定的程序来完成熟悉的任务。 如，修改病句：指南针是我国古代的四大发明。
2	实施（implementing）	能选择并运用程序来完成一个不熟悉的任务。 如，阅读第三到第五节，举例说明修辞手法的运用能增强表达效果。

四、分析　将材料分解成几个部分，确定各部分是如何联系的，以及各部分和整体之间的关系。

序号	类　别	含义及语文学科的例子
1	区分（differentiating）	能从呈现的材料中辨析各部分与整体的相关性或重要性。 如，思考《中国石拱桥》一课中，"赵州桥十分雄伟"这一句在整段话中所起的作用。
2	组织（organizing）	能确定某些要素在结构中的适切性或功能。 如，根据第五段的"但是"、第六段的"看！——"梳理《安塞腰鼓》的写作思路，将文章分成三个部分。
3	归属（attributing）	能确定材料中隐含的观点、偏见、价值观或意图。 如，试分析画线句蕴含的意思和情感。

续　表

序号	类　别	含义及语文学科的例子
五、评价	依据准则和标准作出判断。	
1	核查（checking）	能检查某一操作或产品是否具有内在一致性。 如，想一想文中罗伯所做的事，你认为有哪些难以令人相信的地方。
2	评判（critiquing）	能根据外部准则或标准来判断某一操作或产品的一致性的程度。 如，自读《孔乙己》，你认为小伙计眼中的孔乙己是个怎样的人？你眼中的孔乙己是个怎样的人？
六、创造	将要素整合为一个内在一致、功能统一的整体或原创产品。	
1	生成（generating）	能根据标准提出可供选择的路径或假设。 如，续写娜拉出走之后，为易卜生的《玩偶之家》设计一个结局。
2	计划（planning）	设计一种解决方案以完成某一任务。 如，一个人在社会上生存，常会遇到竞争对手。没有对手的人生是苍白的，不会选择对手的人生是不幸的。请结合自己的感受，自定立意和文体，拟定文章结构。
3	贯彻（producing）	执行计划以解决既定的问题。 如，请以"多想一步"为话题，写一篇 800 字左右的文章。

安德森修订的布卢姆的教育目标分类为语文教学提供了一个更为科学合理的分类学框架，具有帮助教师确保教学、评估与目标一致的功能。国际学生评估项目（Programme for International Student Assessment，PISA）和国际阅读素养进展研究项目（Progress in International Reading Literacy Study，PIRLS）试卷中阅读理解和评价能力测试试题的设计都受到该框架的影响。

3. 高阶思维

无论是布卢姆认知领域教育目标的分类，还是安德森对布卢姆教育目标分类的修订，从低级到高级的认知过程所体现的都是思维复杂程度的不同。基于思维的复杂程度，我们将记忆、理解、运用视为低阶思维，将分析、评价和创造视为高阶思维。两者的区别在于：高阶思维是一种元思维，聚焦思维的再思维；是一种复合思维，呈现多种思维方式；是一种高效思维，促进高效的问题解决。低阶思维专注事物的现象、事件的细节，难以对复杂的现象进行整体把握、分析和预判，导致问题解决低效。总之，高阶思维倡导从低层次的信息获取与理解，转向高层次的分析和创造,使学生从知识技能的习得转向有思维参与的学习,从而有利于深度学习的发生。

三、学习分类与语文教学

五种学习分类理论(见图 2-9)对学习过程有不同的解释。各理论观点对我国语文课程与教学改革走向纵深、语文学科核心素养走进课堂、教师实践深度学习的理念各有启迪和侧重。

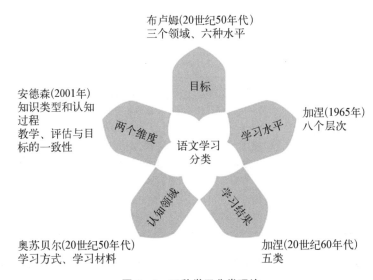

图 2-9   五种学习分类理论

(一) 学习分类与语文课程目标框架

把加涅的五类学习结果分类与布卢姆的教育目标分类作比较,我们可以发现这两种分类的大框架基本一致:加涅和布卢姆都把学生的学习结果分为认知、情感和动作技能三个领域。虽然两种分类系统使用的名称不同,但三个领域的划分标准一致。我们可以基于这两个分类理论,开展核心素养的构成要素和培育路径探索,以及课程标准的顶层设计研究。

我国教育部颁布的《义务教育语文课程标准(2022 年版)》《普通高中语文课程标准(2017 年版 2020 年修订)》从知识与能力、过程与方法、情感态度与价值观三个维度来厘定语文学科课程目标。若依据加涅学习结果分类原理分析我国语文课程标准,可以找到如下对应关系:三维目标中的语文知识相当于加涅的言语信息;语文能力相当于加涅的智慧技能和动作技能;语文学习过程与方法相当于加涅的认知策略;语文情感态度与价值观相当于加涅的态度(详见表2-5)。

表 2-5 学习分类与课程目标

课程目标框架	加涅的学习结果分类
语文知识	言语信息
语文能力	智慧技能/动作技能
语文学习过程与方法	认知策略
语文情感态度与价值观	态度

我们可以依托安德森修订的学习、教学和评估的分类学理论,策划并反思语文课程的内容标准,国家统编教材的体系和体例,课程评估的科学性、系统性,以及课程标准、语文教学和课程评估三者的一致性。奥苏贝尔的学习分类理论中有意义学习、发现学习,以及在有意义学习中运用先行组织者的策略,无疑在语文教与学的层面对学科探索深度学习、项目化学习、大概念学习有启发。

(二)学习分类与语文教学目标

引入教育心理学学习分类观有助于我们准确把握各学段语文学习目标,以及语文教师依据不同类型学习的特点,确定并落实教学目标。例如,义务教育各学段都提出学习优秀古诗文的教学目标,这项目标按照加涅的学习结果分类有多种教学定位。

1. 若把古诗文的学习视为一种言语信息的学习,可要求学生背诵指定的古诗文。

2. 若把古诗文的学习视为一种智慧技能的学习,可要求学生记住名言诗句,并在日常生活和学习中,如写作时正确运用,以增强表达效果。

3. 若把古诗文的学习视为一种认知策略的学习,可要求学生在背诵古诗文的过程中寻找并总结适合自己记忆的特点,如一天中最佳的记忆时段,先画思维导图再根据图示背诵。

4. 若把古诗文的学习视为一种动作技能的学习,可要求学生用普通话诵读或吟诵诗文。

5. 若把古诗文的学习视为一种对待优秀传统文化的态度的学习,可引导学生在阅读理解和背诵优秀古诗文的过程中,品味诗人的情感,体验诗歌的韵律美,从而欣赏并亲近中国优秀的语言文化。

可见,在语文学习中引入现代心理学学习分类理论,有助于教师基于学习规律实施有效教学。

专栏 2-3 ·+·

雷伯的学习意识分类

1967年,美国心理学家雷伯(Authur S. Reber)提出内隐学习的概念。他认为,人类学习有两种模式:外显学习(explicit learning)和内隐学习(implicit learning)。

一、外显学习和内隐学习

外显学习是一种需要通过意志努力、策略使用完成学习的过程;内隐学习则是无意识习得环境中复杂知识的过程。内隐学习的无意识特性决定了学生对学习过程无所察觉,对获得的知识不可言表,进而也没有意识到学习的存在。人们把内隐学习获得的不被意识察觉的知识称作内隐知识(implicit knowledge)或默会知识、隐性知识、意会知识(tacit knowledge)。例如,幼儿学说话时,就是在不知不觉中掌握了语言的内在规则,并能自动将其运用于各种变化了的语言情境。

二、内隐知识的特点

1. 情境依附性

内隐知识的获得总与特殊问题情境联系在一起,是对特殊问题情境及其解决方法的直觉把握。在问题情境没有出现时,我们甚至感觉不到它的存在,但当相同或相似的问题情境出现时,附着于个体的隐性知识就会自然地被唤醒,悄无声息地再现于问题解决中。一个语言积累丰富的学生,当为一道几何习题苦思冥想,不得要领,突然灵光一闪添上一条辅助线做出题目时,脑海中涌现出诗句"山重水复疑无路,柳暗花明又一村""天生我材必有用",这就是一种情境依附性的表现。

2. 非逻辑性

内隐知识不能通过语言、文字或其他符号进行明确的逻辑论证和说明。一些写作能力强的学生,在写作过程中会突然觉得文章的开头需要调整,改为倒叙法。写着写着,脑袋里冒出一个念头,第二段可插入一段环境描写等。这种有关写作的内隐知识并没有逻辑规律可循。

3. 非公共性

内隐知识是一种或许连知识主体自身都未必能够清晰表达的知识,自然也就不能在常规(如教学)组织形式中充分传递,为人们所共享。如上例中突然涌上心头的写作想法,因为非逻辑性,该生自己都很难弄明白自己灵感闪现的规律,也就更难与他人共享。

4. 非批判性

内隐知识是通过人类感官特性或直觉而获得的,它的获得过程不是一个明确的高度形式化的理性过程,具有典型的非理性特点,因而不能通过反思对它进行批判。一些讨厌写作的学生也有写作的内隐知识,如想表达内心的矛盾,只会用叙述的方法,而不会想到通过心理活动描写。这些方法的运用是一种内隐知识,而该知识对这个学生而言很难自我反思。

三、内隐知识的类型

内隐知识不仅包含隐性的程序性知识,表现为各种说不清的技能,而且包含隐性的命题性知识,如一些先入之见。除此之外,还包含一些隐性的认知模式或认知习惯等,它们都是对知识传递有显著影响的内隐知识。

第三节　学习理论与语文教学

自心理学成为一门独立学科,相继出现结构主义流派、机能主义流派、行为主义流派和认知主义流派。不同学者基于自身的理论观点,阐述对学习过程、结果和影响因素的不同认识,逐渐形成三大学习理论:行为主义学习理论、认知主义学习理论和建构主义学习理论。

一、行为主义学习理论

20 世纪上半叶,行为主义学习理论占主导地位,其基本观点是,学习研究只要观察行为即可,无须涉及心理过程,这样的研究是科学的。

(一) 基本观点

行为主义学习理论把学习视为刺激与反应建立联系的过程,强调通过学习引起行为的变化。该理论观点认为,学生通过模仿学会语言和动作技能,关注的焦点是通过重复直至自动化的一种行为的新样式。行为主义学习理论提出学习的四个要素:内驱力、线索、反应和奖赏(强化)。该学习观的研究结论比较适用于人类的联想学习和机械学习,如识记生词、文学常识。

(二) 研究基础

行为主义学习理论常以人为情境中的动物开展实验。如桑代克为猫设计了一个迷笼:箱子用木条做成,有一扇可开启的门及开门设施——金属绳、一个把柄或一个旋钮,箱外放置了鱼(见图2-10)。在学习打开迷笼的情境中,猫通过多次尝试与错误,终于在复杂的刺激情境中辨识出一个开门设施,并做出正确的开门动作。

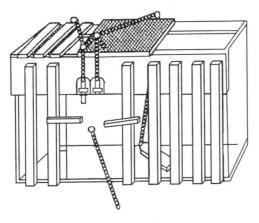

图 2 - 10　猫走迷笼的实验装置　　　　　　　华生(1878—1958)

(三) 代表人物

1. 桑代克

桑代克是行为主义学习理论的先驱。他从动物和人类学习的实验中总结出一系列学习律,提出尝试—错误说,也称联结主义或联结说。他开展了著名的“猫走迷笼”的实验:饿了三天的猫经过许多次无关的、失败的行为尝试,才碰巧抓到开门设施,吃到了鱼。所以,桑代克认为,学习是一种几乎在没有意识和思维参与的情况下,自动形成刺激—反应联结的过程。

2. 华生

华生(John B. Watson)是行为主义心理学流派的激进代表。他说过这样一段话:给我一打健康、没有缺陷的婴儿,把他们放在我设计的特殊环境里培养。

无论婴儿的才能、爱好、倾向、能力怎样,或他们祖先的职业和种族如何,我都可以保证把他们每个人训练成我选择的任何一类专家——医生、律师、艺术家、商界首领,甚至乞丐、窃贼。

3. 巴甫洛夫

苏联著名生理学家巴甫洛夫(Ivan Petrovich Pavlov)利用经典条件反射实验,解释诱发刺激如何造就学习:最初音叉的声音对狗而言没有特定的意义,经过若干次与食物配对呈现,食物不出现而只出现音叉也引起狗的特殊反应——分泌唾液(见图 2 - 11)。这说明,狗学会了对音叉的声音作出特殊反应。巴甫洛夫最早发现条件反射(conditioned reflex)是一种学习现象。

巴甫洛夫(1849—1936)

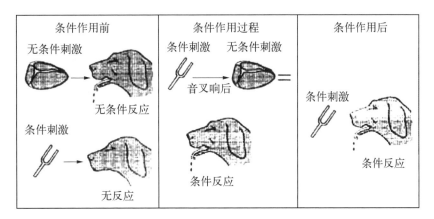

图 2 - 11 经典条件反射操作实验过程

4. 斯金纳

斯金纳(Burrhus Frederic Skinner)是新行为主义的代表人物。他设计了著名的斯金纳箱:一个舒适的笼子里,一侧箱壁上有一个横杆,下面装有一个食物盘子和喷水口。老鼠碰巧压下横杆,一粒饲料就会落进食盘,笼子外的设备就在纸上自动画一条线加以记录(见图 2 - 12)。他根据这个著名的斯金纳箱的动物实验,创建了有别于巴甫洛夫经典条件反射理论的另一种条件反射理论——操作性条件反射理论。他指出,人类习得行为可以分两种,一种符合巴甫洛夫的条件反射理论(应答性条件反射),另一种行为最初没有明显的刺激出现(即使有也不明显),比如吹口哨,纯粹是一种自发的行为,即操作性条件反射。他还提出了强化的概念以及强化的时间规律。

斯金纳(1904—1990)

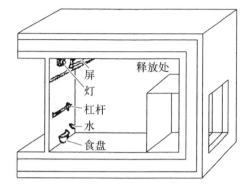

图 2 - 12   斯金纳箱

(四) 启示及局限性

1. 对语文教学的启示

行为主义学习理论可以解释学生语文学习的部分活动,如抄写字词,能增强学习并提高保持率,减少遗忘。学生在学习过程中获得教师的及时反馈,尤其是正面评价,能起到强化作用。如高中生在语文课上不再像小学生那样积极举手发言,若课堂上有学生举手发言,尤其是语文学习成绩并不好的学生,教师当众表扬,他以后积极举手发言的行为就会出现得越来越频繁。可以把复杂的学习内容,如学写作文,分解为审题、选材、列提纲、写作等较为简单的内容,且设计成有序的学习步骤,步子要小且循序渐进,这有利于学生学会写作。对语文教材编写的主张是,语文教科书要引起学生阅读的动机和兴趣,要让学生知道语文学习的目标和任务以加强注意,激发学习积极性。

2. 理论的局限性

行为主义学习理论对学习的研究限于动物的简单学习,缺乏对人的高级学习活动的探索。他们用动物学习和人类机械学习的规律来解释所有学习;只强调外部刺激、外显行为,忽视学习者的内部心理过程,否定意识;片面强调环境和教育的作用。

依据行为主义学习理论看语文教学,教师是学习过程奖惩的实施者,学生是学习过程奖惩的接受者,教学方法以练习实践为主,及时评价学习结果以提供强化。20 世纪 60 年代兴起的程序学习也是这种学习观的产物。

二、认知主义学习理论

20世纪六七十年代,认知主义学习理论逐渐取代行为主义学习理论,成为研究学习的主流理论。

(一)基本观点

认知主义学习理论以隐藏在行为后面的、学习者头脑中发生的思维过程为研究对象,认为行为变化是可观察的,但这只是学习者头脑中正在进行的一切的指示剂。他们运用信息处理的观点研究人的认知活动,即把人的认知活动同计算机的信息加工模式进行对比,把学习看作大脑加工信息的过程,认为学习由接收、短期存储、编码、长期存储和提取信息等部分构成。

(二)研究基础

认知主义学习理论针对人为情境中的人类个体开展实验研究。例如,通过记录和分析实验对象在完成某项作业时眼睛活动的情况来探讨人脑内部的思维过程,让实验者大声报告自己在进行某项操作时的想法来探讨内部的认知过程。

(三)代表人物

1. 布鲁纳

美国心理学家布鲁纳(Jerome Seymour Bruner)是认知学派的主要代表人物,其认知发现理论源于完形说。他尤其关注儿童如何在头脑中表征(representation)所学习的概念或观念,并提出如下观点。

（1）学习的实质在于主动形成认知结构。人类将环境中的事物经知觉转换为内在心理实践的过程称为认知表征,它有动作表征、形象表征和符号表征三个发展阶段。

布鲁纳(1915—2016)

（2）学习包括三个差不多同时发生的过程:新知识的获得、知识的转化、知识的评价。学习者通过同化或顺应将新知识纳入自己已有的知识结构,从而获得新知识。

（3）学习应关注各门学科的基本结构——事物之间的相互联系和规律。学校课程设计要把基本知识结构放在中心地位。

（4）提倡发现学习,认为学生也要像科学家那样通过发现进行学习,这有助于开发利用学习者的智慧潜力。

2. 奥苏贝尔

美国心理学家奥苏贝尔提出著名的有意义学习理论。他认为,学习应通过接受,而不是布鲁纳所言的发现。有意义学习的实质是,以符号代表的新观念与学习者认知结构中原有的适当观念建立起非人为的、实质性的联系的过程。他主张:在学校里学生的学习应当是有意义的,而不是机械的;好的讲授教学是促进有意义学习的有效方法。

(1) 有意义学习有三个前提条件:一是,学习材料本身必须具备逻辑意义;二是,学习者必须具备有意义学习的心向(积极主动地把新知识与学习者认知结构中原有的适当知识联系起来的倾向性);三是,学习者知识结构中必须具有同化新知识的适当观念。

(2) 有意义学习的过程就是原有观念对新观念加以同化的过程。同化有三种方式:类属学习(下位学习)、总括学习(上位学习)和并列结合学习(见表 2 - 6)。

表 2 - 6   三种同化方式

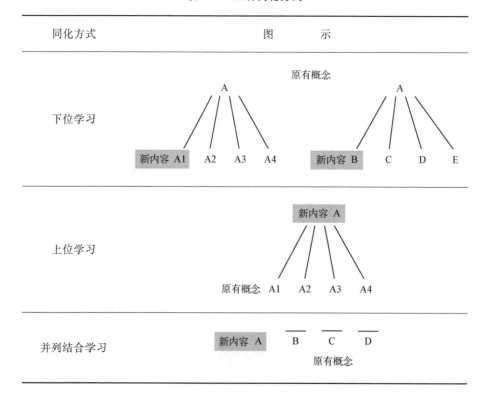

同化方式	图示
下位学习	原有概念 A; 新内容 A1 A2 A3 A4; A; 新内容 B C D E
上位学习	新内容 A; 原有概念 A1 A2 A3 A4
并列结合学习	新内容 A B C D; 原有概念

下位学习(subordinate learning)。新学的知识归属于旧知识而得到理解,这种新知识与旧知识构成的类属关系称为下位关系,这种类属学习的同化过程称为下位学习。如初中生在语文课上新学了插叙,插叙和学生原有的知识——顺叙、倒叙同属于记叙的顺序知识,所以是一种下位学习。

上位学习(superordinate learning)。在原有观念的基础上学习一个包容程度更高的概念或命题时,便产生上位学习。如学生已有比喻、拟人、排比、夸张、象征等概念,学习修辞手法这个概念时,新学的概念就包括原有概念。

并列结合学习(combination learning)。新知识与原有知识既不构成下位关系,又不构成上位关系,但对它们的学习能够引起联合的意义,这种学习称为并列结合学习。并列结合学习由一些已经学习过的概念的合理组合构成,能够与认知结构中有关内容的广阔背景建立非任意的联系。如学习句子成分中主语和谓语的关系、偏正词组中词语间的关系、议论文论点和论据的关系等。

通过下位学习,学生的认知结构不断分化;通过上位学习和并列结合学习,学生的认知结构得到进一步的整合、协调。

(3) 促进有意义学习的教学策略——先行组织者。所谓先行组织者,是在呈现学习材料之前,给学生的一个抽象的、概括性较强的引导性材料。先行组织者可以是一个概念、一条定律、一段概括性的说明文字,它是学生新知识与旧知识发生联系的桥梁。如教学中,教师告诉学生:小说《孔乙己》中的"我"有两个,你们有没有发现? 教师提示的两个"我",为学生已有的第一人称知识和即将学习的叙述视角新知识建立了一个桥梁。

3. 加涅

加涅是认知主义学习理论流派中强调信息加工模型的代表人物。他认为,学习是学习者对来自环境刺激的信息进行内在的认知加工,从而获得能力的过程。1999 年,他提出一个得到广泛认可的关于学习的信息加工模型(见图 2-13)。

信息加工过程由加工系统、执行控制系统和期望组成,是它们协同活动的结果。

(1) 加工系统也称操作系统,由感受器、感觉登记器、工作记忆(短时记忆)、长时记忆、反应生成器和反应器构成。

感受器。个体通过五种感觉探测环境中的信息。所有感觉刺激以电冲动

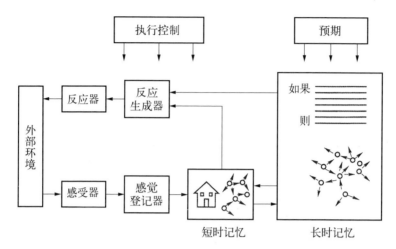

图 2 - 13　学习的信息加工模型①

的方式输入感受器,再转化为脑感知的图像和声音。

感觉登记器。除嗅觉外,所有输入的感觉信息都被传递到感觉登记器。在几毫秒内,丘脑会根据个体过去的经验确定信息的重要程度,不重要的信息被过滤掉,使脑能将注意力集中在重要的事情上。这个过程由包括丘脑和部分脑干的网状激活系统来执行,该系统又称感觉登记器。信息只在这里简单地存放片刻(不到 1 秒),由个体经验判定其重要与否。若不重要,它将从系统中消失。

如课堂上一名学生注意力不集中,尽管教师近在咫尺,他依然感觉教师的声音越来越远,甚至听不到,完全沉浸于神游。这种现象就是学生将接收到的教师的声音信息过滤掉了。刚开始上课时,学生感觉到教师在讲“《小石潭记》的作者是柳宗元”,这是因为当时教师的声音信息在学生的感觉通道内被迅速登记并保留——瞬时记忆。过了一会儿该学生开始神游,就不再注意教师讲课的信息,此时感觉登记将神经冲动阻挡在意识之外。回过神时,感觉登记又会将教师讲课的声音刺激传入意识中,这时该学生又感受到教师的声音,获得瞬时记忆。

工作记忆也称短时记忆、操作记忆。是指一次呈现后保持在 1 分钟以内的记忆,它是人们在从事各种工作时不可缺少的。因为不论做何种事情,都需要按某种信息或指示来进行活动,所以在活动结束前必须对信息或指示有所记

①　皮连生.教育心理学(第四版)[M].上海:上海教育出版社,2011:68.

忆。工作记忆属于有意识过程,在这里可以构建、分解和重新处理各种想法,以便最终将其存储。工作记忆加工某些信息时,需要我们集中注意力,因为容量是有限的。一次只有 7 ± 2 个信息单位(记忆广度)。

长时记忆是指保持 1 分钟以上甚至终身的记忆,是对工作记忆反复加工的结果。如果学生认为工作记忆的内容能理解又对自己有意义,就会对它进一步加工。最简单的加工方式是重复(心理学称复述),比较有效的方式是把新知识与个体原有的知识联系起来,从而理解新知识,这些理解了的新知识被长时存储的可能性就大。如要求学生背诵《核舟记》,有的学生不理解课文意思,就背不出;有的学生能理解课文意思,但觉得对自己没什么意义,也背不出;有的学生能理解课文意思,又知道这是升学考试必背篇目,为了考个好学校,背《核舟记》就变得有意义了,《核舟记》的内容被长时记忆存储的可能性极大。这个记忆存储的过程就是大脑将信息编码并传送到一个或多个长时记忆存储区,按一定的顺序存放的过程。

反应生成器和反应器。信息可以从长时记忆流向工作记忆,再到达反应生成器。熟练的自动化反应,信息可以直接从长时记忆流向反应生成器。反应生成器对反应系列进行组织并指引反应器。语文学习活动的反应器是书写时的手臂和朗读、交谈时的发音器官。

(2) 执行控制系统调节和控制整个加工系统。如选择适当的信息加以注意,调节记忆的编码方式等。这种控制能力属于加涅学习结果分类系统中的认知策略。

(3) 期望是信息加工的动机系统,起定向作用。如学生希望成为班级语文课代表,那么他会带着这个愿望,集中注意力,专心学习,选择行之有效的语文学习和记忆策略,投入每一项学习活动。

(四) 启示及局限性

1. 对语文教学的启示

认知主义学习理论关注知识的认知结构或系统,关注建立和改变结构的过程。认知主义学习理论认为,学习是学习者对来自环境刺激的信息进行内在的认知加工,从而获得能力的过程。学生是积极的信息加工者:他们积极作出选择、注意等反应;积极组织已有的信息来实现新的学习;积极寻找信息以解决问题。他们先前的知识在很大程度上决定他们的学习、记忆和遗忘。

认知主义学习理论启示我们,信息呈现的方式很重要。语文教科书应按学生语言学习的认知规律编排(由浅入深、由近及远、由具体到抽象、由已知到未知),突出学科基本概念和原理。语文教学应该是有意义的接受和有意义的发现并举的过程。语文教学的出发点是学生已经知道什么,要提供先行组织者和线索。

2. 理论的局限性

尽管认知主义学习理论强调心理过程的重要性,但对哪些过程起到重要作用持不同看法。除此之外,也未能揭示学习过程的心理结构,不够重视非智力因素的研究。

依据认知主义学习理论,教师是教学活动中信息的分配者,学生是信息的接受者,教学方法以教师讲授教材为主。这在初三和高三应试阶段的语文课堂中最为常见,教师滔滔不绝地讲——传递知识信息,即使下课铃声早就响过,唯恐遗漏一个知识点,全然不顾学生的身心状态和个体差异。

三、建构主义学习理论

20 世纪 80 年代后期,美国出现的建构主义学习观对信息加工心理学提出挑战,并逐渐从认知主义流派中独立出来,自成一体。建构主义学习理论被喻为"教育心理学的一场革命"。

专栏 2-4 ·-·

鱼 就 是 鱼

美国儿童故事画家李奥尼(Leo Lionni)创作了一个故事:《鱼就是鱼》(Fish is Fish)。

从前有一条鱼,它很想知道外边的世界,无奈没有脚,只好把希望寄托在蝌蚪身上。小蝌蚪长成青蛙之后,就跳上了陆地。它看到了鸟、牛和人,并回到水里告诉了鱼。鱼根据青蛙的描述作画,它画的每一样东西都带有鱼的外形:人是用尾巴走路的鱼,鸟是长着翅膀的鱼,奶牛是长着乳房的鱼。

这个故事告诉我们:学习者正是基于自己先前的经验来建构新知识的。

（一）基本观点

建构主义学习理论认为，世界是客观存在的，但是每个人依据自己的经验与图式（schema）来建构对世界的理解和意义。因此，学习不是教师向学生传递知识，而是学生建构自己的知识的过程。

1. 学习者不是被动地接收信息，相反，他们主动地建构信息的意义，是主动的学习者。而且，这种建构不可能由他人代替。

2. 不同人之间的交流可以影响学习者形成不同的建构。

3. 在教室里应开展以学生为中心的教学（student-centred instruction）。教师应让学生觉得学习内容对他/她而言是有意义的，让学生有机会自己发现或应用知识，让学生有意识地运用自己的学习策略。

建构主义学习理论更关注学习者如何以原有的经验、心理结构和信念为基础建构知识，更强调学习的主观性、社会性和情境性。

（二）研究基础

建构主义学习理论以真实情境中的人类个体为研究对象。

（三）代表人物

1. 皮亚杰

皮亚杰（1896—1980）　　维果茨基（1896—1934）

皮亚杰（Jean Piaget）是建构主义的鼻祖。他认为，认知的形成和发展是一种建构过程，是个体在与环境不断相互作用中实现的。这个过程涉及图式、同化、顺应和平衡四个方面。他的认知发展阶段论将儿童认知发展分为四个阶段（见表2-7）。

表 2-7　皮亚杰的认知发展阶段论

阶　段	大致年龄	特　　点
感知运动阶段	出生到 2 岁	主要是动作和活动,并有协调感觉、知觉和动作的活动,属于智慧萌芽阶段。
前运算阶段	2～7 岁	出现了语言和符号,具有表象思维的能力,但缺乏可逆性。
具体运算阶段	7～11 岁	出现了逻辑思维和零散的可逆性,但一般只能对具体事物或形象进行运算。
形式运算阶段	11 岁至成年	能在头脑中把形式和内容分开,使思维超出感知的具体事物或形象,可进行抽象的逻辑思维和命题运算。

※这里的"运算"即思维操作。

2. 维果茨基

维果茨基(Lev Vygotsky)是建构主义的奠基人之一,提出了著名的社会文化理论(sociocultural theory)。他强调人际(社会)关系、文化—历史和个人因素的交互作用是人类发展的关键。个体与环境中的人的互动(如学徒关系、合作关系)激发认知过程,促进认知发展。

(1) 维果茨基强调学习有社会性,儿童的学习是通过与大人互动、与更有能力的同学互动而产生的。在合作性学习中,每个学生都可以知道学习结果,了解其他同学的思考过程。

(2) 维果茨基提出"最近发展区"(zone of proximal development)的概念。他认为,学生有两种发展水平:一种是学生的实际发展水平,即儿童独立解决问题的水平;一种是学生潜在的发展水平,也就是在成人指导下,或与有能力的同伴合作时解决问题的水平。这两种水平的差距就是最近发展区,教育者要了解学生的最近发展区。

(3) 他提出认知学徒制(cognitive apprenticeship),即学习者通过与某个专家互动,从而逐渐获得知识经验的过程。这里的专家是指成年人、高年级的学生或更有能力的同侪。

许多心理学家受维果茨基思想的影响,提出学习支架(scaffolding)的重要性。也就是,家长或教师以环境为中介提供有效的帮助和支持,以促进学生认知、社会情感和行为的发展。如家长和孩子一起看电视,孩子遇到看不懂的剧情,家长进行讲解。这时,家长就扮演专家的角色,为孩子创设中介性的学习经验——支架。教师在教室里通过讲授观点和事件,为学生创设中介性的学习经验,并让学生自己去发现观点和逻辑推论之间的联系。利用支架促进学生的认知发展是一种重要的手段。

(四) 启示及局限性

1. 对语文教学的启示

建构主义学习理论对语文教学的启示是,语文课本知识是一种关于各种现象的较为可靠的假设,而不是问题的唯一正确答案。学生对这些知识的学习是在理解基础上对假设作出检验和调整的过程,因此教学中教师是探索性学习任务的指导者,学生是意义的建构者。教学方法以参与讨论和有指导的发现为主,提倡合作学习(cooperative learning)、交互教学(reciprocal teaching)、发现学习(discovery learning)和自主学习(self-regulated learning)。

该学习理论提出的几种教学模式突出学习的主观性、社会性和情境性。

(1) 情境性教学(situated instruction)。倡导教学要以解决学生在现实生活中遇到的问题为目标,主张选择真实任务,设置与现实问题情境相似的教学情境,在课堂上展示与现实的问题解决相类似的探索过程,提供解决问题的原型并给予指导,在学习过程中评价学生的学习。

(2) 锚定式教学(anchored instruction)。主张为学生提供一个真实的、界定了知识应用范围的问题情境(往往通过录像技术实现),促使学习者从不同角度思考所学主题,理解知识的使用情境,促进学习者灵活地应用知识,并将知识迁移到其他问题情境。

(3) 认知学徒制。主张让学习者像手工艺行业中的师徒那样,在实际情境中学习,从多个角度观察、模仿专家解决真实问题时外化出来的认知过程,从而获得可应用的知识以及解决实际问题的能力。

(4) 支架式教学(scaffolding instruction)。主张向学生提供具有挑战性的学习任务,在学生自主完成任务的过程中,教师适时、适量、适当地给予帮助和支持(如示范、提示、反馈、指点等)。随着学生自身能力的增长,教师逐渐减少支持,直到学生完全独立而全部撤除支持,让学生承担学习的责任,对学习进行自我调节。

2. 理论的局限性

建构主义学习理论过分强调学习过程中学生自身的意义建构,忽视教师在学生获取知识过程中的作用,忽视情感因素在学习过程中的重要作用;过于强调知识的相对性,否认知识的客观性;过于强调学生学习过程的个体性,否认其本质上的共同性;过于强调学生学习知识的情境性和非结构性,完全否认知识的逻辑性和系统性。

四、三种学习理论的比较

行为主义、认知主义、建构主义三种学习理论,代表着教育心理学发展历史中的三种隐喻(见表 2-8)。

(1) 行为主义——学习是加强某种联结。这是一种反应增强的学习观,认为学习就是将新的反应添加到一个不断发展的集合体中。如认为语文学习就是把新的行为添加到已有的技能系统中。

(2) 认知主义——学习是将资料放入文件柜。这是一种知识获得的学习观,认为学习就是将新的知识与技能添加到已有的知识结构中。如认为语文学习是将教师掌握的语法、修辞、逻辑、文字知识传递给学生。

(3) 建构主义——学习是建构一种模型。这是一种知识建构观,认为学习就是理解如何将个别、零散的信息组织成一种结构。如认为语文学习就是学生通过已有经验的某种意义主动建构自己的语文学习。

表 2-8　学习的三种隐喻

学　习	学　生	教　师	典型的教学方法
行为变化	奖惩的被动接受者	奖惩的施与者	基本技能的训练
知识获得	知识的接受者	知识的传授者、灌输者	先行组织者
知识建构	意义生成者	学习的引导者、帮助者	合作讨论、有指导的发现

人类对学习的认识是一个不断深化的过程。这三种学习理论对教育产生了重大的影响,相应的学习方法也各具优势。即使是最早提出的行为主义学习理论,它对学生在技能训练、作业练习和行为矫正中具有明显的指导意义。认知主义学习理论的操作性较强,理论与教育实践紧密结合。建构主义学习理论对学习和教学作出新解释,是改革传统教学的一次大胆尝试,在改进教育、充分发挥学习心理的作用方面更具潜在优势。

五、社会学习理论

社会学习理论（social learning theory）是班杜拉（Albert Bandura）从行为主义学习理论发展而来的。社会学习理论接受行为主义学习理论的大部分原理，但更强调线索对行为和内在心理过程的影响，以及行为对思维、思维对行为的影响。当代社会学习理论的代表人物是班杜拉。

班杜拉（1925—2021）

（一）主要观点

1965 年，班杜拉提出社会学习的概念。所谓社会学习，是指通过观察环境中他人的行为以及行为结果来进行学习。如父母在地铁车厢里高声交谈，手机音频外放，孩子作为一个旁观者，他不需要亲身参与，仅仅是看到这一切，他也会习得这样的不文明行为。因此，社会学习也称为观察学习（observational learning），是指观察者只观察榜样的行为而不作出直接的反应就能够模仿学习。与之相对的是亲历学习（enactive learning），即通过直接经验和亲身体验进行的学习。

班杜拉提出观察学习的以下四个阶段。

（1）注意阶段。这个阶段是指学生对榜样的注意。通常，能引起学生注意的榜样一般是好看的、成功的、有趣的、受欢迎的。比如学生会关注自己喜欢的明星偶像的发型、衣着。

（2）保留阶段。这个阶段是指学生通过反复练习来模仿榜样的行为。如学生会模仿练习电影中的人物的习惯动作和说话腔调。

（3）再生阶段。这个阶段学生会努力作出与榜样相同的行为。如学生通过模仿练习，能够作出和自己的偶像一样的一招一式。

（4）动机阶段。这个阶段学生因模仿榜样而得到教师的赞许和肯定，于是为取悦教师去注意、练习、模仿榜样的行为。这个阶段是观察学习的动机阶段。

班杜拉认为，社会学习的最终目标是教会学生自我调节。自我调节是学生观察自身的行为，判断是否达到自定的标准，由此决定对自己进行赏罚。可见，自我调节是个体的内在强化过程，是个体通过将自己对行为的计划和预期与行为的结果加以对比和评价，来调节自己行为的过程。自我调节由自我观察、自我判断和自我反应三个过程组成。

1977 年，班杜拉提出自我效能（self-efficacy）的概念。自我效能是自己做某特定的工作时对自己能力的一种具体的判定,具有未来导向。它控制个体的思想和行动,进而控制个体所处的环境条件。因而,自我效能是自我系统中起核心作用的动力因素。

班杜拉认为,个体的内在特征、行为和环境三者之间构成动态的交互决定关系。其中,任何两个因素之间的双向互动关系的强度和模式都随行为、个体、环境的不同而发生变化。为了说明个体的思想和行为如何受环境影响,他区分了观察学习和亲历学习。

(二) 对语文教学的启示

班杜拉的学习理论启示我们:在语文教学中,教科书呈现的各种人物形象、故事情节、生活方式都可能成为学生模仿的榜样,从而影响学生的行为。对学生而言,与众不同的人、受人尊敬和喜爱的人、和自己相似的人通常容易被模仿。如果榜样的行为得到奖励,对学生而言也有强化模仿的作用。在社会转型期,社会多元价值的混乱、矛盾与冲突在深层次上影响中小学生人格价值的合理建构。语文学科在优秀传统文化、革命文化和社会主义先进文化内容资源的筛选、开发和教学实施中,可借鉴观察学习、自我调节的原理。

六、具身认知理论

传统认知心理学视认知为信息的表征和操控,类似于计算机的符号加工。该研究范式将认知看作一种精神智能,与人的身体无本质联系——认知是离身的(disembodied)。具身认知是近10年来认知心理学的一种新的研究范式,是一种视角转换,是建构知识的一种新的认识方式。具身认知的基本观点是,人的认知和心智在很大程度上与身体的物理属性相关……大脑本身并不能独立完成高级认知功能,大脑通过身体与外部世界的互动,对高级认知过程的理解起着关键作用。[①]

(一) 主要观点

(1)身体参与认知。将认知置于环境和身体的整体背景中,强调身体构造和状态、感觉运动系统、神经系统的活动方式和特殊通道等生理和生物因素对认知的塑造与影响。

---

① 叶浩生,等.具身认知——原理与应用[M].北京:商务印书馆,2017:28.

（2）"具身"有四种理解：一是作为身体学习的"具身"，认为身体经验是建构知识的一种源泉。比如，建筑工人在没有围墙的水泥屋顶上轻松行走的技能，这种技能不是通过命题性知识获得的，而是利用脚部的触觉体验、行走的视觉体验，以及行走时发出的声音的听觉体验获得的。二是作为身体经验的"具身"，认为通过身体进行的学习首先是一种身体经验。所谓"具身"，就是一种人对身体的独特体验。不同的身体使人们产生不同的身体体验，不同的身体体验又引发人们认知上的差异，形成不同的思维方式，最终造就认知在内容和方式上的差异。三是作为认识方式的"具身"，认为人的概念形成、语言表达、认知判断都基于身体的运动图式。具身成为建构、理解和认知世界的途径和方法。四是作为与环境融为一体的"具身"，认为认知既基于身体，也根植于环境。"身体"不仅指人的肉体，而且包括环境的"体"。具身意味着要超越通常意义上的身体，考虑大脑的近邻（身体）和远亲（环境）对认知的作用。环境条件不仅影响认知，而且是认知功能的构成成分。

（3）身体参与认知，知觉是为了行动，意义源于身体，不同的身体造就不同的思维方式，这是具身的性质和特征。

（二）对语文教学的启示

具身认知理论强调学生身体的主题回归，重视情境和个体经验的生成，力求学生的全身心参与。具身认知理论启示我们，语文教学中要探索身心一体的教学。学生对文本的理解、对主题的把握不是大脑的孤立活动，而是人体不同感知觉通道形成的身体经验的结果。要促使学生的身体与情境、自然环境和社会人文环境的交互作用。语文学科践行优秀传统文化的传承与理解职责，学科核心素养走进课堂，具身认知是一个全新的实践路径。

中小学开展的教育戏剧学习让身体成为一种重要的存在，身体经验在教育戏剧中创造意义就是一种具身认知的方法。教育戏剧为学生的共情（个体深入他人的主观情感并想象他人的情感，体验到他人感受的心理过程）创造了机会。诸多学者认为，语文学科中的优秀传统文化教育不是静态的知识学习，而是要让学生有所体验。学生在学习时单纯分析文本和鉴赏，鲜有角色扮演和体验，很难真正感受到文化和戏剧的魅力。要让学生站在角色的立场上体验文学世界，把文字、身体和心灵连接起来。学生在角色扮演的过程中，不仅积极探索作品的文化主题，体验文学世界中的人物和价值观念，同时也在反观自身。

七、人本主义学习理论

罗杰斯(1902—1987)   加德纳(1943—)

美国心理学家罗杰斯(Carl R. Rogers)是人本主义心理学对教育产生最直接、最重要的影响的学者。他创立了以学生为中心的教育和教学理论。

(一) 主要观点

20 世纪 50 年代末,人本主义心理学以人为本的思想成为心理学发展的新动向。该理论重视人的"自我实现、情感、接受、对他人的关心和尊重、价值、社会活动、人际和人类关系"。首次提出学校教育的目标是发展学生的潜能(potentiality),强调教育过程是不断实现人的潜能的过程。

罗杰斯认为,学生具有学习潜能,并具备自我实现的学习动机。在教学中,教师只是顾问,而不是指导者,更不是操纵者。作为一名曾经的心理咨询师,他将心理治疗方法迁移到教育之中,提出了以学生为中心的教育原则:学生自己决定学习内容和激发学习动机,自己掌握学习方法,自己评价并倡导非指导性教学。

(二) 对语文教学的启示

人本主义学习理论启示我们:语文教师真诚地接受和理解所有学生,有利于学生发挥自身潜能;教学的重心应从教师转向学生,珍视学生的阅读体验、思想情感,从而提高语文教学效率。

但是,人本主义学习理论片面强调学生的天赋潜能,无视人的社会性;过分强调学生个人自发的兴趣和爱好,忽视教学内容的系统性和教师的主导作用,影响了教育的效能。在教育实践中,一些主张,如开放学校、开放课堂不易实施,也从未真正实现过。

八、多元智能理论

1983 年，美国心理学家、哈佛大学教授加德纳（Howard Gardner）在《智能的结构》（*Frames of Mind*）一书中提出多元智能理论（the theory of multiple intelligences）。1999 年，他又出版了《重构多元智能》（*Intelligence Reframed：Multiple Intelligences for the 21st Century*）对多元智能理论作了进一步补充。他认为，智能就是在真实生活中解决问题和提出新问题的能力，在自属文化领域生产有价值的成果或提供有价值的服务的能力。加德纳因多元智能理论及其在教育情境中的运用而闻名。

（一）主要观点

加德纳认为，学生的智能差异是每个学生智力强项的不同，每个学生多元智能组合的不同表现为个体间的智力差异。每个学生都或多或少拥有八种不同的多元智能（见图 2－14）。

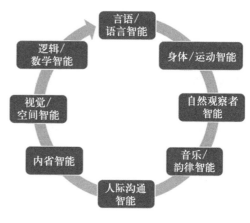

图 2－14　多元智能图

1. 言语/语言智能

言语/语言智能（verbal/linguistic intelligence）是个体掌握和灵活运用语言文字的能力，表现为能顺利且有效地运用语言描述事件、表达思想并与他人交流。言语智能占优势的人，如诗人、记者，通常喜欢玩语言游戏，可以一连数小时阅读，倾向于听、说、读、写。代表人物有莎士比亚。

2. 逻辑/数学智能

逻辑/数学智能（logical/mathematical intelligence）指的是对逻辑结构关系的理解、推理、思维表达能力，主要表现为个体对事物间各种关系，如类比、对比、因果和逻辑等关系敏感，以及能够通过数理进行运算和逻辑推理等。逻辑/数学智能占优势的人，如科学家、数学家，通常以概念和问题为中心进行思考，并且喜欢把观点付诸实验。代表人物有爱因斯坦。

3. 视觉/空间智能

视觉/空间智能（visual/spatial intelligence）指在脑中形成一个外部空间世界的模式并能够运用和操作这一模式的能力，即一种很强的观察、创造、再现图片和影像的能力。视觉/空间智能占优势的人,如航海家、画家、设计师,常常以图表和影像的形式呈现自己的观点,也常常将文字和感想转换为心理图像。他们擅长形象思维,有敏锐的定位感和方向感。代表人物有毕加索。

4. 音乐/韵律智能

音乐/韵律智能(musical/rhythmic intelligence)是指个体感知、欣赏、表达音乐的能力,表现为个体对节奏、音调、音色和旋律的敏感性,以及通过作曲、演奏、歌唱等形式来表达自己的思想或情感。音乐智能占优势的人,如作曲家、歌手,对各种非语言声音、日常噪声的节奏很敏感。代表人物有贝多芬。

5. 身体/运动智能

身体/运动智能(bodily/kinesthetic intelligence)是指个体的身体协调和平衡能力,以及运动的力量、速度和灵活性等,表现为用身体表达思想、情感的能力和动手的能力。身体/运动智能占优势的人,如运动员、舞蹈演员,通过运动和表演而达到最好的学习效果。代表人物有姚明。

6. 人际沟通智能

人际沟通智能(interpersonal intelligence)是指理解他人的能力,即对他人的表情、话语、手势动作的敏感程度,以及对此作出有效反应的能力。人际沟通智能占优势的人,如销售代表、营业员,知道如何了解他人的性情并作出相应的反应,擅长与人合作。代表人物有马丁·路德·金。

7. 内省智能

内省智能(introspective intelligence)又称自我认知智能,是指个体认识、洞察和反省自身的能力,表现为个体意识和评价自己的动机、情绪、个性等,并且有意识地运用这些信息去调适自己生活的能力。内省智能占优势的人注重内在感受,能形成现实的目标和自我概念。代表人物有甘地。

8. 自然观察者智能

自然观察者智能(naturalist intelligence)是指观察自然界各种形态,对各种物体进行辨认和分类的能力。即人们辨别生物(植物和动物)以及对自然世界(云朵、石头等的形状)的其他特征敏感的能力。自然观察者智能占优势的人,如地理学家、探险家,喜欢户外活动并关注生态环境的规律、特征或反常现象,并据此对自然生物进行分类和归纳。代表人物有达尔文。

加德纳后来提出第九种智能:存在智能(existential intelligence)。存在智能是指善于发现生命的意义,思考有关生与死、身体与心理世界的最终命运等,而且理解有关人存在的基本问题的能力。

加德纳强调所有人都具有八种智能,如果在不同情境下运用每一种智能,则它们都可以得到发展。但是,在实际生活中没有哪种智能可以单独存在,各种智能往往以错综复杂的方式交织在一起,共同发挥作用。而且,大多数人只在一两种智能上表现特别出色。不同智能组合是人与人之间存在差异的主要根源,学生的各种智能成分以不同方式组合在一起,就形成智能结构上的差异。

(二) 对语文教学的启示

多元智能理论有助于我们认识学生在语文学习中表现出的巨大差异,并进行客观归因:言语智能的强弱与学生的语文学科是优势还是弱势学科存在一定相关性。教师可以利用学生的智能强项来鼓励、促进学生的语文学习。

多元智能理论不是基于科学实验,而是汲取现代研究方法取得的研究成果。在个案和假说的基础上,其合理性虽得到一定验证,但也存在弊端。如智能、能力概念的界定二者交叉,存在逻辑错误,多元智能分类也存在交叉,误将动作视为智能等。

第四节　社会认知理论与语文教学

20 世纪 80 年代末,社会认知理论崛起,注重揭示社会心理活动的动态发展过程及其规律的社会认知心理学成为心理学学科中一个强有力的策动场和逻辑归结点。我国语文学科核心素养中文化传承与理解要素的培育,中国社会发展提出的学科立德树人的实施要求,可以此作为探索的理论依托之一。

一、社会认知的研究范畴

社会认知是社会心理学的一个领域。社会心理学是研究人们如何看待和影响他人以及与他人建立联系的学科。社会认知的狭义解释是,人们如何理解社会以及自己在社会中的位置。社会认知的研究主要包括个体层面、人际层面、群际层面以及社会实践认知层面多方面的内容。[①]

---

① 王沛,贺雯.社会认知心理学[M].北京:北京师范大学出版社,2015:4.

（一）个体层面

个体层面的研究包括自我图式、自尊等。

1. 自我图式

这是有关自我结构的心理表征方式，它源自个体过去的经验，并组织和引导个体在社会经验中处理有关自我的信息。在不同的文化中，人们看待自己与他人的关系的视角不同。西方人强调自我与他人的差异，即独立型自我建构；东方人强调自我与他人的联系，即依存型自我建构。

2. 自尊

这是信息加工者主体对自我所作的一种整体性评价。它包括与个体过去的记忆相联系的意识中的自我表征，或由自动化认知过程控制的非意识的自我图式。西方对自我的界定基于保护、扩张自我在与周围环境的关系中的位置。中国人对自我的界定基于关系取向，强调"我"在他人中的位置和价值。

（二）人际层面

人际层面的研究包括人际吸引和人际信任。

1. 人际吸引

有研究认为，物理上接近、客观背景相似的个体能产生人际吸引。个体可以通过多接触、寻找共同点、多展示他人喜爱的人格特点来增强人际吸引力。当个体处于孤独的情境中，就更喜欢与他人分享主观经验。与他人分享同幸福感之间存在高相关。

2. 人际信任

人际信任是指，在人际交往过程中，一方基于另一方的能力和道德的确定性形成的一种相互依赖感。人际信任是一个不断发展的过程，主要依据双方的能力和道德水平。人际信任是人际的双向互动。

中西方信任观存在差异。在西方文化中，个体更重视从自我本位出发，重视他人对"我"有什么价值；与他人交往是否能使"我"不再孤独，或者可以得到支持和陪伴；他人是否值得"我"信任。中国人受儒家文化影响，往往从"我"和"他人"双本位出发，更关心他人是否信任"我"，"我"如何获得他人的认可、喜欢和信任。

（三）群际层面

群际层面的研究关注刻板印象、社会认同和群际冲突等，探讨这些对社会和平发展而言具有显著影响的心理现象。

1. 刻板印象

刻板印象是有关某一群体成员的特征及其原因的比较固定的观念或想法。通过将他人归为我们熟悉的某个类型的群体,从而简化理解他人的任务。由于将个体归为某个特定的群体或类别,以及评价个体的个性特征要花费很多心理努力,因此我们通常基于刻板印象对个体进行分类。比如,班上转来一个艺术高中的男生,我们想当然地就以为他的想象力很丰富,文化知识基础相对薄弱,这就是对艺术类学生的一种刻板印象。刻板印象、偏见、歧视是表征人们社会性偏向的紧密相关的三个领域。

2. 社会认同

1979 年,泰弗尔(H. Tajfel)和特纳(J. Turner)提出社会认同理论。社会认同(social identity)是指社会的认同作用,或一个社会类别的全体成员得出的自我描述。它是有关"我"是谁或"我们"是谁,"我"在哪里或"我们"在哪里等的反思性理解。社会认同是个体自我概念的一个部分,源自对自己所属社会群体及这一群体共有的价值和情感特征的认识。个体通过社会分类,对自己的群体产生认同,并产生内群体(指个体经常参与的或在其中生活、工作、开展其他活动的群体)偏好和外群体(泛指内群体以外的所有群体)偏见。当个体对群体认同感很强,就会有很强的动机去维护自己的群体。

社会认同理论是一个关于群体间行为的理论。社会认同对个体自我形象和积极心态至关重要,它有五种类型:民族和宗教认同、政治立场认同、职业和爱好认同、人际关系认同、不良组织认同。民族认同是社会认同的核心,是个体自豪感的源泉。民族优越感是个体对自己所属民族群体的喜爱程度超过对其他群体的喜爱程度的倾向。个体不仅以自己所属的群体为傲,而且认为自己所属的群体优于其他群体。因此,民族优越感也会导致偏见。

3. 群际冲突

群际冲突是指,人们不把自己看作一个单独的个体,而是把自己视为不同社会群体的成员,从而发生的内隐或外显的对抗行为。群际冲突的产生途径是,人们感知到外部群体的存在对自身的社会资源、身份、自尊水平与文化观念等产生威胁,进而出现的资源竞争和自我保护行为。

(四) 社会实践认知层面

这涉及人们面对社会实践与社会活动时出现的各种心理活动,包括社会决策、归因、社会推理。

1. 社会决策

社会决策是指对群体行为的选择。小到学生小组,大到学校、政府,凡涉及群体行为的决策都是社会决策。社会决策包括道德决策,皮亚杰的儿童道德发展阶段论、科尔伯格的道德决策认知发展理论奠定了道德决策的理论基础。

2. 归因

归因是指人们如何解释自己和他人行为的原因,是对影响或解释其行为的因素作出结论的一种认知过程。比如,一些教师把女生学不好几何归因于性别因素,把某个调皮的男孩写不出作文归因于态度问题。大量研究揭示,人们决策背后的不同原因也表现出个体差异。虽然几个学生表现出相同的行为,背后却可能蕴藏着不同的原因。

此外,西方人的归因倾向于个体本身,而东方人则倾向于结合具体情况来解释他人的行为。

3. 社会推理

社会推理是指为了更好地指导自己在社会生活中作出正确的决策,我们需要作出的推测和决断。

二、社会认知阶段理论

社会认知主要包括社会知觉、社会印象和社会判断三个加工阶段。

1. 社会知觉

社会知觉是指人们在社会生活中形成的知觉反应。学生通常会对同班同学的人格特点、校园生活的态度、班级同学间的关系产生知觉反应,如通过日常的观察和相处,班长发现自己的同桌因为内向和孤僻而被同学孤立。

2. 社会印象

社会印象是指个体对社会、他人、自己的知觉结果,其本质是对他人的面貌和人格特点的反映。它以社会知觉为基础,但更抽象和概括。如班长看到同班女生总是上学迟到,忘带作业,于是对她产生了不守时、丢三落四的印象。

3. 社会判断

社会判断是在社会知觉和社会印象基础上的综合分析,是对认知客体的评价和推论。上例中,班长会断定该女生不喜欢上学,对自己的学习不负责任。

三、社会影响原理

我们的行为如何影响其他人和团体？社会影响主要涉及从众、服从和群体影响三个方面。

1. 从众

从众（conformity）是指个体为了与群体规范保持一致，采取积极或消极的方式来改变自己的行为。如一个转学到新集体的女生发现，即使大热天，班级女同学也不穿裙子。为此，她也不得不在 38 度的高温天里，一改原有的穿裙子的习惯，穿上了裤子。这是女生为了与全班女生保持一致而改变自己的想法和行为。

2. 服从

服从（obedience）是一种遵从权威提出的要求的行为。如班主任规定全班同学都不能带手机到校，有个需要父母开车接送的学生就很为难，没有手机这个通信工具，他就无法知道父母放学能否接他。但是，他不得不遵从班主任的要求，即使内心很崩溃，也只能把手机留在家里。

3. 群体影响

群体影响是指个体在群体中丧失个人身份、削弱责任感的去个性化现象，以及通过行为、情感或思想的传播，引发个体模仿行为的社会传染现象。如我们会发现小组讨论的时候，由于教师没有明确组内分工，因此组员不那么努力，甚至消极怠工。小组规模越大，学生个体就越有可能出现懈怠现象，这就是去个性化现象。当然，我们也会发现学生在班级群体中的表现，如值日生劳动，会比他们在各自家里劳动表现要好，这都是群体影响的结果。当下，网红所到之处和推荐的产品都会引发一批年轻学生的跟风，并被视为社会时尚，这就是一种社会传染。

相关研究表明，由于文化的差异，西方人更注重个人价值和个人成就，强调差异和独特性。中国人更重视群体，强调群体的和谐，相信个人成就取决于自己在集体中发挥的作用。因此，中国人的从众水平更高。

埃里克森（1902—1994）

四、心理社会发展阶段理论

美国发展心理学家埃里克森（Erik H. Erikson）提出从婴儿期到老年期人的心理社会发展的八个阶段。

这八个阶段的顺序由遗传决定,但是每个阶段能否顺利度过由环境决定。所以,该理论称为心理社会发展阶段理论。

(一) 八个阶段划分

埃里克森认为,人的发展可以追溯到整个生命旅程,每个阶段都有一项必须完成的发展任务,该任务会产生两种可能的结果(见表2-9)。

表2-9   人的心理社会发展八个阶段

阶段	名称	年龄	发展任务的结果
1	婴儿期	0～1.5岁	信任/怀疑
2	学步期	1.5～3岁	自主/羞耻
3	幼儿期	3～6岁	主动/内疚
4	童年期	6～12岁	勤奋/自卑
5	青少年期	12～18岁	同一性/角色混乱
6	成年早期	18～25岁	亲密/孤独
7	成年中期	25～50岁	繁殖/停滞
8	成年晚期	50岁后	完善/绝望、厌恶

(二) 各阶段的发展特点

1. 婴儿期

这个阶段的信任感源于婴儿身体的舒适感和对未来的安全感。当婴儿啼哭或饥饿时,如果父母或其他照料者反应及时,细致看护,则能满足婴儿的基本需求,建立起婴儿与照料者之间的信任感。有信任感的婴儿开始把自己看作世界上独特的个体。反之,则会产生恐惧,时刻担忧自己的需要得不到满足。

2. 学步期

这个阶段婴儿正接受如厕训练,开始体验自我控制能力。他们开始展露自己的意愿,开始有意识地决定做什么或不做什么。若他们有机会体验到对自身行为的控制感,就会获得独立感和自信心。若受到大人的严厉惩罚,他们就会产生怀疑,并感到害羞。

3. 幼儿期

这个阶段的幼儿开始进入幼儿园,来到一个更开阔的世界。他们开始争取利益、建立友谊、承担责任等。他们特别喜欢帮大人做事情。当体验到承担责任的感觉时,他们会变得更加主动。在这一阶段,如果幼儿的主动探究行为受到鼓励,他们就会形成主动性。如果缺少这种承担责任的经历,或受到讥笑,他们就会产生不舒服的内疚感和焦虑感。

4. 童年期

这一阶段的儿童富有想象力,进入小学后他们把主要精力放在掌握知识和学习技能上。如果他们能顺利完成课程学习并从中学会享受学习过程,就会获得勤奋感,这将使他们在今后独立生活和承担工作时充满信心。反之,就会产生自卑感。

5. 青少年期

这个阶段的个体开始探索自己是谁,具有哪些特征,要过怎样的生活等问题。他们的主要任务是建立一个新的心理上的自我(同一性),或自己在别人眼中的形象,以及在社会群体中所占的情感位置。这一阶段的青少年若感到环境剥夺了自己在未来发展中获得自我同一性的种种可能,则难以形成同一性,容易陷入角色混乱。同一性是一个积极的建构过程,是对不同身份进行思考和尝试的结果。

6. 成年早期

这个阶段个体面临的挑战是与他人建立亲密关系,还是成为社交孤独的人。只有具备牢固的自我同一性的青年人,才敢于与他人建立亲密关系。因为与他人建立爱的关系,就是把自己的同一性与他人的同一性融为一体。这个过程中有自我牺牲或损失,只有这样才能建立真正亲密无间的关系,从而获得亲密感,否则将产生孤独感。

7. 成年中期

繁殖感意味着创造有益于后代的有价值的东西。有繁殖感的人感到自己留下了持久的遗产,并对下一代有所帮助。一个人即使没生孩子,但只要能关心、教育和指导孩子或参与志愿者活动,也可以产生繁殖感。没有繁殖感的人,其人格发展停滞,感到对后代没有作出任何贡献。

8. 成年晚期

步入晚年的人会回顾自己的一生:评价自我、寻找意义、正视死亡。一个拥有完善感的老年人,会觉得生活十分有意义,且以超然的态度对待生活和死亡,对死亡较少感到恐惧。缺乏完善感的老年人则会怀着绝望和恐惧走向死亡。自我调整是一种接受自我、承认现实的感受,一种超脱的智慧之感。对老年人而言,人生的目的是最大限度地体验当下的情绪,更积极地享受当下的生活。

(三) 启示与不足

埃里克森的心理社会发展阶段理论启示我们,心理社会发展良好的学生,在生命早期就获得了信任感,并在各阶段都能体验到强烈的意义感。在幼儿期,教师缺失耐心、指责幼儿,易造成幼儿的自我怀疑。教师愿意花时间回答学生的问题,则有助于学生的主动发展。在小学阶段,教师要鼓励儿童创造和做事情,帮助他们持之以恒,鼓励他们尝试,这样有助于学生勤奋学习。初高中的教师若能意识到,这个阶段的学生在努力探索"我是谁"的过程中可能经历的困难和不确定性,则能帮助他们积极地解决遇到的问题。语文教学理应关注每个学生的心理社会发展,并为学生的心理社会发展提供助力。在语文实践活动中,应该为学生创设文化基础,以及社会参与、自主发展的时间和空间,帮助每个学生逐渐养成健全的人格。

埃里克森主要运用个案研究,试图捕捉每个发展阶段的特定任务,但忽略了其他重要的发展任务,如成年早期的职业发展和工作。

五、道德发展理论

道德发展是指随着年龄的增长,个体的思想、情感和行为在自我指导原则与价值观上的变化。该领域的研究中,皮亚杰和科尔伯格的道德发展理论具有权威性。

(一) 皮亚杰的道德发展理论

皮亚杰认为,儿童的道德发展是自然天赋与相应的社会因素相互作用的结果,它不仅取决于儿童对道德知识的了解,而且取决于儿童道德思维发展的水平。儿童道德思维的发展是一个自主的理性思维发展过程,可分为四个阶段:前道德阶段、他律道德阶段、初步自律道德阶段和自律道德阶段。每个阶段都有明显的阶段特点和顺序性。

1. 前道德阶段(2～5 岁)

这个阶段的儿童约 2～5 岁,缺乏按规则或规范行动的自觉性,在亲子关系、同伴关系、价值判断等方面均表现出以自我为中心的倾向。

2. 他律道德阶段(6～8 岁)

这个阶段的儿童约 6～8 岁,他们不理解规则,但表现出对外在权威的绝对尊重和顺从,把权威确定的规则看作是绝对的、不可更改的。完全以权威的态度为依据,来评价自己和他人的行为。

3. 初步自律道德阶段(8~10岁)

这个阶段的儿童约 8~10 岁,他们的思维具有守恒性和可逆性,不把规则看作是一成不变的东西。如果他们一致认为有必要建立新的规则,那么原有的规则也是可以改变的。他们逐渐从他律转为自律。

4. 自律道德阶段(10~12岁)

这个阶段的儿童约 10~12 岁,他们的公正观念或正义感得到发展,已经理解规则是必要的。儿童的道德观念倾向于公正、平等。

(二) 科尔伯格的道德发展理论

科尔伯格(Lawrence Kohlberg)完善了皮亚杰有关道德思维的观点,认为道德推理遵循一个固定的发展阶段。他运用一个道德两难的小故事(见案例),分析10~16 岁儿童对该问题的反应——儿童的选择,进而提出儿童道德推理发展的三个水平(前习俗水平、习俗水平、后习俗水平)六个阶段的理论。

科尔伯格(1927—1987)

案 例

欧洲有个妇女身患一种罕见的癌症,生命垂危。医生说只有一种药能救她,就是小镇上一位药剂师刚发现的一种镭剂。这种药标价是实际价值的 10 倍,一粒卖到 4 000 美元。该妇女的丈夫海因兹到处借钱买药,最后只借到 2 000 美元。他恳求药剂师便宜一点卖给他,或者先赊账以后再还。但是,药剂师一口回绝。在尝试了所有合法手段而无果后,海因兹决定夜闯药房,偷药救妻子的命。

1. 前习俗水平

处于这个水平的个体主要根据行为结果(外部世界的惩罚和奖励)进行道德推理。

2. 习俗水平

处于这个水平的个体的道德标准主要来自父母和社会法律。

3. 后习俗水平

处于这个水平的个体认识到道德过程有多种选择,思考多种选择并将其发展为个人的道德规范。

表 2 - 10   科尔伯格的道德发展水平和阶段

水平 1：前习俗水平

阶段 1	阶段 2
惩罚与遵守是个体最关注的。儿童认为如果不遵守规则,就会受到惩罚。他们凭自己的水平作出避免惩罚或无条件服从权威的决定,但并不考虑惩罚或权威背后的道德准则。 **对海因兹是否应该偷药的回答** 海因兹不应该偷药,因为如果被人发现会坐牢。	个体以自己的最大利益为出发点来考虑是否应该遵守规则。有时会通过与别人协商或和解来解决问题。 **对海因兹是否应该偷药的回答** 海因兹应该去偷药,因为药剂师不愿意卖药给他。

水平 2：习俗水平

阶段 3	阶段 4
个体的道德推理为众人的期望和意见所引导,个体愿意按照大家对自己的期望去做。 **对海因兹是否应该偷药的回答** 海因兹应该去偷药,因为一个好丈夫应该照顾好自己的妻子。如果不愿意冒着坐牢的危险偷药挽救妻子的生命,他就太冷酷无情了。	个体重视社会秩序,包括法律和履行义务。 **对海因兹是否应该偷药的回答** 海因兹不应该去偷药,因为如果每个人都违法偷东西,社会就会变得很混乱。

水平 3：后习俗水平

阶段 5	阶段 6
个体意识到社会契约和个人权利的重要性,并试图找到两者的平衡点。 **对海因兹是否应该偷药的回答** 海因兹应该去偷药,因为一个人的生命价值远大于药剂师个人对财产的拥有权。	个体赞同公平的普遍原则,且应该按照这些原则行事。该原则不受特定社会规则制约。 **对海因兹是否应该偷药的回答** 海因兹应该去偷药,因为人类生命的价值远大于其他任何东西。

科尔伯格认为,道德发展与认知发展紧密结合在一起。我们可以通过角色扮演以及和处于更高道德发展水平的人讨论道德问题等方式,来促进学生的道德发展。

(三) 启示与不足

有关学生道德发展理论的研究启示我们,学生道德思维的发展和语文学科听、说、读、写知识的学习结合在一起。中国社会发展要求语文课程学科育人,无须在学科教学之外添加额外的育人内容,应借鉴皮亚杰道德发展的四个阶段、科尔伯格道德发展的三个水平和六个阶段理论,把学科立德树人融入各年级语文课程内容的学习。如借助教育戏剧、课本剧、角色扮演等促进中小学生的道德发展。

科尔伯格的道德发展阶段理论强调个人权利,并将个人权利作为合理的道德推理的关键,未充分关注他人和社会关系。同时,研究采用的道德两难困境与学生的日常社会情境缺乏关联,也忽视了文化对道德的影响。

第三章

语文知识的学习

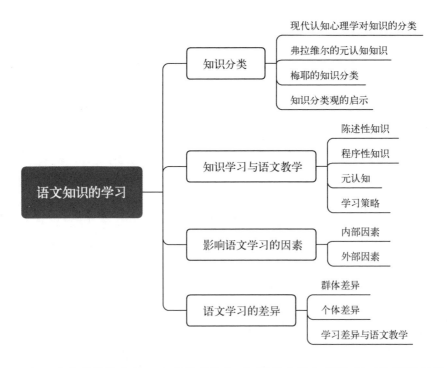

皮亚杰和当代信息加工心理学家认为,知识是主体与环境相互作用而获得的信息及其组织。若贮存于个体内部,则为个体知识;若贮存于个体之外,则为人类知识。知识的本质就是信息在人脑中的表征。

第一节　知识分类

知识分类是将广义的知识分为知识和技能。这种分类虽然注意到知识学习和技能学习的不同规律,但忽视了个体在获得知识方面的心理过程和特点。

一、现代认知心理学对知识的分类

信息加工心理学者安德森(J. R. Anderson)提出思维的适应性控制理论(theory of adaptive control of thought,ACT),试图建立一个完备的高水平的人类认知理论。该理论提出,人类认知是陈述性知识和程序性知识相互作用的结果。

(一) 知识分类

根据知识在人脑中的表征性质,安德森对知识作了最基本的划分,即把知识分为陈述性知识(declarative knowledge)和程序性知识(procedural knowledge)。表征是人的认知过程的一个重要标志和步骤,也是现代认知心理学的重要概念之一。表征是指心理活动中的表现和记载方式,也称心理表征。它涉及知识在头脑中如何表示和贮存。陈述性知识、程序性知识和策略性知识在头脑中的表征方式不一样。

1. 陈述性知识

陈述性知识指能被人陈述和描述的知识,也叫描述性知识。主要说明事物是什么、为什么、怎么样,用于区别、辨别事物。这种知识具有静态的性质,比较容易获得,也比较容易修正。在语文课程中,这类知识一般可通过记忆获得,如汉字知识、语法修辞知识、表达方法的知识、文体知识、作家作品等文化常识、常用工具书,以及背诵积累的古今优秀诗文。陈述性知识容易被人意识到,而且学生能明确地用词汇或符号加以表述。

2. 程序性知识

程序性知识是关于人怎么做事的知识,即做什么和怎样做。程序性知识也称操作性知识,包括关于解决问题的思维操作过程的知识,以及如何实现从已知状态向目标状态转化的知识。由于程序性知识与实践操作密切联系,具有动态的性质,因此获得此类知识比较缓慢,要在一段时间内大量练习。这类知识一旦自动化就很难纠正。在语文课程中表现为能正确理解和运用祖国文字,具有识字、写字、阅读、写作和口语交际的能力。如品词品句,找出文章的中心句,概括段落意思,整体把握课文的中心思想,欣赏和评价文学作品,观察事物和人物,使用修改文章的符号,按需求写请假条和书信,搜集和处理信息等。程序性知识体现在实际活动中,学生是否有程序性知识,不是通过该学生的回忆,而是通过其行为才能判断。

程序性知识又可分为一般领域(domain-general)的程序性知识和特殊领域(domain-specific)的程序性知识。一般领域的程序性知识又称弱方法(weak method),因为这类知识适用范围广,但对特定的学习目标来说,未必最有成效。如读数学题,以及读语文、英语课文时,都要运用阅读的程序性知识:看文字,理解整体含义,不理解的文字查阅工具书。这种阅读的程序性知识属于一般领域的程序性知识。

特殊领域的程序性知识还可进一步细分为特殊领域的自动化基本技能和特殊领域的策略性知识(strategic knowledge)(见图 3-1)。前者能够有效用于特殊领域,促进迅速而可靠的操作。如语文课上阅读小说,把握人物性格,这就需要在理解字面意思的基础上,分析小说中描写人物语言、神态、动作、心理活动等方面的句子,从而推断出人物的性格特征。这种阅读的程序性知识能有效地运用于语文学科文学作品的阅读,属于特殊领域的程序性知识。

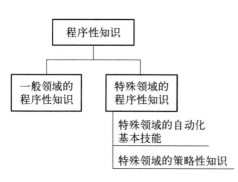

图 3-1　程序性知识分类

特殊领域的策略性知识负责对何时、何地使用特殊领域的程序性知识作通盘规划和组织。如某小学生能借助汉字表义的特点记忆形近字:青,加上"日"表示天空没有云或云很少——晴;加上"目"表示眼珠——睛;加上"米"表示精神——精。这个学生采用偏旁表义的方法区分形近字,提高自己记忆生词的效率,这是一种记忆字形的策略性知识。又如,当学生面临一项写作任务时,如何把自己的情绪调整到最佳状态,保持浓厚的兴趣和旺盛的精力,克服困难坚持完成任务。如何确定查阅资料的手段,资料的取舍、删减或添加,如何有效地利用时间,完成既定的任务。这些不仅涉及运用一些具体的语文学习方法,而且包括计划监控、资源管理、调节等,属于一种认知策略。

(二) 知识和技能

1. 陈述性知识和程序性知识

安德森所说的知识是一种广义的知识,它不仅包括对事物的了解,而且包括对知识的应用。其分类不是对客观知识的划分,而是对人脑中个体知识的划分。就好像同样上一堂作文课,有的学生形成的是有关一篇读后感的陈述性知识,如一篇读后感由哪几部分组成;有的学生可能形成的是有关读后感的程序性知识,如能运用读后感的文体知识,写一篇莫言的《透明的红萝卜》的读后感。因此,我们不能说语文新课标附录中的语法修辞知识要点属于陈述性知识或程序性知识。但是,在语文新课标的学段目标(内容标准)部分若能具体阐述,则有利于各学段教师明确教学要求。

（1）区别

根据测量学的观点,陈述性知识可以通过学生陈述的方式加以评价,程序性知识只能通过观察学生的行为加以判断。如让学生回答读后感由哪几部分组成,这是评价学生是否掌握了读后感的陈述性知识;若要求学生写一篇莫言的《透明的红萝卜》的读后感,我们可以阅读学生写出来的读后感,评价他们是否掌握读后感的程序性知识。

若从表征的方式看,陈述性知识主要以图式表征,程序性知识以产生式系统表征。若从信息输入和输出的特点来看,陈述性知识是相对静态的,程序性知识是相对动态的。若从激活速度看,陈述性知识激活速度慢,提取要经历一个有意识搜寻的过程,程序性知识激活速度快,提取时能相互激活。陈述性知识习得快,遗忘也快;程序性知识习得慢,遗忘也慢。

（2）联系

程序性知识以陈述性知识为基础。只有学生把陈述性知识与具体的学习任务联系起来,在解决问题的过程中加以运用,才可能将陈述性知识转化为程序性知识。学生读了莫言的《透明的红萝卜》,在知道读后感由哪几部分组成后,提笔按照这个文体结构去写读后感,才可能拥有读后感的程序性知识。

2. 能力和技能

在我国,比较流行"知识""能力/技能"的概念和提法。依据安德森的分类,我们以往熟悉的"知识"的概念,实质上是一个狭义的知识概念,与陈述性知识相吻合。"能力/技能"的概念是指人会做什么,如学生阅读一篇议论文,能理解议论文的论点、论据以及作者的论证过程,我们就认为该学生拥有阅读议论文的技能,实质上与程序性知识相吻合。在现代认知心理学中,知识的概念是广义的,能力/技能也被视为一种知识——程序性知识。这与我国以往流行的知识观有着根本性的区别。例如,当学生能够回答什么是读后感的时候,我们可以判断他掌握了读后感的知识(陈述性知识)。当他能写一篇莫言的《透明的红萝卜》的读后感时,我们可以判断他拥有了读后感的写作能力/技能(程序性知识)。

二、弗拉维尔的元认知知识

(一) 弗拉维尔的元认知

1976 年,美国心理学家弗拉维尔(John Hurley Flavell)提出元认知(metacognition)的概念。

1. 元认知

元认知是指个体有关自己的认知过程的知识,以及调节这些过程的能力。其实质是个体以自身的认知过程和结果为对象,以对认知活动的调节和监控为外在表现的认知,是对自己认知活动的自我意识、自我体验、自我调节和监控。它包括元认知知识和元认知监控两个成分。

弗拉维尔(1928—)

案 例

高三学生作业

小常是一名高三学生,因为准备参加艺术类高考,所以每天都要画素描。一天,数学、英语教师布置做练习卷,语文教师要求写一篇作文。她在自习课上抓紧时间完成了英语抄写作业,放学回家时在地铁车厢里构思作文、打腹稿。这样,晚上八点前就写完了作文。数学是她的弱项,她请教了好朋友,才完成试卷最后的 3 道几何题。晚上 10 点,感觉大脑有点晕乎乎。她先去喝了杯牛奶,闭目养神听了一首喜欢的歌,然后开始画素描,晚上 11:30 准时上床睡觉。

小常对自己的优势学科和弱势学科很了解,作业安排有序,快速完成英语和语文作业,数学试卷上最难的几何题,她主动请求帮助,也顺利做完。小常自控有方,利用放学路上的时间,不顾地铁车厢拥挤嘈杂的环境,构思作文、打腹稿,为自己争取了画素描和睡眠的时间。这是对学习任务目标和学习策略的认识,也是完成作业过程中自我监测和自我控制能力的表现。这其实就是元认知的一种表现。

2. 元认知的构成

元认知包括元认知知识和元认知监控两大成分(见表 3-1)。如上例中小常明了英语抄写、数学几何题和作文三项作业的特点及要求,自知自己三门学科的学习特点、能力及完成速度,在此基础上作出合理的时间安排。这是她对自我和学习任务的认知。在按计划完成作业的过程中,当身体不适、注意力难以集中时,她灵活调整、适当休息。在地铁上,则能克服环境的喧哗,坚持打腹稿。这反映她具有自我监控的能力。

表 3 - 1　元认知成分

元认知成分	元 认 知 知 识	元 认 知 监 控
含义	有关个人、任务和策略的知识。 1. 有关学习者本人特点的知识,如自己语文学习的能力、兴趣、爱好,自己的个性特征和学习速度等。 2. 学习任务方面的知识,如背诵、默写诗文,阅读理解文章,按要求写作等作业要求的知识。完成这些学习任务具体涉及的课文篇幅长短、文章结构、体裁等知识。 3. 学习策略方面的知识,如监控和调节过程的策略、贮存和提取信息的策略等。	有关计划、监控和调节的能力。 1. 根据材料特点、个人特点和学习任务要求,相应地作出计划,选择合适和有效的策略。 2. 评价每项操作的有效性,检查结果。 3. 修正策略并对存在的问题采取有效的补救措施等。

弗拉维尔虽然没有提出系统的知识分类观,但提出元认知知识这种新的知识类型,即个人所有的,关于哪些因素可能以什么方式来影响自己的认知过程和认知结果的知识。

(二) 元认知与认知

元认知不同于认知,是对自己认知的认知。元认知与认知两者协同,使学生完成学习目标。元认知与认知的区别见图 3 - 2。

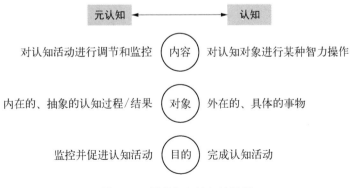

图 3 - 2　元认知与认知的区别

(三) 元认知知识与认知策略、学习策略

1. 认知策略

这是一种特殊的程序性知识,其特殊性表现为指向学习者自己的内部认知过程。有时简称为策略、策略性知识。

2. 学习策略

这是学习者为了提高学习效果和效率,在学习活动中用来保证有效学习的规则、方法、技巧及其调控措施。

学习策略既有认知领域的学习,又有情感领域和动作领域的学习,因此学习策略的外延大于认知策略。

我国学者陈琦通过理论模型阐述元认知知识与认知策略、学习策略之间的关系。她认为,学习策略是存储在长时记忆中的元认知知识,包括认知策略、元认知策略和资源管理策略(见图 3-3)。

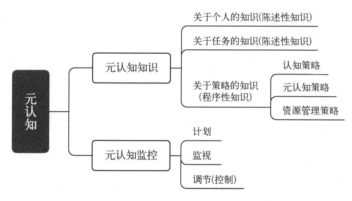

图 3-3 元认知知识与认知策略、学习策略

三、梅耶的知识分类

1987 年,美国心理学家梅耶(Richard E. Mayer)综合加涅和安德森的知识观,将知识分为语义知识(semantic knowledge)、程序性知识和策略性知识(strategic knowledge)三大类。

1. 语义知识

语义知识是指个人关于世界的知识,类似于加涅的言语信息和安德森的陈述性知识。

梅耶

2. 程序性知识

程序性知识是指用于具体情境的算法或一系列步骤,包含智慧技能和动作技能等一般程序性知识。

3. 策略性知识

策略性知识是指如何学习、记忆或解决问题的一般策略,包含应用策略进行自我监控。相当于加涅所说的认知策略。

心理学家丹博(M. H. Dembo)在《应用教育心理学》一书中,梳理了认知心理学知识的关系,有助于我们从多视角厘清认知心理学的相关概念。

四、知识分类观的启示

(一)课程标准编制

我国新课标从知识与能力、过程与方法、情感态度与价值观三个维度来厘定学科课程总目标。安德森、弗拉维尔和梅耶的研究成果仅限于认知领域。基于安德森、弗拉维尔和梅耶的知识分类观看现行语文课程标准的三维目标设计,我们可以找到如下对应关系(见表3-2)。

表3-2　知识分类观与语文课程目标框架

语文课程目标框架 ＼ 知识分类		安德森的分类	弗拉维尔的元认知	梅耶的分类
知识与能力	知识	陈述性知识	——	语义知识
	能力	程序性知识		程序性知识
过程与方法			元认知知识 元认知监控	策略性知识
情感态度与价值观		——	——	——

三维目标中的"语文知识"相当于安德森的陈述性知识、梅耶的语义知识;"语文能力"相当于安德森和梅耶的程序性知识;"过程与方法"包括安德森特殊领域的程序性知识中的策略性知识、梅耶的策略性知识(安德森和梅耶只是用词不同),以及弗拉维尔的元认知知识和元认知监控。"语文情感态度与价值

观"属于情感领域,安德森和梅耶的研究不涉及这一领域。

从课程目标来看,"知识与能力"维度内容系统、完整,"过程与方法"维度的设计较薄弱;从各学段目标来看,由于对特殊领域的程序性知识/策略性知识和元认知缺乏必要的认识,因此策略性知识、元认知这部分内容还有待设计;"情感态度与价值观"维度的学习目标,诸如中华优秀传统文化、革命文化、社会主义先进文化,目标明确,内容框架已初步搭建。

(二) 策略性知识教学

以阅读领域的学习为例,阅读理解监控与阅读策略教学可从如下途径着手。

1. 提出明确且适度的阅读目标

许多研究表明,不少阅读能力差的学生之所以不能有效阅读或阅读效率不高,往往是因为他们在阅读时缺乏内在的阅读目标意识。教师要帮助学生在阅读前设置明确的目标,这样学生才能准确把握阅读任务,明确阅读的特点、要求以及达到要求的程度。这样,学生才会把注意力放到与任务有关的内容上,以便抓住文章的重点。教师在帮助学生预设目标时要根据学生的实际水平,目标的难度要适中,能让阅读能力较差的学生经过一定努力尝到成功的喜悦。

2. 教师示范阅读理解监控过程

阅读理解监控过程是阅读者在阅读过程中的心理活动过程,虽与具体的阅读活动相联系,但人们往往难以观察到,这给教师的指导工作带来困难。要使学生对阅读理解监控过程有感性的认识,教师必须示范阅读理解监控过程,把这个过程中不能直接观察的心理活动清楚展现在学生面前。如教师先指定一段课文,与学生一起默读。假设理解遇到困难时,自己怎样思考,采取怎样的措施,同时用语言将思维的过程展示给学生。教师甚至可以假设自己的理解遇到困难,请学生帮助自己怎样思考,采取怎样的措施,师生间产生互动。这种阅读教学对发展学生的阅读理解监控能力有极大的促进作用。

3. 引导学生采用自我提问的策略

自我提问法能不断促进学生自我反省,进而提高阅读理解监控能力。科林斯(Allan Collins)等人认为,许多时候阅读理解失败实际上是因为不能提出适当的问题。阅读能力差的学生往往不善于发现问题和提出问题。因此,教师要帮助他们针对阅读的目的和课文的重要部分,提出需要理解课文后才能正确回答的问题。下面的案例展示了一张阅读理解自我监控核查单。

案 例

概览阶段

1. 从这篇文章的标题看,这篇文章讲什么?

2. 从大小标题看(或从摘要看,从课文的开头和结尾看),是不是和我刚才猜想的一致?

3. 这篇课文值不值得细读?

初读阶段

1. 这篇文章涉及哪些背景知识?我需不需要补上某些背景知识?

2. 这篇文章有哪些生字、生词?

3. 我扫清了阅读这篇文章的障碍吗?

细读阶段

1. 我每读一句,都停下来考虑它和前一句是什么关系吗?

2. 我每读一段,都停下来考虑它和前一段是什么关系吗?

3. 我能够把这篇文章连贯起来理解吗?

提要阶段

1. 我采取提要的方法浓缩知识吗?

2. 我采取纲要法构造知识吗?

3. 我很好地把握住文章的主题和结构吗?

检测阶段

1. 我理解了课文的每一个句子和段落吗?

2. 我把握了文章的结构吗?

3. 该记的知识我都牢记了吗?

4. 应该学会应用的知识,我都熟练运用了吗?

(三) 语文学习

基于安德森的知识分类观,提升语文有效学习的正确途径有三。

1. 向学生传授语文陈述性知识,使学生习得的这种知识符合奥苏贝尔的良好认知结构特征。

2. 帮助学生将语文陈述性知识转化为程序性知识,使之成为顺利完成各种语文智慧任务的技能。

3. 教会学生习得和应用语文策略性知识，学会语文学习、记忆和思维的技能，成为自觉的自我学习者，并能自我调控。

上述三者相互制约、相互依存，均应受到重视，而不能顾此失彼。

第二节　知识学习与语文教学

语文教学遵循认知结构发展的普遍规律，但语文知识学习有其学科特殊性。

一、陈述性知识

词、短语或句子是人类语言交流的工具。但是，我们的大脑以信息而不是词、短语或句子来记录知识。信息在大脑中的表示形式和组织结构统称为知识的表征（knowledge representation），其形式有具体形象、概念或命题等。同一事物可以有不同的表征形式，如"狗"在学生头脑中的表征形式可能是他的宠物泰迪犬，也可能是关于狗的概念。不同类型的知识具有不同的表征形式（也称为编码）。不同表征形式具有的共同信息称为表征的内容。

（一）陈述性知识的表征

陈述性知识主要以命题（proposition）、命题网络（propositional network）或图式（schema）来表征（见图 3 - 4）。

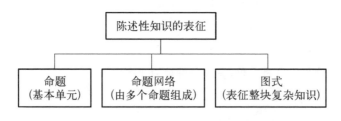

图 3 - 4　陈述性知识的三种表征形式

1. 命题

知识的基本单元是命题，一个命题相当于一个观念。命题是指表达判断的语言形式,由一种关系和一组论题构成,用句子表达。命题不等于句子,而是句子表达的意义。我们大脑保持的不是句子本身,而是句子表达的意义。如:

王睿　看完了　《狼图腾》　这本书。
论题　关系　　论题　　　论题

"王睿看完了《狼图腾》这本书。"这句话的论题是"王睿""狼图腾""书",关系是"看完了"。论题一般指概念,用名词或代词表达;关系一般用动词、副词、形容词或介词等表达。

2.命题网络

储存在个体长时记忆中的任何信息都不是孤立存放的。具有共同成分的多个命题,会彼此联系组成命题网络,构成个体推理及解决问题的基础。如语文特级教师魏书生曾梳理语文学科知识体系,构建语文知识树(也称语文知识结构图)(见图3-5):将学科知识分为基础知识、文言文知识、文学常识、阅读与写作知识四个部分。基础知识包括语音、文字、词汇、句子、语法、修辞、逻辑、标点八个方面。文学常识包括外国、古代、现代、当代四个方面。每个方面又可细分为若干知识点,如语法包括词类、词组、单句、复句四个知识点。若一个高中学生的语文知识是按这样的层级组织记忆的,那么可以说该学生的大脑中储存的语文陈述性知识都进入命题网络。他掌握的知识易提取,不易遗忘。

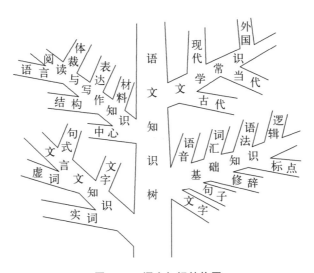

图3-5　语文知识结构图

3. 图式

如果说命题网络表征许多小块的知识,图式则表征较复杂的整块知识。图式是人脑中关于普通事件、客体与情景的一般知识,是一种有组织的知识结构。图式对学生语文知识迁移极为重要。

从表征的内容来看,图式可以分为客体图式、事件图式、文本图式、学科知识或专门领域知识结构图式、计划和策略图式。

(1) 客体图式是指人们对自然界客观存在的实体的表征。如动植物、汽车、罪犯。也包括对社会文化形成的一些客观实在的表征,如城市、农村、手机等。

(2) 事件图式是指人们对事件中典型活动先后次序的有组织的表征。如乘坐地铁,该图式表征的典型次序是,购买地铁卡—刷卡入闸—等车—上车—下车—刷卡出闸。这种图式也称脚本(script)。

(3) 文本图式是指人们对文章具有的特征或典型组织结构的表征。该图式引导人们提取并加工信息,如运用议论文图式阅读议论文,运用邮件图式阅读邮件,按照几个"W"——谁(who)、何时(when)、何地(where)、发生何事(what),以及原因、经过来搜索报刊上的新闻信息。

(4) 学科知识或专门领域知识结构图式是指人们对某一学科或某个专门领域知识的逻辑关系、整体结构的表征。如语文课程内容可以分为阅读、口语交际、作文和综合性实践活动四大学习领域。

(5) 计划和策略图式是指人们从事某个活动或解决某个问题制定的计划、方案、路径、方法等内部结构及其特征的表征。如学生制定寒暑假计划、社区服务活动方案等。

案 例

在新加坡坐地铁

小诚作为上海的一名初中交换生,去新加坡学习一个学期。第一天,他坐地铁去学校。按照在上海坐地铁的程序:购买地铁卡—刷卡入闸—等车—上车—下车—刷卡出闸。前面都很顺利,可是,最后一步卡住了。他把一次性地铁卡插入机器,闸口的机器就把地铁卡弹出。试了几次,都无法将卡回收。于是,他站到一边开始观察其他乘客的行为。发现有一名乘客也是用一次性卡,拿着卡插入机器,随后又拿着弹出的卡走向售票机。于是,他也来到售票机前,将卡插入售票机插卡口。售票机居然吃掉卡片吐出几个硬币。原来,新加坡的一次性地铁卡是有押金的,用完回收后会退还押金。

依据图式理论,可以这样理解小诚的行为:小诚拥有上海乘坐地铁的事件图式。但是,他在新加坡运用上海的地铁图式坐地铁时,就出现了问题。这是因为他缺失新加坡地铁图式。

图式具有变量、概括性、知识性和结构性等特点。

(1) 变量指图式由变量构成,图式给学生提供的知识是一个框架,围绕这个框架,变量可以与环境的不同方面相联系,从而使当前的情景得到解释。上例中,小诚有上海坐地铁的事件图式,但缺少坐地铁的事件图式变量。

(2) 概括性指图式是从很多具体例子中抽象概括出来的,不是具体某个例子在头脑中的贮存,因此具有普遍意义,易于迁移。上例中小诚在上海乘坐地铁的图式不是针对上海某一条地铁线路的,比如 2 号线、14 号线,而是适用于任何一条线路的乘坐图式。

(3) 知识性指图式表征的是一般知识而不是定义。也就是,我们具有的图式就是我们具有的知识,我们掌握的所有知识都包含在我们具有的图式里。接受一种图式如同接受一种知识。上例中小诚缺失新加坡乘坐地铁的图式,其实质是缺少一种乘坐地铁的知识。

(4) 结构性指图式的各个知识点之间按一定的联系组成一个层次网络,它由知识的结构性决定,是一种等级结构。即一个图式可以包含在另一个图式中。上例中小诚一旦从新加坡回国后,他拥有的乘坐地铁的图式就比出国之前要复杂、丰富了。第一等级是一般乘坐地铁的图式,包括在不同地方乘坐地铁的共性,第二等级就是在不同地方(如两个城市)不同的乘坐地铁的图式。

在图式的形成过程中,样例的作用很重要。样例是指在形成某一图式前,人们接触到的该图式的若干具体实例的表征。图式形成后,具体、个别实例的表征依然存在。如上例中,小诚运用上海坐地铁的程序,就是他乘坐地铁图式的一个样例。

(二) 语文陈述性知识的学习

陈述性知识的学习可以分为理解、保持和提取三个阶段。

1. 理解阶段

这个阶段是学生把获得的信息与认知结构中已有的相关知识相联系,从而建构新事物的意义并把它纳入认知结构的过程。

2. 保持阶段

知识不能在长时记忆中保持就是遗忘,一般将知识不能提取或提取错误作为遗忘的标志。语文陈述性知识的学习难点不在理解而在保持。如小学生识字和初高中生文学常识的学习,这类知识遗忘速度快,而且遗忘率高。教师在教授这类知识时,要有意识地教给学生学习和记忆的方法与策略,例如复述策略、精加工策略和组织策略。

3. 提取阶段

提取就是从记忆库中把所需的知识检索出来,这是陈述性知识学习的目的。从长时记忆中提取信息时需要依据一定的线索。一个概念、一种思想、一种组织、一张图片等都可以成为信息提取的线索。提取线索可以激活有关的记忆痕迹,打通搜寻的通路。如一个学生虽想不起散文《世间最美的坟墓》的作者,却想起当时上课时自己曾在作者名字下面画过曲线,作者的名字出现在注释里,当时语文教师还请自己读过注释,那天自己好像坐在靠窗的位置……这些带有触发性的提取线索最终将长时记忆中处于静息状态的知识——散文的作者是斯蒂芬·茨威格激活,达到成功提取的目的。

现代认知心理学认为,知识不能回忆或再认并不是说知识从学生的头脑中消失了,而是学生找不到适当的提取线索。因此,语文知识的有序组织是一种最重要的提取线索,它能为学生提供系统性的、有效的检索途径。语文学习情景和学生状态也是提取知识的重要线索。

二、程序性知识

学生语文知识的学习常从陈述性知识的获得开始,然后经历加工消化,成为可以灵活熟练应用的程序性知识。

(一) 程序性知识的表征

程序性知识以产生式和产生式系统的形式表征(见图3-6)。

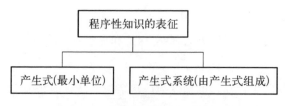

图3-6 程序性知识的两种表征形式

1. 产生式

产生式(production)是表征程序性知识的最小单位。该术语源自计算机科学,因为计算机贮存了一系列以"如果……那么"的形式编码的规则。人经过学习,头脑中也储存了一系列以"如果……那么"的形式编码的规则,这种规则就是产生式。简单的产生式只能完成单一的活动。

2. 产生式系统

产生式系统(production system)是多个产生式按一定的目标连接成的一个有组织的目标层级的整体。一个产生式系统代表了人在从事某一特定任务时的一系列复杂行为。如一位高中生要运用所学知识,分析下列材料中存在的一个逻辑错误。

> 某报批评某饭店饭菜中有两只死苍蝇,该店答复说:"贵报反映我饭店饭菜内有蝇事,经查基本属实。"

该生的直觉是,可能是材料中的"反映"一词存在错误,可能是"蝇事"一词简写有误,可能是"基本属实"的词语搭配有误。他重复阅读题目要求,题目要求分析"一个逻辑错误",于是他排除了"反映"一词存在错误的判断,因为:

```
如果    我的目标是找逻辑错误,
        且错别字不属于逻辑错误的范畴,
那么    "反映"一词不是答案。
```

同理,该生又否定了"蝇事"一词。因为:

```
如果    我的目标是找逻辑错误,
        且"蝇事"一词简写不属于逻辑错误的范畴,
那么    "蝇事"一词不是答案。
```

该生对"基本属实"进行分析,认为从语法上来看,副词"基本"可以修饰动词"属实",无语法错误。因为:

```
如果    "基本"是副词,
        且"属实"是动词,
        且副词可以修饰动词或形容词,
那么    "基本属实"不存在语法错误。
```

该生对"基本""属实"进行词义分析,发现"基本"是程度副词,表示"大体上"的意思;"属实"指"是事实"。"基本属实"属词语搭配不当。因为:

> 如果　我的目标是找逻辑错误,
>
> 　　　且"属实"这个动词只存在"是"和"非"两种情况,不存在程度上的差异,
>
> 　　　且"基本"是程度副词,表示"大体上"的意思,
>
> 那么　"基本属实"这样的搭配存在逻辑上的自相矛盾。

在运用语文程序性知识辨识和解决问题的整个过程中,该生运用了多个产生式(人脑中以"如果……那么"形式编码的规则,见框线内的句子),而多个产生式因"我的目标是找逻辑错误"连成一串,形成产生式系统。

(二) 语文程序性知识的学习

语文学科的程序性知识属于特殊领域的程序性知识,根据自动化的程度又可分为两种:语文领域的基本技能和语文领域的策略性知识。前者指语文领域的程序性知识中自动化的基本技能。如看着课文大声朗读、快速浏览、跳读、巡读、抄课文、听写、概括文章要旨、划分段落、写作等。后者指语文领域的程序性知识中具有监控或有意注意特征的程序性知识。如高考应试过程中,完成阅读和写作试题的顺序调整、时间分配等。学生获取语文学科程序性知识,必须经历三个阶段。

1. 陈述性知识阶段

该阶段学生能陈述知识。如学生要想学会排比修辞手法的程序性知识,他必须知道并能陈述排比句的构成规则。

2. 转化阶段

在该阶段通过运用规则的变式练习,规则从陈述性形式向程序性形式转变。如在大量句式练习中,学生能按照排比句的规则将句子正确改写成排比句式。

3. 自动化阶段

在该阶段通过反复练习,规则完全支配学生的行为,整个程序本身进一步

精细和协调,即能达到运用自如的自动化水平。如学生通过大量练习,能熟练地运用排比句式。

可见,程序性知识和陈述性知识虽然有着本质的区别,但是两者又有着密切的联系:陈述性知识的获得是程序性知识的基础;程序性知识的获得又为获取新的陈述性知识提供了可靠的保证。

案 例

书信写作的程序性知识

学生掌握书信写作的程序性知识必须经历三个阶段。首先,学生要正确说出书信的组成部分,如称呼、问候语、正文、祝颂语、落款以及每个部分的格式,即陈述性知识阶段。其次,能完整地写出书信,且每个部分格式正确。学生写信时需要按序背一条书信写作要则,写一段文字,即转化阶段。随着不断熟练和精通,学生写信时无须对书信的组成和格式作缜密思考,就能娴熟地写出一封格式正确的信,即自动化阶段。整个过程以学生能够正确陈述书信写作规则为前提,而掌握写信的一般技能又为学习商业信函的陈述性知识提供了便捷。

教师在教学中发现学生某类语文知识存在问题时,应分析学生是否拥有这类语文知识的陈述性知识。若拥有,则需进一步了解学生知识掌握所处的阶段,然后有针对性地加以指导,并促进其尽早进入自动化阶段。

(三) 动作技能的学习

语文学习中查字典、写字(硬笔、毛笔)、电脑操作等属于动作技能的学习。它需要肌肉、骨骼和神经系统的协同配合,而且必须通过训练才能获得。其掌握过程经历形成、保持和迁移三个阶段,形成阶段的指导尤为重要,具体包括以下三个阶段。

1. 认知——教师通过讲解、示范、演示等拆分动作,指导学生分步学习,掌握基本要领。

2. 形成联系——教师指导学生反复练习,掌握整套动作。

3. 自动化——教师引导学生自如地运用该技能,动作精细、协调、自动化。

三、元认知

元认知的学习研究尚不丰富,但可以确认的是,其实质是教会学生如何学习。具体而言,教学内容包括:教会学生基于自身特点、学习内容、学习任务和要求,制定学习计划,选择适合的策略;在学习过程中监控、调节、修正策略,高效完成学习任务。

以语文学科阅读理解活动为例,阅读理解中的元认知包括元认知知识和元认知监控。元认知知识包括学生对自身阅读特点的元认知知识、对要完成的阅读任务的元认知知识和对阅读策略的元认知知识。

1. 对自身阅读特点的元认知知识

如有关阅读材料的背景知识对阅读理解的影响,自己的语言基础对阅读监控的影响,自己的认知特点(视觉扫描的速度、唇读习惯、注意力集中时间、短时记忆容量、概括能力等)对阅读监控的影响,自己的阅读心理状态(过分焦虑、紧张、急躁)对阅读理解的影响。

2. 对要完成的阅读任务的元认知知识

具体包括阅读目的,如为什么阅读;阅读任务,如具体需要完成的任务;材料特点,如阅读材料的不同文体、文章结构、写作线索等。

3. 对阅读策略的元认知知识

了解可以提高阅读理解效率的各种阅读策略。阅读理解中的元认知监控内容包括,建立阅读理解的目标,根据建立的目标调节自己的阅读活动,确定文章主题和写作结构,评价自己的理解程度,理解失败时的对策等。

专栏 3-1 ─·

元认知的培养

国内外心理学家的实验研究表明,训练儿童的元认知可以改变和提高儿童的学习能力并促进智力的发展。国外元认知培养的主要模式有自由放任式(laissez-faire position)、直接传授式(direct instruction)、元记忆获得程序模式(metamemory acquisition procedures,MAPs)和启发式自我提问法(heuristic self-questioning)。

1. 自由放任式

该模式的主要观点是,个体在具体操作活动中自然而然地获得并丰富元认知知识,尤其是获得元认知体验,无须直接传授和培养元认知知识。明智的做法是,让儿童在具体运用策略的过程中获得元认知体验,这是培养元认知的关键。

2. 直接传授式

该模式的观点与自由放任式截然相反，认为元认知的培养不能仅仅指望学习者在认知操作活动中获得元认知体验，从而自发提高策略应用水平。教师应当直接、具体地给学生提供策略方面的明确知识。1984 年，沙利文和普莱斯利的相关研究也证实，详细指导能促进策略迁移。

3. 元记忆获得程序模式

该模式认为，要想有效改善元认知水平，必须教学生提高元认知能力的通用程序。比如，当学生学会关键词记忆法后，可以先让学生做一些词汇记忆测验，比较采用关键词法和其他方法的优劣，也可以将这种策略运用到其他词语记忆中，甚至可以在其他新材料的学习中运用。学生可以在几天之后测试自己的词汇水平，以确定该策略是否具有长期效应。

4. 启发式自我提问法

波利亚（Polya，1945）的启发式自我提问法适用于解决各学科的问题，有助于培养学生的元认知能力。波利亚建议的自我提问启发式问题见表 3-3。

表 3-3　波利亚建议的自我提问启发式问题

解题阶段	启　发　式　问　题
理解问题	未知条件是什么？ 已知条件是什么？ 已知数据是什么？ 已知条件能解决未知量吗？多余还是不足？ 能画一个草图或使用其他记号简化问题吗？ 以前遇见过这个问题吗？或者是看到过这个题目吗？
拟定计划	它以稍微变化的方式出现过吗？ 你能发现一个可用的定律吗？ 你能想出一个更加容易解决的相关问题吗？
执行计划	你使用了所有的已知条件和数据吗？ 你能清楚地认识到这一步是对的吗？ 你能检验结果的正确性吗？
回　顾	你能检验推理过程吗？ 你能将这个方法运用于其他问题吗？

（节选自：韦洪涛.学习心理学[M].北京：化学工业出版社，2011：184-185.）

四、学习策略

(一) 学习策略的划分

1. 温斯坦和梅耶的分类

温斯坦(C. E. Weinstein)和梅耶(R. E. Mayer)将学习策略分为五类。

(1) 复述策略

复述策略(rehearsal strategy)是指通过反复读写所学的材料,在记忆中保持信息的策略。在简单任务的学习中,这种策略只是按一定顺序重复项目名称,以此帮助记忆。例如,学生为了记住名家名篇,出声或不出声地重复念文章题目和作者。在较复杂任务的学习中,例如通过听课或阅读来学习时,复述策略可能是大声重复关键术语、抄写、记笔记、找出重要部分等。复述策略涉及以下认知过程:一是选择,即把注意放在一定对象上;二是维持,把信息保持在工作记忆中;三是获取,使信息转入长时记忆。复述策略的运用随年龄的增长而发展。语文学习中的复述策略包括重复、抄写、记笔记、画线等。

复述策略主要包括以下八种:及时复述、限时复述(限定完成复述任务的时间)、试图回忆式复述(稍加复述便尝试背诵,背不出再复述,复述了再尝试背诵,如此交替)、分散复述、整体与部分相结合的复述(将复述的内容分成部分,分别复述再联系起来整体复述)、过度复述(复述次数以刚能背诵所需的复述量的150%左右最适宜)、多种形式复述、多种感官协同复述(如视听结合)。

(2) 精加工策略

精加工策略(elaboration strategy)是对记忆材料补充细节、举出例子、作出推论或使之与其他观念形成联想,以达到长期保持的目的。在机械学习和简单知识的学习中,在脑中想象所学材料的样子,或利用记忆术通过联想人为地为学习材料附加意义,都属于精加工策略。例如,一个中学生在记忆"镬"这个汉字时,拆分字形后组成特殊的含义:运用这种金属工具时(金字旁),要睁大双眼(右边上面是两个"目"),因为这种工具很难使用("难"字左右两部分上下叠放),这个字便记住了。精加工策略还包括阅读课文时分段、归纳段意,记笔记时对所学内容进行补充,找出新旧知识的联系等。语文学习中的精加工策略包括想象、口述、总结、记笔记、类比、答疑等。

对于意义性不强、难以归类的材料,可以用形象联想、谐音联想、歌谣口诀、首字连词等方法,力求创造出某种联系以赋予材料一定的意义。对于意义性强的材料,可以用勾画圈点、摘录提要、笔记概述等方法,力求抓住字面意思背后的深层意义,以进行深度加工。

（3）组织策略

组织策略(organizational strategy)是指将学习材料加工成有组织的结构,以便长久保持。这是将信息由繁到简、由无序至有序处理和加工的一个重要手段。例如,在小学低年级识字教材中,有按字音归类识字的,有按字形归类识字的。为梳理课文写作思路,一些学生为结构复杂的课文编制提纲。语文学习中的组织策略包括组块、选择要点、列提纲、画思维导图等。借助可视化工具来组织信息,被认为是一种非常有效的途径。

专栏 3 - 2　-+

思 维 导 图

概念图和思维导图是学科教学中用来可视化呈现知识、显性化理解问题的工具。在教学实践中,由于“思维导图”这一名称简洁明了,因此把概念图、思维导图、思维脑图等都纳入广义的思维导图概念范畴,统称为“思维导图”。

（一）思维导图

狭义的思维导图(mind mapping)概念由英国学者博赞(Tony Buzan)在1970年创建,指一种表达放射性思维的有效的图形思维工具。其特征是围绕一个思考中心,向外发散出很多分支。每个分支又成为一个思考中心,继续向外发散出次分支。以此类推,这个不断辐射的树状系统将信息系统化,从而提高大脑组织、提取和运用信息的效率(见图3-7)。

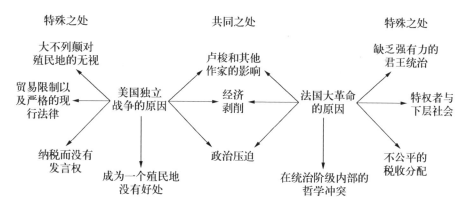

图 3 - 7　美国独立战争与法国大革命

（二）思维导图的类型

思维导图的表现形式非常丰富，较典型的有辐射图、树形图、链式图、表格图、维恩图、鱼骨图等。

1. 辐射图。用来表示分类、相似和不同的关系（见图 3 - 8）。

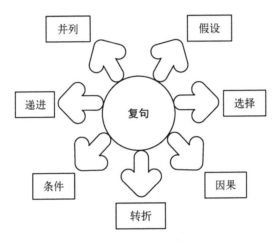

图 3 - 8   复句的分类辐射图

2. 树形图。用来表示整体与局部关系、层级关系、主题分解、分支程序（见图 3 - 9）。

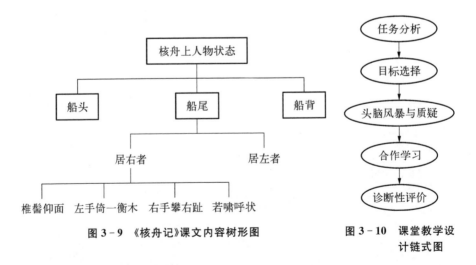

图 3 - 9   《核舟记》课文内容树形图   **图 3 - 10   课堂教学设计链式图**

3. 链式图。用来表明时间顺序、事件的因果、事物的程度和水平等渐变过程（见图 3 - 10）。

4. 表格图。用两个维度来表示事物的属性、特征或异同等内容。表 3 - 4 是一张 KWL 表，K(know)代表"已经知道的"，W(want)是指"想要知道的"，L(learned)是指"学到的"。

表 3 - 4　《金字塔》KWL 学习表

已经知道的(K)	想要知道的(W)	学到的(L)
约翰：金字塔是埋葬埃及法老的陵墓。	法老是怎样生活的？埃及人是怎样建造金字塔的？	
布兰妮：木乃伊是一种保存法老尸体的方法。	他们是怎样制作木乃伊的？制作木乃伊的目的是什么？	
奎恩：象形文字是埃及的书写文字。	我们能学习书写象形文字吗？	

5. 维恩图(Venn diagram)。用来反映两个事物间的异同(见图 3 - 11)。

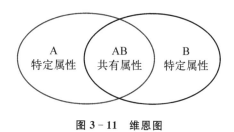

图 3 - 11　维恩图

6. 鱼骨图。用来表示复杂事件或复杂现象之间的关系(见图 3 - 12)。

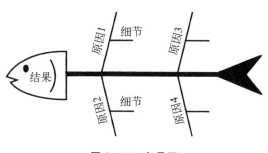

图 3 - 12　鱼骨图

在日常教学中，我们通常会将概念图和思维导图有机结合起来运用。在架构概念图和思维导图的过程中，教师应以学科知识和学生的认知规律为依据，确定内容和设计逻辑过程。随着教育信息化的发展,基于网络的概念图和思维导图教学方法更具形象、实用的特色。

+--

(4) 理解监控策略(元认知策略)

理解监控策略(comprehension-monitoring strategy)又称元认知策略,是指在学习过程中,学生始终能意识到自己做的是什么(任务目标),自己使用的方法,以及对这些方法进行相应的控制和调整。它包括读不懂一段话时应采取怎样的行动;自我提问以检查自己的理解程度;预先提出问题来指导学习;设立子目标,同时估计实现这些目标的进展情况;需要时调整自己的策略等。

具体包括计划策略,如设置目标、浏览、提出疑问等;监视策略,如自我测查、集中注意、监视领会等;调节策略,如调整学习速度、复查、使用应试策略等。

(5) 情感策略

情感策略(affective strategy)是指消除一切与学习无关的情绪,作好学习准备。它包括产生并保持动机,集中并保持注意,调整对学习成绩的焦虑状态,以及有效使用时间等。

2. 麦基奇的分类

对学习策略、认知策略、元认知策略三者之间的关系,学术界尚未达成一致的看法。麦基奇(W. J. McKeachie)认为,学习策略可以分为认知策略、元认知策略和资源管理策略三类。其中,资源管理策略是帮助学生管理可利用的环境和资源的策略,包括时间管理策略、学习环境管理策略、努力状态管理策略和社会支持管理策略(见图 3－13)。

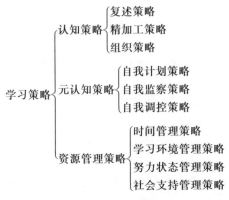

认知策略 { 复述策略 / 精加工策略 / 组织策略

学习策略 { 元认知策略 { 自我计划策略 / 自我监察策略 / 自我调控策略

资源管理策略 { 时间管理策略 / 学习环境管理策略 / 努力状态管理策略 / 社会支持管理策略

图 3－13　学习策略分类

麦基奇的资源管理策略旨在让学生学会管理自己的学习时空，学会充分利用环境资源。

(1) 时间管理
统筹安排学习时间——对时间作总体安排(人生的不同阶段、年、月、日)
高效利用最佳时间——在精力最充沛的时候从事最重要的活动
充分利用零碎时间——用零碎时间处理杂事、浏览信息、复习和记忆、沟通交流等

(2) 学习环境管理
调节空气流通、温度、光线、色彩等
安排安静的学习空间，避免干扰，撤去分心的摆设

(3) 努力状态管理
激发内在学习动机，确立学习信念
调整自我标准，合理归因成败
学会自我奖惩

(4) 社会支持管理
利用学习工具，如网络信息系统、图书馆、工具书
善于寻求教师的帮助、同学的合作，以及其他支持

比较温斯坦、梅耶与麦基奇对学习策略的划分，前两者的复述、精加工、组织策略就是麦基奇的认知策略，理解监控策略就是麦基奇的元认知策略，情感策略属于麦基奇的资源管理策略。

(二) 阅读策略

除了做笔记、画出关键词句、列提纲以便深度加工信息外，国外常用的阅读策略有 READS、CAPS、KWL。

1. READS

READS 常用于对所读材料进行深度加工。

R(review)　　　　　回顾标题和副标题。

E(examine)　　　　检验黑体字。

A(ask)　　　　　　自问：我期望学习什么？

D(Do)　　　　　　做(阅读)。

S(summarize)　　　用自己的话总结。

2. CAPS

CAPS 常用于文学作品的阅读。

C(characters)　　　主人公是谁？

A(aim)　　　　　　故事的目的是什么?

P(problem)　　　　出了什么问题?

S(solved)　　　　问题是怎样解决的?

3. KWL

KWL 策略常用于指导阅读和质疑,可见前文表 3 - 4 的内容。

(三) 语文学习策略的教学

1. 认知策略的教学

语文认知策略的教学受学生原有知识背景、反省认知发展水平、动机水平等多种因素的影响,教学过程包括陈述性阶段、转化阶段和灵活运用阶段。

(1) 陈述性阶段

该阶段教师要告诉学生运用某一策略要达到的目的,让学生基于策略运用的具体情境描述自己是如何运用策略的,以帮助学生建构对策略的理解和认识。

(2) 转化阶段

该阶段教师提供运用策略的练习,帮助学生建立该策略的概念、规则和运用程序。练习由浅入深,逐步将策略运用的控制权转交给学生。

(3) 灵活运用阶段

该阶段教师需提供大量变式练习,引导学生针对不同类型的材料灵活运用该策略,关注适用于该策略的线索,以便选择和使用策略。

2. 教学案例集锦

下面是中外阅读理解策略教学的两个案例。

案　例

理解重点句的含义(高中)

一、明确学习意义

1. 出示:例 1"这首诗里实在交织着无限的怀念和怅惘",句中"怅惘"是什么意思?(《我爱水》2008 年四川高考语文试卷)

2. 归纳并板书学生的答案

对什刹海的感伤;对时光流逝,暮年老去的悲伤;作者思念什刹海却只能在梦中相见的遗憾与感伤。

3. 追问:"对什刹海的感伤"究竟是什么感伤?"对时光流逝,暮年老去的悲伤"没有从诗歌的整体理解入手,也与文章的怀旧、思念家乡的主题不一致。

4. 总结"作者思念什刹海却只能在梦中相见的遗憾与感伤",既结合了诗歌整体的意蕴,也符合文章思乡的主题。

5. 告知策略学习的价值

把握"含义"类题型的解答策略很有益处,能帮助你更深入、更全面、更准确地概括内容。

二、讲解策略

（一）呈现四种策略

1. 概述策略

语义还原——句子定位——结合材料推断

2. 举例说明语义还原法

（1）阅读文章《时间怎样地行走》（迟子建）

怎样理解"它在清晨的曙光中像一道明丽的雪线一样刺痛了我的眼睛"的含义？

（2）说明使用条件：一般用于有修辞手法的句子,或者成分比较复杂的句子。先审题,分析句子的修饰成分之间的关系,将修辞句子转换成明确的语言答题。（如"像一道明丽的雪线"本体是白发。明丽的雪线给人以鲜明的视觉效果,说明白发之显眼、突出。"刺"有所感悟、警醒的意味。"痛了"是已经感到疼痛,有悲叹、感慨之意。结合原文的内容整理答案就是：一根白发竟是那样突出,让我感到了生命的衰老,时间不经意的流逝。让我对岁月的流逝,生命的衰老产生了悲叹。）

（3）学生小组讨论和练习同类句子

3. 举例说明句子定位法

（1）阅读文章《歌德之勺》（张炜）和《吟风》（张绪佑）

① 理解"今天终于以另一种方式接近了你"这句话在文中的含义？

② 谈谈你对"季风虽有四时之变,而唯有其风骨不变"这句话的理解。

（2）说明使用条件：针对出现在文章开头、结尾或中间,位置比较特殊的句子——起始句、总结句、过渡句、承上启下句、中心主旨句、引用句等。根据位置,明确句子的地位和作用,这对理解句子有重要意义。（"今天终于以另一种方式接近了你"是承上启下句,可以确定它的答题区域在此句的下面。"季风虽有四时之变,而唯有其风骨不变"是中心句,要纵观全文,分析各个部分与主旨句之间的联系,全方位梳理内容。）

(3) 同伴讨论和练习

4. 举例说明结合材料推断法

(1) 阅读文章《马缨花》(季羡林)

解释"即使是在黄昏时候,在深夜里,我看到它们,它们也仿佛是生气勃勃,同浴在阳光里一样"的含义。

(2) 说明使用条件:文中故事发生的时间、背景,或者意思并没有直接表达,而是隐匿文中,这时需要依据并结合本文进行合理联想、推断才能获得信息。同时兼顾写景、写物、写人、说理等文体类型特点,确定关注点。如写物的文章,要关注人与物的关系,人对物的态度,人与物的相通之处,常常托物言志。(此句要通过将过去的马缨花和"今天的马缨花"进行对比,借马缨花暗写自己的生活状态。因此,对此句的理解不能仅停留在花上,更要关注隐含的、物我相通的人,关注作者充满生气、喜悦的状态。)

(3) 独立练习和交流

三、小结

略

案　例

阅读预测策略的学习

对于刚开始学习阅读的一年级学生,美国《加利福尼亚公立学校阅读/英语语言艺术课程框架》的内容标准指出:要学会阅读并理解与年级水平相当的材料,利用各种所需的理解策略(如,质疑并对必要的问题作出反应,作出预测,比较一些资源、材料和信息)。这一指标要求体现:基于知识分类学的研究成果,关注读写策略的养成——母语课程改革的国际趋势。美国国家课标和大部分州的课标都强调帮助学生建构内容知识、策略库,以及在各类读写活动中运用这些知识和策略的能力。

如何指导一年级学生学习阅读预测这个学习策略呢? 请看一则美国教师的教学案例。

帕罗米诺用教室上方的投影机和盒内的卡片遮住其余部分,先只露出文章的标题——《魔术师的徒弟》。帕罗米诺读完文章的标题后问学生,你们认为后来会发生什么事?

学生:变魔法! 变戏法! 空中的球! 失踪的东西! 兔子不见了!

教师：你们知道什么是徒弟？就是跟着一个有经验的人学习做某事。你们想象一下：《魔术师的徒弟》会写些什么？

学生：人们帮助魔术师。

魔术师的徒弟

从前，有个男孩叫朱利，他想做个魔术师。他读了有关魔术师的书，在电视上看了魔术表演，还买了魔术技法。等他当上了魔术师，他只想表演一个魔术——老虎变没了。一天，镇上来了个马戏团。伟大的魔术师就在这个团里，有个魔术非常著名——在观众面前把老虎变没了。

男孩急不可耐，当天晚上做了个梦。他梦见魔术师要教他把老虎变没了的魔术。第二天，他紧张不安地向马戏团走去。

教师：我读完一部分后问你们问题。我读的时候，你们猜接下来发生什么事，好吗？

（她读第一句，屏幕上出现这一句，并用卡片遮住其他部分）

教师：从前，有个男孩叫朱利，他想做个魔术师。你们猜朱利身上发生了什么？

学生：帮助魔术师，兔子变没了。

教师：他读了有关魔术师的书，在电视上看了魔术表演，还买了魔术技法。等他当上了魔术师，他只想表演一个魔术。你们猜他想变什么魔术？

学生：把大象变没了。球飞了。纸牌魔术。

教师：他只想表演一个魔术——老虎变没了。一天，镇上来了个马戏团。你们猜，马戏团来了，朱利会做什么？

学生：他到马戏团去。他骑大象。他将看到骑摩托车表演。他看到一个魔术师。

教师：伟大的魔术师就在这个团里，有个魔术非常著名。你们猜著名的魔术是什么？

学生：马戏。老虎变没了。老虎变没了。

教师：对！她能在观众面前把老虎变没了。男孩急不可耐，当天晚上做了个梦。朱利梦到了什么？

学生：马戏团。魔术师。老虎魔术。

教师：他梦见魔术师要教他把老虎变没了的魔术。第二天,他紧张不安地向马戏团走去。

就这样,帕罗米诺继续读故事,学生的猜测也越来越自信和准确。她始终没有评价学生预测的对与错,只是鼓励学生尽量猜,并让学生感到猜得对不对并不重要,只要合理地作预测并在后面的课文信息中自查。以此,学生获得预测的经验。

这堂课帕罗米诺运用了美国阅读教学中的"有指导的阅读──思考活动"教学方法。教师的"指导"表现为:鼓励学生作预测,并要求学生根据某一部分的内容来判断预测对或错。它给学生提供阅读期间的一种活动模式,以最终过渡到无教师参与的独立预测。

随着年级升高,教师运用相互教学模式,继续引导学生默读儿童文学作品,并作预测。

下面是一节美国英语语言艺术课的教学实录(节选)。由黛西女士运用相互教学模式执教五年级阅读课。

阅读课伊始,黛西女士请了一个 5 人(道尔顿、麦克、美珍、吉莉、马洛)小组到会议桌前进行小组阅读教学。她给每个组员发了一篇复印文章。班上其他小组的同学合作学习同一篇文章。

黛西女士：今天我们要运用质疑、释疑、概述、作预测等方法,学习人体神经系统这篇文章。自己读题目,想一想课文会讲些什么。

道尔顿：我认为这是有关神经的内容,当我们受到伤害时,人体的神经会告诉我们。

黛西女士：道尔顿,你预测得好! 我们一起来看到底讲什么。第一段我先领读,请大家默读第一段,然后一起讨论。

(学生开始默读第一段)

我们的神经系统：自动护卫者

你是否不小心碰过很烫的东西,然后想都没想就缩回了手? 或者当你喝牛奶的时候,突然想到牛奶馊了就在瞬间停下,把牛奶倒了? 或者体育课上一个乒乓球向你飞来,在它就要砸到你眼睛的时候,你闭上了眼并伸出手护住了脸? 你一定有过类似的经历。其实我们有过无数次这样的瞬间反应──我们的身体几乎自动化地作出反应。人体是怎样如此迅捷、不假思索地行动的呢? 来看一下人体的一个系统──神经系统,就能找到答案。

黛西女士：读完的同学请抬起头看着我。我有几个问题问大家：通常是什么让我们的手从发烫的东西上移开，又是什么保护我们的脸避开乒乓球的袭击？

麦克：就是那些伤害我们或打算伤害我们的东西。

美珍：课文中说，我们的神经系统自动保护我们，这些都是自动化的。你不必思考就做了。

黛西女士：真是个好答案！这一段有没有写神经系统是怎样自动保护我们的？

吉莉：其实没有说。最后一句只是说通过了解神经系统就能找到答案。

黛西女士：明白了，真想知道课文后面有没有告诉我们。你们有不懂的单词和读不懂的地方吗？

马洛：有。我不明白为什么称它们是"系统"？我把握不准"系统"这个词的意思。

黛西女士：也许我可以解释。你可以把"系统"当作一组东西，这组东西一起运作。我们的神经系统由身体的不同部分组成，这些部分一起工作。马洛，我这么说，对你有帮助吗？还有其他的词语需要解释吗？好，那么我们来概括。这一段是讲我们对事物作出反应，如当球飞来的时候用手护住脸，还提到神经系统。其他同学有补充吗？（学生摇头示意没有补充）我还要对下一段作预测。我喜欢吉莉说的最后一句话，文章说通过了解神经系统就能找到答案。为什么人体能够快速作出反应并保护自己？我想下一段会讲神经系统的各部分以及它们如何工作。谁愿意领读下一段？（道尔顿试着举起了手）真棒！我请道尔顿领读。我们先默读，读完请抬起头看道尔顿。

（每个学生开始默读第二段）

神经系统是什么？

神经系统主要由大脑和脊髓两个部分组成，某种程度上很像一台复杂的电脑系统。大脑是驱动器，脊髓是通往显示屏、打印机、键盘的线路。大脑发出信息传到身体各部分，各部分再将信息传回大脑。脊柱包裹着神经，这些神经分叉散布到人体。这个神经细胞网络负责给大脑传输信息。

（小组成员读完抬头示意道尔顿，准备讨论）

道尔顿：哎,我不知道问什么。

黛西女士：用"为什么""怎么"开始提问。

道尔顿：噢! 我的问题是:神经系统和电脑如何相似?（麦克举手了）麦克?

麦克：它的各部分就像一台电脑。大脑像电脑主机的驱动器,脊髓像电脑的连接线,只是把电换成携带信息的神经。

道尔顿：你说对了,其他人有问题吗? 美珍?

美珍：啊,文中说"脊柱包裹着神经"是指什么? 我不明白"包裹"的意思。

道尔顿：我也说不准。有谁能说清楚吗?（无人回应）

马洛：我们应该查字典或者看看书后的词汇表里的解释。

黛西女士：我同意,我们应该查字典或专用手册。不过,现在为了节约时间,我来解释。"包裹"的意思是裹住了,意思是神经都被脊椎骨围住了。

马洛：你是说神经在当中,脊椎骨包围在四周?

黛西女士：对! 道尔顿,你能概括这一段的意思吗?

道尔顿：我试试。这一段是讲,大脑和脊髓是神经系统的重要组成部分。

黛西女士：这一段还讲了什么重要内容?

道尔顿：讲了神经是在脊椎骨里,我猜这也很重要。

黛西女士：很好。你认为那是作者试图让我们理解,作为神经系统的一部分,大脑、脊椎和神经是怎样一起工作的吗?

道尔顿：刚才我概括得不全,我重新概括——大脑、脊椎和神经组成神经系统,传送信息到身体的各部分。我预测,下一段将告诉我们更多有关大脑、脊椎和神经的信息。

黛西女士：道尔顿说得好! 我们看看他的预测是否正确。谁愿意领读下一段?（吉莉举起了手）请吉莉带领我们继续学习下一段。请大家默读完后看向吉莉。

（小组同学开始默读"信息是怎样传入、传出大脑的?"）

信息是怎样传入、传出大脑的?

想象一下,大脑不断地以极快的速度传入、传出信息以监控人体功能,就好比高峰时段的高速公路。神经信号从人体不同部位传到大脑,又传出大脑,就像汽车在不同的方向上高速行驶。神经信号穿越突触,就如同汽车穿过公路和大桥。

（吉莉发现全组同学已经完成阅读，正看着她）

吉莉：神经信号要去哪里？

美珍：从大脑到人体各部分。

黛西女士：好，我也问个问题：为什么说轴突很重要？

马洛：它们就像信息传递的公路。如果缺了它们，信息就不能从一个地方传到另一个地方。信息就没有道路可走了。还有，突触也很重要，不然信息也不能从一个轴突到另一个轴突。

黛西女士：这样看，它们非常重要。我喜欢这个观点——它们就像公路上高速行驶的汽车。吉莉，你还有问题吗？

吉莉：没有了。谁还要大家解释什么吗？

美珍：我还有点糊涂，信息从一个轴突传到另一个轴突，它们之间就像桥。它们被称作突触。但我真的不明白它们是怎样传递的？像电一样吗？

马洛：你说的不完全对。也许像水或其他什么东西从一个轴突传到另一个。

吉莉：我不确定。

黛西女士：这真是个好问题。这一段的确没提到它们是怎样运作的。我们该把这个问题记下来，看看后面几段能否解决这个疑问。（转身把问题写在白板上）

吉莉：还有其他疑问需要解释吗？（没有应答）好，我来概括这一段内容。信息从我们的大脑通过轴突和突触传到身体各部分，速度极快。我预测，下一段该告诉我们人体怎样对这些信息作出反应。不过，我要告诉大家我作弊了，因为我偷读了下一段的第一句话。（大家笑了）

黛西女士：预测得好，这也提醒了我们，每段的第一句话通常会告诉我们后面的内容。你干得很好！

（大家按照领读——质疑——释疑——概括——预测的步骤继续读下去。黛西去其他小组指导学习……）

从教师朗读学生逐句预测，到学生默读篇章预测，策略教学的层次分明。

综上可见，知识的学习首先是获得陈述性知识，这些知识一方面以图式存储于长时记忆中，另一方面通过运用使陈述性知识转化为程序性知识，再经过反复练习形成自动化的智慧技能。

第三节　影响语文学习的因素

学生语文知识学习的过程是其语文能力和倾向变化的过程。在这个过程中，多种因素对学习产生影响，一般可分为内部因素和外部因素两大类。其中，内部因素是学生原有的知识结构、认知发展水平、个性差异和学习动机，外部因素是教师、班级、家庭和教学媒体。

一、影响学习的内部因素

影响学习的内部因素中，学生已经具有的知识是指广义的知识，它包括信息加工心理学视野中的语文学科的陈述性知识、程序性知识和认知策略，以及杜威强调的语言经验。这里的语言经验可以是学生看见的事物表象或头脑中储存的图式、样例，抽象的命题网络或者产生式系统。学生的认知发展水平是其加工信息的方式与能力的变化，这种变化是渐进的。

(一) 信息加工的模型

20 世纪 80 年代初，美国亚利桑那州立大学的斯塔尔（Robert Stahl）提出人脑收集、评估、存储和提取信息的加工模型（见图 3-14）。该模型始于我们与周围环境信息的接触，显示了感觉器官如何排除或摄取信息以便进一步加工；揭示了两种暂时记忆，说明它们是如何操作的，并讨论了影响学习结果储存的因素；说明了过去经验和自我概念对学习的影响。该模型有助于我们了解学生理解和记忆知识的过程，但也有其局限性，它把学习和记忆表征为一种机械加工过程。人脑其实是一种生物加工工具，可以迅速对各种记忆材料进行同时加工。记忆是动态和分散性的，但是人脑可以根据经验改变其属性。

（1）感觉。我们通过视觉、听觉、触觉、嗅觉和味觉接收环境中的信息。所有感觉刺激以电冲动的方式输入脑，再转化为脑所感知的图像和声音。

（2）感觉登记。除嗅觉外，所有输入的感觉信息先被传送到丘脑，在几毫秒内丘脑会根据个体过去的经验确定信息的重要程度，不重要的信息被过滤掉，使脑能将注意力集中在重要的事情上。这个过程由包括丘脑、部分脑干的网状激活系统来执行，该系统又称感觉登记系统。信息只在这里简单地存放片刻，

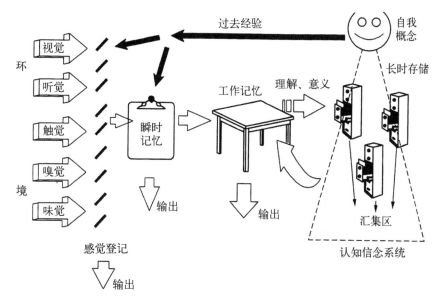

图 3-14　人脑的信息加工模型(在斯塔尔的原有模型上有改变)①

由个体经验判定其重要与否。若不重要,它将从系统中消失。感觉登记也称瞬时记忆、感觉记忆,是2秒钟之内的记忆。

如课堂上一些学生注意力不集中,往往教师近在咫尺讲课,他们却感觉教师的声音越来越远,甚至听不到,完全沉浸在自我神游之中。这种现象就是学生将接收到的教师的声音信息过滤掉了。刚开始上课时,学生可以听到教师在讲"《小石潭记》的作者是柳宗元",这是因为当时教师的声音信息在学生的感觉通道内迅速登记并保留——瞬时记忆。过了一会儿学生开始神游,就不再注意教师讲课的信息,此时感觉登记将神经冲动阻挡在意识之外。当回过神时,感觉登记又会使教师讲课的声音刺激进入意识领域,这时学生又听到教师的声音,获得瞬时记忆。

(3) 工作记忆。也称短时记忆、操作记忆,是指一次呈现后,保持1分钟以内的记忆,它是人们在从事各种工作时不可缺少的。因为不论做何种事情,都需要按某种信息或指示来进行活动,所以在活动完毕前必须对信息或指示有所记忆。工作记忆属于意识过程,在这里可以建构、分解和重新处理各种想法,以

① 　[美] David A. Sousa.脑与学习[M]."认知神经科学与学习"国家重点实验室 脑与教育应用研究中心,译.北京:中国轻工业出版社,2005:133-135.

便最终将其存储。我们使用工作记忆加工某些信息时,需要集中注意力,因此能力是有限的。工作记忆的容量一般为 7 ± 2 个信息单位,这种功能容量随年龄而变化,同时工作记忆只能在有限的时间内处理记忆材料。有研究发现,青春期前工作记忆的时间跨度为 5～10 分钟,青春期和成年期工作记忆的时间跨度为 10～20 分钟,超过这一跨度就会出现疲劳或厌烦,注意力随之下降。

(4)长时记忆。长时记忆是指保持 1 分钟以上甚至保持终身的记忆。长时记忆是对工作记忆反复加工的结果。如果学生认为工作记忆的内容可以理解又对自己有意义,就会对它进一步加工。最简单的加工方式是重复(心理学称复述),比较有效的方式是把新知识与个体的原有知识联系起来,从而理解新知识。这些理解了的新知识被长时存储的可能性大。如要求学生背诵《核舟记》,有的学生不理解课文意思,就背不出;有的学生能理解,却觉得对自己没什么意义,也背不出;有的学生能理解,又知道这是升学考试必背篇目,为了考个好学校,背《核舟记》就变得有意义了,《核舟记》的内容被长时记忆存储的可能性极大。这个记忆存储的过程就是大脑将信息编码并传送到一个或多个长时记忆存储区域,按一定顺序存储的过程。

(5)认知信念系统。我们对世界的总体看法构成了我们的认知信念系统,长时记忆存储区域中的所有内容构成了我们对世界总体看法的基础。从长时记忆存储的信息中产生的思想和理解,比单个信息更综合、复杂。即人脑的一种不可思议的能力在于,它可以用许多不同的方式将单个项目整合在一起,随着记忆的积累,项目组合的数量将以幂数级的方式增长。

(6)自我概念。认知信念系统的深层之处隐藏着自我概念,自我概念描述了个体看待自我的方式。如有的学生可能把自己看成一个智力中等、写作能力极强而数学方面较差的学生。自我概念由过去经历塑造。作文获奖的经历会提高我们的写作自信,数学考不及格受到父母惩罚会降低自我概念。这些经历都会产生强烈的情绪反应,杏仁核将它们与认知事件一起编码和存储。

该信息加工模型显示,脑以并行加工的方式同时处理许多信息。在信息加工过程中,脑会拒绝或丢失很多信息。如擅长写作的学生准备写一篇议论文,在查阅资料时,过去的经历向感觉登记系统发出信号,表示过去的信息有助于自己成功写作,那么这些信息很可能顺利进入工作记忆。学生清醒认识到自己在写作方面取得的成功,于是会进一步关注查阅的信息并进行深加工。相反,写作失败者因为过去的作文成绩总是不及格,感觉登记就会阻止查阅到的信息进入意识,即学生的自我概念拒绝接收新信息。这也就是为什么学生都会参与他们曾经取得成功的活动,回避有失败经历的活动。

信息加工模型对语文教学的启示是,语文教学要符合人脑加工信息的规律。具体而言:一是信息加工需要经过三个阶段,即瞬时记忆、短时记忆和长时记忆。短时记忆容量有限,教学内容不应超过记忆容量,只有理解信息才可能进入长时记忆并保存。二是信息加工效果受个人信念和自我概念的影响,提高教学效率应从改变学生的信念和自我概念入手。

(二) 注意的发展

学生的语文学习始于注意的选择,注意的稳定性、分配性、广度和转移这些品质影响学生的学习效率。

1. 注意的选择

新奇的事物能刺激学生大脑皮层,使其兴奋,动态的事物易捕获学生的注意,强烈的刺激,如对比色、音响效果能吸引学生。这些注意是学生的被动注意。若学生有明确的语文学习目标,则会有意识地主动控制自己的注意。

2. 注意的保持

学生对一个事物持久、稳定的关注,有助于提升学习效果。随着年龄的增长,学生集中注意的平均时间呈上升趋势(见图 3 - 15)。

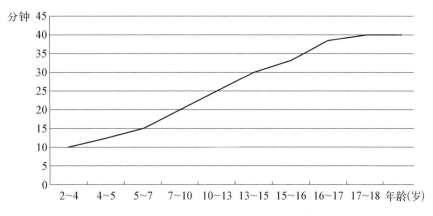

图 3 - 15　注意时间随年龄增长的发展趋势

(三) 记忆的发展

记忆是学生储存和提取信息的神经活动过程,按不同标准划分有多种类别。

1. 记忆的分类

按意识的参与程度来划分,记忆可以分为内隐记忆和外显记忆;按内容来划分,记忆可以分为形象记忆、情境记忆、情绪记忆、语义记忆、动作记忆;按信息保持的时间长短来划分,记忆可以分为瞬时记忆、短时记忆、长时记忆(见表 3-5)。

表 3-5 记忆的分类

划分标准	按意识的参与程度	按 内 容	按信息保持的时间长短
类别	1. 内隐记忆:过去经历对学生个体当前活动的一种无意识影响。	1. 形象记忆:对感知的事物形象的记忆。	1. 瞬时记忆:刺激信息在感觉通道被登记并保留一瞬间的记忆,保持时间一般为 0.25 秒到 2 秒(又称感觉记忆)。
	2. 外显记忆:过去经历对学生个体当前活动的一种有意识影响。	2. 情境记忆:对亲身经历过的有时间、地点、人物、情节的事件的记忆。	2. 短时记忆:信息保持时间在 1 分钟以内的记忆(又称工作记忆、操作记忆)。
		3. 情绪记忆:对自己体验过的情绪和情感的记忆。	3. 长时记忆:信息保持时间在 1 分钟以上的记忆。
		4. 语义记忆:对用词语概括的各种有组织的知识的记忆(又称词语—逻辑记忆)。	
		5. 动作记忆:对身体状态和动作技能的记忆。	

2. 记忆的发展

1974 年,巴德利等人提出"工作记忆"的概念,认为这种信息加工和存储的暂时性机制在心算、推理、言语理解等复杂学习活动中有非常重要的作用。对八九岁的学生而言,工作记忆以视觉图像为主要的存储形式。随着年龄增长,学生从以视觉编码为主逐渐向以听觉编码为主转换,工作记忆的容量也增大了(见表 3-6)。

表 3 - 6 工作记忆容量的变化

年 龄	工作记忆可容纳的组块数量		
	最小	最大	平均
小于 5 岁	1	3	2
5～14 岁	3	7	5
14 岁以上	5	9	7

(四) 动机和情绪

1. 动机的作用

布鲁纳谈及学习动机与情感的关系时认为,最好的学习动机莫过于对所学材料本身具有内在兴趣。在学校里,学生的学习动机对语文学习活动具有重要意义。弗伦奇(E. G. French)和托马斯(F. H. Thomas)曾在研究中让被试解决复杂的学习问题,结果发现,具有强烈学习动机的学生比学习动机弱的学生有更大的学习劲头和直到把问题解决为止的学习毅力。相当多的研究发现,动机水平的高低影响学生任务的选择。动机水平高的学生能积极地向中等难度的任务挑战,并选择有可能完成的学习任务;动机水平低的学生可能选择不适当的学习任务,即要么太难要么太易的任务,并经常变动选择的学习任务。此外,学生的学习动机与语文学习成绩的归因方式联系在一起。动机水平低的学生往往把成功归因于运气好,把失败归因于自己能力低。这类学生由于认识不到自己的潜力,常常对学习丧失信心,放弃努力,不愿接受挑战性的学习任务。动机水平高的学生则把自己的成功归因于个人的能力和努力,把失败归因于不够努力。对这类学生来说,失败并不能降低他们的自信心和对将来成功的期望,反而会促使他们加倍努力以取得好成绩。

总之,动机是决定学生个体努力程度的动力因素,在语文学习中起很大的作用,并与学生的学习毅力、学习效率和学习成绩呈正相关。

2. 动机的构成

奥苏贝尔指出,学校情境中的动机至少包括认知内驱力、自我提高内驱力和附属内驱力三方面。

(1) 认知内驱力

认知内驱力是一种了解与理解知识、阐述与解决问题的需要,是一种内部动机。在学习中,学生具有认识和理解周围环境的需要,这种需要驱使个体独立思考有一定难度的问题,乐于从事智力活动,并试图合理地解决问题。认知内驱力具有先天的成分,但学生时期的认知内驱力在很大程度上是可以塑造的。学生对语文学科的认知内驱力主要是后天形成的,适当的教育环境、成功的学习经验可以提高学生的认知内驱力。

（2）自我提高内驱力

自我提高内驱力指学生因自己的胜任能力而赢得相应地位的需要,属于外部动机。在学习中,学生不是指向学习任务和目标,而是指向在集体和他人心中赢得怎样的地位。学生在学习上的失败可能导致他在集体中地位降低、自尊心丧失等。

（3）附属内驱力

附属内驱力指学生为了获得长辈(教师、家长等)和同伴的赞许或认可,而表现出来的一种好好学习的需要,属于外部动机。这种需要既不是指向学习任务和目标,也不是指向自我地位的提高,而是指向对长辈和同伴感情上的依附。

一般情况下,学生表现出来的认知内驱力、自我提高内驱力和附属内驱力在学习活动中的作用不是固定的,它们随着年龄、性别、个人在群体中的地位、人格特征等因素的不同而变化。附属内驱力在童年早期和小学低年级比较突出,学生热衷于追求父母的赞许或认可。由于教师被看作是父母的化身,他们会以同样的态度对待教师。因此,在小学低年级,附属内驱力是学习的重要动机。认知内驱力的作用随年龄的增长而增强。自我提高内驱力在青年和成年人中具有相当重要的作用,是动机的决定部分。

上海市曾举办过一次全市中小学生作文竞赛,有 23 名同学获得一等奖。该市一个课题组对这 23 名学生作个案研究,以期获得他们成功的因素。下面两个案例充分说明学习动机对语文学习的作用。

案　例

剪贴和获奖

徐××,小学六年级学生,母亲是某印刷厂资料员,父亲是某机械厂干部。

徐××自述:上幼儿园的时候,有一天妈妈从厂里带回来《看图说话》《小朋友画报》《唐老鸭》等绘本。上面有许多有趣的动物和人物图像,我把它们剪下来,贴在本子上,觉得很好玩。从那时起,我就喜欢书了。上小学认字后,我开始看童话书,《安徒生童话》《格林童话》《世界童话名著》等,读完后常令我想入非非。三年级时我写了一篇想象作文——《心目中的不夜城》,文中我想象自己带着一条电脑狗重返地球,参观不夜城。首先来到餐厅,只见餐厅里到处是一朵一朵的祥云,服务员踩着云朵飘来飘去给顾客上菜,四周墙壁不时散发出诱人的香味……所有这些胡思乱想都来自童话书。没想到这篇作文竟获得上海市闸北区①小学生作文比赛三等奖。从此以后,我就对作文有了信心,也开始爱看作文书,如《小学生作文》《作文入门》《500字作文》等,通过阅读这些书中的作文,我打开写作思路。

这位徐同学对作文的兴趣和信心来自获得作文比赛三等奖,属于自我提高内驱力,是一种外部动机。这种外部动机是在外部客观因素(如分数、竞赛、教师和家长的奖罚等)的影响和要求下产生的学习动机。外部动机的效应短暂而微弱,不可能从根本上激起学生对学习活动的兴趣。但多次获奖的刺激,使徐同学对作文学习更投入,如爱看作文书等,从而诱发学生对写作的认知内驱力,形成一种稳定和持久的内部动机。

案 例

两 个 要 求

李×,初二学生,母亲是某公司职员,父亲是某五金厂工程师。

2010年初,李×的父亲依据引进特殊人才这一政策携妻女由南昌入沪。李×,这位南昌某中学原中队长转学到上海后便遇到了意想不到的困难:人生地疏,言语不通,偶有教师夹一两句上海话,她便茫然不知所云。再加上教材不同,有时连完成作业也有困难。当时又恰逢住房拆迁,一年半中竟搬了三次家。一个月后,当李×拿到语文、数学七十几分的试卷后,伤心地哭了。"我要回南昌!"听着女儿发自内心的恳求,李×的母亲想了很久,最后一字一句告诉李×:"现在的条件是很艰苦,但是以后一定会好的。你要回南昌绝不可能。其他条件你可以提。"李×向妈妈提了两个要求:一是买手机,买网络课程,尤其是作文课;二是找教师谈谈,请他们在课堂上讲普通话。李×妈妈都做到了。不久,李×就利用课余时间开始上作文和英语网课。妈妈也对她提了两个要求:一是回家要谈谈学校里的事,二是每天记日记。这样,李×就不用愁作文内容了,有

---

① 2015年11月,静安区与闸北区撤二建一,设立新的静安区。

时一个作文题,可以在日记中找到两三个合适的素材,而且在日记里可以倾吐自己内心的酸甜苦辣。

这位同学原是一名中队长。写作动机由她的内在认知(求知欲)和需求(渴望成功)转化而来。她对作文感兴趣,写作活动本身使自己获得满足,无须外力而自愿写作,这是一种内部动机。这类学生在原有的学习需要得到满足后,又会产生新的学习需要,引发新的学习动机。正是为了不断满足新的需要而产生新的学习动机,学生学习的积极性不断得到加强和维持。即使出现暂时的失败和落后,学生也会继续努力学习。

学习的内部动机比外部动机更持久且更强有力。但是,学生学习的内部动机不是天生的,它需要教育创造有利条件并不断强化,依赖外界诱因加以激发。如上例中母亲的帮助:和教师沟通、购买网络课程、每天和孩子交谈、建议孩子以日记的形式发泄内心的痛苦等。一旦付出的努力得到回报,她的语文学习的动机就得到进一步强化。总之,只有内部动机和外部动机相结合,才能充分发挥其推动和维持语文学习积极性的作用。

3. 情绪和情感

情绪和情感主要以需要的归属不同而区分。情绪是有机体的自然需要能否获得满足而产生的一种反应,它是一种层次比较低的情感,是人和动物共有的。学生的情绪常表现出情境性、易变性和偶然性等特征。情感则是人特有的一种心理现象,是人的社会需要能否获得满足而产生的一种体验。常表现出稳定性、持久性等特征,带有一定思想倾向性。两者的内在联系表现为:一方面,情绪依赖情感,并制约情感;另一方面,情感是在情绪的基础上产生和发展的,它对情绪存在较强的依赖性,并从个体喜、怒、哀、乐的变化中表现出来。所以,情绪是情感的外在形式,情感是情绪的内容。

学生情绪高涨时,会全神贯注、专心致志地听课;学生情绪低落时,则会心不在焉、心情烦躁。小学生的情感兴奋性表现比较突出,在外因的影响下,情感很容易激动,往往是喜怒哀乐溢于言表,自我调节和控制能力比较差。随着年龄的增长,学生大脑发展日趋成熟,自我概念的发展逐渐完善。中学以后,学生情感的兴奋性、冲动性等特征逐渐趋于稳定,自我调节和控制的能力都有较大发展,即自我调节和控制能力相对提高。但是,初中生对自己情感的调节和控制能力比高中生相对差一些,他们往往不善于根据时间、地点、场合等条件支配自己的情感,克制自己的情感表现。他们往往容易受情境支配,情绪波动较大,他们的"成人意识"往往会使他们半成熟半幼稚地徘徊在人生的"十字路口",他们冲动,不够冷静,甚至会意气用事。

焦虑、抑郁、恐惧、倦怠等是课堂学习中常见的影响学习效率的负面情绪,我们要引导学生学习管理和调控自己的负面情绪,激发积极情绪。下面以学习焦虑和学习倦怠为例。学习焦虑是指学生对学习活动产生的紧张、不安、忧虑、烦恼等不愉快的复杂的情绪状态。在语文学习中常表现为怀疑自己的能力、夸大失败、紧张、失望、不安、过分依赖、独立性差。过度的学习焦虑令学生无法集中注意。学习倦怠是指学生因长期的学习压力和过度消耗精力而丧失学习热情、情感冷漠、成绩不如预期的一种现象。

二、影响学习的外部因素

影响语文学习的外部因素包括教材内在的逻辑结构、课文篇数和篇幅、教材的难度和讲课进度,教师的专业素养、教学艺术、人格特征,班集体的师生、生生关系,学生家庭的社会阶层和民族文化背景等。

(一) 教师因素

1. 角色转换

教师是语文教学的规划者,应具备挖掘和运用教育资源的能力,确立课堂教学目标的能力,实施课堂教学策略的能力,以及营造宽松教学氛围的能力。教师是语文学习中的对话者,应正确认识自己和学生的沟通风格,了解与不同风格学生沟通的策略,建立顺畅的师生沟通渠道。教师是语文课堂环境中的"监护人",应建立稳定的班级管理平台,形成明确的班级管理规则,实施严格的纪律约束和干预措施。

2. 师生关系

师生关系在师生互动过程中形成和发展,由于地位的差异,师生关系有一定的特殊性。

(1) 师生关系的特点

教师与学生所处的地位是教育者和被教育者,这决定师生关系有以下特点。

师生关系的教育性。它是教育的目的,因为学会处理人际关系是学生学习的一个重要组成部分。它也是教育的手段,因为它是一种有效的激励措施,更是传道、授业、解惑的渠道。

师生关系的不对等性。在师生关系中,教师起主导作用,教师热爱学生,不限于学生当前的表现(聪明、喜爱语文课程、品德好等)引起的情感体验,更主要的是受教师的理想、信念、教育观、职业道德和事业心支配,因此具有理智性的特点。学生尊师是对教师爱生的反应,往往由自己的主观判断和直接情绪体验来决定,因此具有情绪色彩、片面性和不稳定性。

师生关系的多重性。师生之间同时具有领导者和被领导者、成熟者和未成熟者、长辈和晚辈等多重关系。

师生关系的不可选择性。师生之间一般不能自由选择,语文教师面对的学生不可能每个都爱好语文或写作能力强。因此,教师要一视同仁地对待学生以避免不公正性。

师生关系的相对纯洁性。学校是传播人类精神文明、文化传统和现实中一切真善美的组织,教师为人师表,学生相对天真和纯洁,这使师生关系相比其他人际关系更规范。

(2) 师生角色

教师和学生是课堂里最不可或缺的角色。师生角色可分为正式角色和非正式角色。正式角色指为完成课堂教学任务而明确规定的角色,该角色的承担者和他人都明确地意识到其在课堂教学中的职责和权利。非正式角色则指课堂教学中参与者自觉或不自觉扮演的无明确规定的角色(见表 3-7)。

表 3-7　课堂上的社会角色

身份＼角色	正式角色举例	非正式角色举例
教　师	学习动机的激发者 学习资源的指导者 教学过程的组织者 课堂行为和学习效果的评价者	知识的传递者 学生交往的监控者 课堂气氛的营造者 社会标签的张贴者
学　生	既定课程的学习者 课堂活动的参与者 群体规范的遵守者	主体地位的谋求者 展示机会的竞争者 肯定评价的寻求者 同伴及教师行为的制约者

3. 课堂行为类型

美国心理学家德雷克斯(Rudolf Dreikurs)根据教师的行为表现提出专制

型、放任型和民主型三种比较典型的课堂行为类型。

在专制型课堂上,教师是课堂的绝对权威,学生必须听命于教师,教师事无巨细地为学生安排好一切,压抑学生的独立思考,抑制学生创造性的发挥,使学生丧失了学习应当如何对待自己的人生课题和如何待人接物的机会。

在放任型课堂上,教师无限度地宽容学生的一切言行,使他们可以"为所欲为"。在这样的课堂上,学生学不到社会生活所需的规则,更学不到不遵守规则的后果。

在民主型课堂上,教师和学生是平等的。民主型的班级虽然也有规则,但制定规则的是学生自己。在民主型的课堂上,教师维持课堂秩序的方式是:通过教学内容的有用性和趣味性,来培养和激发学生的学习动机;通过精心设计的活动和问题,来引发和保持学生的注意;通过充分发挥学生的自主性和自律性,来实现学生的自我监控。

英国一项教育心理学研究表明,表扬更能使学生遵守纪律。英国《泰晤士报》报道,英国利物浦一所大学的教师发现,教师中断授课和花时间批评学生,并不会使情况好转。另一位教师在一个以调皮捣蛋闻名的班级上课,创造性地运用表扬彻底改善班级纪律。他经常表扬学生,曾经在 50 分钟内表扬了学生78 次,责备了 2 次。心理学家在六所学校培训数百名教师,结果发现,学生受表扬的频率从 54% 上升到 85%,受责备的频率从 46% 下降到 15%,94% 的学生愿意听从教师。2006 年 1 月 5 日,在教育心理学年会上,该研究的学者宣布他们设计的方案已经产生效果,提出教师学会表扬和激励学生良好行为的四个步骤:清楚地向学生说明每一项要求以及禁止的行为;记住要在学生身上发现你想看到的,而不是去寻找你不想看到的;学生按要求做时,要经常给予适当的肯定,对学生的个别行为要私下反馈;给学生反馈的频率要有变化。

4. 教学个性

教师的教学个性是指教师在生活实践和教学实践中形成的相对稳定的、独特的个性气质、精神风貌、学识才能、艺术追求和审美情趣等方面的特点的总和。教学个性决定了教师与众不同的个人风貌和独特的教学创造力。它不仅体现在教师的教学思想、教学方法等方面,而且体现在教师的语言、举止和风度上。

语文教师的个性特点包括兴趣爱好、性格、气质、思维方式等。语文教师的兴趣爱好、性格、气质决定了审美情趣,一定的审美情趣又决定了教师在潜意识中对某类教材产生不同的选择倾向性,并发挥自身的优势,对这类教材的教学过程进行艺术加工、教学创新。在这种自我选择、自我扬弃的过程中形成自己独特的教学方式。例如,有的教师擅长理性分析,善于运用严密推导的方式展开教学,于是就形成理智型的教学风格。有的教师谈吐幽默、性格开朗,尴尬之处插科打诨调节氛围,于是就形成诙谐型的教学风格。这些在潜移默化中影响学生的语文学习兴趣、审美感受、趣味和情操。

(二)班集体

班集体是学生在学校学习和生活的主要场所,学生在学校的绝大部分时间是在班级度过的。班集体对学生的影响是其他集体不可替代的,班级活动和氛围对学生的行为、认知能力和个性发展都有重要影响,是一种与学生的学习和发展休戚相关的微观环境。班集体是学生语文学习必须凭借而不能摆脱的一个重要因素。从教学环境论的视点看,它既是一种物质环境,也是一种心理环境。

1. 物质环境

(1) 时间和空间

在班集体这个环境里有特定的时间分配、空间组合形式和空间密度。如上海市教育委员会规定,从 2004 年 9 月 1 日起,上海所有小学每节课统一由 40 分钟缩短为 35 分钟,这符合低年级学生学习持续时间短的年龄特点。又如,大部分学校根据学生的心理活动能力在一天的不同时间中的不同表现,将语文、数学等知识类课程安排在上午,将体育、美术等技能类课程安排在下午。这些特定的安排都属于通过改变物质环境的时间因素,来影响学生的学习。此外,近年来中国一些发展水平高的城市尝试的小班化教育,其实质是通过缩小班级规模为学生创设一个宽敞的学习空间,使学生拥有轻松的学习情绪。通过改变座位编排方式使教学空间具有相对的伸缩性、灵活性和开放性,以满足个性化教学活动对教学空间的不同需求。这些特定的安排都属于通过改变物质环境的空间因素,来影响学生的学习。

空间拥挤可以导致行为异常和生理上的不良反应,这是在人类和其他动物身上都得到验证的普遍规律。心理学家卡尔霍恩(J. B. Calhoun)在拥挤对老鼠和其他动物的影响的经典实验中发现,处于拥挤环境中的动物表现出大量敌意行为,雌性动物和幼小动物的死亡率较高,并出现肿瘤类的疾病。社会心理学家的有关研究也发现,单位空间内人口数量过多会带来空间密度过大和空间拥挤问题,而过分拥挤会给人的生理和心理造成损害。例如,在空间拥挤的情况下人们经常表现得烦躁不安、好斗、富有攻击性,心理上产生无助感和压抑感,生理上由于机体过分紧张而容易诱发各种疾病。因此,在条件允许的情况下,适当调整和缩小班级规模,以保证每个学生有足够的学习空间,有利于学生保持健康的语文学习心理状态。

(2)大班、小班和个别教学

美国教育学教授特朗普(Lloyd Trump)根据教育学方法论原理,研究大班、小班和个别教学三种教学组织形式。大班教学就是将两个或两个以上平行班合在一起上课,讲课时应用现代化技术手段,由优秀教师讲课。小班教学(约是普通教学班级人数的一半)学习大班教学的材料并讨论,让学生发表补充意见。负责小班教学的可以是教师,也可以是优秀学生。个别教学时,一部分作业由教师指定,一部分由学生自选,其目的是促进学生个性发展。这三种教学组织形式的时间分配大致是:大班教学40%、小班教学20%、个别教学40%。

(3)座位编排

座位编排也是形成教学环境的一个重要因素。学生对座位的选择也是有差异的。沃勒(Willard Waller)经过观察研究发现:一般愿意坐在教室前排的学生,大多是一些学习上过分依赖教师的学生,也可能是学习热情特别高的学生;愿意坐在后排的学生,往往是些捣乱或不听讲的学生。坐在不同区域的学生与教师和同学的交流情况是不同的。亚当斯(Raymond S. Adams)和比德尔(Bruce Biddle)曾研究"秧田式"座位编排,结果发现,教室前排到中间区域课堂气氛比较活跃,坐在这个区域的学生参与课堂活动、与教师交流的时间和次数明显多于坐在教室后排的学生。因为这个区域正好处于教师课堂监控的有效范围内,学生自然能较好地约束自己的行为,认真听课。教师可以无意中通过眼神、表情、举止将自己对学生的关注和期待传递给他们,使学生产生心理上的共鸣,积极配合教师教学。

专栏3-3 ━·━·┼·━·┼·━

小班化教学环境

我国早期小班化教育实验中,实验学校教室内外环境布置往往整齐划一。走廊上是五颜六色的放书包的壁橱,教室四周是开放或封闭的壁橱,教室内的四个角设计为教师办公角、学生图书角、电化教学设备角和体育器材角。

后续实践证明,走廊上的书包壁橱既影响学生课间活动,又给学生取、放书本带来不便。班主任进教室办公,虽然有助于教师尽快全面了解学生的情况,但也给教师的工作和休息带来很大影响,甚至令某些敏感的学生学习分心……这些表面程式化的小班化教学环境布置逐渐地被实用而富有个性的环境布置取代。教师的办公桌又回到办公室,学生的凳子下多了一个搁板,再大的书包也有了安身之地。有的教室墙上挂满学生的折纸作品,有的教室墙上则陈设学生制作的标本,有的教室墙上成了英语天地……教室内课桌的排列变化也从早期的随意出新,走向基于科学理论和教学内容需要的创新。

随着学习空间的增大,借助课桌划分教学空间具有新的教学功能。如平时课堂上的面对面小组型到独立测验时的背对背小组型。常见的小班化课堂课桌排列形式相当丰富。

相关研究表明,教室内学生课桌椅的排列摆放形式直接影响师生交往、学生的人际关系,以及学生的学习动机和态度,并最终影响整体教学效果。空间位置的安排应根据教学目标和内容,遵循组内尽量靠近,组间尽量分开的原则。这样可使组员方便分享资料,互相交流合作,而不影响其他小组的学习。同时,在教学的不同阶段,可根据教学内容和方法作必要的变换,以充分发挥空间位置这一教学资源的作用。

---

2. 心理环境

相对物质环境而言,心理环境是一种看不见、摸不着的无形环境,但它对学生的心理活动、社会行为、学习效果有着不容忽视的和巨大的潜在影响。其中,尤以人际关系和班风影响较大。

(1)人际关系

人际关系是指,学生在学习和交往活动中形成的各种关系,这里主要指学生与学生之间的关系。

人际关系的构成成分。人际关系是多种心理因素的复合体,是由认知因素、情感因素和行为因素构成的一个动态系统。在直接交往过程中,学生相互感知、理解、判断和评价,并在此基础上产生相应的情感。情感因素是人际关系的主要成分和人际关系好坏的重要标志,一般可分为两类:结合性情感,它能驱使人们相互喜欢、友好合作,使人际交往的双方都感到满意;分离性情感,它能驱使人们相互厌恶、敌对、憎恨,使人际交往的双方都感到不满。行为因素包括行为模式、活动和举止的作风、表情、手势、语言等。如果学生在教育活动中表现出劝导、同情、支持、赞扬、友好、合作、尊敬、信任、礼貌等行为模式,则有利于形成良好的人际关系;如果学生在教育活动中表现出怀疑、惩罚、攻击、拒绝、炫耀、自夸等行为模式,则容易形成不友好、反抗甚至敌对的人际关系。人际关系的构成成分调节人际关系的稳定性、深度和亲密性。

三种目标的人际关系。任何一个群体都有目标。有研究者指出,教学过程中可以形成合作的目标结构(目标之间是肯定的相互依存关系)、竞争的目标结构(目标之间是否定的相互依存关系)和个人主义的目标结构(目标之间无相互依存关系)。合作的目标结构是指,学生感到只有与自己有关的其他同学达到目标时自己的目标才能达到。竞争的目标结构是指,学生感到只有与自己有关的其他同学不能达到目标时自己的目标才能达到。个人主义的目标结构是指,学生感到自己和其他同学在达到各自的目标上毫不相干。

各种目标结构对学生的学习成绩、适当的社会行为、认知发展、社会发展和一般社会化都有影响,但具体的影响各不相同。主要体现在,使学生产生不同程度的被同伴接受、支持和喜爱的感觉,与他人的信息交流不同,学习动机不同,学习中的情绪投入不同。合作的目标结构为学生提供积极互动的机会,竞争的目标结构使学生谨慎,带来防御性的互动。个人主义的目标结构使学生自己去掌握要求的技能和知识,与其他同学没有互动(见表3-8)。

表3-8 不同目标结构下学生之间的关系

合作的目标结构	竞争的目标结构	个人主义的目标结构
大量互动	很少互动	无相互作用
有效的意见沟通	没有意见沟通,或欺骗性、威胁性的沟通	
得到他人的帮助和指导,分享他人的成绩和来自同伴的有利于成就的影响	他人的成绩是自己的阻碍,分享来自同伴的不利于成就的影响	
处理问题解决中的冲突,高水平的发散性思维和冒险性思维	处理输—赢冲突,低水平的发散性思维和冒险性思维	
同伴之间高度信任	同伴之间信任水平低	
得到同伴的高度承认和支持	很少得到同伴的承认和支持	

续　表

合作的目标结构	竞争的目标结构	个人主义的目标结构
几乎全体学生都高度投入学习并承担义务	有成功希望的少数学生高度投入学习并承担义务	
充分利用其他学生的聪明才智	不能利用其他学生的聪明才智	
可以分工	不可以分工	
减少对失败的恐惧	增加对失败的恐惧	

　　课堂教学中学生之间行为的主要属性是竞争与合作,它们总是交替出现或者互相渗透。竞争行为是指,学生在课堂上为达到某种目的而与同伴展开较量的行动。例如,语文课上争先恐后地举手发言以展现自我,不外借参考资料以保护自身利益,揣摩教师的意图以取悦教师等,均属于竞争行为。竞争行为是一种普遍的课堂现象,它是学生的天性使然,也是教师教学方法强化的结果。竞争行为一般以三种形式出现:学生个体之间展开的竞争(如班级默写词语比赛)、学生群体之间展开的竞争(研究性学习课题组之间的竞赛)、学生个体与学生群体之间展开的竞争(名言诗句擂台赛)。课堂教学中的竞争行为有促进学生学习的功能。国外研究者发现,学生群体之间竞争有诸多利处,不仅使学生的学科成绩明显提高,而且有利于学生情感和社交方面的发展。但是,课堂上的竞争行为,尤其是学生个体之间的竞争,易使失败的学生放弃努力。课堂上教师引导学生个体之间竞争的语言有:谁能比他读(说)得更好? 学生纷纷举手。"我比他读得更响亮。""我比他读得更有感情。""我比他……"那些自认为能力差的学生绝对不参与这类学习活动。

　　学生之间的合作行为是指,学生为了达到某一共同的目标而彼此配合、互帮互助的一种行为。学生之间的合作行为是有条件的。内在条件包括群体是否有共同的目标、相近的思想。外在条件包括课堂上是否有相应的学习小组、教师有否安排专门的小组活动时间。

　　教师要想成功教学,必须决定采取哪种目标结构来组织教学。在理想的课堂上,教师能适当使用上述三种目标结构,使所有学生都学会怎样与其他同学合作,怎样为利益和乐趣而竞争,怎样独立地学习和工作。

　　人际关系的功能。一切课堂行为都发生在学生与同伴群体相互关系的环境中。例如,一个学生按照教师的要求作出某种反应,此时这个学生清晰地意识到自己置身于同伴群体之中,受同伴群体中共同情感、态度和相互关系的影响。在课堂上,学生之间的关系比任何其他因素对学生学习成绩、社会化发展的影响都更强烈。如语文课开始前,教师发现黑板没擦,问谁帮忙擦一下。在这种情况下,班干部和语文课代表往往会主动上来。促使他们上来的动力来自这个群体的关系:班集体对班干部、课代表的要求,以及班干部、课代表意识到集体对自己的要求。学生之间的关系是学生健康的认知发展和社会化所必须具备的条件。事实上,与同伴的相互关系是学生身心发展和社会化赖以实现的基本条件。

社会心理学家研究发现,学生之间的相互关系对自身的认知发展和社会化发展产生影响,主要表现在以下八个方面。

第一,同伴关系影响儿童价值观、态度、能力和认识世界方法的社会化。和学生与教师之间的相互作用相比,学生与学生之间的相互作用更频繁、更亲切、更认真、更丰富多变。在与同伴的相互交往中,儿童和青少年直接习得态度和价值观,并且获得从成人那里得不到的消息。

第二,同伴关系是儿童未来心理健康水平的预测因子。建立和保持与他人相互依赖的关系,是心理健康的基本表现形式之一。小学三年级时的不良同伴关系是成年早期情绪障碍的重要标志。大量研究结果表明,小学和初中阶段的不良同伴关系预示着高中阶段的心理问题。

第三,同伴关系是儿童学会减少社会孤独感所必备的因素。有研究表明,社会隔绝与缺乏社交能力有关,建设性的同伴关系有助于提高儿童的社交能力。

第四,同伴关系影响儿童在青春期出现问题行为(如物质滥用)的可能性。和什么样的人交朋友,加入什么样的同伴群体,对青少年是否出现物质滥用和其他问题行为有很大影响。

第五,同伴关系给儿童提供了学会控制攻击冲动的环境。儿童在同伴关系中学会控制自己的攻击冲动。在与同伴的相互交往中,儿童得到平等的相互攻击的机会。因此,我们可以推想,在与他人的接触中,有些儿童表现出普遍的敌意以及与众不同的攻击行为方式,另一些儿童则在攻击行为面前表现得异常怯懦,这都是因为缺少与同伴的相互交往。

第六,同伴关系影响性别角色同一性的发展。虽然儿童可能首先是在与父母的互动中对人的性别差异作出区分,但同伴交往使这种认识进一步扩展和具体化。

第七,同伴关系影响儿童理解他人的能力的形成。用他人眼光看问题的能力就是理解他人怎样看待情境,并且设想他人会在认知上和情绪上作出什么样的反应的能力。心理学家认为,用他人眼光看问题的能力影响个体有效地获取和整合信息,建设性地解决冲突和问题,参与合作,形成对同一情境中他人的积极态度,自主作出道德判断,智力和认知发展以及社会顺应。弗拉维尔(Flavell,1963)指出,儿童在与他人的交往中,特别是在争论和冲突中,越来越感到自己不得不根据他人的情况来重新考虑自己的想法和看法。在这个过程中,他们逐渐摆脱认知上的自我中心。

第八,同伴关系影响儿童的教育抱负和学业成绩。相比于其他学校因素,同伴对学生的教育抱负和学业成绩的影响更大。相关研究表明,年幼的学生学习技能不佳时,和同伴的交往能够极大地提高学业成绩。

(2)班风

班风指班级同学在长期交往中形成的一种共同的心理倾向。它往往以心理氛围的形式出现,且一旦形成就成为影响整个班级学习生活的规范力量。班风既塑造学生语文学习的态度和价值观,又影响学生在教室里的语文学习活动。

案 例

小 作 者 群

上海市语文特级教师金志浩长期从事高中语文教学,在议论文教学方面形成了极为鲜明的教学特色。他执教的曹杨二中的学生经常在全市甚至全国作文竞赛中获奖,他们的作品还经常发表在《新民晚报》《青年报》等有影响的报刊上,几个学生还偷偷用起笔名。有一天,《新民晚报》"流行色"副刊上同时登出他执教的一个理科班三名学生的文章,"流行色"上掀起了曹杨二中"流行潮"。后来,一位同学发表了一篇文章——《他们是谁》,学校才发现这个理科班居然有个"小作者群"。

"小作者群"的出现与金志浩鼓励学生大胆发表自己的作品,为学生创设自由、支持性的写作氛围相关。理科班里的"小作者群",是其作文教学艺术的成功写照。

第四节 语文学习的差异

课堂教学中的学习差异主要包括学生的群体差异和个体差异。由于社会生活经验和知识积累基本趋同,相同年龄段的学生在生理和心理发展上具有一定的共同特征。不同学生群体,如小学生和中学生、中国学生和美国学生、男校学生和女校学生,由于他们的生理、心理、环境、学识、经历等不同,因此他们的群体心理也有差异。

一、群体差异

群体差异包括不同种族、民族、阶层、性别和年龄群体的心理差异。其中,年龄差异和性别差异是语文学习过程中重要的群体差异。

(一) 年龄差异

学生言语能力随着年龄的增长呈现出阶段性特征。幼儿时期,1~1.5 岁为言语理解阶段,1.5~3 岁为积极言语活动阶段,3~6 岁为情境性言语到连贯性言语过渡阶段。言语能力的发展主要表现为:语音的声韵和发音逐步准确、清晰;词汇量不断增加,词类范围不断扩大,积极词汇不断增加;从言语实践中逐步掌握语言结构,言语表达能力进一步发展;从有声的外部言语逐步向无声的内部言语过渡,出现自言自语现象。

整个小学阶段,学生内部言语发展经历了出声思维、过渡思维和无声思维三个阶段。进入中学,学生书面言语能力突飞猛进。初二年级以后,学生的出声思维越来越少。高中生的内部言语水平和思维的智力品质日益提高。

1. 母语习得的年龄差异

国外学者研究发现,婴儿出生后马上进入一个观察、内化语音的阶段——通过看、听、想等领悟语音。从出生到生命的头三周,婴儿只有有限的发声技能,主要是哭叫,这可能是因为冷了、饿了或身体不舒服。此后一直到四五个月,婴儿产生假哭。这一阶段的婴儿还不能有意识地产生人类特有的语音,但言语知觉有很大发展。从半岁到快满 1 岁时,在不同文化环境中生活的婴儿发出的声音大致相同。1 岁时,文化的差异出现了。一个英国儿童开始发出英语语音,而一个中国儿童开始发出汉语语音。1 岁后,模式化的真正的语言产生了。儿童说出的句子由词语构成,随语境的不同可以表示各种意义。例如"妈妈"在幼儿的语言中可以表示"妈妈,到这儿来""我要妈妈""妈妈,抱我""我要小便""我饿了"等。

大约 1.5 岁后,幼儿进入双词阶段。组成双词句的词可以分成两类:一类是轴心词,它们数量少,使用频率高;另一类是开放词,它们数量多,但使用频率低。这两类词的组合方式有两种:轴心词+开放词(如"再要些牛奶")和开放词+轴心词(如"推开它""关上它")。

大约 2.5 岁时,幼儿进入实词句阶段。实词句是只用实词而不用虚词组成的句子,字数可以超过两个。例如,"奶喝完了""爸爸再见""琳琳的玩具"。

到了 3 岁,幼儿出现说话高潮,好像突然之间孩子说话了,而且是完整的句子,且常常一连几句,有时还说个不停。这时候是典型的自我中心语言,为了表示自己会说从而什么话都说,甚至对着妈妈说"打死妈妈"。如果幼儿在 2 岁时由保姆全天照应,而保姆说的又是方言,那么幼儿说的话可能全是保姆的方言,且十分地道。后来保姆离开了,只有父母不再使用这一方言,幼儿才会说普通话。

3 岁以前,幼儿在一种"照顾人语言"的环境里习得语言。"照顾人语言"主要指父母或保姆适应孩子学话的语言,这种语言不是教一句学一句的有计划的语言,而是生活交际语言,只是适当"照顾"而已。父母或保姆一般只要求幼儿懂得话语的意思,而不要求他们马上学会,说话内容大都与此时此地的具体情境有关,看得见、摸得着,采用手势、面部表情或实物等帮助理解。母亲多用疑问句,父亲多用祈使句。当发现幼儿听不懂时,父母会放慢速度或使用夸张的语调重复。一般情况下,要求幼儿应答时常用短句,不要求幼儿应答时多用长句。父母一般都会不自觉地加大说话的难度,以帮助幼儿语言的发展。可以说,幼儿获得的语言信息主要来自母亲或保姆,而每位母亲或保姆都是天才的语言教师。3 岁以后,幼儿的生活范围扩大,语源扩充,语言习得速度加快,表达方法也更丰富。一个 4 岁的幼儿就会说:"我终于吃到了奶油蛋糕。""昨天他来的时候,我还没有起床。"

大约 5 岁时,幼儿进入成人句阶段。这时,幼儿习得语言的过程已基本完成。虽然他们掌握的词汇数量还很有限,但已经掌握基本的语法,能分辨正确的表达方法和错误的表达方法,能区别语句的同义关系和歧义关系。幼儿对语言的运用已不限于表达眼前的事物,他们已经能够谈论以前发生的事情,他们计划要做的一些事情,甚至谈论一些实际上不存在的事情。母语习得研究的大量资料表明,幼儿有惊人的学习能力,习得方法科学,注意在观察基础上总结规则,并且善于创造性地运用。

2. 母语发展的年龄差异

从小学到高中,学生言语发展有三个敏感期,也称快速发展期。这三个敏感期是小学四年级、初中三年级和高中三年级。其中,以初中三年级最为明显,女生比男生的言语发展高峰期要早一年。小学四年级是抽象思维发生期,初中三年级是抽象思维从从属地位转化为主导地位的转折期,高中三年级是抽象思维进一步完善并显示出逻辑性的时期。由此可见,学生言语发展的三个敏感期与学生的思维发展阶段特点密切相关。

从小学至高中,学生言语发展还有三个低潮期,也称停滞发展期。在低潮期学生的言语发展进步不大,甚至后退。这三个低潮期是小学三年级、初中二年级和高中二年级。其中,影响程度最深、波及范围最广的是初中二年级,且城市学生比乡村学生明显,男生比女生明显(见表3-9)。

表 3-9　语文分项能力发展特殊时期[①]

分　项	敏　感　期	低　潮　期
识字	小学一年级、小学三年级	—
词汇	—	初中二年级、高中二年级
分析句子成分	高中一年级	高中二年级
分析复句	高中一年级	初中二年级、高中二年级
分析逻辑错误	高中	—
朗读	—	初中
默读	小学四年级、初中一年级、初中二年级	—
读写、标点	—	初中二年级、高中二年级
调整段落	—	初中二年级
抄写、写读后感	—	初中二年级、高中一年级

①　朱智贤.中国儿童青少年心理发展与教育[M].北京:中国卓越出版公司,1990:54.

3. 一些学者的研究结论

苏联心理学家维果茨基对口头语言和书面语言的相互关系曾作过深入研究，他认为从产生语言功能的心理本质来看，书面语言是完全不同于口头语言的另一种过程。

法国学者研究发现了一些判断低年级学生书面语言独立形成的依据。例如，在书面叙述中对对象特征的描写比口头语言多，在写的文章中动词有时被遗漏，但在口头叙述中动词占据中心位置。低年级学生的书面语言不是从口头语言中产生的。学龄初期的儿童刚刚出现书面语言的雏形。11～12 岁，当学生能够根据不同的交际效能区分两种语言表达的形式后，书面语言才成为完全符合要求的活动。

美国学者对 9～15 岁学生的口头语言和书面语言进行研究发现，在句子长度、形容词和副词的数量、句子结构模式等参数上，书面语言要比口头语言增长得快。小学低年级学生的口头语言和书面语言没有本质差别，这两种语言活动的本质差别在少年期才出现。

不同年龄段的学生的学习策略也有较大差别。以复述策略为例，有研究表明，5 岁以下的儿童缺乏足够的合适的复述策略，6～10 岁的学生可以在指导下使用复述策略，但不能自发地使用，11 岁以上的学生则可以自发地使用复述策略，并且能够不断改进自己的复述行为。

（二）性别差异

1. 性别差异的表现

国内外关于性别差异的研究显示，男女智力存在差异。从整体来看，男性群体中智力较高的人和智力较低的人都较女性略多；从智力特点来看，男性在视觉、空间知觉能力和数学推理能力上占优势，女性则在听觉、语言能力和知觉速度上占优势；从思维方式来看，女性形象思维占优势，男性逻辑思维占优势，男性的演绎推理能力优于女性，归纳推理能力男女基本持平。

近年来，有学者研究了语言发展的性别差异，结果表明，女性在语言能力上具有优越性。女婴说话要比男婴早一个月，且学字快、词汇多，达到发音完全清晰的年龄早，开始灵活运用句子以及使用较长、较复杂句子的年龄也比男孩早。男性中患有口吃的人数要比女性多得多。

有学者研究了学前期至青春期前的男女儿童（3～11 岁）在语文能力方面是否有显著差异，结果发现，在句子长度和复杂性方面并未发现明显的性别差异。

在语言的流畅性方面,基本上女生占优势,在词汇、阅读理解等方面性别差异并不趋于一致。因此,他们认为,男女儿童在语文能力方面并不存在显著的性别差异,而这个结论似乎与以前的传统看法不同。

有学者发现,在语文测验中女生的成绩要比男生的成绩高 0.25 个标准差,在文字能力方面,女生的成绩则显著好于男生的成绩。一项研究发现,九年级到十二年级的女生不仅在拼音发音方面,而且在较高层次的对复杂文章内容的理解力,用文字表明复杂逻辑关系的能力等方面显著优于男性。因此,麦考比和杰克林认为,3 岁前女生的语言能力明显优于男生。3 岁后男生追了上来,双方水平相当。从大约 11 岁开始直至高中毕业,女生的语言能力又逐渐占据上风,无论是高层次语文能力(类比推理、理解、作文),还是低层次语文能力(语言流畅、拼音等),女生都要优于男生。

也有许多研究者得出不同的结论。林传鼎教授根据由澳大利亚教育学会制定的学习能力测验改编而来的少年儿童学习能力测验材料进行测验,该材料由找同义词测验、数学推理测验、语言类比测验三部分组成。测验结果表明,语言能力无显著性别差异,语言能力发展速度男女几乎相等。我国台湾心理学家杨国枢认为,性别与年龄对语言发展的影响是相互作用的,即性别差异依年龄而变化。如果将两者混合分析,则很少发现差异。谭天瑜在研究台湾小学生的语言行为与性别的关系时发现,男女在语言编码、句子的组织层次、语意表达程度、语句结构、修饰词的总字数等方面均无显著差异。他指出,就儿童所处的语言环境看,过去女生发展之所以优于男生,是因为她们与母亲的接触机会多,受母亲早期语言训练的机会多。现在,由于大众传播工具和娱乐工具增多,加上越来越多的母亲外出工作,女生已失去接受此种训练的条件,因此上述性别差异不复存在。

归纳各种观点可以发现,大多数研究仍倾向于认为女性的语言能力占优势,这与我们日常生活中的感受一致。

专栏 3-4 ·+·

空间能力的性别差异

一群朋友到陌生的城市旅游,通常是男孩带领大家走东走西,女孩安静地跟着。平时,一些女孩也常感叹自己的方位感差。这是为什么呢? 难道是男孩更聪明? 女孩记忆力太差?

其实,男女空间能力的差异普遍存在。从进化的角度就可以解释这种差异。有研究者(Silverman et al., 2000;Silverman & Eals, 1992)提出空间能力的狩猎者—采集者理论。该理论认为,男性专门狩猎而女性专门采集,因此男性和女性各自擅长相应的空间能力。具体而言,男性狩猎需要到很远的地方寻找猎物,还要在狩猎之后找到回家的路,否则就无法生存下来,因此男性在辨别方向、解读地图和心理旋转方面能力更强;女性采集果实需要更强的空间方位记忆能力,以便更好地记住果实的具体位置,并在不同的成熟季节采集不同的果实。

很多研究证实了男性和女性的空间能力差异。女性在涉及方位记忆和物体排列(见下图)的空间任务上表现得比男性更好,在空间定位记忆测验中成绩也更好。研究者假设这种性别差异的存在是由于女性拥有一种用于采集的适应器,这种优势记忆能力还扩展到不常见和不熟悉的没有言语标记的物体上。

男性则在一些需要心理旋转和辨别方向的空间任务上表现更出色。在一项实验中,研究者带领被试穿过一片陌生的丛林,途中经过一条蜿蜒曲折的小道。研究者在途中不时停下来,让被试说出目前自己所在的位置(与出发地点相对)。之后,又要求被试返回出发地点,且必须走最直的线路。结果表明,男性的表现普遍更胜一筹。

2. 性别差异归因

20 世纪 70 年代,美国芝加哥大学学者在研究中发现男女大脑存在差异。

(1) 大脑结构差异

有研究发现,男性左半球灰质的比例显著高于女性,女性左右半球灰质的比例相当。男性大脑皮层有更多神经元,女性的神经元之间有更多连接。大多数男性和女性的语言区都在左半球,但女性进行语言加工时,其右半球也有明显的激活。

(2) 表现差异

女性在速度感知、口语流畅性、客体定位(序列的)、辨别物体特定属性、精巧的手工任务和算术等方面表现比较好。男性在三维物体的心理旋转、目标导向的动作技巧、复杂图形的测点定位和数学推理等方面表现比较好。在情绪回忆方面,女性比男性更多使用边缘系统。女性在判断不同的情绪类型方面也表现比较好。大量关于青少年的心理测验表明,男孩在数学、科学、社会研究方面的得分比较高,女孩在阅读理解、速度感知、事实和概念的记忆等方面表现比较好。男孩的得分差距很大,而且他们的写作得分显著低于女孩。各项研究都告诉我们,女性更多呈左半球优势,男性更多呈右半球优势。

(3) 差异形成的原因

下面的三种理论解释了这种性别差异。

一是激素理论。该理论认为,激素影响男女大脑的发育。睾丸激素似乎延迟了男性大脑左半球的发育,因此女性比男性更早使用大脑左半球,男性被迫更多依靠大脑右半球。个体早期受到激素的影响似乎使他们大脑的其他功能(比如语言获得和空间感知等)也永久性地被改变。在青春期,激素使青少年的心理进一步得到重组,同时这个阶段他们还面临各种社会压力并伴随着自身情绪的调整。

二是自然选择理论。该理论认为,随着人类在自然选择过程中的不断进化,大脑特征也受到影响。数千年来,男女劳动分工非常明确。很早以前,男性负责集体外出狩猎、制造武器、抵御外来掠夺者或野兽对自己部落的侵犯。女性则负责照顾家庭、抚育后代、准备饮食、缝制衣服等。这些特定的分工涉及男性和女性大脑的不同功能。男性需要更多的线路识别能力、空间辨别能力和寻找目标的技巧。女性则需要更多的精细运动能力、时间管理技巧和操持家务的能力。履行好各自职责的男性和女性幸存下来,并将他们的基因传递给下一代。与此同时,新的基因组合最终带来大脑结构和身体其他部分的改变,从而形成性别特异化。

三是环境理论。该理论强调男性和女性发展过程中的不同方式及其与环境交互作用的共同影响。首先,对婴儿感觉的研究表明,不同性别的婴儿的感觉灵敏性发展不同。女婴的听觉和触觉(由左半球控制)发展得更快,而男婴的空间感觉(由右半球控制)发展得更快。其次,父母倾向于以不同的教养方式对待男婴和女婴。最后,在6～12岁的成长过程中,男孩与女孩在课外时间开展的活动完全不同,女孩更多在室内度过课外时间。在这种结构性的环境中,女孩通过电视和广播接触到更多语言刺激。在家里的钟表和大众传媒的影响下,或其他家庭成员回家,她们会对时间有更敏感的意识。心理学家认为,这样的环境促进了大脑左半球的加工。男孩更多在户外度过课外时间。在这种非结构性的环境中,男孩更多地依赖空间(方位)而非时间,他们设计自己的游戏,在游戏中主要运用视觉技巧而不是语言技巧,他们很少使用语言,仅仅在与完成任务有关时才会用到。这样的环境促进了大脑右半球的加工。

从理论以及事实来看,我们不应该将天性和教养对立起来思考,而应该将这两方面的关系看作一种循环。遗传因素影响行为,在儿童成长发育过程中行为又影响基因功能的发挥。因此,天性和教养两方面综合作用才使得男性和女性在学习过程中有不同的优势。

二、个体差异

19世纪下半叶,英国学者高尔顿(Francis Galton)创立了差异心理学。100多年来,心理学视野中与学习活动相关的个体差异变量主要有能力、智力、兴趣、动机、气质、性格、学习风格和能力倾向。

(一)个体差异概述

1. 个体差异和个性

个体差异也称个别差异,可以将其理解为学生个体之间存在的,影响学生学习结果的比较稳定的品质,通常用与学习关系密切的能力倾向来表示。与此概念相关的一个词语是"个性"(personality),个性是区别个体的重要标志,也是个体表现出来的与众不同的心理特征和精神面貌的总和。个性既代表个体具有的包含一定意识的倾向性,表现为个体的兴趣、爱好、需要、动机、意志、信念等的不同,还代表个体在能力、气质、品德、性格等方面存在的个别差异。据此,"个性"一词的内涵和外延都比"个体差异"更宽泛,个体差异是个性的学习差异。

2. 个体差异的表现形式

学生的个体差异多种多样,有些对学生的学习影响不大,有些则直接影响学习进程和效果。影响学生学习的主要个体差异包括准备差异、兴趣差异、智力差异和学习风格差异。

（1）准备差异

准备差异是指学生掌握的与新知识相关的已有知识、技能和背景经验的多少。比如,学生要学习20以内的进位加法,这与他/她先前所学的个位加法知识的掌握程度密切相关。

（2）兴趣差异

兴趣差异是指不同的学生在同一学习活动中产生的一种力求认识世界、渴望获得知识,并带有强烈情绪色彩的心理倾向的强弱。比如,有的学生盼望上英语课,总希望英语教师对西方语言文化讲得深一点,课外经常阅读原版英语小说。有的学生则盼望不上英语课,不背单词,不练听力。这就是学生对英语学科的兴趣差异。

（3）智力差异

智力是以思维力为核心的观察力、记忆力、思维力、想象力和注意力的有机结合,常用智商(IQ)来表示。智力差异既表现为智力水平的差异,比如传统智力测验测得的智商高低;又表现为智力结构的差异,即学生的各种智力成分以不同方式组合在一起,形成结构上的差异。

（4）学习风格差异

学习风格差异是指学生持续一贯的、带有个性特征的学习方式和学习倾向的不同。如有的学生喜欢听教师滔滔不绝地讲课,觉得听教师讲更容易理解和记忆。有的学生则喜欢通过阅读文字和图片来获取知识,这是两者感官偏好的差异。

上述四种个体差异会对学生学习的不同方面产生不同影响。学生的准备差异对学习活动起根本性的影响,智力差异决定了学生的学习速度,兴趣差异影响学习过程中的坚持性和努力程度,学习风格差异对学生参与和调节学习活动起作用。准备差异和兴趣差异是教师较熟悉的学生个体差异表现,下面就智力差异和学习风格差异展开论述。

(二) 智力水平和智力结构

心理学史上有关智力的研究成果丰厚：1904 年斯皮尔曼的两因素论、1938 年瑟斯顿的群因素论、1949 年南伯特和弗农的层次结构模型、1967 年吉尔福德的三维结构模型、1971 年卡特尔的流体智力与晶体智力、1983 年加德纳的多元智能理论、1996 年珀金斯的真实智力，以及 1997 年斯滕伯格的成功智力理论等。各种理论流派给予我们如下启示：智力既受遗传因素的制约，也受后天环境的影响；智力既具有一般性，也具有多元性和特殊性；个体智力差异可以表现为智力水平的差异和智力结构的差异。

学生智力差异主要表现在两个方面：一是智力水平的差异，表现为智商的高低；二是根据加德纳提出的多元智能理论，表现为智力结构上的不同。

1. 智力水平差异

智力水平差异一般可通过智力测验的智商分数的高低来表示，常用的智力量表有斯坦福—比奈智力量表(Stanford-Binet Intelligence Scale)、韦克斯勒儿童智力量表(Wechsler Intelligence Scale for Children，WISC)。韦克斯勒儿童智力量表由美国心理学家韦克斯勒(David Wechsler)编制，于 1949 年出版，是继比奈—西蒙智力量表之后，世界上应用最广泛的个人量表之一，其适用对象是 6～16 岁的儿童青少年。1974 年，韦克斯勒修订了韦克斯勒儿童智力量表。中国心理学家林传鼎和张厚粲在 20 世纪 80 年代初主持了韦克斯勒儿童智力量表中文版研究。

大量研究表明，人类智力呈正态分布，即"两头小、中间大"。智商高于 130 的人占 2.28%，智商低于 70 的人也占 2.28%，智商为 85～115 的人占 68.2%，智商为 70～85 的人占 13.59%，智商为 115～130 的人也占 13.59%。

学生智商与学科成绩的相关研究表明，智商与学生在学校里的学业成绩存在中等相关，相关系数大致为 0.53。伯特(C. I. Burt)的学科成绩与智商的研究结果如表 3 - 10 所示。

表 3 - 10　学科成绩与智商的相关关系

学　科	作文	阅读	算术	缀字	书写	手工	图画
相关系数	0.63	0.56	0.55	0.52	0.21	0.18	0.15

　　有研究发现,五年级与二年级的阅读成绩的相关系数为0.75。布卢姆综合多位学者的相关研究得出以下的结论:二年级与十二年级的成绩的相关系数为0.60,六年级与十二年级的成绩的相关系数为0.78,十年级与十二年级的成绩的相关系数为0.90。

　　智力超常学生在学习中的表现有如下特点:第一,求知欲强,兴趣广泛;第二,注意力集中,能较长时间全神贯注地从事紧张的学习或其他活动;第三,观察力特别敏锐,能发现一般儿童很难发现的问题;第四,记忆力强,善于在理解的基础上记忆;第五,思维敏捷,理解力强,善于掌握事物的本质,抓住问题的关键;第六,富有独立性和创造性,不迷信教师和书本,常有自己独立的见解,喜欢用新方法解决问题;第七,有强烈的好胜心和顽强的意志,往往充满自信,在各项活动中争强好胜,富有进取心,为了达到预定目标,能克服重重困难,表现出坚毅顽强的意志品质。

　　轻度智力低下的学生在学习中的表现有如下特点:第一,在知觉方面,知觉速度慢,范围狭窄,内容笼统、贫乏;第二,在记忆方面,识记缓慢,遗忘快,再现不正确;第三,在言语方面,言语出现较迟,发展慢,词汇贫乏,意义含糊,缺乏连贯性;第四,在思维方面,思维带有很大的具体性,只能认识客体的表面特点,缺乏概括能力,很难形成抽象概念,数的概念差,计算困难。

　　2. 个案分析

　　以下是用韦克斯勒儿童智力量表测量一个进入小学刚两个月的女生后的数据报告(见图3-16)。

　　整个量表分言语量表和操作量表两部分,包括常识、类同、算术、词汇、理解、背数、填图、排列、积木、拼图、译码、迷津12个分项测验。

　　常识主要测量一般常识性知识的广度、一般学习能力、对学习材料的记忆,以及对日常事物的认识能力。类同要求说出每对事物的相同点,主要测量逻辑思维和抽象思维能力。算术主要测量运算技巧、数学推理、问题解决、记忆和抗分心的能力。词汇测量言语理解能力和言语发展水平,以及被试的知识范围和文化背景。理解主要测量运用常识解决问题的能力,以及理解、判断和言语表达能力。背数包括顺背和倒背,测量短时听觉记忆能力和注意力。填图要求被试指出图中缺失的部分,主要测量视觉敏锐度、视觉再认和辨认能力,以及区分重要特征与不重要细节的能力。排列要求被试按事情发展顺序重新排列图片顺序,主要测量对结果的预期、时间序列化概念,以及直

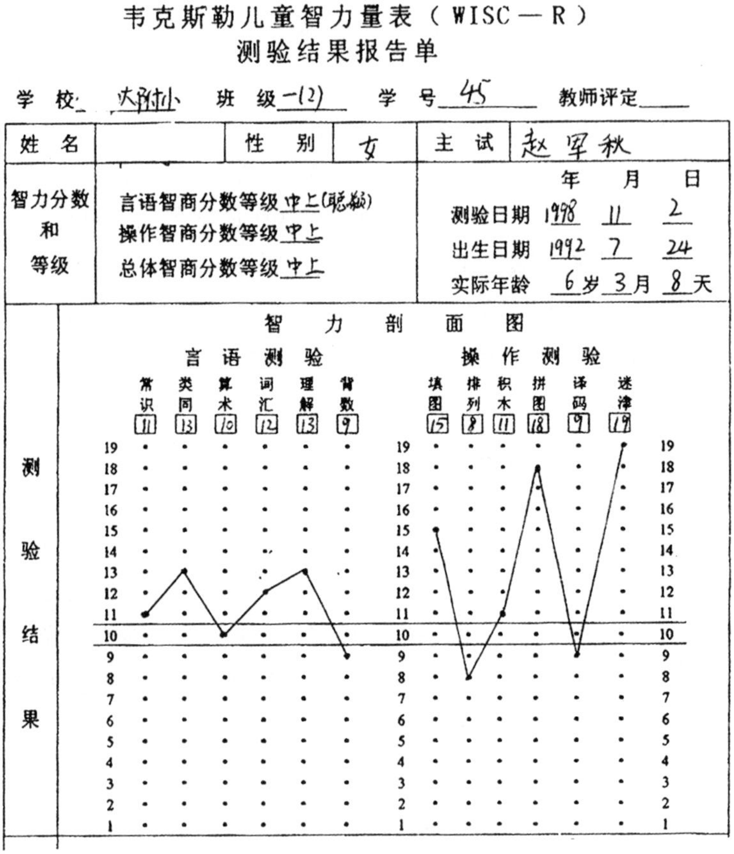

韦克斯勒儿童智力量表（WISC－R）
测验结果报告单

图 3－16　儿童智力测验结果报告单

觉组织、言语理解能力。积木要求被试按呈现的图案拼摆积木,测量把整体分解成部分的能力、知觉组织能力、视觉与动作协调能力。拼图要求被试把一套切割成几块的图形板拼成一个熟悉物体的完整画面,主要测量把部分组合成一个整体的能力、知觉组织能力、知觉灵活性、视觉与动作协调能力。译码要求被试按所给的数字与对应符号的样例,尽快在每个数字下填写相应的符号,测量抄写速度和精确度、短时记忆、视觉能力、一般学习能力和抗分心能力。迷津要求被试用笔从迷津图的中央向出口画出路径,测量视觉搜索、预见和知觉能力。

　　从测验结果报告单的点图可以发现,该女生填图、拼图和迷津三项测验得分较高,尤其是迷津测验获得最高分,而背数、排列、译码处于平均数之下。从各分项测验来看,该生抽象概括能力、言语表达能力、理解与判断能力属中上水平,观察力、计划能力、空间推理和视觉组织能力、视觉与动作协调能力较突出,但是短时记忆、心算能力和注意力稍欠缺。

这里的短时记忆、心算能力和注意力稍欠缺是先天素质在起较大作用。随后的小学生活也证实了这些差异的存在:该女生怕记知识,如识记生字字形;不喜欢数学学科,尤其是做听磁带口算练习;回家做作业时容易分心。显然,这些先天差异对学生在校学习会产生极大影响。

3. 智力结构差异

1985 年,美国耶鲁大学认知心理学家斯滕伯格(Robert J. Sternberg)提出三元智力理论(triarchic theory of intelligence),认为人的智力由分析能力(analytical ability)、创造能力(creative ability)和实践能力(practical ability)这三种相对独立的能力构成(见图 3-17)。大多数人这三种能力的发展是不均衡的,每个人三种能力的组合也不同,这种差异是个体智力差异的表现。

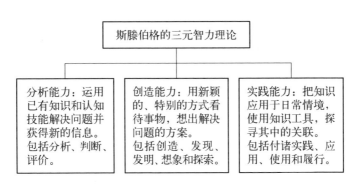

图 3-17　三元智力理论

在加德纳看来,学生的智力差异是每个学生智力强项和多元智力组合的不同。每个学生都或多或少拥有八种不同的多元智力,加德纳强调所有人都具有八种智力(详见第二章"多元智能理论"相关内容,或参见下页专栏 3-5)。在不同情境下运用每一种智力,则每一种智力都可以发展。但是,在实际生活中没有哪种智力可以单独存在,各种智力往往以错综复杂的方式相互交织在一起,共同发挥作用。而且,大多数人只在一两种智力上表现特别出色。不同智力组合是个体之间存在差异的主要根源,学生各种智力成分以不同的方式组合在一起,就形成智力结构上的差异。

前面提到用韦克斯勒儿童智力量表测量进入小学刚两个月的女生后的数据报告,若以多元智能理论加以分析,可以发现该女生视觉空间智力占优势,所以在填图、拼图、迷津三项测验上得分较高,尤其是迷津测验。该女生数理逻辑智力较弱,所以在背数、排列、译码三项测验上得分较低,处于平均数之下。12年的追踪调查显示,该女生从小学四年级开始出现数学学科学习障碍,初中和高中6年学习期间,数学成绩难以达到及格水平。初中毕业考取美术特色高中,最后参加艺术类高考,考取美术专业本科,但高考时满分150分的数学学科只考了68分。可见,学生智力的优势和劣势对学科学习影响较大。

专栏 3－5 －·＋·－·＋·－·＋·－·＋·－·＋·－·＋·－·＋·－·＋·－·＋·－·＋·－·＋·－·＋·－·＋·－·

课堂上的智力测验

多元智能理论有助于我们了解学生的学科优势和劣势,并有针对性地进行教学。日常教学中,我们除了查阅学生成绩单、教师评语,和家长交谈,和学生沟通,还可以通过课堂观察来了解学生的智力差异,下表可以帮助教师了解智力优势学生的行为表现。

学生的多元智能优势表现

言语／语言智能优势

_____ 比同龄人平均写作水平高

_____ 对姓名、地名、日期和琐碎的事情有较好的记忆力

_____ 喜欢阅读、欣赏韵文、绕口令等

_____ 能准确书写单词,词汇积累丰富

_____ 喜欢听人讲话(如故事、广播中的评论等)

_____ 有较好的口头表达能力

逻辑／数学智能优势

_____ 常询问事物是如何工作的

_____ 喜欢数学课,喜欢数数和数字游戏

_____ 对数学和计算机感兴趣,对与科学有关的课程感兴趣

_____ 喜欢玩国际象棋、跳棋或其他战略游戏

_____ 喜欢游戏迷宫或谜语

_____ 喜欢给事物分类、分层次或其他逻辑形式

_____ 喜欢在科学课上或课外做实验

视觉/空间智能优势

_____ 能清晰描述可视的形象

_____ 擅长绘画,擅长阅读地图、表格、图表

_____ 喜欢幻想和艺术活动

_____ 喜欢看电影、幻灯片或其他可视的表演形式

_____ 喜欢走迷宫或可视的活动

_____ 喜欢建造三维建筑物(如乐高建筑)

_____ 喜欢用图示的方法做笔记

身体/运动智能优势

_____ 有一至两个擅长的运动项目,喜欢跑、跳、投或其他活动

_____ 在一个地方坐久了,会表现出好动、敲打、烦躁等

_____ 喜欢模仿人们的姿态和行为,以戏剧化的形式表达自己

_____ 喜欢拆拼东西,手工娴熟

_____ 喜欢通过身体和触觉经验来学习

音乐/韵律智能优势

_____ 擅长记忆歌曲

_____ 有很好的嗓音,喜欢哼唱,能够演奏乐曲

_____ 说话或动作有节奏感

_____ 对周围环境中的噪声很敏感

_____ 当音乐响起的时候,有喜悦的感觉

人际沟通智能优势

_____ 喜欢和同伴开展社会活动

_____ 感觉像天生的群众领导

_____ 喜欢教其他同学,有同情心

_____ 有两个或更多亲密朋友

_____ 他人愿意把自己当作好朋友

内省智能优势

_____ 独立性强,有主张

_____ 对自己的能力和弱点有自知之明,有很好的自我方向感

_____ 喜欢一个人独立学习、工作、娱乐

_____ 采用与他人不同的学习和生活方式

_____能够从他人的成功和失败经验中吸取教训

_____自尊心较强

自然观察者智能优势

_____常谈论宠物和自然风光

_____喜欢旅行,对自然界的事物很敏感

_____喜欢教室里的水和植物,乐意把植物和动物带到学校来

_____喜欢去动物园、自然博物馆、水族馆

_____对有关生态学、自然、植物和动物的学习感兴趣,喜欢与自然有关的活动

_____较好地完成与生物有关的课题

(三) 学习风格

学习风格(learning style)是学生不随时间和学科内容而改变的,持续一贯地以特定方式感知、思考和组织信息的偏好,是学习策略和学习倾向的总和。有关学生学习风格的理论观点很多,表述也不同,但纵观这些理论可以发现实质性的共识。

1. 学习风格界定

学习策略是学生为了提高学习效果和效率,在学习活动中用来保证有效学习的规则、方法、技巧及其调控措施,其中一些特定的步骤就是学习方法。学习倾向是学生在学习过程中表现出来的不同偏好,包括学习情绪、学习态度、学习动机、学习坚持性以及对学习环境、学习内容等方面的偏好。

有些学习策略和学习倾向会随着学习环境和内容的变化而变化,有些则表现出一贯性。那些具有一贯性的学习策略和学习倾向就是学习风格。例如,有的学生喜欢一个人独立阅读文学作品,若在图书馆和他人一起看书,他会觉得难以集中注意力;有的学生考前复习阶段喜欢和他人一起讨论学习,觉得这样有助于理解和记忆。有的学生即使独自学习,也要求周围环境绝对安静,家人不许看电视、交谈;有的学生却喜欢在背景音乐中学习,如听着音乐抄课文、练字。有的学生认为自己清晨背课文效果最好;有的学生则喜欢在晚上或深夜临睡前背课文。有的学生即使对数学学科兴趣不大,也能在喧闹的教室里坚持认真、仔细做习题;有的学生虽然对语文学科兴趣浓厚,但是听到他人高谈阔论时,他一定会停下正在写的作文参与其中。针对此类现象,1954 年塞伦(Herbert

Thelen)提出学习风格的概念,至今中外研究者从不同角度进行了多种理论建构。

2.学习风格分类

科尔布(D. A. Kolb)提出发散型、同化型、聚合型、顺应型四种类型的学习风格,邓恩夫妇(R. Dunn & K. Dunn)提出影响学习风格的因素原理,里奇曼(S. Riechmann)等鉴别出三个有关学习风格的两极维度,格里乔克(Anthony Gregorc)提出具体序列型、抽象序列型、具体随机型、抽象随机型四种不同的学习风格,西尔弗(H. F. Silver)和汉森(J. R. Hanson)根据荣格提出的心理类型学理论,提出以过程为导向的学习风格模式理论,即感官—思考型、感官—感受型、直觉—思考型、直觉—感受型。

科恩(Andrew D. Cohen)和韦弗(Susan J. Weaver)从感知方式、认知方式和个性特点三方面对学习风格作了分类,并提出相匹配的学习策略(见表3－11)。

表 3－11　学习风格分类①

(a) 感知方式

类　型	学习者的特点	应选择的学习策略
A. 视觉型	喜欢图形、图表、图片等;喜欢阅读	使用卡片、录像和其他的视觉辅助
B. 听觉型	喜欢听讲座、录音带和谈话等	创造机会听讲座,参加讨论
C. 动觉型	喜欢借助别人的演示来学习;喜欢通过绘画和模仿来学习语言	寻找实践的机会理解语言和文化(如通过非言语交际的方式交流)

(b) 认知方式

类　型	学习者的特点	应选择的学习策略
A. 整体型	善于抓住大意,即使遇到不认识的词汇或不懂的概念也能很好地与别人进行交流	学会理解听力或阅读材料的大意。懂得细节并不妨碍理解整体意义
B. 细节型	需要通过具体的例子才能完全理解;注意具体的事实和信息;善于记忆新词和短语	意识到关注细节对理解很重要。练习"填充缺失信息"等活动

① 韦洪涛.学习心理学[M].北京:化学工业出版社,2011:160－161.

类　型	学习者的特点	应选择的学习策略
C. 综合型	善于发现和归纳要点；喜欢猜测意思，预测结果；能够很快发现事物间的相似点	学会归纳大意、猜测意思和预测结果，发挥整合信息的能力
D. 分析型	喜欢思考和分析；喜欢作对比分析和排除法的练习；对社会情感因素不敏感；关注语法规则	作分析性的练习，参与逻辑分析和语言对比的任务，寻找一本好的语法书来帮助学习
E. 尖锐型	在记忆的过程中善于发现项目之间的差异；分开储存项目，分别提取项目，能够区分语音特征、语法结构和词义的细微差异	在最开始接触学习材料时，留出足够的时间
F. 齐平型	分块记忆材料，往往忽略它们之间的差异而更多地注意相似点；在社交情境中经常为了提高流利程度而忽略差异；经常会混淆记忆，把新的经历与以往的经历结合	多进行交际，不必在意语言和结构的细微差异；注意某些好的表达方式
G. 演绎型	喜欢由一般到具体的方式，把结论应用到实践中；愿意从规则和理论入手，而不是从具体的例子入手	利用语法和其他规定了规则的学习材料；找到能给自己解释规则的学习伙伴
H. 归纳型	喜欢由具体到一般的方式，从具体的例子而不是从规则和理论入手	通过直觉学习规则，不关心具体细节
I. 场独立型	能够同时注意语言的细节和整体，而不受它们的干扰；善于同时处理多个语言部分	参加需要多种检测手段的任务
J. 场依赖型	需要一定的情境来帮助理解信息，因此只关注语言的某一部分或方面；同时处理语言的多方面特征会有一定困难	参加一次只关注几个概念的活动或任务
K. 冲动型	加工材料的速度快，但准确性低；愿意冒险和猜测	创造一些即兴表达的机会
L. 思考型	加工材料的速度慢，但准确性高；避免冒险和猜测	参与"冒险性"的活动，如口语等

(c) 个性特点

类　型	学习者的特点	应选择的学习策略
A. 外向型	对外部世界感兴趣，积极，善于交际，性格外向，通常兴趣广泛	参加一系列社交的、互动的学习任务（如游戏、对话）

续　表

类　　型	学习者的特点	应选择的学习策略
B. 内向型	对内部世界感兴趣,能够集中注意力,善于理解概念;兴趣较少,但是精通,善于自我反思	参与独立完成的任务(如自学、阅读或使用电脑学习)或者是与另一个比较熟悉的学习者完成活动
C. 随机—直觉型	喜欢学习抽象的概念和建构模型,面向未来;爱推测可能性,喜欢随机的方式	参与面向未来的活动,如推测可能性
D. 具体—程序型	喜欢按部就班地学习,严格按指令办事,有很强的感性和程序性,面向现在	按步骤完成任务,在完成每个步骤后从同伴、教师那里得到反馈信息
E. 封闭型	愿意作决定和采取行动;能制定并且遵守计划;有很强的控制力;对歧义的容忍度低;经常为了尽快找到答案而妄下结论;重视时间期限	事先计划,确定时间期限。接受特定的指导,多问问题
F. 开放型	善于收集信息;通常在广泛地获取信息和经验的基础上才下结论;认为学习是愉快的;有很强的灵活性,对歧义的容忍度高;不关心规定的时间期限	寻找和发现学习的机会和收集信息的机会

3. 学习风格的特点

虽然学习风格的各种理论视点不同,表述也不同,但实质性的共识是学习风格具有如下特点。

(1) 独特性

学习风格在学生个体神经组织结构及其机能的基础上,受特定家庭、教育和社会文化的影响,通过个体自身长期的学习活动而形成,具有鲜明的个性特征,因人而异。比如说,"我的学习风格是我特有的,别人不能模仿"。

(2) 稳定性

学习风格是学生在长期的学习过程中逐渐形成的,一旦形成,就具有稳定性,很少因学习内容和学习环境的变化而变化。比如说,一个人的学习风格是习惯晚上在明亮的灯光下,周围环境很安静时独自学习,并且习惯先整体感知学习材料,再具体分析。一般情况下,这个人的学习风格不会轻易改变,读小说时先整体阅读,再仔细品味。看到数学题,也是先整体把握,再仔细思考。

（3）兼有活动和个性两种功能

学生的个性特征对学习的影响是间接的，必须通过一定的媒介作用于学习过程，充当这一媒介的正是学习风格。学生通过个性化的学习风格去学习，既能使学习顺利进行，又能保证整个学习是个性化和独特的。

4. 学习风格的构成要素

美国纽约圣约翰大学学习与教学风格研究中心的邓恩夫妇提出有关学习风格构成因素的原理，是探讨中小学生学习风格的一个重要的分析框架，具有较强的普适性。他们从环境、情绪、生理、心理、社会五个维度分析学习风格的构成要素（见图 3－18）。

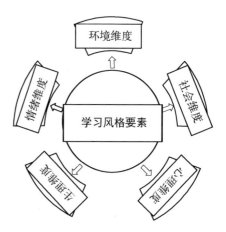

图 3－18　学习风格的五个维度

（1）环境维度

环境维度指向学生对学习环境的适应与偏好，包括声音、光线、温度和坐姿四个要素。

声音。这是学生抵抗噪声的不同水平。有的学生需要安静的环境，一有干扰就会分心；有的学生在一些背景音乐下学习效率比较高；有的学生能够容忍一定程度的噪声，在嘈杂的环境中也能够集中注意力学习。

光线。这是学生对光线强弱的不同要求。有的学生喜欢明亮的灯光，有的学生喜欢光线暗一点。

温度。这是学生对环境温度的特殊要求。一般而言，适宜的温度有利于提高学习效率，但适宜的温度是多少则因人而异。

坐姿。这是学生对环境设计的要求。有的学生偏爱正式的学习环境，如教室、图书馆、书房；有的学生偏爱非正式的学习环境，如厨房、客厅。有的学生喜欢坐在木制椅子上学习，有的学生喜欢坐在塑料、钢质椅子上学习，有的学生喜欢在床上、地毯上、躺椅上学习。

（2）情绪维度

情绪维度指向学生的学习动机、坚持性、责任心和对学习内容的要求。

动机。有的学生有很强的成就动机，自觉、积极、主动地学习；有的学生动力不足，缺乏主动性和自觉性。

坚持性。有的学生能坚持不懈地做一件事,直到完成任务;有的学生则缺乏恒心,做事虎头蛇尾。

责任心。有的学生愿意为自己的学习承担责任,有的学生则不愿意。有的学生比较顺从,别人让他做什么,他就做什么;有的学生则反叛性强,我行我素,不喜欢按别人的要求或指令做事,只做自己想做和喜欢做的。

对学习内容的要求。有的学生希望教师能明确告知学习步骤;有的则喜欢教师只提供目标,不限定过程和步骤。

(3)生理维度

生理维度包括听觉、视觉等感官刺激的偏好,习惯性的生理反应、时间节律等。

感知觉偏好。面对环境刺激,不同的学生习惯运用不同的感知觉通道作出反应。有的学生偏好视觉,学习时以看为主,如阅读、看图表,大脑就像一台摄像机。有的学生偏好听觉,学习时以听为主,如听演讲、讨论,大脑好像一台录音机。有的学生偏好触觉或运动知觉,通过做事、触摸、运动等亲身经历来学习,大脑就像一台发动机。一般可以通过感觉偏好测查表检测学生的感知觉偏好,尤其是在学生从事长时间的和复杂的学习任务时效果更好。

专栏 3-6

感觉偏好测查表

指导语:如果在大多数情况下同意下面的陈述,请在"A"上画圈,不同意则在"D"上画圈。要尽快回答每个问题,你的第一反应通常最准确。

1. 与听别人讲述相比,我更喜欢阅读故事。 A D

2. 与听收音机相比,我更喜欢看电视。 A D

3. 与记忆名字相比,我更容易记住面孔。 A D

4. 我喜欢教室里有很多贴画和图片。 A D

5. 我很看重字写得好不好。 A D

6. 我常常以图画的方式思考问题。 A D

7. 我常常会因为丰富多彩的视觉图像或视觉运动而分心。 A D

8. 我难以记住口头指导。 A D

9. 与参与体育运动相比,我更喜欢观看体育比赛。 A D

10. 我倾向于用书面文字的方式来组织思路。　　　　　　　　　A　D

11. 我的面部表情是情绪的最好反映。　　　　　　　　　　　　A　D

12. 与记忆面孔相比,我更倾向于记忆名字。　　　　　　　　　A　D

13. 我喜欢演戏或其他类似的活动。　　　　　　　　　　　　　A　D

14. 我倾向于默读和出声思考。　　　　　　　　　　　　　　　A　D

15. 我很容易被声音弄得心烦意乱或分心。　　　　　　　　　　A　D

16. 我容易忘记我所读的内容,除非我把它讲出来。　　　　　　A　D

17. 与看电视相比,我更喜欢听收音机。　　　　　　　　　　　A　D

18. 我的字写得不好。　　　　　　　　　　　　　　　　　　　A　D

19. 遇到困难时,我会把它讲出来。　　　　　　　　　　　　　A　D

20. 我会口头表达情绪。　　　　　　　　　　　　　　　　　　A　D

21. 与阅读某个主题相比,我更喜欢小组讨论。　　　　　　　　A　D

22. 与写信相比,我更喜欢打电话。　　　　　　　　　　　　　A　D

23. 与观看体育比赛相比,我更喜欢参与体育运动。　　　　　　A　D

24. 我喜欢去可以触摸展品的博物馆。　　　　　　　　　　　　A　D

25. 如果写字的空格变小,我的字会写得很糟糕。　　　　　　　A　D

26. 我的心理图像常常伴随着运动出现。　　　　　　　　　　　A　D

27. 我喜欢在户外运动,比如骑自行车、野营、游泳和滑雪等。　A　D

28. 与看过的或谈论过的事情相比,做过的事情我记得更牢。　A　D

29. 遇到困难时,我常常选择需要更多身体活动的解决办法。　A　D

30. 我喜欢做模型或其他手工艺品。　　　　　　　　　　　　　A　D

31. 与阅读相比,我更喜欢做实验。　　　　　　　　　　　　　A　D

32. 我的肢体语言是情绪的最好反映。　　　　　　　　　　　　A　D

33. 如果我不把它做出来,就难以记住口头指导。　　　　　　　A　D

得分解释:

　　　项目 1~11 中选择 A 的数量是你的视觉得分。

　　　项目 12~22 中选择 A 的数量是你的听觉得分。

　　　项目 23~33 中选择 A 的数量是你的触觉或运动知觉得分。

　　　如果你在某一方面的得分比较高,说明这种感觉通道是你的优势通道。
如果你在某一方面的得分比较低,说明这种感觉通道可能不是你的优势通道。如果你在三个方面的得分相当,说明在学习过程中你可以使用任何感觉通道。①

+—+

摄食偏好。有的学生喜欢边学习边吃东西,有的学生则不喜欢。

时间偏好。有的学生喜欢清晨早读,有的学生上午九点以后学习效率高,有的学生一般从下午三点开始进入学习高效期,有的学生喜欢晚上学习。

活动偏好。有的学生学习时喜欢静坐一处,有的学生则不时起身走动或运动。

(4)心理维度

心理维度指向学生的认知方式,是对信息加工方式的偏好,包括分析与综合、沉思与冲动等。

分析与综合。分析型的学生左脑具有优势,擅长分析和归纳。他们常常集中注意于一两个部分而忽视其他方面,能将信息分解成部分,并善于找出相似性和差异性,这使得他们能够快速接触问题的核心。综合型的学生右脑具有优势,擅长整体思维方式。他们对情境有整体的看法,考虑当前情境时能看到整体的图景。

沉思与冲动。沉思型的学生深思熟虑,冲动型的学生思考速度快,能迅速作出决定。

1992年,心理学家雷诺兹(Arthur J. Reynolds)等人在邓恩夫妇的基础上,提出多维度学习风格分类的概念模式。该模式包含知觉偏好、物理环境需要、社会环境偏好、认知方式、最佳学习时间、动机和价值观。

(5)社会维度

社会维度指向学生学习的社会性,包括自我独立学习、同伴小组学习、与成人或其他人一起学习等。有的学生喜欢单独学习,有的学生喜欢和同伴一起学习;有的学生喜欢不出声独立思考,有的学生喜欢出声讨论;有的学生喜欢没有权威人士在场的学习环境,有的学生则喜欢有公认的权威在场并与他们一起学习,有的学生喜欢和家长或教师一起开展学习。

———————————

① 谭顶良.学习风格论[M].南京:江苏教育出版社,1995:22.

三、学习差异与语文教学

从学习差异的视角看语文教学,我们应该通过语文课程内容、教材内容和教学内容的设计,以及教学实施方式的选择,关照不同学生的学习需求。

(一) 课程、教材和教学内容

1. 课程内容与学习差异

语文课程内容属于课程层面的概念,在课程标准中得到明确规定和表达,其终极目标就是学生在语文课程中学得的素质——语文素养。它具体描述了学生经过一个阶段的学习后,在知识与技能、过程与方法、情感态度与价值观三个领域的学习结果。因此,课程内容具有法定地位,不能轻易改变。课程内容应明确告知教师教什么和学生学什么。

学生的先天素质或遗传素质,如短时记忆容量、注意力维持时间等,教育基本上无法改变。语文课程内容的制定应尊重人体各种先天素质的限度,不要超越这一限度。除此之外,还应关照学生先天素质的差异。课程内容应面向全体学生,以中等学生的水准为依据,不能随意提升语文课程标准的难度和量化要求,如识字量、阅读速度、整本书阅读的复杂程度、单位时间的写作字数等。

2. 教材内容与学习差异

教材内容是教材层面的概念。课程内容通过描述学生的学习结果(即课程目标)来间接影响教材的编写,语文教材则是语文课程内容的具体化,是课程内容物化的过程。当下统编版语文教材凭借不同体裁和题材的选文以及相关的学习活动来实现这个物化过程。这样,选择怎样的文章,编制怎样的学习活动就是教材层面研究的内容。教材内容是教师帮助学生达成语文课程学习目标——语文素养的媒介。

由于学生发展过程中形成的素质对语文教学有一定影响和制约,而语文教学难以影响学生发展过程中形成的素质,因此语文教材应该适应学生发展过程中形成的素质。例如,学生的智商差异是影响学生语文学习速度的重要因素之一,从理论上说,学校语文教学应让智商高的学生学得快一点,智商低的学生学得慢一点。但是,我国现有的经济条件决定学校大班教学形式一时难以改变,日常语文教学只能按中等学生的水平设计教学内容、确定教学进度并加以实施。因此,语文教材在充分反映课程内容的同时,必须建立适当的补救措施:赋予教材内容以弹性,为教师对教材的自主开发提供开放的空间,如阅读课文可分为精读和略读、教读和自读,学习活动和单元学习任务可选做,以免语文拔尖学生受到抑制,而语文较差的学生反复受挫。

3. 教学内容与学习差异

如果说语文教材内容是相对静态的、稳定的,那么教学内容始终处于动态变化之中。从文本预设的角度而言,同一位教师对同一篇课文教学内容的设计去年和今年也会存在不同;从文本实施的角度而言,同一位教师在不同的班级实施教学,教学内容也是可变的。因为教师对教学内容的创设必须满足教学情景和学生差异的需求。但是,教师教学内容的个性化创设不是随意的,而是以课程内容为终极目标,以学习差异为依据,以教材内容为媒介,以教学环境为条件的创造过程。

教师教学内容的预设要以多元智能理论来看待学生学得素质的差异,教学内容的实施更应考虑学生发展过程中形成的素质差异。分层教学、分层评价和多元教学方法的运用,都有助于每个学生尽其所能地发展自身的语文素养。

综上所述,教师领会并准确把握课程内容,科学运用教材内容,个性化创设教学内容,可以实现课程、教材、教学不同层面的整合。整合的基点就是学生语文学习的差异。

(二) 适应差异的教学

学生的准备差异影响整个学习活动,智能差异影响学习速度,学习风格差异影响学习参与和信息接收渠道,这三者是语文教学设计需要关注也必须应对的个体差异。虽然兴趣差异也是一种重要的个体差异,影响学习的坚持性和努力程度,但在班级授课制的课堂上,教师更需要关注班级学生群体的兴趣差异。学生个体的兴趣差异往往在多元智能差异和学习风格差异中有所体现。适应差异的语文教学要求如下。

1. 适应学生的准备差异

教师在教学之前应充分了解每个学生学习本堂课所具备的准备知识、技能和经验背景的情况,以及全班学生在这些方面存在的差异,即识别准备差异。识别准备差异一般可以借助正式的学习评价,如以往相关主题的单元测验、期中或期末测验,或者简单的课堂练习。也可以通过非正式的学习评估活动了解信息,如采用 KWL 策略:K(know)表示"已经知道的",指有关这个主题已经掌握的知识;W(want)表示"想要知道的",指有关这个主题希望学到些什么;L(learned)表示"学到的",指在课堂学习后学生反馈自己的学习收获。

2. 适应学生的智能差异

教师在教学之前可以通过观察、测验等方式充分了解每个学生智能结构的特点,不同智能优势的学生喜欢和擅长的学习方式,以及全班学生存在的差异。加德纳认为,学生拥有八种智能,在学校生活早期,学生会显示出两三种优势智能并建立自己的学习方式。基于多元智能理论,教师在课堂上应灵活运用各种教学方法,以适应不同智能优势的学生对学习方式的偏好。例如,通过图片或视频再现学习场景以满足空间智能倾向的学生的需求;配乐吟诵以满足音乐智能倾向的学生的需求,开展表演和实验以满足身体运动智能倾向的学生的需求。虽然一堂课不可能面面俱到兼顾八种智能差异,但多元化的教学方法可以使更多学生从中获益。另外,也可以围绕一个主题设计多种学习方式供学生选择,以满足有智能差异的学生的学习需求。

3. 适应学生的学习风格差异

教师在日常教学、跨学科综合实践活动,以及设计项目化学习成果时,可以通过观察和检测等方式,着重了解每个学生对独立学习、同伴小组学习的偏好,以及获取知识的感觉偏好。这是课堂教学中应该且可以利用的学习风格差异。没有哪种教学策略能兼顾所有学生的学习风格,教师可在教学中遵循如下原则以应对学生的各种学习偏好。

(1)兼顾不同的学习方式

我们知道学生在获取知识时有不同的感觉偏好,如听觉、视觉、触觉或运动知觉。在课堂上,通常与教师有相同学习方式的学生会被教师吸引和激励,可以轻而易举地完成学习任务并从中受益。那些与教师风格不一致的学生既感受不到舒适,也未受到挑战。教师应该清醒地意识到这一点,尊重和认同多种学习风格,并在传递知识和提供学习材料时,兼顾不同的感觉偏好。

(2)让学生了解自己的学习风格

可以教初中和高中学生有关学习风格的知识,让他们了解自己的学习风格。允许学生选择并使用自己的感觉偏好以促进对学习内容的理解。

4. 实施全纳教育

全纳教育是指学业障碍学生在普通教育环境中接受教育,学校为学生提供支持性的服务。全纳教育的一项关键任务就是改善对学业障碍学生的社会接纳,其有效方式是把这些学生与无学业障碍学生组成合作学习小组。在我国,全纳教育是一个值得为之努力的目标。

(三) 学习方式的改变

适应学习风格差异的教学应包括两个方面的内容。一是采取匹配策略,即采用与优势学习风格或学生偏好的方式相一致的教学策略,如为了适应偏好独立学习、同伴小组学习的学生,课堂教学可以让学生选择学习方式。二是采取失配策略,即针对劣势学习风格进行有意识弥补的教学策略。从学生的角度而言,他们也应调整自己的学习方式和策略,以适应不同教学风格的教师。

针对以往我国中小学课堂以讲授为主的教学现状,本轮课程改革提出反对听教师讲,跟教师学,把教师讲的和课本上写的记住、背熟这种刻板的以记忆和重复为主的教学方式。要求根据不同学段学生的特点和不同的教学内容,采取合适的教学策略。除了接受学习的方式之外,相应地倡导自主学习(self-regulated learning)、合作学习(cooperative learning)、探究性学习(inquiry learning)的学习方式。这三种学习方式是实施项目化学习策略的基础,项目化学习策略则是跨学科主题学习活动的必选策略。

学习方式是一个组合概念,若从学习的内在品质、获取知识的方式和学生学习的组织方式这三个维度进行分类,学习可以分为自主学习与被动学习,研究性学习与接受学习,合作学习与独立学习。

1. 自主学习

(1) 含义

自主学习指学生自己主宰自己的学习,是与他主学习相对立的一种学习方式。自主学习包括三个方面:一是事先计划和安排自己的学习活动;二是自我检查、评价和反馈自己的实际学习活动;三是调节、修正和控制自己的学习活动。自主学习具有能动性、反馈性、调节性、迁移性、有效性等特征。从学习活动的整个过程来看:学习活动前,学生确定学习目标、制定学习计划、作好学习准备;学习活动中,学生对学习进展、学习方法进行自我监控、自我反馈和自我调节;学习活动后,学生对学习结果进行自我检查、自我总结、自我批评和自我补救。

(2) 心理学依据

班杜拉系统研究了自我调节行为,认为人对行为的自我调节主要包括自我观察、自我判断和自我反应三个过程。

自我观察是个体对自身行为的某些方面的关注。个体的行为活动可能在许多纬度上发生变化,如质量、速度、效率、社会性、偏常性等。依据自己的衡量标准和活动的重要性,个体会有选择地注意自身行为的某些方面,忽视无关的方面。如一个对写作感兴趣的学生,即使当天作业很多,很疲劳,也会在准备写参赛作文时,争取内容、立意、结构上有新意,反复推敲文字表达。一个娇生惯养的一年级学生,在家可能对家人没有礼貌,让家人理书包。可是,到了学校,走进教室,他会主动向教师问好,自己整理书包。前者是学生在成就情境中监控学习的质量、数量和创造性,后者是学生在人际情境中监控自己行为的社会性和道德性。

班杜拉认为,自我观察是自我调节的基础。自我观察在自我调节过程中至少起两种重要作用:一是为确定现实的行为标准提供信息,二是为行为评价提供信息。成功的自我调节在很大程度上依赖自我监控的精确性、一致性和时间上的接近性。自我观察要做到精确、可靠,需要个体把注意集中在行为的某些方面并持久监控。当有清晰的证据表明已取得进步时,自我观察能改善行为。但是,当进步的标志模糊不清时,自我观察对行为几乎没有影响。即时的自我观察提供了连续的信息和自我评价的最好时机,使自我评价对正在发生的行为产生影响,但自我监控过程并不是对自身行为作简单的、机械的核查。

班杜拉认为,自我判断是个体以给自己制定的标准为依据,或以他人的行为水平为参照,以社会规范为基准,对自身行为质量作出的判断——行为应该获得奖励还是受到惩罚。

如果与学业成就较差的人作比较,积极的自我评价会增加;如果与更具天赋且学业成就较好的人作比较,积极的自我评价会减少。学生容易采纳那些能力不太强、又满足于平庸表现的榜样的标准,或者能力中等、标准在自己能力范围之内的榜样的标准,会排斥高能力榜样的高标准,而对自己提出力所能及的要求。

自己以往的行为表现也常被人们当作行为评判的参照标准,因为人们总是试图超越过去的成就,以追求进步的方式来寻求新的自我满足。因此,获得成功后个体会提高行为标准,重复失败后则会降低行为标准,使之更接近现实水平。

班杜拉认为,个体根据对自身行为的观察和评判作出自我反应,这通过两条途径实现:一是为自己的行为创设激励条件,二是比较自身行为和内部标准。达到或超过标准,就会产生自我肯定的体验,反之,则会产生自我否定的体验。

个体的自我激励主要通过动机来影响行为。如果人们的自我满足或物质满足建立在某种成就行为之上,那么无论是对期望成就的预期性满足,还是对不能完成任务的预期性不满足,都能成为动力,令个体付出必要的努力。自我激励物可以是实体性的结果,如安排自由支配时间、休息时间、娱乐活动或与行为进展联系在一起的其他类型的自我奖励。自我激励物也可以是自我评价性反应。

2. 合作学习

（1）含义

合作学习尚未有统一的界定,美国明尼苏达大学合作学习中心（Cooperative Learning Centre）的约翰逊兄弟（D.W. Johnson & R.T. Johnson）认为:"合作学习就是在教学上运用小组形式使学生共同活动,以最大限度地促进自己和小组成员的学习。"美国合作教育研究专家戴维森（N. Davision）认为,合作学习的定义应当有七个要点。一、小组共同学习、讨论和解决难题;二、小组成员面对面地交流;三、小组中的合作、互助氛围;四、个人责任感;五、混合编组;六、直接教授合作技巧;七、有组织地相互依赖。

合作学习的研究者有这样一些共识:合作学习强调课堂教学的组织构成是学习小组,小组成员的人际关系是合作,教学活动最基本的形式是合作学习。因此,学者大都同意合作学习应包含五个主要内容。

积极互依（positive interdependence）:必须给学生一个明确的任务和一个小组目标,以便学生确信小组成员休戚相关。当小组成员确信在某种程度上他们彼此联系,一荣俱荣一损俱损时,积极互依就成功形成。

编组（team formation）:根据学生的学习能力、性别、种族及社会经济背景等将学生分配到不同的小组,互相指导和学习。

责任制（accountability）:小组成员要对自己和组内其他成员的学习负责。

合作技巧（social skill）:在合作学习小组,学生既要学习理论主题,也要学习人际关系和小组活动技巧。

小组自审（group processing）:当小组成员分析目标完成得怎样,有效的合作关系保持得怎样时,应自我审查哪些成员的行为有助于目标的达成从而保持,哪些行为需要调整。

（2）心理学依据

团体动力学理论。团体动力学（group dynamics）认为,教师的一切课堂行为都发生在学生与同伴群体关系的环境中。例如,一个学生按照教师的要求作出某种反应,此时这个学生清晰地意识到自己置身于同伴群体之中,受到同伴群体的共同情感、态度和相互关系的影响。在课堂上,学生之间的关系比任何其他因素对学生的学习成绩、社会化发展的影响都更强。学生之间的关系是学生认知和社会化健康发展必须具备的条件。事实上,与同伴的相互作用是学生身心发展和社会化赖以实现的基本关系。

社会互依理论。社会互依理论假设,社会互依的结构方式决定个体的互动方式,进而决定活动结构。积极互依(合作)产生积极互动,个体之间相互鼓励和促进彼此的学习努力。消极互依(竞争)产生消极互动,个体之间相互妨碍彼此取得成绩的努力。在没有互依存在的情境下,会出现无互动现象,即个体之间没有相互影响,彼此独立学习。前面提到,教师在教学中可以构成三种目标相互依存的关系,即合作的目标结构(目标之间是肯定的相互依存关系)、竞争的目标结构(目标之间是否定的相互依存关系)、个人主义的目标结构(目标之间无相互依存关系)。各种目标结构对学生的学习成绩、适当的社会行为、认知发展、社会发展和一般社会化都有影响,但具体影响各有不同。

在理想的课堂上,教师能适当地通过这三种目标结构,使所有学生都学会怎样与其他学生合作,怎样为利益和乐趣而竞争,怎样独立地学习和工作。

3. 研究性学习

(1) 含义

研究性学习是指学生在教师的指导下,从自然现象、社会现象和自我生活中选择和确定研究专题,并在研究过程中主动获得知识、应用知识、解决问题的学习活动。国外尚未有与"研究性学习"相对应的术语,相近的学习概念有发现学习(discovery learning)、问题学习(problem-based learning)、项目化学习(project-based learning)、探究性学习(inquiry learning)。这些概念虽然名称不同,但本质上是同一种学习形式——基于问题的探究而进行的学习,与研究性学习基本相同。研究性学习是一种以问题为依托的学习,学生通过主动探究以解决问题,也就是一种与借助教师或他人呈现问题、讲解问题、得出答案的问题解决过程相对的学习形式。

(2) 心理学依据

巴娄斯(H. S. Barrows)在阐释以问题为基础的学习及教学思想时指出,以问题为基础的学习是通过理解或解决问题而进行的学习。在这种学习过程中,个体首先面临的是问题,然后以问题为中心或诱因来选用问题解决策略、推理技能,最终获取解决这一问题所需要的知识和技能。以问题为基础的学习包括自我定向的研究和把新习得的知识运用于问题解决这两个基本过程。

布里奇斯和哈林格认为,以问题为基础的学习具有如下特征:问题(真实世界中的问题)是学习的起点;学生要获得的知识应围绕问题来组织,而不是围绕学科来组织;学生作为一个团体或个体,被认为对学习负主要责任;许多学习活动发生在团体情境中,而不是发生在讲解的情境中。

布卢门菲尔德等人认为,以项目为基础的学习是一种综合性的课堂教学和学习方法,它旨在使学生通过亲身参与对真实问题的研究来学习。在这样的活动方式下,学生要通过提出和限定问题、讨论观点、作出预测、制定计划、收集和分析材料、得出结论、与他人交流自己的研究结果和观点、提出新的问题、得出新的研究结果等过程来解决重要问题。在以项目为基础的学习中,学习项目应具备两个关键成分:第一,包含能够组织和推动学习活动的问题;第二,学习活动要带来一系列思维产品,最终解决问题。

布兰斯福特(J. D. Bransford)等人认为,探究性学习是指在学习活动中,学生自己或者集体探究一个虚拟的或真实的现象并得出结论。它是一种需要学生设计研究、收集信息、分析资料、建构证据,然后围绕从证据中得出的结论展开讨论的一种学习方法。与传统的关注课本和实验室演示的学习相比,这一完整的学习过程能够提供更为丰富的、建立在更科学的基础上的经验。雷斯尼克(Mitchel Resnick)等人指出,探究性学习是一种提出问题、计划探究活动、得出结论并评判结论的学习过程。探究性学习可以使学生逐步确信问题是可以分析的,问题的解决往往来源于分析,他们能够进行这种分析。探究性学习有利于学生获得分析问题的方法和良好的直觉,知道何时分析问题,如何提出问题、寻求帮助,并收集足够的信息来解决问题。探究性学习还有利于学生形成一种主动探究和解决问题的习惯。适应学习差异的语文教学设计是一种教学创新实践。

第四章

语文教师心理

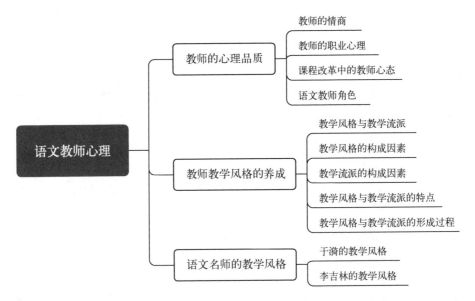

从学校教育诞生之日起,教师就作为一种特殊的社会职业而存在。20 世纪 80 年代,中国心理学会成立教师心理科研协作组,汇编了一本论文集《教师心理专辑》。1985 年,廖正峰出版了我国第一本《教师心理学》,较系统地阐述了教师的心理过程、个性特点与教学工作之间关系的规律①。

第一节 教师的心理品质

语文教师在获得和应用知识的过程中会形成一些稳固的且经常表现出来的

---

① 　罗小兰.教师心理学——教师心理特点之探析[M].北京:中国社会出版社,2008:17.

心理特性,其本质特征主要包括认知、情感、意志和个性四个方面。教师工作的复杂性、个体性和长效性,语文教师的学科地位以及常兼任班主任工作的特点,决定其在情绪、情感、意志、抗挫折等方面的品质——情商(emotional quotient,EQ),它对教学效果和自身完善有重要意义。

一、教师的情商

1995 年,美国心理学家戈尔曼(Daniel Goleman)在《情感智商》(*Emotional Intelligence*)一书中提出情商构成的五要素论。

(一) 情商的构成

1. 自我意识

自我意识(self-awareness)是指教师了解自身的情绪、情感和内驱力及其影响他人的能力。自我意识的核心是教师对自己的情绪、个性、风格的一种较为深刻的自我认识能力。

2. 自我管理/约束

自我管理/约束(self-management/control)能力是指教师控制、疏导自己的消极情绪和破坏性冲动的能力。自我意识是教师自我管理/约束的基础。

3. 自我激励能力

自我激励(self-motivation)能力是指教师依据某一目标,调动和指挥自己情绪的能力,它能够使教师摆脱消极情绪。

4. 移情能力

移情(empathy)能力是教师通过语言或非语言交流,敏锐地感受他人内在情感的一种能力。移情能力是教师认知学生情绪,与之交流、交往,并顺利沟通的基础。

5. 社会交往能力

社会交往能力(social skills)是教师调控自己与他人的情绪反应的能力,有助于迅速建立与他人的友谊和信任关系。

(二) 情商自测

面对快节奏的生活、高负荷的工作和复杂的人际关系,教师较高的情商有助于职业成功。情商高的教师,同事和学生都喜欢同其交往,从而有助于开展语文教学工作。下面是一套情商自测题,不妨一试。

1. 与恋人或者爱人发生争吵后，你能在他人面前掩饰沮丧。

2. 当工作进行得不顺利时，你认为这是对未来的一个警告。

3. 你最好的朋友开口说话以前，你就能分辨出他（她）处于何种情绪状态。

4. 当担忧某件事时，你在夜里几个小时难以入眠。

5. 你认为大多数人必须更加努力而不要轻易放弃。

6. 与最好的朋友告诉你一些好消息相比，你更容易受一部浪漫影片的感染。

7. 当情况不妙时，你认为到了应该改变的时候。

8. 你经常想知道别人怎样看待你。

9. 你对自己几乎能使每个人高兴起来而感到自豪。

10. 你讨厌讨价还价，尽管你知道讨价还价后能少花 20 元钱。

11. 你十分赞同直率地说话，而且认为这样能使一切事情变得更为容易。

12. 尽管你知道自己是正确的，也会转换这一话题，而不愿进行一场争论。

13. 你在工作中作出一个决定后，会担心它是否正确。

14. 你不会担心环境改变。

15. 你似乎是这样一个人：对于周末干什么，你总能提出很有趣的设想。

16. 假如你有一根魔法棒，你将挥动它来改变你的外貌和个性。

17. 不管工作多么尽心尽力，你的上级似乎总是催促你。

18. 你认为你的恋人或爱人对你寄予厚望。

19. 你认为一点小小的压力不会伤害任何人。

20. 你会把任何事情都告诉你最好的朋友，即使是个人隐私。

将你的得分加起来：

你对自己的能力很自信和放心，因此当处于强烈的情感状态下时，你不会被击垮。即使你感到很愤怒，也能进行有效的自我控制，保持彬彬有礼的君子风度。在控制情感方面,你出类拔萃,与他人相处也很融洽,但是你太依赖社交技巧而忽视成功所需的其他重要因素,例如艰苦奋斗的作风和好的主意。

7 分到 15 分

你能意识到自己和他人的情感,但有时会忽视它们,不知道它们对你的幸福是多么重要。你对进一步的提升、买一幢更漂亮的房子等诸如此类事情的关心支配着你的生活。然而,无论实现多少物质目标,你仍然感到不满足。试着去分析和理解你的情感,并且按照它去行动,你会更幸福。记住,人们可能会压制你,使你暂时消沉,但你总能够从挫折中吸取教训,重新创造你的优势。

6 分或 6 分以下

你必须多关心别人,少注重自己,你喜欢打破社会常规,并且不会担心通过疏远别人来取得自己想得到的东西。你可能会在短期内取得一定成果,但是人们不久就开始抱怨你。控制住你易冲动的天性,不是以粗鲁的方式,而是试着通过迎合他人来得到你想要的一切。如果你得分不高,不要沮丧。你要学会控制你的消极情绪,充分利用你的积极情绪。①

二、教师的职业心理

教师作为知识分子应具备的职业心理特点是:善于思索、追求真理;重德才、轻名利;自尊自重、独立性强。教师作为特殊社会职业者的心理特点是:爱生爱才、启发善诱、勤学敬业、以身作则。

1. 心理健康的标准

当代社会变迁和价值体系多元带来的彷徨和困惑是教师心理健康问题的时代背景。美国心理学家马斯洛(Abraham H. Maslow)认为,心理健康有以下十个方面的标准。

(1) 有充分的安全感;

(2) 充分了解自己,并能对自己的能力作出恰当的估计;

(3) 生活目标、理想切合实际;

---

① 周明星,邓新华.成功学生全面素质测评手册[M].北京:人民日报出版社,2000:49.

（4）与现实环境保持良好的接触；

（5）能保持个性的完整与和谐；

（6）具有从经验中学习的能力；

（7）能保持良好的人际关系；

（8）具有适度的情绪控制和表达；

（9）在不违背集体利益的前提下，有限度地发展个性；

（10）在不违背道德规范的情况下，适当地满足个人的基本需要。

2. 教师心理健康的指标

我国研究者李建周参照心理健康的普遍原则和教师职业的特殊要求，拟订了教师心理健康的六大指标（见表4-1），各项指标的排序由它们所起作用的大小决定。

表4-1　教师心理健康的主要指标[①]

编号	指标分类	心理特点列举
1	身份认知	自知身份以及潜在优势和劣势
2	教育心理环境	教育观、心理环境的稳定性和乐观性
3	教育独创性	独立/受暗示，果断/寡断，进取/畏缩
4	教育焦虑	排除干扰，适应的焦虑水平
5	教育人际关系	心理关系、心理距离、心理气氛
6	教育环境的适应与改造	应变能力、改造环境

（1）身份认知

愉快地接受自己的教师专业身份是教师心理健康的最基本的标准之一，这是一种主动的心理状态。只有在认知上如实承认自己的教师职业身份并自愿从事教师工作，热爱教师工作，对它充满信心和感情，才能抵制社会上对教师工作的不良影响因素，克服种种困难，安心地、认真地做好教育教学工作。这样才是心理健康的教师。

（2）教育心理环境

教育心理环境是指教师从事教育工作的内心活动背景，这种内部心理环境

---

① 李建周.教师心理训练[M].北京：教育科学出版社,1996：271.

是教师心理活动的最直接的基础。教师的教育心理环境是否稳定、乐观和积极，会影响整个心理状态，以及教育与教学效果。一个教师的乐观、积极的心理环境得到巩固后，其潜在的心理能量就会在整个心理活动中发挥作用。他会对教师工作充满信心，并以教师工作之劳苦为乐，工作有热情、有朝气。教师教育心理环境的好坏主要取决于其性格倾向，如乐观而积极的性格倾向会对教师的学习、工作以及整个精神面貌起促进作用；反之，则起阻碍作用。在教育工作中，无论是领导还是教师，都要重视和关心改善教师工作、生活的物理环境（即物质环境）条件，从物质待遇和教学设备上照顾教师，同时也要注意创设心情舒畅、具有安全感和责任心的良好的心理环境，两者都要重视，无论忽视哪一方面都会对调动教师的积极性产生不良影响。

（3）教育独创性

教育独创性的特点是，教学时以启发学生理解教材为主，思维方式具有创造性，课堂上师生能进行信息交流并得到及时反馈，课堂气氛热烈、自由而愉快，学生的学习积极性和主动性高涨，求知欲望强烈。教育独创性与教师的心理健康有着不可分割的内在联系，具有教育独创性的教师必须以心理健康为基础，独创性也是衡量教师心理健康的指标之一。

（4）教育焦虑

教师的工作对象是儿童青少年学生，从事塑造学生心灵，帮助学生树立正确的人生观和世界观的工作。教师的主要职责是教书育人，而不论教书还是育人，都必须育心。除了教书育人，教师还要当好学生的心理顾问。这就要求教师具有最大的决心和耐心，遇事镇定，能控制自己的情绪并经受挫折与困难的考验，这也是教师心理健康的表现。能否忍受一定强度的焦虑，是教师心理健康与否的重要指标之一，而一定强度的焦虑是指与工作相适应的焦虑。

（5）教育人际关系

教师的心理健康还表现在能正确处理与学生、领导、家长以及其他教师之间的教育人际关系上。教育人际关系良好的教师会注意与他人取得认知上的一致性，设法缩小彼此的心理距离，消除各种隔阂，加强相互了解和谅解，建立团结友好的感情基础。要做到这些，教师必须从调整自身心理状态入手，首先克服自身的缺点与不足，对他人的缺点或错误能在谅解的前提下给予积极的帮助，使彼此间不断缩短心理距离。

（6）教育环境的适应与改造

对教育环境的适应与改造是教师心理健康的重要指标，要做到对良好环境的适应和对不良环境的改造必须使教育环境变得更合理、更有益于对儿童青少年一代的教育。对良好的教育环境，要做到积极主动适应；对不良的教育环境，要能够给予积极的改造。用自己的能动力影响周围环境，这才是心理健康的教师的表现。

三、课程改革中的教师心态

当前课程改革走向纵深发展阶段，教师的参与和投入成为语文课程改革成败的关键。钟启泉教授指出，课程实施就是教师将规划的课程方案付诸实际教学行动的实践过程。在这个过程中，教师扮演关键的角色，且角色随着课程的实施不断转型。

1. 课程改革中的教师关注

教师关注是指在某一个阶段教师对某项改革、某个议题的关心程度、主观感觉、态度、想法、反应等的总和。关注主要属于情感态度领域。霍尔（G. E. Hall）等人把教师对课程改革的关注分为六个阶段。

意识阶段 ——→ 信息阶段 ——→ 管理阶段 ——→ 成效阶段 ——→ 合作阶段 ——→ 调整阶段

这六个阶段反映了教师对课程改革从冷漠到消极参与，从消极参与到主动参与再到合作和创新的态度变迁过程。意识阶段是指教师只知道有改革这回事情，没有任何关注。调整阶段是指教师在改革上花了很多时间和努力。霍尔等人指出，关注具备发展的特质，任何改革的历程都不可能是绝对的和固定的，它必然会呈现一种发展的态势。因此，在改革历程中每个人的关注程度也不会始终保持同样的水平，而可能是呈现波浪的形式。在改革的初期，自我关注（self-concern）通常最强，随着时间的流逝以及提供帮助的增加，自我关注会逐渐减弱，取而代之的是任务关注（task-concern），而随着任务关注的减弱，影响关注（impact-concern）又会逐渐增强。

2. 课程改革中的教师心态

改革专家里克（Maurer Rick）在《超越抗拒之墙》一书中把改革过程参与者的心态发展分为六个阶段。

发生了什么？ →这是什么？ →我需要做什么？ →我打算做什么？

下一步怎么办？ ←我能够做好。←

这是一个周期循环的过程,即从第一个阶段到第六个阶段再进入下一次改革的初始阶段。它是螺旋式发展的过程,其周期的长短主要取决于改革的复杂性、艰巨性,以及改革的准备条件等综合因素。如果改革来得突然,参与者事前没有准备,心态就会很紧张,并表现出对改革的抗拒和抵制,"我不喜欢它",这是改革实施者在没有准备的情况下被要求实施改革的基本心声。在前三个阶段,如果相应的准备工作没有做好,那么参与者的基本心态是抵制改革,拒绝参与,回到改革的初始状态。

对应上述心态发展的六个阶段,改革参与者的情感、思想和行为的发展也经历了六个阶段。第一,损失。无论你认为改革是好抑或不好,都会有一种损失感。第二,怀疑。改革参与者表现为怀疑改革并努力寻找自己相信的改革依据。第三,不舒服。改革参与者感受到改革带来的不舒适感,随着改革及其相关措施变得清晰明朗,改革参与者以有意义的方式吸收和理解改革信息。第四,发现。改革参与者看到改革的"曙光"、改革者具有的选择权以及改革发生的可能性。改革参与者开始以乐观的心态面对改革。第五,理解。改革参与者理解改革并全身心投入改革。改革参与者确信改革的价值和它带来的益处。第六,融合。改革参与者以胜利者的心态与其他人员分享改革的成果。

在前三个阶段与后三个阶段之间有一个改革的危险区域,它代表改革参与者是选择进入后面阶段还是返回初始阶段。总体上说,改革参与者在情感上的发展表现为从最初的恐惧、愤恨、焦虑,到度过危险期后的参与、自信和满意;思想上的发展表现为从改革初期的小心翼翼到怀疑,从怀疑到新旧观念碰撞导致的思想混乱,再到对新理念的接受和运用;行为上的发展表现为从开始的冷漠到明显的抗拒,从抗拒到非排斥性参与,再到积极参与的建设性行为和全身心投入的行为(见表 4 - 2)。[①]

---

① 邓志伟.促进新课程实施过程中的教师角色转变[J].全球教育展望,2005(9):28 - 31.

表 4 - 2   改革参与者的情感、思想和行为的发展阶段和特征

阶段(stage)	情感(feelings)	思想(thoughts)	行为(behaviors)
1 损失	恐惧	小心翼翼	冷漠
2 怀疑	愤恨	怀疑	抗拒
3 不舒服	焦虑	混乱	非建设性
4 发现	参与	创造	打起精神干
5 理解	自信	实用	建设性
6 融合	满意	聚焦	全身心投入

可见,语文教师在新课程改革实施过程中的角色是不断变化的,这对于课程改革的顺利进行至关重要。

3. 课程改革中的教师信念

教师信念即教师在教学情境与教学过程中,对教学工作、教师角色、课程、学生、学习等因素持有的信以为真的观点。其范围涵盖教师的教学实践经验与生活经验,且构成一个互相关联的系统,主导教师的思想和行为。[①] 教师信念具有"作为课程意图的过滤器、解释器和转换器"的功能。

相关研究表明,部分语文教师的学科素养信念、学科教学信念和语文学科核心素养的培育要求存在偏差。主要表现为偏重对学生知识的关注,缺乏对学生应对未来社会发展的关键能力和行动力的关注。一些语文教师的学科素养信念与教学实践信念不一致。主要表现为理论上认同语文学科是建构学生意义世界的重要载体,强调以学生为主体,激发学习兴趣,让学生积极参与语文实践活动,但在日常教学中"以分定教""以分定学"。少数语文教师身份认同遭受时代的挑战,存在信仰失落的现象。

教师信念有正规教育、接受的可信信息、观察性学习、与他人合作、积极的经验和自我反思六个来源。[②] 语文教师的教师信念培育一方面要从教师教育入手,如职前教师教育的课程内容、编排体系、教学形式是塑造语文教师信念的重

---

① Pajares, M. F. Teachers' beliefs and educational research: Cleaning up a messy construct[J]. Review of Educational Research, 1992, 62(3): 307 - 332.

② Schmidt, M. Transition from student to teacher: Preservice teachers' beliefs and practices[J]. Journal of Music Teacher Education, 2013, 23(1): 27 - 49.

要来源;另一方面,在职教师培训要重视培养坚定的教师信念,以促进教师的身份认同。教师信念的生成不是一蹴而就、从一而终的。课程改革的理念经过教师信念的转化,方可变为教师的教学行为,从而在语文课堂得到落实。

四、语文教师角色

角色是指一个人在特定的社会环境中拥有的相应的社会身份和社会地位,并按照一定的社会期望运用一定的权力来履行相应的社会职责。

(一) 教师的社会角色

语文教师是受过训练的,在学校中向学生传递汉语言文化知识和技能,发展学生的体能,对学生进行思想道德教育,培养学生高尚的审美情趣,把受教育者培养成社会所需要的人才的专业人员。这就是教师扮演的社会角色。[①]

1. 知识的传授者

语文教师作为汉语言文化知识的传递者的基本职能并没有改变,但在信息技术飞速发展并日益普及的当下,教师已不再是知识的唯一源泉,他们已经不能以直接的权威身份向学生传递知识和经验,其知识数量和质量受到更多、更大的挑战。时刻关注和了解学生知识和经验的来源,在扩大学生知识视野的同时,不断更新和扩充自己的知识视野,已是语文教师刻不容缓的事情。

1986 年,美国卡内基促进教学基金会主席舒尔曼(L. S. Shulman)提出教师知识框架(见图 4 - 1)。强调教师的理解、推理、转化和反省,认为教师必须知道如何把自己掌握的知识转化为学生能理解的表征形式,这样教学才能成功。在这一理念的支配下,舒尔曼把教师的知识基础(knowledge base)分为七类:

(1) 课程知识(curriculum knowledge)。指对语文课程和教材概念的演变、发展及应用的通盘了解。

(2) 学科内容知识(subject content knowledge)。指教师对语文课程内容知识及各知识内在联系的深刻理解和掌握。

(3) 一般教学知识(general pedagogical knowledge)。指包括语文学科在内的各学科通用的管理课堂教学、组织有效教学和评价的原则与策略。

(4) 学科教学知识(pedagogical content knowledge)。指善于根据语文学科和学生的年级水平、需求,选择教学材料、教学方法和策略。

---

① 韩雪屏.语文教育的心理学原理[M].上海:上海教育出版社,2001:430 - 431.

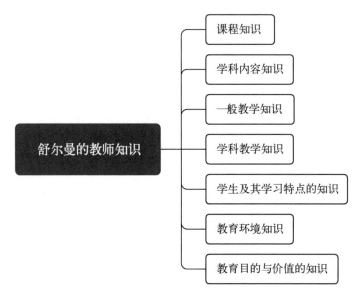

图 4-1 教师的知识基础

（5）学生及其学习特点的知识（knowledge of learners and their characteristics）。指有关学生的性格特征和文化背景的知识。

（6）教育环境知识（knowledge of educational contexts）。指学生的家庭、学校、班级以及社会等环境对教学影响的知识。例如，城市学校与农村学校，不同学区和社区的学校，不同班级、不同学习小组具有的特点及造成的差异。

（7）教育目的与价值的知识（knowledge of educational purposes and values）。指拥有明确的教育目标和语文教学目标。例如，对学生的学习目的是提升个人品格还是以升学为取向的认识等。

舒尔曼认为，在上述知识范畴中，学科教学知识特别重要，因为它确定了语文学科与其他学科不同的知识群，体现了学科内容与教育学的整合。它是语文教师融合语文学科和教育学有关教学的知识后生成的，在语文教学中可以为不同兴趣和能力的学生组织、表征、改造具体的语文学习内容，也最能区分专家型教师与新手教师的差异。因为专家型教师不仅熟知所教学科的知识，而且知道如何将知识与学生生活的现实世界联系起来，指导学生如何参与学习过程。

2. 学习活动的发动者、组织者和管理者

语文教师要激发学生的学习动机，引导学生进入学习过程，这是不言而喻的。2000 年以来,传统的师生之间单向的传授与接受关系已经被学生之间的交互学习、合作学习、多媒体的潜在优势等因素打破。教师在组织语文学习活动时,凸显的角色是组织者和管理者,同时又是学生学习的参与者和伙伴。

3. 学生人格的培育者

由于课程的特殊性,语文教师有更多的机会接触学生的精神世界,因此具有更多的责任去精心培育学生的人格。语文教师应基于文学作品的阅读,向学生传递人文知识,培养他们对自己、他人、环境的人文理解与人文关怀意识和能力,培育高尚的人文理想和人文信念。

4. 教育科学研究的学者

当今时代和教育的发展已经清楚地说明,传统的教书匠式教师已不能适应社会经济的发展和教育自身的需要,专家型、学者型教师必将成为未来教师的重要角色之一。语文教师应基于学科核心素养,采用行动研究的方法,开展微课题研究,改进自己的教学,提升课堂教学实效。

(二) 教师的课堂角色

1. 教师是课堂教学的规划者

教师必须具备挖掘和运用教育资源的能力。教育资源主要包括:校内教育资源,如实验室、校内图书馆以及各类教育设施和实验基地等;校外教育资源,如校外图书馆、展览馆、科技馆、工厂、农村等广泛而丰富的社会资源和自然资源;现代信息资源,如校内信息资源、校外计算机网络资源等。这里应该特别强调,学生也是一种教育资源,而且是一种最重要的教育资源。

教师必须具备确立语文课堂教学目标的能力,即设定的教学目标必须具备以下主要特点:第一,教学目标的设定必须以学生的现有水平为基础,必须确定课堂教学活动的结果,明确学生需要学会哪些内容。第二,教学目标应该设定测验学习结果的情境。第三,教学目标必须清晰地确定学生的学习水平。第四,在设定教学目标时,教师应该注意促进儿童整体的发展。

教师必须具备实施课堂教学策略的能力。布罗伊希(G. Broich)提出,将讲授、讨论、问答、实践指导和独立学习结合起来的教学过程,要优于仅强调某一种教学策略而忽视其他方法的课堂教学。教师必须具有营造宽松的教学氛围的能力:第一,教师要对学生寄予较高的成功期望。第二,教师要允许学生就学习活动提出自己的建议。第三,教师可以让学生自己来组织小组活动,从而体现教师的信任。第四,教师要营造一种令学生敢于冒险的课堂环境氛围。第五,在教室里形成一种相互信任的课堂气氛,来加强师生之间和生生之间的关系,这与如何让学生严格遵守纪律相比效果要好得多。

2.教师是课堂学习中的对话者

教师要想在课堂教学过程中做到有效地与学生交流,就应该具备在各种不同形式和环境下与不同人开展有效交流的能力。教师要正确地认识自己和学生的交流风格,了解与不同风格学生交流的策略,建立顺畅的师生交流渠道。

汉密尔顿(Hamilton)和帕克(Parker)提出封闭型、盲目型、隐蔽型和开放型四种基本的交流风格。教师与学生的交流应该基于学生的人格特点以及情境和环境的变化,灵活地使用多种交流策略(见表4-3)。

表4-3　学生交流风格及对应的交流策略[①]

交流风格	学　生　特　点	教师交流策略
封闭型	1.总想藏在他人后面,不喜欢与他人接触,很少自我表露或主动给出反馈。 2.通常不被视作交流者,而且显得保守和冷漠。单独工作时极富生产性,比起冒险或尝试创新,他们更喜欢保持现状。 3.他们觉得参加群体讨论、小组合作以及同学聚会等特别困难,会尽量避免参加。 4.自信心很低,很少担任领导职务。	1.要小心、有策略地问话,不要增加封闭型学生的不安全感。 2.把封闭型学生置于互动较少的环境中,使他们觉得安全,从而提高效率。 3.封闭型学生对自己非常挑剔,要求严格,教师的批评必须委婉、谨慎。 4.别期待封闭型的学生会公开表达自己的感受和愿望,教师必须主动积极地探究。
盲目型	1.常常过于自信、骄傲自大,认为自己的办法总是正确的。 2.喜欢与他人共处,还常常把别人当成听众,说话多于倾听,愿意给出建议而不是寻求建议,赢得争辩而不是输给他人。 3.善于用语言让他人知道自己处于什么情况。 4.忠诚、有序、可依赖,乐于帮助那些需要学习的人,不怕权威。	1.树立学生的自信,如"我需要你的帮助"。 2.他们尊重有权威性的教师,不尊重缺乏课堂控制能力的教师。 3.他们通常喜欢争论,但不太接受建议。 4.复习以前学过的知识会使他们感觉受到侮辱,除非让他们为其他同学提供正确答案。 5.社会事件对他们十分重要,经常作为学校舞会、运动会等活动的组织者。

① 改编自张向葵,吴晓义.课堂教学监控[M].北京:人民教育出版社,2004:212-217.

续　表

交流风格	学　生　特　点	教师交流策略
隐蔽型	1. 把自己的意见、观点和情感都隐藏在心里,不表露。 2. 喜欢与别人互动,关心别人的成就和问题,常常被视为具有同情心的听众,乐于被别人包围。 3. 不太关心工作的质量,而更关注让一切事情都平稳顺利地进行。 4. 常常不仔细考虑问题和后果就轻易地赞同别人。	1. 他们习惯隐藏自己的情感和想法,可能会点头表示同意,但实际上并不赞同。 2. 由于天生缺乏信任感,往往怀疑他人的动机,因此与他们交流必须非常明确、坦诚。 3. 他们是很好的倾听者,但很少发表意见,要鼓励交流。
开放型	1. 真正喜欢和尊重他人,在作出和接受反馈时更为灵活。 2. 受人们喜爱,富有生产性,乐于接受批评,积极地听取他人的发言。 3. 与不同风格的人交流时会显得言辞自由、随便,让别人因其完全开放而感到不舒服。 4. 若时间受到限制或者处于非弹性的学校系统中,他们会不适应。	1. 通常过于开放,教师要对他们莽撞的回答作好准备。 2. 允许他们有充分的时间发表创造性的想法,如果有时间限制,他们会有挫折感。 3. 常常是班上最受欢迎的学生,是学生的意见领袖。 4. 因为交流时的灵活性,他们成功地成为领导者,不仅自己富有生产性,而且拥有激发他人生产性的能力。

3. 教师是课堂环境的监护者

教师要建立稳固的班级管理平台,形成明确的班级管理规则,实施严格的纪律约束和干预措施。

第二节　教师教学风格的养成

"风格"一词广泛用于艺术领域,是艺术作品达到一定水准时具有的重要标志。这种标志往往是艺术家自身内在特性的外部显现。如我国书法艺术中颜真卿颜体的稳实、柳公权柳体的挺拔、欧阳询欧体的刚劲;诗歌艺术中李白的热情奔放、杜甫的忧国忧民、白居易的通俗易懂。语文教学也是一门艺术,它属于语文教学实践活动的范畴。教学的技能、技巧是其外在有形的表现,先进的教学思想则是其无形的内核。语文教学艺术在教学过程中表现出创造性、审美性等重要特点,并以整合的方式发挥其潜移默化的教育功能。

一、教学风格与教学流派

语文教师在生活实践和教学实践中形成了相对稳定的、独特的个性气质、人格品质、学识才能、艺术追求和审美情趣等方面的特点,我们称上述特点的总和为教学个性。它决定了一位教师与众不同的个人风貌和独特的教学创造力,是构成教学风格的一大要素。

1. 教学风格

语文教学风格是指语文教师在课堂教学过程中,依据其价值观,对教学过程诸因素(知识、教师、学生和方法等)的偏好和习惯化的行为方式。[①] 它是教师在长期教学实践中逐步形成的、富有成效的一贯的教学观点、教学技巧和教学作风的综合表现,也是语文教学艺术的理想境界。

2. 教学流派

语文教学风格相近并在一定范围内产生影响的教师自觉或不自觉地组合成一个群体,就形成教学流派。

教学风格与教学流派的区别是,教学风格既适用于群体也适用于个体,教学流派特指一个群体。教学风格与教学流派也存在密切的联系,教学风格相近是教学流派形成的要素。

二、教学风格的构成因素

教学风格是教师教学艺术高度成熟的标志。它不仅体现在教师的教学思想、教学方法等方面,而且反映在教师的语言、举止、风度等方面。如有的教师长于执简驭繁,化难为易;有的教师善于设疑问难,启发诱导……但这需要一个长期艰苦的探索历程。教师教学风格的构成因素众多,一般可分为外部因素和内部因素两类。

外部因素	内部因素
社会文化背景	个人素质
社会政治条件	个性特点
地域民俗	
学生和教材	

[①] 徐丽华,等.中小学教师教学风格的影响因素研究[J].课程·教材·教法,2005(6):81.

（一）外部因素

教学风格形成的外部因素是指教师自身无法控制的客观因素。例如，社会文化背景、社会政治条件、地域民俗、学生和教材等因素。它主要涉及社会学和教育学方面的条件。

1. 社会文化背景

教师的教学个性是教师形成教学风格的一大要素。教师的教学个性能否得到张扬，取决于是否有开放的、民主的、鼓励发展和创造的社会文化环境。从历史来看，每当文化发生变革并呈现繁荣的盛景时，教育也随之发生变革，教学艺术出现百花齐放的景象。春秋战国时期由于有一个开放、竞争而又宽容的文化环境，才涌现出儒家富有人文精神的教学风格，墨家强调直接经验的教学风格，以及道家具有自然主义特色的教学风格。相反，在一个专制、压抑的社会环境里，教师不可能拥有健康的个性，更难以展示其独特的教学个性。

一个国家、一个地区的社会传统也影响并制约着教师的教学风格，主要表现为社会文化传统对教师审美、心理及处事方式的制约。我国封建社会的集权统治决定了那一时期的教育讲授和灌输之风盛行，无论是注入式还是问答式，都体现了教师的主导地位。同时，中华民族内敛、含蓄的民族传统和处世哲学也在无形中决定了我国教师含蓄、稳妥和凝缓的教学风格。

2. 社会政治条件

社会政治条件直接影响教师教学风格的形成。自 20 世纪 80 年代开始，由于改革开放，我国中小学语文教学领域出现了前所未有的教学风格创造的春天。可见，一个民主、法治的社会环境和开放的思想环境是教学艺术创造的前提。

3. 地域民俗

中国地域辽阔，地区间的差异表现在语文教学风格上则较多为"南北之分"。这种差异从文化人类学和社会心理学的角度来看就是，地域差异对人的性格的影响。南方人的委婉和北方人的豪放迥然不同。

4. 学生和教材

学生的年龄特点不同，表现在语文教学风格上就是，随着学生年级的升高，情感因素逐渐弱化，理性因素逐渐增强。语文教材的不同体例也在一定程度上会对教学风格起到促进作用，例如陆继椿创立的"一课有一得，得得相联系"的教学风格与他主编的《分类集中分阶段进行语言训练实验课本》密不可分。

（二）内部因素

教学风格是教师主观追求及个体心理因素高度统一的表现形式,其内部因素是指教师的个人素质、个性特点等。

1. 个人素质

语文教师的个人素质主要是指其本身的职业素质,包括职业道德和文化素养。特级教师于漪曾就教师的职业说过这样的一段话:"教育事业是系统工程,是魅力极强的交响乐。我们搞基础教育的是做地底下的工作,责任重大。我们有几千万学生,这几千万教好了,直接有益于提高我们民族的整体素质。因此,几十年来,我把我的一切都献给了教育事业,三尺讲台,是我一辈子钟情的地方。有多少次调离,但我舍不得学生,因为我的崇高信念是做一个合格的中学教师。生命是有限的,事业是常青的,教师的生命是在学生身上延续的。教师把人类创造的精神财富通过自己的创造性劳动传给学生,使学生成才,做一个铺路石,让一届又一届学生从自己身上踏过去,这就是生命的意义和价值所在。"这一番话诠释了于漪崇高的职业意识、真挚的职业感情和忠诚的职业行为。

语文学科专业知识内容极其广泛,包括语音、语法、修辞、逻辑、文学、艺术等各个方面。扎实深厚的语文专业知识、广博的文化科学知识是教师形成教学风格的知识功底;教育能力、教学能力和教育科学研究的能力,是教师教学艺术养成的基石;娴熟的信息技术驾驭能力则是教师教学风格的时代特征。

师德修养是促进教师主观追求教学风格的直接因素和内在动因,教师的认知结构是教师专业造诣和知识积累的基础。

2. 个性特点

语文教师的个性特点包括兴趣爱好、性格、气质、思维方式等。语文教师的兴趣爱好、性格、气质决定其审美情趣,一定的审美情趣又决定了语文教师在潜意识中对某类教材产生不同的选择倾向性,并发挥自身的优势,对这类教材的教学过程进行艺术加工、教学创新,在这种自我选择、自我扬弃的过程中形成自己独特的教学方式。例如,有的教师擅长理性分析,善于运用严密推导的方式展开教学,于是就形成理智型教学风格。有的教师谈吐幽默、性格开朗,尴尬之处插科打诨调节氛围,于是就形成幽默型教学风格。

值得一提的是,诸多内在因素并不是简单的叠加,也不是一朝一夕速成的,必须付出时间和精力。

三、教学流派的构成因素

教学流派的构成有三个要素。一是教学和教研群体。个别教师或教育家,无论其成就或影响有多大,都不能称之为流派,教学流派必须是一个群体。这个群体以一个有影响的教师或教育家为代表,以语文教学和教学研究为主题。二是相似的教学风格。在这个语文教学和教学研究群体中,每个成员有相似的语文教学风格。三是在这个语文教学和教学研究群体中,每个成员有相近的教学思想和教学主张,采用相近的教学模式和教学方法实施教学。上述三要素中,相似的教学风格尤为重要。如陆继椿经过一个时期的实践,创立了"分类集中分阶段进行语言训练"的教学体系。1979 年末,陆继椿在全国中学语文教学研究会成立大会暨第一届年会上对其教学思想作了介绍,并有了"得得派"之称。此后,许多地区先后建立"分类集中分阶段进行语言训练"试点班。"得得派"就此走向全国。这些来自 18 个省市,80 多位志同道合的试点班的教师,还召开全国性的"分类集中分阶段进行语言训练"教学体系研讨会,从经验总结到理论探讨,推动"得得派"向前发展。20 世纪 80 年代前期,该流派在我国产生过广泛的影响。

四、教学风格与教学流派的特点

教学风格赋予教师与众不同的教学风貌,它们精彩纷呈,又独领风骚。但是究其根本,我们仍能发现共性,即语文教师教学风格和教学流派具有科学性、独特性、稳定性和发展性等特点。

(一) 科学性

拥有独特教学风格并为广大语文教师所认同的语文教师,他们的教学设计、教学行为在演绎他们高超的教学艺术的同时,也体现出先进的教育思想。这些指导思想符合语文教学的规律,符合学生的年龄特点和思维规律,是教师对教育学、心理学、语言学、哲学、美学等科学融会贯通的结果,因此能达到提高语文课堂教学效率的目标。例如,辽宁特级教师魏书生发现学生普遍存在这样的看法:语文学科不如其他学科那样学习目标明确。于是,1979 年他引导学生画了一张语文知识的地图——语文知识树,将初中语文教科书中出现的知识按照基础知识、文言文、文学常识、阅读和写作四个方面加以归类梳理,形成一棵棵枝繁叶茂、脉络分明的知识树。

依据现代认知心理学陈述性知识的组织和回忆的观点,30 多年前魏书生的教学行为,其本质是帮助学生建立了语文知识的组织,即将语文知识分成若干子集,并标明这些子集之间的关系。这棵语文知识树赋予学生一个有层次的语文知识的组织,这种树状层次的组织有助于学生对语文知识的结构化,从而有效地增加学生语文知识的记忆容量,促进这些知识的有效回忆。今天看来,魏书生启发学生开展头脑风暴,建构脑图,完善语文知识树以促进学生对语文知识的有序、有效的回忆,正是认知教学心理学专家给予教师的建议。

(二) 独特性

教学风格的独特性表现为教师在教材处理、教法运用上的创造性。他们融教学的社会性、时代性、民族意识和文化底蕴于千姿百态的课堂教学行为之中,塑造了富有个性的"教学中的我"。

《孔乙己》这篇文章,无数教师都曾精心演绎,以求学生产生共鸣。其开讲部分,于漪有一经典设计:

> 凡是读过鲁迅小说的人,几乎没有不知道孔乙己的;凡是读过《孔乙己》的人,几乎都在心底留下了这个旧社会苦人儿的形象。
>
> ……
>
> 有人说,古希腊的悲剧是命运的悲剧,莎士比亚的悲剧是主人公性格的悲剧,易卜生的悲剧是社会问题的悲剧。那么,鲁迅笔下的孔乙己究竟是怎样一种悲剧呢? 是命运的悲剧? 是性格的悲剧? 还是社会的悲剧? 学了这篇文章后,可以找到正确的答案。

于漪将课文的主题浓缩并升华到如此高度,又以如此精辟的言语来表述,学生对孔乙己的兴趣不言而喻。此例独树一帜,反映了教师的文学底蕴和教学智慧。

(三) 稳定性

虽然语文教师的日常教学工作始终处于一个动态的变化过程,但是教师的教学风格一旦形成,在一个相当长的时期内会基本保持不变,这就是教学风格的相对稳定性。教学风格的相对稳定性意味着,教师在经过一段时间的探索之后,教学思想、教学方法和教学个性基本成熟定型,是教师教学艺术成熟的标志。例如,上海市嘉定二中语文特级教师钱梦龙创立的"三主""四式"语文导读法,以及在阅读课上经常运用的结构模式,在语文教学领域内产生了积极的影响。魏书生的六步课堂教学法充分展现了学生的主体地位。开拓语言和思维训练实践新路的北京第八十中学宁鸿彬创造了卡片辅助教学法、常规训练教学法和文言文四行对译法,得到一致的好评。上海华东师范大学第一附属中学陆继椿的分类集中分阶段进行语言训练的实验产生了广泛的影响,辽宁省鞍山市第十五中学欧阳代娜提出的语文能力过关的改革思想取得了较好的教学效果。正是由于语文教学风格的稳定性,人们才能对一定历史阶段内语文教学的成功范例如数家珍。

(四) 发展性

语文教学风格的形成有一个探索和发展的过程,形成雏形后还有一个不断完善的过程。因此,语文教学风格虽然有相对的稳定性,但并不是一成不变,而是应该在稳定中求发展,不断突破自我,完善教学风格。这是优秀的特级教师教学艺术的秘诀。

五、教学风格与教学流派的形成过程

每位教师都有自己的教学特点,但并非都能形成自己的教学特色和风格。不同教师形成教学风格的速度、所需的时间也不同,一般都需要艰苦、长期的探索和实践过程。这个过程大体可分为模仿性教学阶段、独立性教学阶段、创造性教学阶段和教学风格完善阶段。

(一) 模仿性教学阶段

教学的起步总是从模仿开始。这一阶段的新教师了解并掌握语文课程和教学方面的新理论,但处于教学实践的混沌期。他们对语文教材的处理、教学环节的设计、教学方法的运用,甚至教学语言和体态,都是一招一式地模仿、套用,或者直接照搬别人的成功经验。这一阶段的突出特点是几乎没有教学上的创造。但是,诸多语文特级教师的成长历程证明,这样的积极模仿必不可少。它就像学生写字从描红开始,先"入格"才能"出格"。现在,新入职的教师第一年的区级培训、校本师徒带教等,目的就是帮助新教师基于学科教学原理进行模仿。

教师在模仿时不仅要有自知之明,而且要知己知彼。要明确自身的条件,鉴别不同的教学风格,要选择贴近自身特点的风格类型,注意博采众长。此外,在模仿阶段要注重"神似",并促使自己的教学向下一个阶段过渡。

(二) 独立性教学阶段

在这一阶段,教师基本上摆脱了模仿的束缚,能够根据自己的理解独立设计教学各环节,并在教学实践中检验自己的教学成果。同时,教师潜心研究和

体验名家特色,不断将各家之长融入自己的教学风格,将别人的成功经验通过内化变为自己的经验。这个阶段是从模仿性教学到创造性教学的过渡阶段,是一个艰辛的时期,特别需要教师保持对教学的激情、坚强的意志和正确的成败观。要利用多种途径,如观看教学视频实录、接受老教师的指点、反馈学生的意见、勤做课后笔记等,使自己有所发现、有所积累、有所创造。在语文教学专业上不断提升。

(三) 创造性教学阶段

在这个阶段,教师已能熟练驾驭语文教材、教法,有效控制课堂教学,其创造性突出表现在教法的变革和创新上。教师不断突破他人,不断超越自己,不断优化语文教学过程,教学效果明显提升。当这种教法上的独创性在教学过程中以稳定的状态表现出来时,教师的教学风格便初步形成。当然,教师在教法上的出新不是随心所欲的,而是符合语文教学的一般规律和原则。这一阶段的教师往往依托学校或个人的课题研究,自主研读新理论、新知识,不断反思自身的实践行为,提炼蕴含其中的原理。

(四) 教学风格完善阶段

教师的教学风格一旦形成,其教学也就进入一个新阶段——教学风格完善阶段,这个阶段是语文教学的最高境界。在教学风格完善阶段,教师往往能借助课程教学论、心理学、语言学、美学、社会学、哲学等相关理论,检验和提升自己的教学,或通过实践中的成功验证相关理论,从而不断总结、完善自己的教学艺术,使自己的教学风格既有整体上的统一性,又有个体上的丰富性,也就是"不离其宗而万变"。在处理不同的课文时,于漪的情感型教学风格表现出多样性。在她的讲授下,《茶花赋》给人以热情明快之感,《记念刘和珍君》则给人以深沉悲愤之感,《指南录后序》又有荡气回肠之感。虽然每篇课文给人以不同的印象,但总体风格万变不离其宗。教学风格由此逐步完善,达到炉火纯青的地步。

语文教学流派的形成更多基于群体行为。客观因素是一个时期内涌现出一批优秀的语文教师,教学研究氛围浓厚。主观因素或是某位教师独特的语文教学风格成为众多教师模仿、学习的典范,经过研究、总结形成以该教学风格为主要特征的教学流派。或者有相同的语文教学改革意识、相近的教学思想和主张的语文教师形成一个研究团体,从理论和实践上探索语文教学,最终形成一个流派。各地区的名师工作室便是教学流派的孵化器。

第三节　语文名师的教学风格

教师是语文课程改革的主体,是践行立德树人,培育学科素养的中坚。优秀教师的示范、引领与辐射作用,是教师专业发展的重要资源。

一、于漪的教学风格

(一) 于漪简介

于漪,江苏镇江人。1947 年毕业于江苏省镇江中学,1951 年毕业于复旦大学教育系。20 世纪 50 年代末由教历史改为教语文,1978 年被评为语文特级教师。曾任上海市人大常委会委员,全国中学语文教学研究会副理事长、上海市第二师范学校校长,现任上海市杨浦高级中学名誉校长。享受国务院政府特殊津贴。2018 年获"改革先锋"称号,2019 年获"人民教育家"国家荣誉称号,出版论著"于漪教育文丛"《中学作文教学导论》等 20 多部。

于漪(1929—　)

(二) 于漪教学风格述评

通过半个世纪的实践研究和理论探索,于漪形成独具特色的语文教学思想,成为中国语文特级教师群体的优秀代表,以及中国语文教育界具有鲜明学术个性和广泛影响的语文教育专家。于漪如何能始终站在中国语文教学理论与实践研究前沿并与时俱进? 我们从外显的教学风格和内隐的教育思想两方面加以探究。

1. 教学风格

北京张定远先生曾高度概括于漪的教学艺术:寓教于情,声情并茂,教出趣味,活而有致。也就是激发一个"趣"字,不忘一个"新"字;牢牢揪住一个"情"字,铸就一个"活"字。"趣",就是课要有趣味性。于漪认为,趣味性与知识性、科学性、思想性紧密联系。知识对青少年学生有巨大的吸引力,了解并熟悉学生渴求知识的心态,紧扣课文的特点,以知识的清泉浇灌,学生往往被吸引,沉浸在求知的氛围中。节奏上要张弛结合,方法上要直观演示、开拓想象、抓点拎线、形成悬念、展现意境、激发感情、讨论答辩、运用学生的逆反心理等，这些都能使教学过程充满趣味性，从而激发学生的学习兴趣。"新"就是要有新鲜感。于漪认为，中学生具有好奇、好胜的心理特点，新异的刺激物能引起他们的定向探究活动。因此，组织教学时要以语文教学大纲为依据，从学生的心理实际和学习愿望出发，采用多种方法，组织新的内容、知识、能力，注意新的角度的选择和时代活水的充盈，使学生产生新鲜感。"情"就是要"披文以入情"。一篇篇名篇佳作饱含作者的思想感情，甚至凝聚着心血和生命。于漪根据作品中的具体形象，或展开想象，或唤起联想，或联系自己的生活经验和知识，让学生在咀嚼语言文字中把作者寄托的情思化作学生自己的真情实感。于漪认为，教学时适当安排一定深度和难度的内容，使学生体验到克服困难的喜悦也相当重要。"活"就是"从心所欲不逾矩"，只要是"不逾矩"，"从心所欲"便蕴含了一个真理，即教学的一个"活"字。于漪把传统的教学艺术发挥到极致。她对每一课的精心设计，对每一个教学环节的处理，对每一句话的剖析和欣赏，都明显带着自身的特点。于漪认为，"不能千课一面"，每一课都有一个新的惊喜，每一课都激发学生浓厚的兴趣。

于漪在教学中探索了多种教学方法。以"情"为例，她认为：教师教学要"声情并茂"，要"体作者之情，察作者之意，文脉、情脉双理清"；要"选准动情点，以情激情，满怀激情启发、提问、讲述、剖析"；教师要鼓励学生用自己的眼睛去发现祖国语言文字的美，要重视学生的朗读训练，反复朗读课文中的重要段落和关键词句，把无声的文字变成有声的语言，读出感情，读出气势，如出自己之口，如出自己之心；她强调"教师的教学用语要规范、生动、流畅、悦耳，能在学生心中弹奏"。

2. 教育思想

教学风格的形成基于对教学实践的体验和研究。在《语文教学观念的更新》这篇论文中，于漪概括了语文教学研究的要点：了解社会，把语文教学改革建立在分析现代社会科学的基础之上；研究人，把语文教学改革建立在深入研究教育对象个体和群体的基础之上；研讨语文教学任务，使学生具有获取新知识的能力和将知识运用于实践的能力，通过语言文字的学习与训练，扩充对生活的认识能力，发展思考力，丰富感受力；下点功夫学现代哲学、现代教育学、语言学、心理学、社会学，关注文学艺术的讨论和进展，使语文教学理论和实践有更多参照系统，提高理论和文化素养。

正是由于具有这样的学术视野和思路,加之孜孜不倦地求索,于漪的教育理论著述一本又一本问世,诠释富有创意的做法和相关理念。

(1)语文教育观

于漪认为,语文学科是一门实用而多彩的人文学科,是重要的交际工具,也是最重要的文化载体。因此,语文教学要注意纵向继承,横向借鉴,从生活中汲取灵感。语文的工具性与人文性有机结合,实用而多彩。语文学科又是一门多功能的育人学科:以智育为核心,渗透德育和美育,培养素质和发展智力,讲求综合效应。

(2)语文教学观

于漪追求语文教学的综合效应,把语文教学视为一个整体。她认为,语文教学一定要从整体出发,以语文的整体性为依据,处理好语文的内部结构与外部结构的各种关系。

(3)学生观

"既教文,又教人",这是于漪在语文教学实践中最深刻的体会。她认为,语文教学必须树立育人的远大目标和能力为本的观念。语文教师要永远把学生放在第一位,相信学生,尊重学生,把他们当成学习的真正主人。她认为,培养人就得研究人,研究今日的学生,研究明日建设者的形象。要排除两种干扰:一是共性与个性的问题;二是教育全面质量观与教育片面质量观的矛盾。要重视学生的个性差异,多角度、多层次、多模式地因势利导,长善救失。她主张,每位学生都应成为语文学习的"发光体"。

(4)教师观

于漪认为,语文教学的生命力在于教师不断提高自己。要使自己的教学有生气,使学生深受其益,语文教师必须认真地抓自身的思想和文化业务建设,学而不厌,锲而不舍,坚持自我塑造。语文教师要有师爱的激荡,要有深厚的功底,要有时代的年轮。

1996年,于漪在给贵州偏远山区一位中学语文教研员的回信中结尾有这样一段话:

> 我当了一辈子教师,教了一辈子语文,上了一辈子深感遗憾的课。我深深地体会到"永不满足"是必须遵循的信条。正如《浮士德》歌剧中主人公浮士德所说,"要是有那么一刹那,对我说:停住吧,你是多么美好!那时也就敲响了我的丧钟"。浮士德上天下地求索,经历了爱情的悲剧、事业的

悲剧,什么都是一场空,但是他没有灰心。最后,他在一块荒无人烟的海滩上建立起人间的乐园,心里一片光明,情不自禁脱口而出:"停住吧,你是多么美好!"这一刹那,浮士德倒地死去。满足意味着生命的结束。

总之,锲而不舍、永不知足是于漪独特的教学风格与教育思想形成的关键。

【专栏4-1】 ——————————————————————————

言说名师的专业历程(笔者对于漪老师的采访)

早春三月,我们坐在上海市杨浦高级中学名誉校长、中国第一批语文特级教师于漪老师的客厅里,倾听名师的专业发展历程,再现50多年的教学场景,探寻教师的素质、能力、个性特点等内在因素,以及社会文化背景、时代发展需求、地域民俗和学生教材等客观因素对教师专业发展的影响及专业发展的阶段性规律。

一、开放的教师教育体系与模仿性教学阶段

问:于老师,您毕业于综合性高校复旦大学教育系,进入中学后教了8年历史再改教语文学科,在专业发展的模仿性阶段所处的境况,与开放的教师教育体系的今天颇具相似性。您是如何起跑的?

于漪:从现在开放的教师教育体系的视角来看,我是属于非师范类高校培养的中学语文教师,走上讲台前并没有再接受学科教学专业知识的系统训练。好在我的本科是教育专业,因此我拥有学校教育通识,这也为我今后的教学专业研究打下基础。刚入职的新教师上语文课从模仿开始,突出特点是几乎没有教学上的创造:语文教材的处理、教学环节的设计、教学方法的运用,甚至教学语言和体态都是一招一式的模仿、套用,或者直接移植别人的成功经验。从我带教的徒弟,现在有的已成为语文特级教师的成长历程来看,这样的积极模仿必不可少。它就像学生写字从描红开始,先"入格"才能"出格"。

不过,我的模仿阶段很短暂也很特别。50年代的语文课堂大都是封闭的,很少有现在高频率的公开课、研讨会等横向学习的机会。我的一些模仿来自求学生涯的回忆。回忆自己在中学时代首席教师的课,回忆他们的讲课方式、课堂语言。当时,语文教学参考书、教学研究杂志也很匮乏,所以环境逼着我独立思考和自学。我花了三年的时间自学汉语言文学专业知识、古今中外经典名篇,靠着一本教科书自己琢磨、创造教案。由于自己学过教育学,对他人的经验和观点不盲从,坚信自己的思考,自己作判断的习惯也是在那个阶段养成的。

网络信息时代的教学资源很丰富,如何有效利用教学参考书、教案集、观课、研讨会等资源,是新教师面临的问题。我以为,教学参考书毕竟是别人的劳动,仅能参考,不可盲目照搬,只有自己反复阅读,一直读到课文中的字一个个都站起来与你对话,你才拥有对文本的感悟,才能帮助学生寻求他们自己对文本的体验。教出自己个性的时候,才是学生收获最大的时候。此外,新教师在模仿教学的过程中要逐渐把握语文学科教学的基本原理、文体知识、课型、教学要求、年级目标,当然还必须拥有文学素养。

二、丰富教学实践经验与独立性教学阶段

问:独立性教学阶段是一个艰辛的时期,特别需要教师保持对语文教学的激情、坚强的意志和正确的效能感。于老师能否谈谈教学熟练阶段的经验?

于漪:每一位教师走过这一历程有时间上的差异。有的教师很快进入下一个阶段,有的则可能一辈子仅停留在此。这个阶段是从模仿性教学到创造性教学的过渡阶段,其特征是教师能够根据自己的理解独立地设计教学各环节,并在教学实践中检验自己的教学成果。同时,教师开始潜心研究和体验名家特色,不断将各家之长融入自己的教学风格,将别人的成功经验通过内化变为自己的经验。

20世纪60年代,我在无条件试教的前提下上了2 000节语文公开课,且反响热烈。我的课前功夫是"磨",阅读、比较、分析,作者、作品、内容、形式。我教景物描写的课文:教朱自清的《春》,我引导学生体会大地回春的勃勃生机,就像欣赏一幅水彩画;教鲁迅的《故乡》,我引导学生观赏如同一幅国画中枯笔的苍凉与悲怆;教丁玲的《太阳照在桑干河上》,我引导学生体会有强烈光感的如同油画般的景物描写。这样每一次都抓住景物的不同特征,让学生真正理解景物描写的作用和精髓之所在。我是学教育学的,但成为语文教师后,我尤其注重阅读积累,形成丰富的文学底蕴,把握教学理论,这是独立思考的核心。我常自问:"这样教对不对?""有没有更好的教法?"比如朱自清《春》的导语设计,我几易其稿,最后用排比、比喻等具有声韵美和形象美的词句来导入,用语言的美感感染学生:一提到春,我们眼前就仿佛展现一幅幅阳光明媚,东风浩荡,绿满天下,花开遍地的美景;一提到春,我们就会感到有无限的生机,有无穷的力量,内心洋溢着无比的喜悦……类似的导语设计还有不少,这样的积累也练就了我现在"下笔成文"的功底。

当我感觉自己的教学语言欠丰富,我就要求自己写详案,把自己上课时准

备说的每一句话都写在教案上,反复斟酌,逐词逐句修改,去掉可有可无、苍白无力的语言,加强口语表达的规范性和丰富性。再把教案背下来,做到口语化。渐渐地,我的教学词汇开始进入学生的作文,影响他们的书面语言。

我的课后功夫用现代的教育术语可称为"反思",我在课后反思时有两把"尺",一把量学生的"得",一把量自己的"失":学生在课堂上的收获以及学生在课堂上表现出来的闪光点是"得",如学生超水平发挥提出的一些有价值的问题和思考;一节课中课堂实施与课前设想之间的差距,以及自己在这堂课上的不足是"失",比如"废话记录"或是自己教学中的感悟、未能解决的遗憾。

耐心磨课、自觉反思使我能自信地站上讲台,这种自信来源于丰富的知识和充分的准备:掌握学生的心态并熟悉教材,才能表现出较高水平的教学能力和教学智慧。我的目标是课要上到学生终生难忘。

这个阶段的语文教师在观课时要逐步做到知己知彼。既要认清自身的条件,如兴趣爱好、性格、气质、思维方式等,又要鉴别演示者不同的教学风格。因为语文教师的兴趣爱好、性格、气质决定其审美情趣,一定的审美情趣又决定语文教师在潜意识中对某类教材产生不同的选择倾向性,并发挥自身的优势,对这类教材的教学过程进行艺术加工、教学创新。在这种自我选择、自我扬弃的过程中,他们形成自己独特的教学方式。例如,有的教师擅长理性分析,善于运用严密推导的方式展开教学,于是就形成理智型教学风格。有的教师谈吐幽默、性格开朗,尴尬之处插科打诨调节氛围,于是就形成幽默型教学风格。把握了演示者的风格,就可以有选择、有侧重地观课;了解自身的个性特点,就可以有选择地借鉴风格特点。也就是,这个阶段的"仿学"要选择贴近自身特点的风格类型,要摒弃"形似"而注重"神似",并促使自己的教学向下一个阶段提升。

三、有效教学与创造性教学阶段

问:进入创造性教学阶段的教师能熟练地驾驭教材、教法,有效控制课堂教学。该专业发展阶段的突出表现是教法上的变革和创新。您认为这种教法上的独创依据是什么?

于漪:这个阶段的教师不断突破他人,不断超越自己,融教学的社会性、时代性、民族意识和文化底蕴于千姿百态的课堂教学行为之中,塑造了富有个性的"教学中的我"。与此同时,教学效果明显提升,教师的教学风格初步成形。当然,教师在教法上的出新不是随心所欲的,而是基于学科知识和学科教学法、学生学习原理,以及教育理论与课程发展知识,应该符合语文教学的一般规律和原则,符合学生认知心理的发展规律。其评判标准应该是有效性。

《孔乙己》这篇文章,无数教师都曾精心演绎,以求学生产生共鸣。我设计过这样的导入:

凡是读过鲁迅小说的人,几乎没有不知道孔乙己的;凡是读过《孔乙己》的人,几乎都在心底留下了这个旧社会苦儿的形象。……有人说,古希腊的悲剧是命运的悲剧,莎士比亚的悲剧是主人公性格的悲剧,易卜生的悲剧是社会问题的悲剧。那么,鲁迅笔下的孔乙己究竟是怎样一种悲剧呢? 是命运的悲剧? 是性格的悲剧? 还是社会的悲剧? 学了这篇文章后,可以找到正确的答案。

我将课文的主题浓缩并升华到探寻人物悲剧根源的高度,又以精辟的言语来加以表述,学生对孔乙己的兴趣不言而喻。这样的创新设计瞬间唤醒了学生有关世界名著中悲剧人物形象的记忆,激发了学生对孔乙己的探究欲望,有效导入学习情境。这种创新设计符合利用学生非认知因素促进学习的原理,而且对高中生而言,激发学生的求知欲来引发学习兴趣符合这个年龄阶段的学生的心理特点。

我曾教过一届学生,其中 4 个学生有口吃,口语表达有困难。调查发现,4个学生口吃的成因各不相同。第一个是舌头稍短导致口齿不清;第二个是独生子女娇宠过度,养成说话停顿过多,语言不规范的习惯;第三个是幼时调皮,故意模仿口吃,最终真的成了口吃者;第四个则是思维较迟钝,造成说话结巴。弄清原因后我利用语文课的一切机会,鼓励他们树立自信心,保护他们的自尊心,课后则区别对待予以矫正。建议第一个学生到医院接受手术治疗,解决肌体障碍,然后进行说话训练;第二个侧重与家长沟通,剖析家庭语言环境因素,建议家长注意语言的完整性、规范性;第三个侧重心理辅导,消除紧张情绪,树立自信心;第四个则着重训练其思维的灵敏度,教授交际策略,想清楚了就说。通过阶段训练,这四个学生的口头表达能力显著提高,消除了学生的自卑心理。我在矫治四个学生口语表达缺陷上采用的方法是有差异的,前提是我不仅从认知上理解学生的口语困惑与错误,而且从情感上给予道德关怀,这符合个性化教学原理。

当今这个时代的教师需要及时学习先进的教学理论来指导、验证自己的创新实践,同时也应积累广泛的知识,文学、心理学、美学……了解和理解当今社会的大众文化,实现教育教学理论与个体实践的有效结合。这个阶段的创新实践切忌走向视觉效应的花样百出或弄虚作假。

四、自我效能感与教学风格完善阶段

问：教师的教学风格一旦形成，其教学也就进入一个新的阶段——教学风格完善阶段。这个阶段是语文教学的最高境界，也是荣誉的收获期。但这个阶段的教师也往往分身乏术或出现职业倦怠感。他们应该如何把握自己的职业生涯？

于漪：进入这个教学阶段的教师往往能借助课程教学论、心理学、语言学、美学、社会学、哲学等相关理论，检验和提升自己的语文教学，或通过实践中的成功经验验证相关理论，从而不断总结、完善自己的教学艺术，使自己的教学风格既有整体上的统一性，又有个体上的丰富性，也就是"不离其宗而万变"。

迈入这个专业阶段的教师往往身上荣誉和社会活动多了起来，这时需要静下来思考价值观的问题。我的需求是高质量的精神生活，因此我坚持理论学习，但不唯书、不唯上、不追风、不媚俗；坚持从教学实际出发，从跨学科、教育全程视角独立思考，对语文学科范畴内一些深层次的问题形成自己独立的见解。我唯一认可并终身坚持的头衔是"中学语文教师"。在这个头衔下，我酷爱并迷恋语文教育实践和学理研究。如语文高考"标准化"问题、语文课程性质的辩论、语言和思维训练的关系问题、课程改革引发的教材编制和教学实践问题、语文教学与民族精神传承等。我们语文教师完全可以并应该结合母语教育的经验和思考，实事求是地发表自己的意见。

这个阶段的教师作为学科带头人，还承担着带教青年教师、学科骨干的职责。观课、评课是我国教师业务学习的常态，作为评课者要有激励性评价意识，明确肯定执教者教学预设和教学实施过程中的"好"，同时不能停留于指出"不足"的层面，应该进一步启发、引领他们找到改变"不足"的策略和具体方法。整个过程不能是"一言堂"，而是一个平等对话的过程。

这个阶段的教师往往身兼数职，要平衡管理工作与学科教学、事业与家庭的关系。50 年代我曾担任上海市第二师范学校教务主任、副校长等职，但我坚持课堂教学实践研究。如今我已是 70 多岁的老教师了，社会活动多，写书作报告邀约不断，我的秘诀是"快"！这本上海教育出版社出版的《岁月如歌》约 18 万字，我一个暑假写完，没有草稿，一气呵成。这种撰写功夫是我语文教师生涯的回报。

语文教育事业真正是遗憾的事业，教师责任大如天，专业追求永无止境！

二、李吉林的教学风格

（一）李吉林简介

李吉林（1938—2019）

1938 年,李吉林生于江苏省南通市。1956 年南通女子师范学校毕业后,任教于南通师范第二附属小学。江苏省首批特级教师。曾任江苏情境教育研究所所长,中国教育学会副会长,全国教育规划专家组成员,全国小学语文教学研究会副理事长,教育部中小学教材审查委员会委员等职。

（二）李吉林教学风格述评

李吉林将教学实践改革、教育理论研究和教育实验这三件事和三种角色融为一体、集于一身,为语文学科教学论的建设作出了贡献。李吉林认为,情境教学是充分利用形象创设典型场景,激起学生的学习情绪,把认识活动与情感活动结合起来的一种教学模式。

李吉林的情境教学是在实践中研究,又在研究中进一步实践,边做边研究,边研究边做,到一个阶段,再努力上升到理论上加以概括而逐步形成的。从朦胧到清晰,从局部到整体,从感性到理性,借鉴有关大脑两个半球的理论、暗示原理、移情原理等心理科学,以及儿童学习语言的规律的学说,构建情境教学理论框架。该理论框架主要由四特点和五原则组成。

情境教学的四特点是指形真、情切、意远、理寓其中。

（1）形真,主要是要求形象富有真切感,即神韵相似,能达到可意会、可想象。如同京剧中运用的白描手法,演员划一把船桨就表示船在水上行驶,摇一根竹鞭就意味着策马奔驰……虽如此简易,但观众在台下看来如同真的一般。中国画里的白描写意,简单几笔,就勾勒出形象,并不要求重彩,看起来同样真切、栩栩如生。李吉林认为,情境教学也是同样的道理,以神似显示形真。形真并不是实体的机械复制,或照相式的再造,而是以简化的形体、暗示的手法获得与实体在结构上对应的形象,从而给学生以真切之感。

（2）情切,即情感不仅作为手段,而且成为语文教学本身的任务和目的。李吉林认为,语文教材往往借助形象,如山川田野、花草树木、鸟兽虫鱼以及各种典型化的人物,向儿童逐步揭示世界的奥秘,培养儿童的共产主义理想情操,审美情趣,并学习掌握语文工具。情境教学正是通过再现教材的有关形象,引导学生对种种优美的或丑恶的、崇高的或卑劣的、愉悦的或悲惨的不同事物作出肯定或否定的评价,体会到自己表现的爱与憎,满意与厌恶的情感。情境教学以教师的情感去感染、激发学生的情感,教师的言语、眼神应饱含希望和期待。教师的情感要成为促使学生心理品质发展的因素。

(3)意远,李吉林强调,情境教学讲究情绪和意象。因为情境总是作为一个整体展现在儿童的眼前,形成直接的印象,激起儿童的情绪,又成为一种需要的推动,成为学生想象的契机。教师可凭借学生的想象活动,把教材内容与其展示和想象的生活情境联系起来,从而拓宽意境,把学生带到课文描写的情境中。情境教学展现的广远意境激起儿童的想象,而儿童的想象又丰富了课文情境。学生的联想及想象能力也在其中得到较好的发展。

(4)理寓其中,李吉林认为,情境教学创设的鲜明的形象,伴随抒发的真切的情感,以及开拓的广远的意境,这三者融为一个整体,其命脉便是内含的理念,该理念是课文的中心。情境教学的理寓其中正是从教材中心出发,由教材内容决定情境教学的形式。因此,在教学过程中,创设的一个或一组情境都围绕教材中心展现。这样富有内涵的具有内在联系的情境才是有意义的。通过其形式——情境的画面、色彩、音响及教师语言描绘等的感受,获得的不仅是对事物现象的感性认识,而且是对事物本质及其相互关系的认识。

可见,情境教学把情意活动与认知活动相结合,其理论框架具有以下特点:以鲜明的形象强化学生感知教材的真切感;以真切的情感调动学生参与认识活动的主动性;以广远的意境激发学生拓展课文的想象力;以蕴含的理念诱导学生提高对事物的认识力。

情境教学形真、情切、意远、理寓其中的特点,正确体现了理性与感性、认识与情感的辩证关系。充分利用形象、情感激活右脑,提高儿童的悟性,协调儿童在学习语言文字过程中形象思维和抽象思维的相互补充,相互促进,进而推动学生素质的全面发展。

同时,情境教学以促进儿童发展为主旨,从前提、基础、动因、重点、手段五个方面提出情境教学促进儿童发展的五条原则:以培养兴趣为前提,诱发主动性;以指导观察为基础,强化感受性;以发展思维为重点,着眼创造性;以陶冶情感为动因,渗透教育性;以训练语言为手段,贯穿实践性。这五条原则虽然从语文教学的角度提出,但对中小学各科教学都有启示。

【专栏 4-2】 ·—·

一项持续 30 年的行动研究(笔者对李吉林老师的采访)

> 1978 年秋,在改革大潮的推动下,带着教师的自尊和可以无拘无束爱孩子的人格力量,我不可遏制地投入实验的热浪之中。
>
> 二十年前,有关心理学、美学的相关资料和书籍都太少了。借书、抄书、求教成了当时理论养料的来源……

这是摘自山东教育出版社《李吉林情境教学——情境教育》一书中的开篇语。我和李吉林老师就从这段开篇语聊起。

问: 您在多本专著中提及"1978 年"这个特殊的历史时期,除了那个时期"百业待举、百废待兴"的社会环境因素,以及您在上文中提及的理论研究相对滞后的原因,促使您起步踏上情境教学研究之路的是什么?

李吉林: 我想是珍惜,珍惜余生的岁月吧。1958 年我进入南通师范第二附属小学任教,认认真真当了 10 年语文教师,想不到一夜之间成了"修正主义黑苗子""小学里的反动学术权威"。从此,漫长的 10 年,在恐惧中度过。直到重新走上讲台的那一天,我仿佛获得重生。

耳闻目睹"注入式+谈话+单项训练"这种传统的灌输式教学,以及由此带来的呆板、烦琐、片面、低效的弊端,我再也坐不住了。记得当时一年级新生,每天两节语文课,每节课仅教一个字母,整整两个月的汉语拼音教学结束后,学生才开始接触汉字。这种单调枯燥的启蒙学习挫伤了学生学龄前孕育的求知欲,我恨不得一下子从"旧框子"里跳出一个崭新的小学语文课堂。

问: 您把当时看似常规化的汉语拼音传统教学行为"问题化"——既消减学生的学习热情,又降低语文教学效率,并试图寻找汉语拼音教学的对策。

李吉林: 对!把现象"问题化"!为此,我提出了"提早起步、提高起点"的观点,但是如何得以实现呢?我苦苦求索。

在苦苦求索中,一个偶然的机会,我获得外语运用情景进行语言训练,并大大提升教学效果的信息。在查阅有关资料后,我产生了一种设想:外语的情景教学是否可移植到我们中国的汉语教学中来,使小学生学习汉语的语言文字时不至于那么困难、枯燥、苦恼。经过理论上的粗浅分析,又凭着多年教学实践的直觉,便大胆地把外语情景教学移植到汉语的小学语文教学中来。

问：在书中您曾这样描述"一个偶然的机会"，可否认为外语情景教学给了您语文教学智慧的灵感？

李吉林：可以这么说，英语教学给了我莫大的启迪。1979 年，在一次劳模座谈会上，初中英语教师蒋兆一先生推荐我阅读最近一期的《中小学外语教学》中一篇介绍外语情景教学法的文章。我读完之后的感觉是，英语教学中通过情景让学生学词汇、练句式，可以达到生动有趣、轻松自如的效果。紧随其后就冒出一个想法：能不能把外语的情景教学移植到小学语文教学中来？

提出这个问题以后，我就考虑其可行性。我联想到曾经读过的语言学的基本观点：语言文字是一种工具，是人们交流思想和情感的工具。显然，外语和汉语都是工具，那么两者的共性是什么？我再联想到生活中不管是中国孩子还是外国孩子，都是在具体的情景中开始人生最初的语言学习：孩子叫出第一声"妈妈"，是因为妈妈的形象多次出现在孩子的眼前，大人同时教他发音"妈妈"。推而论之，儿童学前期的语言都是在具体的生活情景中获得的。我想，这就是中外语言的相通之处，是本质属性决定的。既然外语和汉语具有相同的本质属性，那么情景教学就不只是外语教学的方法，同样可以成为中国学生母语学习的一种方法。这是当时我作的初步分析，用现在的术语来说类似于提出问题后的"理论假设"。为稳妥起见，我在教《小马过河》这篇童话时，留出 5 分钟尝试情境创设下的说话训练。至今，我还记得学生快乐的情绪、活跃的思维，真是开心的 5 分钟啊！

问：我想，当时直接或间接获得有关外语情景教学信息的决非您一人，但能从中获得启迪并由此探索 30 年的就只有您李老师了。"灵感属于有准备的大脑！"因为您拥有一个亟待解决的问题，渴求、关注、捕捉一切新理念、新经验的意识。不过，您后来为什么将自己的研究命名为"情境教学"，而不是外语教学中的"情景教学"呢？

李吉林：我喜欢诗歌，业余时间也常吟诵郭沫若、裴多菲、伊萨科夫斯基的作品。在王国维的《人间词话》里我知道了"意境说"，我还看了刘勰的《文心雕龙》。刘勰提出"心物交融"说，所谓"物色之动，心亦摇焉""情以物迁，辞以情发"等观点，说明客观外物会激起人的情感活动，情感活动又会触发语言表达的动机，提高运用语言的技巧。刘勰写道"感物吟志，莫非自然""情以物兴，故义必明雅""物以情观，故词必巧丽"。古代意境理论中有关"物""情""辞"具有能动作用的辩证关系的见解，以及现代心理学关于语言与思维紧密联系而又相互作用的理论,使我逐渐悟出"物"激"情","情"发"辞","辞"促"思"的相互作用的联动关系。于是,我想通过创设情境,带入情境,为学生提供写作题材,从突破小学作文教学的难点开始关键的研究。"意境说"较之外语情景教学,内涵更丰富、更深邃。情境教学的构建,主要汲取了我国古代文论中的"意境"理论。

在情境教学整个探索阶段,作为一名小学教师,我最关注的是"怎么做"。因此,情境教学首先逐步成熟和完善起来的是操作体系……但光靠摸索做不深也做不长,只有把理论学习和实践探索结合起来,才会产生新的认识。产生新的认识以后,再去进行新的实践,如此反复才能进入一种新的境界。

问: 在人民教育出版社八卷本《李吉林文集》中,您提到情境教学首先成熟和完善的是操作体系,但又强调仅有实践做不好研究。您怎么看教师的教学实践和理论研究?

李吉林: 我在一堂又一堂语文课上摸索、筛选出行之有效的创设情境的方法,概括出生活、实物、语言、图画、音乐、表演六条途径;而后又构筑形成以"美"为突破口、以"情"为纽带、以"思"为核心、以"儿童活动"为途径、以"周围的世界"为源泉的情境教学操作模式。逐渐形成情境教学的"形真、情切、意远、理寓其中"的特点,直至1996年提出情境教育基本原理——心理场整合原理。在整个教学实践研究期间,和学术界诸多学者交谈对我影响很大。早先,上海师范大学心理系柴崇英教授在听了我的课以后说要有意识地走到儿童思维发展的前面去启发引导,又要顺着他们的思路去展开教学过程,这使我较早地领悟到儿童是学习的主体。1980年,我认识了华东师范大学比较教育研究所的杜殿坤研究员,杜老师鼓励我说,我的试验有突破,应该形成自己的小学语文教学体系,甚至理论体系——使我看到了研究的前景。在那个时候,我逐渐形成了一个理念,那就是"一切为了儿童的发展",我的情境教育的坐标也随之鲜明地确立起来。后来,我又读到了高文教授发表在《华东师范大学学报》上的关于"场论"的文章,以及《学习的基本理论与教学实践》一书,感悟到我在课堂上创设的情境在师生情感的交融中"有我之境",实际上就是"场"。和学者的交谈不仅使我了解了教育教学的新信息和前沿动态,而且使我的研究目标逐渐清晰、明了。情境教学、情境教育的思想形成雏形。所以,我认为教师只有把学习理论和探索实践相结合,才会产生新的认识。拥有新的认识,再去进行新的实践,如此反复才能进入一个新的教学境界。

问: 您是把语文教学实践中获得的成功经验理论化,又在相关理论知识的引领下,反思语文教学实践过程。从教师专业知识的形态来看,在情境教学实践性认识中,学者、专家提及的理论成为您展开情境教学实践的思考与行为框架,并在整个研究活动过程的内部发挥作用。如果说,当初您只是潜意识中认为语文教学情境的创设应有其规律可循,但难以言说,因为这是教师的一种默会知识。但借助教学的一次次成功实施,您终于能够言说其中的规律——借助生活、实物、语言、图画、音乐、表演的手段可以创设学习情境,于是默会的知识明言化,情境教学操作体系也就有了新的突破。这就是教师知识创生的一个过程,这个过程也是一般教师专业发展的一条有效途径。

"从小学语文情境教学发展为较广义的情境教育,意味着从分科教学法进到学科教学论中的一个有独创性的流派。它的理论构建不但促进了语文科教学论的学科建设,而且创造了一个有利于出成果、出科研型教师队伍的研究范式。"

问:上面是张定璋教授在《情境教育的教学论发展观》中的一段话,张教授认为您的情境教育研究是一种教师科研的新范式。

李吉林:情境教学、情境教育、情境课程研究曾被列为国家级课题,并获得全国首届和第二届教育科学优秀成果奖一等奖,这是对我50多年从教生涯的认可。30多年的情境教育研究经历,我自始至终为促进儿童素质的全面提高寻求一条有效的途径。作为一名语文教师,教学研究只是对日常教学生活的一种自觉的多样化的探究活动和过程。我研究的心路历程是一种研究经验、失败教训与自我反思的集结。当下倡导教师开展行动研究,对于一个具体的语文教学研究过程,教师要有解决问题的具体的通盘考虑,而对于不同发展阶段,教师的教学研究也需要一定的目标。对于新教师,研究计划可定位于适应新岗位、熟悉基础性的教学工作、了解学校教学研究工作的具体情况;对于中青年教师,则可针对自己过去的几年或几十年教学实践中碰到的难点进行研究,这时的研究计划需要有一定的理论和技术支持,要增强计划的实际操作性;对于有专业特长的教师,制定研究计划已成为一种自觉的行为,研究计划更具专业性和科学性,内容更为详尽。要不间断地反思一个阶段的教学研究:反思研究取得的成绩,反思研究中的难点和无法克服的困难,反思自己在研究过程中方法运用、行为策略选择等方面有无差错,反思改进措施。这是研究能否深入的关键。

问:李老师,您从确认焦点问题、收集资料、分析并诠释资料、制定行动计划出发,围绕"情境"展开的持续30年的行动研究,是一则经典的案例。您基于行动研究的专业发展经历,凸显了这样一系列特征：质疑看似"没有问题"的问题,不断探索和实验的行为特征;组织结构良好的基础知识,以及思考和反思的知识技能特征;实践知识理论化、理论知识实践化的知识发展特征。其实,每一位语文教师每一天的教学活动都是一种"研究",只是层面不同。如果能全身心地去体验,追求不断解读语文教学活动的意义、选择教学活动的运作方式和创造教学活动的价值,就一定会有专业领域的成长。

第五章

识字、写字心理与教学

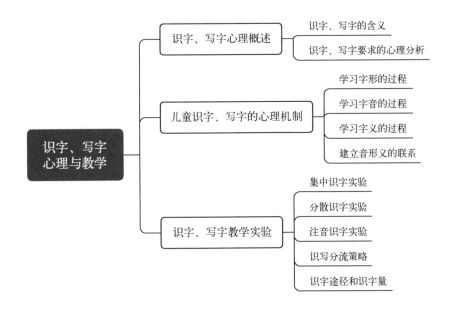

世界上的文字大致可分为拼音文字和非拼音文字,汉字是非拼音文字。它的书写符号是语素。汉字以外的文字都是形音结合,唯有汉字是音形义三结合。也就是说,每个汉字都有一个完整的字形,它的两维结构及不同的字音,并有相应的字义,从而使知觉上具有整体性。同时,汉字的构字规则简明,形声字较多,声调变化成四声。这些特点使人们思考汉字的认知加工与其他文字的认知加工的不同。

第一节 识字、写字心理概述

识字、写字心理是指学生在一定条件下掌握汉字过程的心理特点和规律,识字、写字学习是一个复杂的心理过程。在心理学相关研究中,"识字"可以涵盖"写字",因此本章除标题外正文内容沿用心理学的习惯表述。

一、识字、写字的含义

(一) 艾伟的解释

什么叫识字? 艾伟曾给出一个经典的解释:"所谓识字者谓见形而知声、义,闻声而知义、形也。斯二者可用下图表示之。"[①](见图 5 - 1)

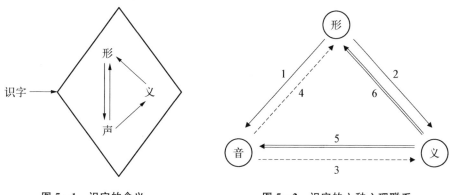

图 5 - 1　识字的含义　　　　图 5 - 2　识字的六种心理联系

(二) 心理学的解释

从心理学的角度而言,学生识字的本质就是记住汉字的音、形、义,并且使三个因素相互沟通,使神经联系过程可以在任何一方进行。也就是当感知汉字的某一因素时,能够准确地再现其他两个因素。

具体而言,识字就是在汉字的音、形、义之间建立起六种心理联系(见图 5 - 2)。

(1)看见字形,知道该汉字的读音。如当你在读报时看到"酷"字,知道该字的读音是"kù"(见上图 5 - 2 箭头 1)。

(2)看见字形,知道该汉字的字义。如当你在读报时看到"酷"字,知道该字的意思是"前卫、时尚"(见上图 5 - 2 箭头 2)。

(3)听见字音,知道该字音表达的意思。如听别人说"你今天很酷!"明白是在夸自己时尚(见上图 5 - 2 箭头 3)。

---

① 艾伟.汉字问题[M].上海:中华书局,1949:5.

（4）听见字音,知道该读音代表的汉字的字形。如听别人说"你今天很酷!"知道句中的"酷"字左边是个"酉"、右边是个"告"(见上图 5-2 箭头 4)。

（5）想表达一个意思,能发出该汉字的读音。如看到朋友染了一头红发,想用一个字来形容,能发出"kù"音(见上图 5-2 箭头 5)。

（6）想表达一个意思,能写出汉字的字形。如看到朋友染了一头红发,想用一个字来形容,能写出"酷"字(见上图 5-2 箭头 6)。

生活中,文盲虽不识字,但也能正常生活,可以传情达意。从识字心理的角度来分析,文盲只能借助音、义两者之间的心理联系来表情达意(如上图 5-2 箭头 3 和箭头 5 所示)。如在火车站听到旅客议论"huǒ chē"晚点,他们立刻会想到"火车"的实物或意象,即建立起"音→义"的联系。想把"火车要晚点"的信息告知同行者,他们也能准确地发出"huǒ chē"的读音,即建立起"义→音"的联系。对识字的人而言,不仅有"音→义"的联系,而且能发短信息告知他人,准确写出"火车"两个字,建立"音→义→形"的联系,即听音知形义。在阅读情境中看到"火车"两个字,识字的人能直接想到火车的实物或意象并发出"huǒ chē"的音节,呈现"字形→字义"或"字形→字音"或"形→音→义"的状态,即见形知音义。

对中国儿童来说,生活在母语环境中,建立汉字音→义的联系(如上图 5-2 箭头 3 和箭头 5 所示)并不难,难的是建立音→形(如上图 5-2 箭头 4 所示)和义→形(如上图 5-2 箭头 6 所示)之间的联系。因此,字形教学是汉语识字教学的关键,也是识字教学的重点和难点。

二、识字、写字要求的心理分析

1."四会"和"两会"

长期以来,我国识字学习以"四会"——会读、会讲、会写、会用作为学生识字的质量要求。会读,指看到字形能读准字音。会讲,指了解字(词)义并用语言文字解释意思,后调整为了解字(词)在语言环境中的意思。会写,指认清字形,正确书写。会用,指能在实际语言环境中应用写过的字(词),如说话、造句等,这是识字最高的质量要求。

新课程标准在第一至第三学段的要求中明确:学生"认识"与"会写"的字量要求有所不同。在教学过程中要"多认少写"。"认识"汉字,要求能读准字音,大致懂得字的意思。"会写"汉字,要求能读准字音,了解意思,会书写,还能在读写中运用。

2."四会"和"两会"的心理学含义

"会读",看到字形能读准字音,就是建立形→音的联系(如表5-1左图箭头1所示)。

"会讲",了解字(词)义并用语言文字解释意思,就是建立形、音→义的联系(如表5-1左图箭头2和箭头3所示)。

"会写",指认清字形,正确书写,就是建立音、义→形的联系(如表5-1左图箭头4和箭头6所示)。

"会用",指能在实际语言环境中应用写过的字(词),如说话(包括想表达一个意思时,能发出该汉字的读音,建立义→音的联系)(如表5-1左图箭头5所示)、造句。这要求掌握汉字(词)的程序性知识。

可见,传统的识字要求包括两个方面:一是掌握有关汉字音、形、义的陈述性知识,建立汉字三因素之间的六种心理联系;二是掌握汉字(词)的程序性知识,在生活中应用汉字(词)表情达意。前者是后者的基础,而后者能进一步巩固前者的掌握程度。

课程标准中"认识"和"会写"的要求,从识字心理的角度来看,"认识"汉字就是建立形→音、形→义、音→义、义→音的联系(如表5-1左图箭头1、箭头2、箭头3、箭头5所示)。

"会写"汉字就是达到"四会"的要求,建立六种心理联系并掌握其程序性知识(见表5-1)。可见,"认识"汉字降低了识字学习的要求(只要建立形→音、形→义、音→义、义→音的联系)。

表5-1　识字学习要求和识字心理

建立联系图 \ 要求	"四会"要求				课程标准的要求	
	会读	会讲	会写	会用	认识	会写
	1种 箭头1	2种 箭头2、箭头3	2种 箭头4、箭头6	1种 箭头5	4种 箭头1、箭头2、箭头3、箭头5	6种 箭头1、箭头2、箭头3、箭头4、箭头5、箭头6

第二节　儿童识字、写字的心理机制

识字过程是建立联系的过程,即建立形音义之间的联系。具体来说就是,建立音义联系、音形联系、形义联系和完整的音形义联系。识字的心理机制就是研究这些联系是如何建立起来的。

一、学习字形的过程

学生掌握汉字的音形义时,字形是最难掌握的。这既与汉字本身的特点有关,也与学生的心理发展水平密切相关。

(一) 认识字形的过程

儿童学习汉字字形的心理过程大致为整体感知字形→字形拆分→字形重组→再次整体感知→记忆,从而认识一个字的字形(见图5-3)。

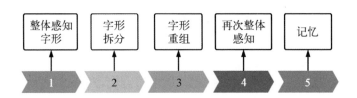

图5-3　认识字形的心理过程

1. 认识字形

儿童在识字过程中不是囫囵吞枣式地学习每个汉字,而是要经过一个精细辨认各个组成部分的阶段。

首先是整体感知字形。学生最喜欢学习"凹凸"这样的词,因为一眼看过去,字形特征非常明显,且字义一目了然。

其次是字形拆分。字形拆分往往按照左右、上下、内外等结构将字拆分成部件,再将部件拆分成笔画。比如,学习"旮旯",上下结构很明确;学习"户枢不蠹"的"蠹",字形拆分就相对困难多了。

随后,将拆分的字形重组,这时往往将笔画组成部件,将部件重组成整字。

最后,通过拆分和重组建立汉字的空间结构,从而记住它。拆分与重组的过程需要分析、综合等思维活动的参与,同时也是记忆的过程。但是,认识字形并不意味着学生已经记住字形。

2. 字形识别的相关研究

汉字字形识别的相关研究表明,小学生开始识别汉字时,必须经过视觉线索这一步。曹传咏、沈晔发现,从辨认汉字的整个过程来看,小学生首先辨认的是字形的大致轮廓,然后才是组成部分。在合体字的辨认中,首先辨认的是字的组成部分,然后才是部分与部分的关系,字的细节部分被忽略了。例如,学生看到"邻"这个字,先辨认的是"邻"的两个组成部分——"令"和右耳旁,其次是两者的左右关系,会忽略"邻"的左边到底是"令"还是"今"。儿童对汉字字形的精细感知能力有随年级升高而增强的趋势,学生已有的汉字字形结构的经验是影响学生感知、辨认字形的重要因素,这种影响随年级升高而增大。如学生已掌握"令"和左耳旁,学"邻"时对这个字的字形组合就不感到困难。但是,一部分精细感知能力较弱的学生会受已有的左耳旁的影响,将"邻"的左右两部分换位。

刘鸣探讨了汉字的主要字形形体特征、心理特征及两者之间的关系,结果发现:汉字分解组合视觉表象操作的速度和准确性与汉字字形学习水平关系密切,高水平者明显优于低水平者;不同汉字字形学习水平者在汉字分解组合表象操作的错误类型上不尽相同,低水平者以顺序错误为主,中高水平者以部首替换错误为主。这说明学生识别汉字以视觉表象操作为基础,是一个与学习(经验)有关的过程。

有研究者探讨了组字规则信息在小学生汉字识别中的作用,结果表明,三年级小学生已经初步了解汉字组字规则,并能在词汇判断作业中使用组字规则。更多研究均发现:三年级小学生已经意识到形旁与词义的关系,并能利用形旁学习和推理生字;六年级小学生已经获得汉字形旁知识。舒华等研究了小学生的形旁意识,结果发现,小学生的汉字形旁意识随年级的升高而发展,三年级、五年级学生已能自觉利用形旁信息帮助学习和推理生词,并且言语能力强的小学生的汉字形旁意识优于言语能力差的小学生,形旁意义的熟悉程度、生字概念的熟悉性等影响小学生对汉字形旁信息的利用。

曹传咏、沈晔探索了小学生分析、概括汉字字形能力的发展,得出的结论是小学生分析、概括汉字字形能力的发展具有两个转折点:第一个转折点是对汉字字形大致的分析和概括能力有了发展;第二个转折点是学会习得汉字的方法(如对比、归类等)。汉字字形的分析和概括能力的发展与图形的认知不尽相同,后者分析和概括能力的发展是渐进的,汉字字形的分析和概括能力与辨别能力相关。汉字字形分析和概括能力可能有两种水平:一种是大致的、泛化的分析和概括;另一种是精细的、高度分化的分析和概括。

潘菽、朱作仁等认为,儿童识字学习的关键问题是分析、概括汉字字形和结构方式的能力。

3. 研究启示

综合上述研究,认知心理学给予以下启示。第一,学生在识字初期,最适宜的材料是轮廓区分度大的材料。第二,学生在识字初期出现的缺笔、漏笔和误笔的现象,是正常认知水平的表现。拆分与重组字形时出错,由学生知觉的笼统性导致,此时学生未形成精确的分化能力,不完全归结于不专心和学习不良。第三,在开始进行识字教学时,教学重点应放在分析和归纳字形上。第四,如果小学生能学会分析字形,掌握字形结构的方式,自觉将生字与熟字作比较,那么学习汉字并不困难。第五,在进行识字教学时,有意识地教给学生有关汉字组合规则的知识,有助于学生尽早利用组合规则进行学习。

(二) 记忆字形的过程

认识字形并不意味着学生已经记住字形。"旮旯"一词看似结构简单,都由"九"和"日"两部分构成。但是"旮"字"九"在上还是在下,学生未必记得清楚,更不用说笔画结构复杂的"蠹"字。所以,儿童记忆汉字字形,一般需要经过泛化阶段、初步分化阶段、精确分化阶段,才能最终准确掌握(见图5-4)。

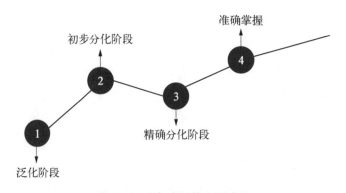

图 5-4　记忆字形的心理过程

1. 泛化阶段

经过初步的生字教学,学生对汉字这一复合刺激物的字形轮廓建立起模糊的、暂时的联系,表现为新授课后、阶段复习前再认和再现时,常呈现波动和泛化现象,以致产生种种错误。字形错误或混淆有两种形式:(1)对字形结构的各个组成部分尚未建立正确、完整的联系,泛化现象严重,常因联系的模糊而出现偏旁部首"张冠李戴",基本字"移花接木"等结构混淆和增减笔画的细节错误。如示字旁和衣字旁不分等。(2)对汉字音义形三者尚未建立牢固的联系,常常因三者联想的错误而把该字字形与近似生字的某一因素相混淆。例如,选择性再认时,把音近字、形近字或义近字混作某一要求挑选的正字,默写时不是误写了同音或音近字,就是写成形近或义近字。

这个阶段学习字形的特点主要体现了初入学儿童大脑皮层对复合刺激物缺乏完整、精细的分析和综合能力,反映了他们感知汉字时不够完整和缺乏精确性,识记的不随意性和机械性占重要地位。

2. 初步分化阶段

这一阶段学生对汉字的形音义已初步建立暂时的联系,不再出现上述形音义某一因素的相互混淆现象,对字形结构的各部分基本上已全部把握,不再有结构上的混淆和遗漏。但是,对字形结构某些细微部分尚有遗漏或添补,再认和再现时偶尔出现波动(猜测)和泛化(遗忘)现象。错误几乎都是细节上的问题,如"春"下面部分的"日"错写成"目","武"少一点。这个阶段儿童对汉字字形的分析和综合已达到高一级的水平,只是由于掌握不够牢固,偶尔对某些细微部分因遗忘或把握不定而产生泛化现象。这时,学生的有意识记和意义识记已起主导作用。

3. 精确分化阶段

首先表现在掌握的牢固程度上。学生再认和再现汉字时,不再像前一阶段那样把握不定,偶尔出现泛化现象,而是熟练且牢固,词义讲解也较清楚、恰当。其次表现在掌握的深刻和精确程度上。这时学生不仅能辨析字形,揭示字与字之间的异同,而且能在学习几百个字的基础上初步认识一般的构字规则,了解偏旁部首表义的含义,偏旁部首不再混淆,能指出用某种偏旁部首的道理。例如,在分析"滴"和"摘"两字时,学生说"滴"是"三点水"旁,右边是摘棉花的"摘"字的右半部分。一滴水的"滴"讲水,所以用"三点水"旁;摘棉花用手,所以用"提手"旁。这个阶段学生对字形的记忆已经达到精确、完整和熟练的水平,意义识记开始占优势。

案　例

一年级学生小美

小美的妈妈每天晚上给她默写生词,小美每次能默对 90%。可是,睡了一觉第二天去学校,老师让大家听写生词时,她的正确率只有 50%。

从认识字形阶段来看,小美已经较好地经历了认识字形这个阶段,这样她才可能在家默出生词,且有 90% 的正确率。但是,显然小美记忆字形并未经历精确分化阶段,当晚默写时可能由于强记或刚抄写完生词,从而正确率较高,但睡了一晚,遗忘了,且由于字形记忆未达到精确分化,容易出现泛化现象,因此错误率高。

小美的妈妈告诉老师,家人没有教过"肯德基"三个字,学校也没有学到,但是小美看到店名能准确读出这三个字。有一次造句,她居然准确无误地写出了这三个字。

老师分析,这是由于肯德基的美味引发小美自动认识"肯德基"三个字:整体感知字形→字形拆分→字形重组→再次整体感知。不仅如此,小美还自主、自觉地完成掌握字形的过程,从泛化到初步分化,直至精确分化。显然,兴趣是小美学习"肯德基"三个字的老师。

二、学习字音的过程

儿童学习字音的心理过程主要为感知音节的形体→对音节结构进行拆分(声、韵、调、字母等)→重组,从而认识一个音节。

有关汉字语音作用的研究显示,音节经过一个语境开关可分出不同的线路。一条线路是由音节直接到事物。如在火车站,听到"huǒ chē",立刻会想到火车的实物或意象,即音→义联系。一条线路是由音节直接到字形。如听写词语时,听到"huǒ chē",马上想到"火车"的字形,并由此想到火车的实物或意象,建立音→形联系或音→形→义联系,即听音知形义。

三、学习字义的过程

(一) 一字一义的学习

一字一义是建立汉字与事物之间的联系。在学习并建立了第一信号(客观事物)与第二信号(字词)之间的联系后,再用于实践,字义就掌握了。

（二）一字多义的学习

一字多义的学习有两种方式。

1. 并列式

并列式是指在原来字义的基础上增加一个与之并列的字义。这一新字义的学习是在掌握形音的基础上，再掌握字义，建立起形音义的联系。例如"赤"，先学习字义为"红色"，后学习另一个字义"空无所有"（赤手空拳）。两个词义之间找不到联系，因此心理词条中呈现并列式排放。一字多音。在掌握字形的基础上，增加音义联系，建立起形音义的联系。例如"曾"，在学习一个字音"céng"（曾经，从前经历过）之后，又学习这个字还可以念"zēng"，是"中间隔两代的亲属，如曾孙"。学习后者时借助了原先的字形，后加上"zēng"的音义。

2. 引申式

引申式指词条增多。例如"软"，原来指物体内部组织疏松，与"硬"相反。后来引申为"懦弱""没力气""容易动摇""质量差或能力弱"。因此，心理词条中呈现引申式的特点。

四、建立音形义的联系

（一）建立音→形义的联系

学生建立汉字音→形义的联系，有多种途径。

（1）先建立音→义联系，再建立形→音义联系。如"侬"，先建立音（nóng），告知义是指"你"。反复练习先建立起"侬"的音→义联系，再建立形→音义的联系。

（2）如已建立音→义联系，接下来则主要建立形→音义联系。如"旮旯"（gā lá），学生知道它表达的意思是"角落、狭窄偏僻的地方"。但是，看到"旮旯"一词，并不知它的读音"gā lá"，意思是"角落、狭窄偏僻的地方"，于是帮助学生建立形→音义的联系。

学生在识字过程中建立形→音联系（见形读音）和形→义联系（见形解义），在识记过程中它们依条件不同而有差异。在汉字学习遍数相同的情况下，如果没有插入其他学习材料，形→音联系比形→义联系保存得更好。在有学习材料插入时，情况则相反，形→义联系比形→音联系保存得更好。这说明，检查识字联系的巩固程度要考虑学习后是否受干扰，以及形→音联系是机械的神经联系，只要通过简单的重复（如反复认读）就可以建立，经不起干扰，容易忘记，即不容易在受干扰的情况下巩固。形→义联系虽然难以建立，但一经建立，就经得起干扰,保存时间更长。

(二) 建立形音义的联系

在建立形音义联系的过程中,学生往往依赖经验的联想,其表现方式有七种。

(1) 通过多次简单反复的认读,直接建立字形与音义之间的联系。

(2) 利用字形的位置,即以字在书页所处的相对位置为中介,联想起这个字的发音。例如,"旗"是课文某一页红旗图下的第二个字,由"旗"所在的位置联想起它的读音。

(3) 通过该字与某一熟字常在一起出现而引起的联想。例如,看到"学校"二字,由于认识"学"字,因此联想起它后面是个"校"字。

(4) 以学生自己独特的经验为记忆的支柱而联想到字音。例如,有个学生认读"宽"字时说:"看到'宽'里面的'见',就想到草坪很宽的'宽'。"

(5) 把字形与某些具体事物联系起来,使字形本身形象化或赋予字形本身以意义来帮助辨认与记忆。例如,有的教师教"灭"字,指着字形说:"把一块东西往火上一盖,火就熄了。这就是'灭'。"学生一见"灭"字,就很容易联想起它的意义。

(6) 借形声字已经建立起来的形音关系,联想起它的相关字的读音。例如,认识了"胡",就很容易辨认与识记"糊、蝴、湖、猢"等字。

(7) 借形声字形义之间已经形成的联系来帮助辨认与识记。例如,已掌握形声字的"形旁表义"的特点,学生看到"晴"字就说:"见到'日'就想到太阳出来了,这就是'晴'字。"

专栏 5-1 ·+·+·+·+·+·+·+·+·-·-·-·-·-·-·-·-·-·-·-·-·-·-·-·+·+·+·+·+·+·+·+·+·

错别字的心理因素

出现错别字的原因很复杂,既有汉字本身(特点、性质)和教学方法等方面的客观原因,也有学生的主观原因。造成错别字的主要心理因素如下。

1. 字形知觉

汉字由各种形状的点和线组成,写字时总是先看后写。看时,对组成汉字的各种点和线的感知要准确,否则就会出现错误。这种错误主要有三种情况:第一,凡是笔画相似的知觉为一组。例如,"州"字被知觉为"川"和"⺌",于是书写时不是先写"川",后写"⺌",就是先写"⺌",后写"川",这就违反了从左到右的笔顺规则。第二，凡是相同或相似且对称的部件知觉为一组。例如，"斑"字被知觉为两个"王"和一个"文"，书写时不是先写左右两个"王"，后写中间的"文"，就是先写中间的"文"，再写左右两个"王"。第三，凡是具有闭合倾向的均知觉为一组。例如，"医"被知觉为"匚"和"矢"，书写时先写"匚"，后写"矢"，或先写"矢"，后写"匚"，违反了从外到内，先里头后封口的笔顺规则。

2. 对学习规则的理解

对学习规则的理解是认识汉字规律的一个思维过程，而不仅仅是规则的记忆过程。对学习规则的机械理解是产生错别字的重要心理因素之一。其主要表现是：第一，不能区分一般和特殊的关系。基本的书写规则主要针对一般汉字，但是也有少量特殊的汉字，某些笔画不能按照基本笔顺规则去写。如，"戈""戒""成"等右上角有一点的字，如果按照从上到下的规则，最后一笔应该是"撇"，但习惯写法都是最后写"点"。这种特殊笔顺书写顺手，约定俗成。如果不能区分笔顺规则中一般和特殊的关系，机械地将一般笔顺规则用于特殊字形，就会导致笔顺错误。第二，孤立地理解笔顺规则。有的学生只是孤立地理解一条条笔顺规则，不善于把各种规则放到一个汉字中去分析和理解它们之间的相互联系。因此，不能综合地应用笔顺规则，往往导致出现笔顺错误。例如，根据从左到右的规则，就会把"业"字写错。实际上写"业"时，是几种笔顺规则的综合应用。就两竖两点而言，要先中间，后两边；从两竖或两点本身来看，要从左到右；就字的上下部分而言，要从上到下。

3. 学习负迁移

学生已有的知识对学习新知识既能产生积极影响，也能产生消极影响。负迁移就是对学习新知识产生干扰作用。识字量的增加一方面为学习新字打下基础，使学生在学习新字时能举一反三、触类旁通，另一方面也会产生干扰。例如，学生会写一些"竖心旁"的字，于是往往会把"博"字也误写成"竖心旁"。又如，学生习惯写"曰"和"日"，学习"冒""帽"字时，容易把"曰"头误写成"曰""日"头。同样，在运用词语时也会产生类似的问题。例如，学生熟悉"促进""急促"的"促"字，当书写"触动"一词时，也往往会误写为"促动"。

陈邦安在调查中发现，由于负迁移的干扰，小学高年级学生写错"临"字的人很多，错误形式有四种：第一，结构写错，把左右结构写成上下结构。第二，笔画写错，把左边的"第二竖"误写成"撇"，把最后一笔短横写成长横，上述两种情况都有。第三，与"监"字相混淆，误写成"监"。第四，添上个别笔画。调查发现，在课文中出现"临"字之前,学生已学过"师""盆""蓝""温""筛""篮""盒""猛""归""血""狮""盛""盖"等字。学生把"临"字写成上下结构是受"蓝""篮"的负面影响。这是书写负迁移干扰的典型例子。

4. 学习情绪

一般来说,学生试卷上的书写错误(特别是错别字)比平时作业上要多,限时作文上的书写错误比不限时的作文要多。究其原因,是学生答题时把注意力集中在回答内容上,忽视了字的写法。更重要的是,书写时受急躁情绪的影响。有些学生见考题数量多或难度大,就慌乱起来,书写时本来很熟悉的字也会误写。有关实验证明,在集中注意的条件下,有的学生作文中一半的错别字是能够自己发现并纠正的。因此,为了预防书写错误,要训练学生善于调节自己的情绪,始终保持心情平静,不慌乱,从容答题。同时,学生要养成答题后自我检查,改正书写错误的习惯。

5. 协调能力

书写是一种眼、脑、手的协调活动。写字时,眼要看(看字形)、脑要想(分析字形结构,在头脑中形成字形的完整表象,回忆有关的书写规则等)、手要动(运笔动作)。只有眼、脑、手相互协调,才能把字写好。

儿童眼、脑、手的协调能力较差,腕、肘、手指的小肌肉运动的灵活性较差,往往出现"力不从心""手不由己"的现象。本想写字不出格,结果还是出了格;心里想把字写端正,可是写出来的字又歪又斜。这种自相矛盾的体验在小学生的书写过程中经常发生。眼、脑、手不协调,是小学生产生书写错误的主要心理因素之一。

(摘编自:汪潮.语文学理:语文学习的心理学原理[M].杭州:浙江大学出版社,2013:265-267.)

第三节　识字、写字教学实验

1949 年以来,我国众多的识字教学实验取得丰硕的成果,其中影响较大的有集中识字、分散识字和注音识字实验。

一、集中识字实验

集中识字实验始于 1958 年,最早的实验基地是辽宁省黑山县北关实验学校,最终形成"集中识字、大量阅读、分步习作"的教学体系。现行语文教材中可见其改良后的形式——小集中识字,即在一套教材中以课文的形式安排一两次集中识字。如下例:

案 例

按部首 认一认

握 　　握手

擦 　　擦桌子

搬 　　搬家

扶 　　搀扶

拖 　　拖地板

接 　　迎接

(一) 实验设想

儿童集中学会一批汉字是可能的。集中识字的方法为"基本字带字"。基本字是指一组合体字中,在字形结构上共同具备的最基本的部分。如"驰、地、他、池"这组合体字中,"也"是它们共同具备的最基本的部分,即基本字(见图 5 - 5)。

字形是儿童识字的难点,也应成为识字的突破口,识字的关键是识记字形。通过分析比较由"基本字"带出的一组字,帮助儿童达到对汉字的精细识记,这个过程刺激—反应的强化占了很大比重,汉字的音义特征只作为一种强化的手段而出现。

图 5 - 5 语文教材中的集中识字

学习 3 周拼音,第 4 周开始学习独体字,并结合识字进行拼读练习;掌握一定量的独体字后,学好偏旁部首,以"基本字带字"进行归类,辨识合体字。

(二) 实验目标

集中识字的目标可以概述为集中大量识字,终极目标是增加识字量,以此提高阅读教学的效率,从而改进整个语文教学。"集中识字"逐步发展成"集中识字——大量阅读——分步习作"的教学体系。即低年级以识字为重,中年级以阅读为重,高年级以习作为重。识字部分的具体目标如下。

首先,集中学习最常用的 500 个汉字,要求会读、会写、会讲、会用,学习者能够读准字音、写清字形、讲明字义、正确使用,便于阅读。

其次,打好识字四大基础,即汉语拼音、笔画笔顺、偏旁部首、基本字,为学生自学生字打下基础。小学低年级识字量达到 2 000 个以上,识词量达到 5 000个左右。

(三) 集中识字的心理分析

集中识字是帮助学生先建立基本字的形音义的联系,再通过拆、合、加、减和反复比较的办法,由已建立联系的基本字的字形,带出同类字形的新字,最后建立新字的形→音义的联系。形声字归类、同旁部首归类、形近字归类、基本字带字等方法都出于同一原理。如学"炎",先帮助学生建立"炎"的形音义的联系,再引导学生分别比较"炎"同"谈、痰、毯"在字形上的差异,接着分别建立"谈、痰、毯"形→音义的联系。在集中识字过程中,形旁、声旁、部件和作为构成成分的简单字被视为一个心理认知单元在单位时间内得到有效的重复,强化了记忆。

二、分散识字实验

分散识字实验始于 1958 年,最早由南京师范大学附属小学斯霞老师进行随课文分散识字的实验。随课文分散识字正是现行语文教材中主要的识字形式。

(一) 实验设想

一是改编教材。大量增加看图识字,多编短语和句子,补充短文,使生字的出现和讲解都在具体的语言环境中进行,再结合课文的语言训练来促进学生掌握生字和新词的确切意义,从而注重字(词)义的掌握。

二是改进教法。通过分散教、集中练等多种方法,巩固识字。在随文识字的过程中坚持"字不离词、词不离句、句不离文",将随文识字与讲授汉字规律的知识相结合,"边识字边阅读、寓识字于阅读"。

三是先进行汉语拼音教学,但降低教学难度,教完笔画笔顺后进行独体字教学,然后开始随文识字。

(二) 分散识字的心理分析

认知心理学家认为,人的知识以减轻工作记忆负担的形式来表征。随课文识字为学生提供了丰富的语言环境,为学生沟通汉字音形义的联系,以及日后提取该汉字音形义的因素提供了多种信息,有利于保持和提取。如学生回忆"追"这个字,可以通过"追"所在的课文中的句子来回忆"小蜜蜂,追飞机"。若这句话无法提取,则可以通过课文《稀奇歌》中的其他句子等多种信息帮助回忆。该实验是帮助学生建立义→音形之间联系的方式来学习汉字。

三、注音识字实验

注音识字实验始于 1982 年,最早由黑龙江教育学院教师提出,并在黑龙江佳木斯市第三小学、拜泉县育英小学、讷河市实验小学进行实验。实验结果表明,学生第一年平均识字 1 050 个,三年后平均识字 3 000 个,课内外阅读总量平均为 300 多万字。

(一) 实验设想

首先,在儿童识字前,运用汉语拼音提前读写,在阅读大量注音读物,即汉字和拼音双行文的过程中,拼音下面的某些汉字反复出现,读拼音、看字形、想字义的过程不断重复,儿童就会对这些刺激作出反应并得到强化,以此建立牢固的联结,达到识字的目的。

其次,以学好汉语拼音并发挥其多功能作用为前提,于读写之中进行日积月累的分散识字。在尚未识字或识字不多的情况下,开始系统的听、说、读、写训练。

再次,7～8 周学完汉语拼音;大量阅读(纯拼音课文——汉字注音课文——汉字难字注音课文——汉字课文),在阅读中识字;提前作文,大量作文,联系写字和用字。

(二) 注音识字的心理分析

该识字形式基于学习行为经历刺激、反应和强化的过程。借助汉字和拼音这两个刺激物的复现,来强化该汉字音形之间的联系。因此,这是一种借助拼音建立汉字音→形义之间联系的汉字学习方式。统编版语文教材中一年级和二年级的课文都标注了拼音,也是借鉴这一实验的成果。

上述三种识字方式已成为我国识字教学的重要经验。它们的共性是从汉字三因素中的某一个因素起步,建立该因素与其他两个因素的联系,最终形成汉字音形义的心理联系。集中识字是形识,即以字形作为识字记忆的线索,建立字的形→音义的联系;分散识字是义识,即以字义作为识字记忆的线索,建立字的义→音形的联系;注音识字是音识,即以字音作为识字记忆的线索,建立字的音→形义的联系。

四、识写分流策略

自 2001 年教育部颁布《全日制义务教育语文课程标准(实验稿)》后,各地陆续出版的语文新教材都采用了"识写分流"的编写形式。2017 年统编版语文教材也沿用了这一形式。识写分流策略又称"多认少写"。

(一) 教材编写设想

可以从数量和时间两个维度来理解识写分流即多认少写的策略。

其一,数量的差异。在识字总量中,要求"认识"的字量多于"会写"的字量,故有"多"和"少"之分。现行新课程标准第四学段只提出了识字的要求,累计认识常用汉字 3 500 个左右,没有提出明确的会写的字的数量要求(见图 5-6)。

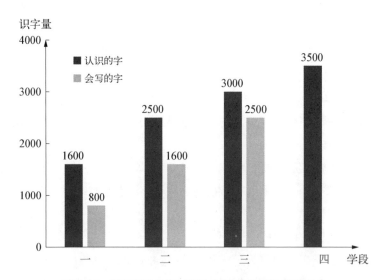

图 5-6　课程标准中"认识"和"会写"字量的学段要求

识写分流在统编版一年级和二年级的识字教材均有所体现。一年级语文下册第 3 课《小青蛙》要求认识 12 个生字,会写 7 个生字。

一年级语文下册第 3 课《小青蛙》要求认识的字：12 个

清　晴　眼　睛　保　护　害　事　情　请　让　病

一年级语文下册第 3 课《小青蛙》要求会写的字：7 个

青　清　气　晴　情　请　生

其二，时间的差异。一些汉字在识字要求和写字要求的达成时间上存在先后差异，往往先要求认识该字，后要求会写该字（先认后写）。如统编版"鸣"字，在二年级语文上册中作为"认识"的字出现，在二年级语文下册中才以"会写"的字出现。故识写分流又称为"多认少写""多识少写""先识后写"等。

低年级是儿童识记汉字的黄金时期，但是这一年龄段的儿童由于手部肌肉和神经发育不够完善，写起字来比较费劲。

识写分流策略的目的在于提高识字效率，使学生尽可能早地进入阅读阶段。

（二）识写分流策略的心理分析

识写分流中认识汉字所需要的心理过程是记忆中的再认，也称识别模块（pattern recognition），其实质是要求建立汉字形→音义的联系。写字所需要的心理过程是记忆中的回忆，尤其是表象回忆，其实质是建立义→形音的联系。识写分流是将掌握一个汉字需要建立的六种心理联系分解：先建立两种联系（形→音义的联系），即认识汉字，再建立剩下的四种联系，会写汉字。

人体肌肉存在大肌肉生长快于小肌肉，先躯干再到四周的生长规律。显然，学生手部肌肉的发展滞后于手臂肌肉的发展，握笔写字有困难。但写字是一种心因动作技能（笔画和笔顺是认知成分，抄写和默写是在一定认知指导下的技能操作），该技能的发展需要反复训练，即写字有助于动作技能的形成和熟练。

可见，识写分流策略可以使学生在单位时间内认识更多汉字，便于阅读，扩大阅读量。但是，识写分流策略有助于学生增加识字总量的结论存在概念混淆之嫌：识字总量只是达到认识汉字要求的总量，而不是会写汉字要求的总量。因为认识汉字只要求学生建立某个汉字的四种心理联系，所以认识的汉字数量增加的同时，质量（另两种联系未建立）也随之降低。

五、识字途径和识字量

（一）识字途径

语文课堂是学生学习识字的主要途径，但随着物质生活水平的提升，人们越来越追求精神文化生活的质量。家庭关注的核心更多地落在下一代身上，尽其所能在家庭生活中为孩子提供教育资源。因此，学生的识字途径几乎渗透到生活的每个空间。下面是南京一所小学对一年级某班 42 名学生识字途径的一次调查（见表 5 - 2 和表 5 - 3）。

表 5 - 2　学生识字途径统计表（对学生家长的调查）[1]

识字途径	父母教的	通过看课外书认识的	在幼儿园和学校环境中认识的	生活中无意识字			请教父母和其他人认识的	翻字典认识的	通过其他途径认识的
				在生活情境中认识的	借助某些物品认识的	借助影视媒体、磁带、报纸、广告等认识的			
所占比例	11%	18%	7%	16%	16%	18%	11%	1%	2%
					50%				

表 5 - 3　学生识字途径统计表（对学生的调查）[2]

识字途径	父母教的	通过看书和看报认识的	在幼儿园和学校环境中认识的	生活中无意识字			请教他人认识的	翻字典认识的	通过其他途径认识的
				在行动情境中认识的	借助某些物品认识的	借助光盘、磁带、报纸、广告等认识的			
所占比例	13%	16%	8%	17%	19%	21%	2%	2%	2%
					57%				

调查发现，在课堂和课本之外，还存在一个更丰富的识字资源——现代生活环境。学生识写分流的现实是存在的，如"肯德基"三个字，学生在生活中已经建立起形→音义的联系，虽然有些字的字义并非该汉字的本义，但至少有助于识字教学。因此，在日常生活中识字是一种可利用的识字途径。

---

①②　冯晔，等.社会也是课堂，生活也是老师[J].小学语文教师，2005(4)：85 - 90.

(二) 识字量

小学低年级识字量一直是个悬而未决的问题。新课程标准要求小学二年级末认识常用汉字 1 600 个左右,其中 800 个左右会写;到六年级末累计认识常用汉字 3 000 个左右,其中 2 500 个左右会写。识字量以何为据? 1956 年,美国心理学家米勒(George Miller)提出人的短时记忆容量可以作为一个依据。米勒认为,人的短时记忆容量为 7±2,其单位是组块,即最多为 9,最少为 5。组块是指人们生活中一个熟悉的记忆单位,它可以是一个数字、一个汉字、一个词语或短语,甚至一个句子。

米勒认为,工作记忆一次只可以处理几个项目。这种功能容量随年龄而变化。学前儿童一次可以处理 2 项信息,青春期前的儿童青少年可以处理 3~7 项信息,平均为 5 项。到青春期,个体的认知功能急速发展,记忆容量增加到 5~9 项,平均为 7 项。对大多数人来说,该记忆容量可以保持终身。

但是,可以通过组块加工增加工作记忆容量。组块加工就是将几个信息当作单一项目处理的过程。如果呈现一组无关的汉字"活、么、思、啊、生、意、是、多、有",你大约只能记住五六个。如果你根据知识经验将材料加以组织,重新排序后成为一句话"生活是多么有意思啊",你就能毫不费力地记住这九个字。这是因为,人的记忆以组块为单位,经过加工后九个字成为一个项目,就可以准确地记忆。米勒的量化数据是指 1 分钟之内的信息量。学生识字量过大会加重甚至超越学生的心理负荷。同时,识字量的大小对同一个班级的不同学生而言是有差异的。因为一旦学生能够分析比较新学汉字和已经掌握的汉字,进行字形组块加工,量就变小了,而有的学生不能进行字形组块加工,量就不会发生变化。因此,小学生识字量的调查应具有代表性。

第六章

阅读心理与教学

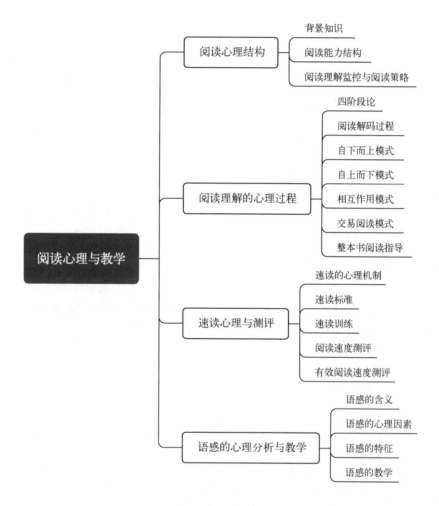

阅读心理与教学

- 阅读心理结构
  - 背景知识
  - 阅读能力结构
  - 阅读理解监控与阅读策略
- 阅读理解的心理过程
  - 四阶段论
  - 阅读解码过程
  - 自下而上模式
  - 自上而下模式
  - 相互作用模式
  - 交易阅读模式
  - 整本书阅读指导
- 速读心理与测评
  - 速读的心理机制
  - 速读标准
  - 速读训练
  - 阅读速度测评
  - 有效阅读速度测评
- 语感的心理分析与教学
  - 语感的含义
  - 语感的心理因素
  - 语感的特征
  - 语感的教学

"阅读是从课文中提取意义的过程。"这是 1975 年吉布森(E. J. Gibson)等提出的阅读定义,因具有一定的综合性而被许多人接受。他们提出,学生从课文中提取意义,需要把书写符号译码为声音;具有相应的心理词典,可以从语义记忆中获得书写词的意义;能够整合这些词的意义。

格雷布(W. Grabe)认为,有效的阅读需要具备自动认字技能,词汇与语言结构知识,语篇结构知识,社会与文化背景知识,分析、综合与评价技能和策略,监控阅读的元认知知识与技能六个必要条件。

第一节　阅读心理结构

有关阅读心理结构的研究并不丰富,这里仅从背景知识、阅读能力结构、阅读理解监控与阅读策略等方面探讨阅读心理结构。

一、背景知识

阅读背景知识是指人脑中有助于学习的心理储备,它是理解阅读材料的首要条件。学生若缺乏相应的背景知识,阅读则只能达到知觉水平,而不能达到理解水平。背景知识可分为心理词典(mental dictionary)和图式(schema)两类。

(一) 心理词典

1. 相关概念

这里涉及一系列心理学概念,如知觉水平、阈限、结构。知觉水平指人脑对直接作用于感觉器官的事物的整体反应(表面特征、外部联系)。阈限就是数值。如个体的感觉阈限可以表述为,当在 100 克物体上加 1 克,个体感觉不出重量的变化,若加 3~4 克,个体就能感觉出来。那么,3~4 克这个数值就是重量差别的感觉阈限。结构指系统内各组成要素在空间或时间上的有机联系与相互作用的方式和顺序。

每一个学会语言和阅读的人都具有心理词典。心理词典由许多词条组成,各个词条具有不同的阈限。当词条的激活超过其阈限时,就会被认知。词条的认知是对阅读材料中字、词的译码,也就是在心理词典中找到与这个词条相对应的词条,并使它的激活达到一定水平。

2. 心理词典的差异

每个学生都有一本心理词典,在阅读活动中,学生对阅读材料的理解首先是对文字符号进行译码,即要在心理词典中找到相对应的词条,并使其处于激活水平。学生个体的心理词典的差异表现在心理词典的容量和译码自动化水平两个方面。如果心理词典中没有关于这个词条的信息,提取就会失败,从而无法完成译码。译码自动化水平是影响阅读水平和阅读思维的重要因素,它决定了译码过程的速度。常见的阅读能力强的人译码的自动化程度高,即能够迅速地识别词条。阅读能力差的人译码的自动化程度低,加工单词、句子的时间长,对阅读材料的整体理解与把握就会受阻。因为个体对信息的加工是在短时记忆或工作记忆中完成的,在加工不同信息单元时,需要分配一定的心理资源给该单元。但是,人的心理资源是有限的,即心理容量是有限的。在阅读时,由于词的译码过程太长,所需心理资源过多,则加工其他信息的心理资源就会变少,同样用于信息整合的心理资源也会相应变少,因此译码不畅就影响了阅读的信息加工过程与信息整合过程。

阅读教学的理想状态是,学生的心理词典中具备相关词条的信息,同时对这些词的提取过程能达到自动化程度。这样,当学生接触文字符号的刺激时,储存在心理词典中有关该词条的信息可以立即激活、运用。学生也有足够的心理资源将词条的信息与其他信息整合起来,从而很好地理解词条。

3. 译码自动化的三个阶段

译码自动化的形成需要经历非准确阶段、准确阶段和自动化阶段。处于非准确阶段的学生在单词识别上会出现错误。处于准确阶段的学生能够正确识别单词,但仍需要加以注意才能完成,即必须对单词进行有意识提取才能做到正确识别。处于自动化阶段的学生不需要注意就能自动识别单词。

案　例

狡猾的眼光

初三期中考试有一道课外现代文阅读题,要求学生阅读《我的老师》,理解"我用儿童狡猾的眼光察觉,她爱我们,并没有存心要打的意思"中"狡猾"一词的含义。初三(2)班除了语文课代表理解正确,其他同学都没得分。

课代表在读完文章和题目时,"狡猾"这个词作为新的文字材料信息激活了他长时记忆中储存的"狡猾"这一心理词条:"狡猾"的本意是"狡诈""圆滑",是贬义词。这从感情色彩的角度看显然与原文的意义不相吻合。但课代表具备词语的感情色彩活用的知识,便主动建构"狡猾"是贬义词褒用这一意义。于是,他获得准确的语义信息,自觉理解"狡猾"一词的准确含义:"狡猾"一词体现了学生的淘气、机灵,表现了学生对老师的爱戴、理解。

有的学生心理词典中有"狡猾"这个词条,而且将所学的"狡猾"的词义知识与贬义词等结合起来储存,并加以细化、组织,提取时迅速、自动化水平高。但是,由于缺乏词语感情色彩活用的知识,虽成功提取信息,但无法理解句中的含义。还有的学生虽心理词典中具有该词条,但仍提取失败。这往往与该生词条存储方式密切相关。因为他们对知识的存储只是零碎的、机械性的堆积,所以临场提取时,就像是在杂乱无章的心理词典中"大海捞针",解码速度大大降低。也不排除有的学生的心理词典中没有"狡猾"这一词条,他也无法回答此题。

(二) 图式

1. 概念界定

图式就是人脑中关于普通事件、客体与情景的一般知识。认知心理学家鲁墨哈特(David E. Rumelhart)认为,所有知识都被安排在人脑一定的单元中,这些单元就是图式,它是相关知识的一种组合。除了包含知识本身怎样表征,图式还包括这些知识如何得到运用的信息,因此兼有陈述性知识和程序性知识。

初生的婴儿无论碰到什么物体,都会产生吮吸的反射,这说明婴儿在此时具有吮吸的图式。以后在适应环境的过程中,图式不断变化并复杂化。婴儿在吃奶时看到母亲的形象、听到母亲的声音、接触到母亲的怀抱等,因而从最初遗传而来的反射图式发展为多种图式的协调活动,儿童的心理水平也随之提高,随着年龄的增长和经验的丰富,图式的种类、数量和质量都有所提高。初生的婴儿只有极少数简单的图式,如吮吸、抓握、哭叫等。随着儿童的成长,图式的种类逐渐增加,内容也越来越丰富多彩,开始从简单的图式向复杂的图式发展。成年以后形成比较复杂的图式系统。图式系统构成人们的认知结构。

2. 图式与理解

图式是学生阅读背景知识中最重要的部分。学生对阅读材料的理解实质上就是在头脑中发现合适的图式,并运用这些图式解释阅读材料。如阅读议论文,学生运用议论文的图式——论点、论据和论证过程,来发现文章的观点、事实和论证过程,就容易理解内容。若一个小学生不知议论文体,只能用记叙文图式来阅读议论文,他很难理解作者表达的意图。

图式理论认为,学生阅读理解失败有图式缺失、图式遗忘和错误图式三个原因(见图 6-1)。

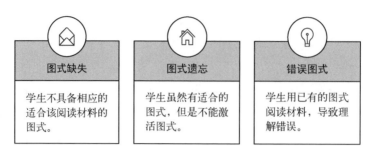

图 6 - 1　阅读理解失败的图式归因

（1）图式缺失

图式缺失就是学生不具备相应的适合该阅读材料的图式。由于学生在阅读过程中找不到合适的图式来解释阅读的材料，因此无法理解。这种情况实质上就是缺乏背景知识。

（2）图式遗忘

图式遗忘就是学生虽然具有适合该阅读材料的图式，但是材料提供的线索不能激活已有的图式，因此出现理解困难。

（3）错误图式

错误图式就是学生用已有的图式为阅读材料提供了一种解释，但这种理解不是作者所欲传达的，即理解错误。如上例中，小学生运用记叙文图式来阅读议论文，最终无法理解内容，就属于错误图式。

3. 图式与推论

图式不仅对阅读理解起关键作用，而且对阅读中的推理与学习起相当重要的作用。阅读理解实质上就是选择合适的图式去解释阅读材料的过程。由于图式中存在许多变量，而且变量间具有一定的约束关系，因而确定某个图式后，可从中获得许多阅读材料中不具备的信息。也就是说，在阅读理解过程中，通过图式可推论出许多信息。在一个实验中，阅读材料为有关毒蜘蛛的文章，被试均为阅读理解能力较好者，但他们有的对毒蜘蛛相当了解，即具备完整的有关毒蜘蛛的图式结构，有的被试则对毒蜘蛛知之甚少。结果在一些相当隐蔽的需要推理才能回答的问题上，前者的正确率几乎是后者的三倍。可见，选择与运用适当的图式，根据图式中变量间的相互制约关系推导出许多有用的信息并加以运用，可以大大提高学生的推理成绩。

4. 图式的差异

相关研究表明，学生拥有的阅读材料的图式不同，会影响阅读者对材料的学习策略。当学生具备适用于阅读材料的图式时,精加工提问策略是有效的。然而,当学生缺乏相应的图式时,采用表象法则能够提高学生的理解水平。相关研究还表明,学生已有图式的差异对于阅读理解和保持有很大影响。在用有关犹太教仪式与天主教仪式的文章去测试分别信奉犹太教和天主教的学生的研究发现,当信仰与阅读材料一致时,学生的阅读速度与保持水平远远高于不一致的情况,而且在推理测试中,学生在信仰与阅读材料一致的情况下比不一致的情况下效率更高、成绩更好。图式差异主要表现为图式的启动和运用的差异。

(1) 图式的启动

图式的启动存在两种情况:一种是自上而下,另一种是自下而上。前者是用顶层的图式知识来预测读物内容。如看到《孔乙己》,就从心理上唤起有关旧社会知识分子的图式,从而激活一系列如范进等人物的知识。后者指低层次的图式活动引起高层次的图式反应。当文章的信息与读者的图式知识吻合时,自上而下的模式可促进两者的同化;当文章的信息与读者的图式知识不吻合时,自下而上的模式发挥作用,帮助读者利用已有知识,选择合理的解释。一般情况下,阅读熟练者较多运用自上而下的模式,而阅读能力差的学生较多运用自下而上的模式。

(2) 图式的运用

在运用图式的过程中存在预期差异、补充差异和选择差异。

预期差异。在阅读中,当学生决定启动某一图式去理解阅读对象时,主要基于学生的感性信息,也源于心理图式的猜测、推断。阅读一篇文章时,学生通常借助前面的内容来猜测和预期后面的内容,阅读能力强的学生很善于捕捉一些信息并结合自己已有的图式,以对情节产生预期。阅读能力差的学生经常捕捉不到信息,即使捕捉到信息也因没有适合的图式而无法正确理解。例如,鲁迅的《秋夜》的开头:"在我的后园,可以看见墙外有两株树,一株是枣树,还有一株也是枣树。"当学生读到"一株是枣树"时会期待后面出现一株不同的树,但后文是"还有一株也是枣树"。对于这一信息,阅读能力不同的学生就有明显差异:阅读能力差的学生只会感到"既然两株都是枣树",直接写有"两株枣树"岂不简洁明了? 阅读能力强的学生在产生这一矛盾后继续思考,充分调用原有的有关语言重复的作用图式并找到答案:作者正是借这种单调、重复的语言形式来表达一种孤独、寂寞、无聊的情绪。对这一信息的理解又加速对后文内容的把握。

补充差异。在一般情况下,作者在文章中会省略一些信息,而学生能利用图式补充省略的信息。在阅读活动中常会出现学生虽然启动了相应的图式,并且该图式也发挥了一定的补充作用,但由于阅读经验不足,或者作者在文章中提供的线索不够明确,图式的补充作用难以充分发挥,导致学生感到文章晦涩难懂,或者肤浅地理解文章。例如,在鲁迅的小说《药》中,对于夏瑜的身份和投身革命的原因,作者没有给予明确的交代。许多学生在阅读时对此也不重视,只看文章的表面意思,浅尝辄止,因此对文章的理解往往很肤浅。但是,阅读经验丰富的学生可以借助文章中出现的线索以及图式的补充作用等找到这一问题的答案,从而深刻地理解文章。文章中出现的线索主要有:第一,阿义要向夏瑜"盘盘底细";第二,夏三爷、夏四奶奶的称呼以及夏瑜的名字;第三,夏瑜的母亲提着一个"破旧的朱漆圆篮"去上坟。

根据这些线索,学生的心理图式会通过分析、推论,从而补充以下隐含信息:第一,阿义向夏瑜盘底细,说明夏瑜有一定的来历和背景。第二,只有富贵人家的男子和妇人才可以称为"爷"和"奶奶",贫寒人家的男子及妇人则不这样称呼,"夏三爷""夏四奶奶"的称谓说明夏家乃富贵人家,而夏瑜的"瑜"字也暗示夏家是书香门第。第三,圆篮是极普通的日用品,"朱漆圆篮"则十分讲究,说明是有钱人家的日用品,但夏瑜的母亲所提的是"破旧的朱漆圆篮","破旧"二字意味着曾经富有的夏家现已败落。通过这些线索及补充信息,读者很容易得出:夏瑜出身于书香门第,但现已败落。学生也因此可以推断出,他受过良好的教育,比一般老百姓更有机会早接触新文化、新思想,因而能较早地投身革命。这种阅读能把作者隐含在字里行间的很多暗示都挖掘出来,从而较深刻地理解文章。

选择差异。心理图式是一种由主客观等复杂因素构成的认知结构,它的形成与学生的文化修养、生活经验、审美经验、艺术趣味、思想倾向等密切相关。对于同一事物,不同的学生会形成不同的图式结构,这就使图式对新的信息的选择也呈现出差异性。例如,鲁迅先生曾就《红楼梦》说过:《红楼梦》是中国许多人所知道,……单是命意,就因读者的眼光而有种种——经学家看见《易》,道学家看见淫,才子看见缠绵,革命家看见排满,流言家看见宫闱秘事。"在这里,我们不妨把读者的眼光理解为作者的心理图式,正是因为这种眼光不同,才使经学家、道学家、革命家、流言家从同一部作品中看见不同的东西。也就是说,他们从作品中选择并储存了不同的信息,这些信息符合他们各自的心理图式。同理,学生阅读的差异也因主体的选择取向差异而不同。

(三) 背景知识教学

安德森认为,只有已有知识与输入信息所表示的内容之间建立一种联系,读者才能不断调整自己的理解并知道自己是否读懂了。其中,安德森提到的"不断调整自己的理解并知道自己是否读懂了"指学生的阅读理解监控,而他提到的"已有知识"就是学生具有的背景知识。可见,阅读理解监控能力与一个人的背景知识有很大关系。阅读教学必须不断丰富学生各方面的知识,只有这样,学生才能将头脑中的已有知识与课文提供的信息建立联系,达到对阅读材料的深刻理解。从狭义范畴而言,这里的背景知识主要是现代白话文字、词、句等认知的积累,文言文字、词、句等认知的积累,篇、章、句、段背诵的积累,文体知识、文章学知识的积累,作家、作品知识和文学史知识的积累,文化常识、文化史知识的积累,语法、修辞知识的积累,写作知识的积累等。

1. 字词量的扩充和译码自动化训练

由于学生心理词典中是否具备相关词条的内容,以及词条信息的提取速度会影响阅读理解,因而在背景知识的教学中字词量的扩充和译码自动化训练显得尤为重要。尤其是学生初具阅读能力的时候,词汇量和译码自动化是影响阅读理解的重要因素。半个多世纪以来,语文课程试图解决识字与阅读矛盾的努力从未停止,如集中识字、注音识字、识写分流等。

2. 增加阅读训练

对拥有心理词典的学生而言,大量的字词训练对促进阅读理解的效果是有限的。有研究表明,对已有一定词汇量的学生进行机械的译码训练,并不能显著提高他们的阅读能力。应通过大量阅读,增加词汇量和提高阅读水平。有学者对高中学科竞赛获省或地区一等奖的 11 名高三学生(即超常组)和随机抽样所得的 47 名普通学生(即抽样组)进行统计分析,结果发现:超常组订阅或常看的报刊种数平均每人为 5.13 种,比抽样组的 3.45 种高出 48.7%,两组差异显著。把课外阅读情况划分为很少看、较少看、较常看、经常看四种,分别记为 1 分、2 分、3 分、4 分。在两组学生中,超常组学生平均分为 3.64,比抽样组学生高出 22.1%,差异也达到显著水平。将课外阅读对自己的帮助划分为四个等级水平,即很小、较小、较大、很大,分别记为 1 分、2 分、3 分、4 分,发现超常组平均分为 3.64,比抽样组的 2.98 分高出 22.1%,两组学生差异显著。超常组学生的有效阅读速度(速度×理解率)平均为 295 字/分,比抽样组的 200 字/分高出 47.5%,差异极为显著。通过上述分析可以看到,大量阅读对超常组的理解能力起到极大的推动作用。

究其原因,首先,随着接触的阅读材料增多,学生接触所学词汇的频率增大,从而提高了学生对所学词汇的熟悉性。阅读材料的增多与丰富,也可使学生接触大量不常用的字词。增加词汇量和提高对词汇的熟悉性,加快了对词汇的译码速度,从而有效地促进阅读理解。其次,大量阅读可以极大地丰富学生的图式,并使其精确化,这是扩大背景知识的主要方法。学生通过大量阅读接触各种不同题材和体裁的阅读材料,则是增加图式与引起图式分化和精确化的主要方式。阅读可以丰富学生的视野,增加学生对客观世界的认识,也就相应地增加了有关客观世界的图式。而且,图式具有很多变量,变量的不同可以使学生的图式更为具体与精确。最后,大量阅读可以使学生的认知结构发生重组,使相关知识内容的联系更紧密,知识的组织层次更有序、有效。

二、阅读能力结构

阅读能力是学生阅读心理结构的重要因素。从现有的研究成果来看,中外学者有关阅读能力的观点如表 6-1 所示。

表 6-1　阅读能力要素

学者的观点	内　　容
科林的八因素论:阅读能力结构应包括八个方面。	1. 词义。指认知脱离上下文的字词。 2. 词义(上下文)。指理解字词在特定上下文中的含义。 3. 字面理解。指不需要推断,仅根据字面意思就能作出反应的能力。 4. 推断(简单)。指从一个单句或词组中得出的推论。 5. 推断(综合)。指从许多句子和词组中获得信息从而作出的推断。 6. 隐喻。指理解一段不能作出字面解释的文字材料的意义。 7. 重点。指捕捉文章关键点的能力。 8. 估计。指斟酌了一篇文章的内容并将其与自己已有知识相对照之后作出评价或得出定论的能力。
法里德的七因素观:阅读能力组成有七种因素。	1. 了解陈述的事实与细节的能力。 2. 掌握主要思想的能力。 3. 理解事件或步骤的顺序的能力。 4. 作出推论、得出结论的能力。 5. 组织思想与关系的能力。 6. 运用阅读获得的知识去解决问题与检验假设的能力。 7. 评价的能力。
张志公的观点:阅读能力包括三个方面的因素。	1. 理解。 2. 记忆。 3. 速度。

我国学者莫雷运用活动—因素分析法,对中小学生语文能力展开研究。他提出,阅读能力结构分为三个阶段,各阶段能力构成因素不同。

(一) 小学六年级学生的阅读能力结构

莫雷认为,六年级学生的阅读能力结构包括以下六因素。

1. 语言解码能力

构成语言解码能力的分测验大多与词句的理解有关。阅读心理学研究表明,对词句的理解涉及一般的语言解码能力,语言解码能力与阅读广度有很高的相关。

2. 组织连贯能力

分析个别被试的出声表述可以发现,被试在完成这些作业时表现出一种对阅读材料的组织连贯特质。完成影响组织连贯能力的十个分测验,它们都包括对阅读材料的组织加工过程,组织的质量对完成分测验有重要影响。

3. 模式辨别能力

即对语言形式的把握能力,能否正确辨别材料的形式是能否顺利完成对该因素有较高负荷的分测验的关键。

4. 筛选储存能力

即对阅读信息的保持能力,但又不是简单的储存,而是需要对输入信息进行过滤。这种能力制约个体选择整理阅读材料的信息并加以储存的过程。

5. 语感能力

与阅读速度有关,它是充分利用概念驱动,最低限度地需要来自材料的信息而形成对阅读材料的大致印象的能力特质。

6. 阅读迁移能力

即将从阅读材料中获得的观点、原理、写作手法等运用到新的情境中的能力。

(二) 初中三年级学生的阅读能力结构

莫雷认为,初中三年级学生的阅读能力结构包括八个因素。

(1) 语言解码能力,即词句的理解能力。

(2) 组织连贯能力,即一种对阅读材料的组织连贯特质。

(3) 模式辨别能力,即把握语言形式的能力,以及正确辨别材料的形式的能力。

(4) 筛选储存能力,即对阅读信息的保持能力,但又不是简单的储存,而是需要对输入信息进行过滤。

（5）阅读概括能力，即对文章主题、段意等方面的理解，主要是对具体材料的观点或主要内容的概括过程。

（6）评价能力，即按照一定的标准或准则对材料的各个方面作出评判的能力，其分测验涉及对句子正确性的判断。

（7）语感能力，即充分利用概念驱动，最低限度地需要来自材料的信息而形成对阅读材料的大致印象的能力特质。

（8）阅读迁移能力，即将从阅读材料中获得的观点、原理、写作手法等运用到新的情境中的能力。

（三）高中三年级学生的阅读能力结构

莫雷认为，高中三年级学生的阅读能力结构包括十个因素。

（1）语言解码能力，即词句的理解能力。

（2）组织连贯能力，即一种对阅读材料的组织连贯特质。

（3）语义情境推断能力，即根据文章的语义情境，包括上下文关系、有关的意义等，对所要理解的句子作出推断进而把握的能力。

（4）词义理解能力，它不同于一般的语言解码能力，而表现为个体掌握词义的广度与深度。

（5）模式辨别能力，即对语言形式的把握能力，以及正确辨别材料的形式的能力。

（6）筛选储存能力，即对阅读信息的保持能力，但又不是简单的储存，需要对输入信息进行过滤。

（7）阅读概括能力，即对文章主题、段意等方面的理解，主要是对具体材料的观点或主要内容的概括过程。

（8）评价能力，即按照一定的标准或准则对材料的各个方面作出评判的能力，其分测验涉及对句子正确性的判断。

（9）语感能力，即充分利用概念驱动，最低限度地需要来自材料的信息而形成对阅读材料的大致印象的能力特质。

（10）阅读迁移能力，即将从阅读材料中获得的观点、原理、写作手法等运用到新的情境中的能力。

（四）PISA、PIRLS 阅读能力

2000 年，经济合作与发展组织首次在全球开展国际学生评估项目（Program

for International Student Assessment，PISA)。作为各国教育体制指标项目的组成部分,国际学生评估项目为全球 15 岁(初三)学生在阅读素养、数学素养和科学素养三个方面提供了一个量化的事实论据和无形的教育竞技场。国际小学生阅读素养评估始于 2001 年,全称是"国际阅读能力发展研究"(Progress in International Reading Literacy Study，PIRLS),是由国际教育成就评估协会主办的一项全球性阅读素养测试。每五年进行一次,是目前世界上唯一针对 9 岁儿童(小学四年级)阅读素养的跨国界、跨文化的比较研究。

1. 阅读素养的含义

国际学生评估项目和国际阅读能力发展研究旨在评估各国学生在阅读方面的知识、能力和技巧,并通过国际比较找出造成学生能力差异的经济、社会和教育因素,从而进一步为各国改善自身的教育体制提供必要的参考指标和数据。

国际学生评估项目和国际阅读能力发展研究认为,所谓的阅读素养就是"阅读者通过理解、应用、评价、反思文本以及沟通,实现自己的目标、增进知识、发挥潜能、参与社会活动的能力"。从该定义以及整个评估内容来分析,两者的阅读素养评估框架主要基于认知心理学原理设计。这一视角的阅读能力强调互动性的阅读本质与建构性的理解本质,认为学生利用已有的知识和社会文化,借助文字和情境线索对阅读内容产生意义。在建构意义的过程中,每个学生运用不同的程序、技能、策略来强化、监督与维持对内容的理解,这个过程与策略会随着不同的阅读情境、目的和内容有所变化。在国际学生评估项目和国际阅读能力发展研究阅读试卷中借助选择题、开放性的简答题,获得学生对文章内容、观点和表达形式的看法;整合文章各处的语段信息,甚至整合两个文本(图表)信息作出推论;整合文本信息,判断重新设置的生活情境并提出自己的看法。这三类高频率出现的试题,目的在于获取学生根据作者、创作环境、表达手法而对文章进行的释义。学生对文章的释义受到各自经验背景、知识结构的影响,进而影响各自的阅读理解水平。因此,国际学生评估项目和国际阅读能力发展研究的阅读评估充分体现了认知心理学的阅读和理解观。

2. 阅读素养构成要素

2006 年,国际学生评估项目提出学生阅读纸质文本和电子文本的能力包括五个方面,这五个方面也反映了学生阅读理解的心理发展历程(见图 6-2)。

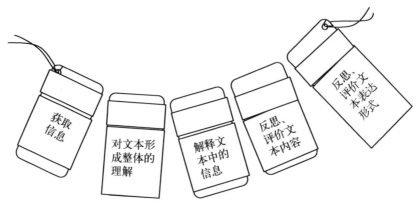

图 6 - 2　阅读素养构成要素

获取信息(retrieve information)。要求学生从文本中找出相关信息,如事件的主角,事件发生的时间、地点、背景,文本的主题、观点。

对文本形成整体的理解(form a broad general understanding)。要求学生形成对文本的整体感知和理解,如通过标题确认文本的主题、写作大意,解释说明顺序,明确图表的数据范围、用途,描述故事的主角、背景和环境等。

解释文本中的信息(develop an interpretation)。要求学生全面阅读文章,联系各个部分的相关信息,对文本进行逻辑上的理解。比较、对比文章(图表)信息,联系文章(图表)中的相关信息,推论作者的意图,列举相关证据,作出结论等。

反思、评价文本内容(reflect on and evaluate content of a text)。要求学生提取已有的知识,建构对文本的深层理解。评价文本的观点,并辅以相关的证据。

反思、评价文本表达形式(reflect on and evaluate the form of a text)。要求学生反思、评价文本的形式特点,如评价文本的结构、类型、语言特点。评鉴作者的写作风格,以及语言运用的细微差异,如某个形容词的选用对表达效果的作用。

国际学生评估项目预设,各国 15 岁学生大多已经具备基本阅读技能,因此内容应侧重 15 岁的学生是否具备"为学习而阅读"(reading for learning)的阅读知识和技能。国际阅读能力发展研究界定,9 岁儿童处于从"学会阅读"阶段过渡到"从阅读中学习"阶段。评估不单独测试学生拼读单词、理解词语、认读文章的低层次能力,侧重检测学生的阅读理解能力与批判性思维能力。

三、阅读理解监控与阅读策略

阅读理解监控是指,阅读者在阅读过程中不断评价阅读过程以获得阅读活动质量的信息,找出阅读偏差并适时加以调整,选用适当策略,以保证有效完成学习任务。认知阅读心理学家认为,阅读理解监控的作用在于保证学生有效地达到自己的阅读目标。有研究表明,学生监控水平与理解水平呈正相关。

(一)阅读理解监控与阅读策略的成分

阅读理解监控与阅读策略实质上就是元认知对阅读的影响作用,具体包括设定目标、选择策略、检验目标和作出补救四种成分。

1. 设定目标和选择策略

设定目标和选择策略指学生是否了解明显或暗含的阅读任务要求,是否意识到要使用阅读策略,并能够根据阅读的文章、自己的认知特点积极选择策略,是否能够评价采用的策略。认知心理学家指出,对熟练的阅读者来说,监控在开始阅读时便已出现并贯穿整个阅读过程。阅读开始时,他们会自动为自己设置一些特定目标并采取相应的对策。举例而言,假如他们为自己设置的目标是找到某一特定信息,那么相应的策略是搜索与该信息有关的关键词。假如目标是要了解某篇文章的大致内容,那么相应的策略是浏览它的各级标题。

心理学家结合阅读提出四条帮助学生提高理解水平的监控策略。第一,变化阅读速度。对于比较容易的章节读快点儿,抓住作者的整体观点,对于较难的章节则要放慢速度。第二,终止判断。如果某些内容未读懂,应继续读下去,作者可能会在后文填补这一空缺,增加更多信息,或在下文有明确说明,或有例证补充。第三,猜测。养成猜测的习惯,当所读的内容不太清楚时,应猜测其含义,并继续往下读,了解自己的猜测是否正确。第四,重读较难段落,当信息自相矛盾或含糊不清更应该如此。

2. 检验目标和作出补救

检验目标和作出补救指学生能否判断理解与否,能否运用自我提问等方法检验阅读任务;监测到阅读失败后,学生是否知道需要做什么,包括需要采取什么策略。正常的阅读过程常会有中断,这既可能是因为遇到了多义的字词,需要通过重读上下文来提取适当的词义,也可能是因为要对上下文进行整合、概括或提炼,以明确文章的逻辑关联,或者构思细节。当然,由于未把握全文的总体结构,或尚不清楚文中提出的新观念,因此在阅读之后重读全文或有关语段也是常有的事。伴随着阅读进程的中断、对新词义的重新提取,以及对上下文乃至全文的重读,阅读者不断自问原定目标是否已经达到,并采取相应的补救措施。由于阅读者制定的目标和本身具备的知识背景各不相同,因此阅读过程的中断或重读也各不相同。但熟练的阅读者总是善于提出问题并在发现缺失时采取相应的补救行动,表现出良好的理解监控能力。

(二) 阅读理解监控与阅读策略的差异

1. 设定目标和选择策略的差异

不同的阅读者对阅读目的的认识不同。例如,郭沫若博览古今名著,自认为读书有五种目的:为学习而读书,为研究而读书,为创作而读书,为娱乐而读书,为教育而读书。正是因为有明确的阅读目的,他才成为一名学者和大家。阅读能力差的学生经常意识不到阅读的一般目的和阅读任务的特殊意义,他们只是把阅读作为一种译码的过程,而不是把它作为一个获得意义的过程。

不同的阅读者在阅读策略上也存在差异。阅读能力强的学生阅读策略更丰富、更有效、更灵活。例如,阅读中不理解整个句子的意思时,阅读能力强的学生既可能采取再读一遍的策略,也可能采用思考以下段落中其他句子的策略,而阅读能力差的同学除了重读之外很少采用别的策略。

2. 检验目标和作出补救的差异

检验目标和作出补救的差异表现在,阅读能力强的学生在阅读过程中能够及时意识到出现的问题和困难,并且能主动地注意它,想办法解决它。阅读能力差的学生很少发现问题,但这并不意味着他们没有问题,导致他们的问题不断积累。在作出补救措施方面也存在较大差异,阅读能力强的学生遇到混乱时会采取积极的补救措施,如重读、查字典,还会试图通过一系列的对比、演绎和校正,把科学和技术的词语翻译成具体的事例,从而阐明难以理解的描述。阅读能力差的学生遇到不能理解的概念和词语时,很少采取补救措施。有研究表明,阅读能力差的学生既不能发现问题,也不能提出相应的补救措施;阅读能力中等的学生能认识到理解中存在的问题,但不知道如何加以处置;阅读能力强的学生能认识理解中有的问题,也知道如何作补救。

(三) 阅读理解监控与阅读策略学习

1. 提出明确且适度的阅读目标

许多研究表明,不少阅读能力差的学生之所以不能有效地阅读或阅读效率不高,往往是因为他们在阅读时缺乏内在的阅读目标意识。因此,教师要帮助学生在阅读前设置明确的目标,这样他们才能准确地把握阅读的任务,明确阅读的特点、要求以及达到要求的程度,学生的注意力才会放到与任务有关的内容上来,抓住文章的重点。同时,教师在帮助学生预设目标时要根据学生的实际水平,目标的难度要适中,能让阅读能力差的学生经过一定努力尝到成功的喜悦。

2. 教师示范阅读理解监控过程

阅读理解监控过程是阅读者在阅读过程中的心理活动过程,虽与具体的或特定的阅读活动相联系,但人们往往难以观察到,这给教师的指导工作带来困难。要使学生对阅读理解监控过程有感性的认识,教师必须示范阅读理解监控过程,把这个过程中不能直接观察的心理活动清楚地展现在学生面前,给学生提供范例。如教师先指定一段课文,与学生一起默读,并假设自己的理解遇到困难时怎样思考,怎样采取措施,同时用语言将思维的过程展示给学生。教师甚至可以假设自己的理解遇到困难,请学生帮助自己思考并采取措施,促进师生间的互动。这种阅读教学对发展学生的阅读理解监控能力有极大的促进作用。

3. 引导学生采用自我提问策略

自我提问策略能不断促进学生自我反省,从而提高阅读理解监控能力。柯林斯等人认为,许多时候阅读理解失败实际是由于不能提出适当的问题。阅读能力差的学生往往不善于发现问题,提出问题。因此,教师要帮助他们针对阅读目的和课文的重要部分提出需要理解课文后才能正确回答的问题。

【专栏6-1】 +·+

文学作品的心理特征

文学作品既是一种文化存在,也是一种心理存在。它是在一定的文化生态中用特定语言符号表示人类个体与群体心理的审美文本。我们需要分析不同类型文学作品的心理特征,并且涉及文学作品中的心理时空、心理逻辑等具有整体性的问题。

一、不同类型文学作品的心理特征

1. 从作品的表达方式来看,抒情性作品与叙事性作品有不同的心理特征。如我们可以分析抒情诗《离骚》的情感节奏，分析《春江花月夜》的审美意境，分析《草叶集》的抒情心理。叙事性作品的心理特征则与之不同，我们可以分析《水浒传》中的人物性格，分析《巴黎圣母院》的情节发展，分析《百年孤独》的魔幻结构来透视其心理特征。

2. 从作品中冲突的性质来区分，悲剧性作品与喜剧性作品各有不同的心理特征。如我们可以分析悲剧《被缚的普罗米修斯》的崇高感，分析《奥赛罗》的净化作用，其心理特征显然不同于《伪君子》或《钦差大臣》等喜剧作品表现的错位心理。

3. 从作品中心理活动的表现来看，荣格将文学作品分为心理型作品与幻觉型作品两类。将诗意体验的精神生活、内心情感、悲哀与欢乐通过心理描写表现出来，并使读者明显意识到文学作品属于心理型作品。如托尔斯泰的《安娜·卡列尼娜》。幻觉型作品是指来源于无意识深处潜在意象的涌现，而不自觉地创造出来的文学作品。这类作品本身有着令人惊叹的丰富性，甚至超越了作家而使他自己也无法解释，因此需要心理学家来解释。例如，弗洛伊德对索福克勒斯的《俄狄浦斯王》、莎士比亚的《哈姆雷特》、陀思妥耶夫斯基的《卡拉马佐夫兄弟》进行了挖掘分析，提出独特的见解。

二、心理时空

文学作品心理特征的一个方面是心理上的时间、空间，合称心理时空。

（一）心理时间

心理时间是作家通过想象对物理时间重新锻造的结果。具体包括：

1. 对时序的重新锻造。过去——现在——将来，这是物理时间的严格顺序。作家的创作重新处理了自然时序。谌容的小说《减去十岁》，写老年人回到中年，中年妇女成了年轻女郎。自然时序的"过去——现在"变成"现在——过去"，时间之河倒流了。

2. 时差的设置。地球的自转和公转引起的自然界的变化给人类带来时间观念，人们形成统一的计时系统。在文学作品中，作家设置了时差：陶渊明的《桃花源记》中，晋代渔人迷入桃源，竟然与"不知有汉，无论魏晋"的人相遇。

3. 对时值的重新锻造。时值是时间的长短。从物理时间看，1小时是60分钟，这是客观时值。个体对时值的感知带有主观性。一日三秋、光阴似箭，就是主观感觉中的时值。

（二）心理空间

刘禹锡在《浪淘沙·九曲黄河万里沙》中写道："九曲黄河万里沙,浪淘风簸自天涯。如今直上银河去,同到牵牛织女家。"这首绝句中黄河倾泻而下,万里黄沙经受了浪涛的冲洗和狂风的波荡,从天涯一直来到这里。逆流而上,可以到银河中的牛郎织女家做客。这就是文学作品表现的空间,它固然是物理空间的反映,但是心灵的创造使得作品中的空间具有完全不同于物理空间的性质,我们称之为"心理空间"。

三、心理逻辑

作家创作往往因为有某种不能抑制的情感要抒发,有某种不能实现的愿望要倾诉,有某种哲理要昭于世。为适应表现主观情思的需要,形象的组合就不能完全按客观生活的秩序,必须遵循心理逻辑。文学作品自有情感逻辑、意愿逻辑和智慧逻辑。

1. 情感逻辑

人的情感具有巨大的力量。情感到了极点可以出生入死,起死回生。这固然是夸张的表现,但读者遵循情感的规律是完全可以接受的。因此,《窦娥冤》中主人公满腔怨愤激起六月飞雪、三年不雨,读者并不感到荒唐,因为这合乎情感逻辑。

2. 意愿逻辑

人们在生活中有诸多实现不了的愿望,文学便给予替代性的满足。如荒诞川剧《潘金莲》,写的是中国古代女子的命运,作者却让施耐庵、贾宝玉、安娜·卡列尼娜、武则天、七品芝麻官、红娘、吕莎莎、人民法庭庭长、现代阿飞等古今中外各类人物跨越时间和空间,进入"戏"中与剧中人物交流情感,或跳出"戏"外思辨争议。以生活为参照,这个剧是何等荒诞,但赢得了观众的喝彩。

3. 智慧逻辑

作家以独具的慧眼发现并顿悟一种生活哲理,必须用有哲理的逻辑将形象组织起来。陆文夫的短篇小说《围墙》就是这类作品:与述而不作的专家相对立的是雷厉风行的马而立,一次学术年会又将议论家们前后不一的嘴脸作了鲜明对照。特殊的组合昭示生活的哲理:空谈的可憎面目和不劳而获的占有性质,偏见的视而不见的特性,习惯的可怕固着力和反作用力。

（摘编自:钱谷融,鲁枢元.文学心理学[M].上海:华东师范大学出版社,2003:286-301.）

第二节 阅读理解的心理过程

现代认知心理学认为,作为一种客体,阅读材料负载着作者显露或隐藏的见解和意愿而影响读者这一主体,与此同时,主体又在不断地利用自己的经验积累去顺应、同化或逆反客体负载的信息。阅读就是主客体之间不断相互作用的过程。

有关学生阅读心理过程的研究包括针对阅读全过程的四阶段论、阅读解码过程,以及针对阅读理解阶段的多种心理运行理论模式——拉伯格等人的自下而上模式(bottom-up model)、古德曼的自上而下模式(top-down model)、鲁墨哈特的相互作用模式(interactive model)、罗森布拉特的交易阅读模式。

一、四阶段论

美国阅读心理学家史密斯(Frank Smith)在《阅读中理解的多样性》一文中,将阅读心理过程分为字面理解、解释、批判性阅读和创造性阅读四个层次。

(一) 四个层次

字面理解,即获得阅读内容中一个词、一种观点或一个句子的最初的、直接的字面意义。

解释,不是直接照搬阅读内容,而是进行概括、比较,从而发现潜在的意义。

批判性阅读,即对阅读内容作出个人的反应与判断。

创造性阅读,即发表超越阅读内容的新思想。

(二) 四个阶段

我们可以相应地将阅读理解的心理过程大致分为感知阶段、理解阶段、表达阶段、鉴赏评价阶段(见图 6 - 3)。这四个阶段是逐步发展和深入的,表明读者的阅读水平不断提高。

图 6 - 3 阅读理解的心理过程的四个阶段

1. 感知阶段

该阶段学生面对由语言文字代表的一定意义符号,经过转换补充把抽象的内容转换为具体的内容,把间接的内容补充为直接的内容,实现和完成对这种外部言语的真正理解。从本质上说,阅读感知是包含强烈理解色彩的间接感知。格式塔心理学认为,人类的学习不是对个别刺激作个别反应,而是对学习对象作出整体反应,即一种整体性的把握。

2. 理解阶段

该阶段学生调动已有的知识经验,转化文字符号,领悟作者透过作品传递出的立场观点、思想感情、见闻想象等思维活动。

现代认知心理学认为,个体在阅读中会形成各种思维组块,思维组块汇成有效的认知结构。面临解决问题时,个体就在已有的认知结构中寻找并检索与解决问题有关的思维组块,借以分析、对照、推理,实现知识的沟通与运用,促进问题解决。现代语言学、符号学和语言心理学研究认为,对语句意义的理解一般包含三重意义:一是字面意义,即词语的通常含义和正常语法体现出来的意义;二是文体意义,即借助语句采用的修辞手法而产生的某种特定意义;三是情境意义,即借助语句出现的情境而隐含的某种深层意义。阅读理解的任务是分别在上述层面上对文字或语句进行释义。由于学生立场观点不同、思想感情不同、知识经验不同,因此会对同一语句与作品有不同的理解,产生不同的态度。

3. 表达阶段

该阶段运用语言将阅读理解的成果加以外现与表达。从语言心理学的角度看,阅读活动是从看到的言语向说出的言语(大声或无声)的过渡。当学生对阅读内容有新的理解后,就会产生一种表述自己内心感受的愿望。阅读表达活动是学生从视觉的言语符号向口头言语或书面言语的过渡,从内部言语向外部言语的过渡。

积极阅读要求学生在主动探求文章蕴含的各种意义,不断评价、怀疑和预测,不断提出问题,作出自己的判断的基础上,运用自己的语言来发表自己的见解。

4. 鉴赏评价阶段

该阶段学生在理解的基础上对文章的思想观点、语言文字、风格特点等进行鉴别、赏析和评价,独立提出自己的见解。

二、阅读解码过程

认知教学心理学家将阅读分解为解码子过程、字面性理解子过程、推理性理解子过程和理解监控子过程(见图 6 - 4)。该理论的某些解释可能更适合拼音文字。

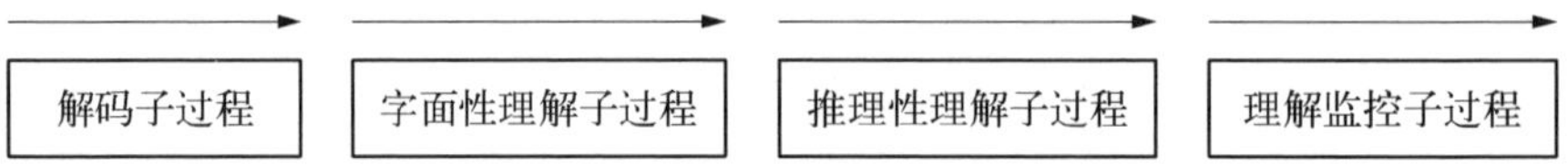

| 解码子过程 | 字面性理解子过程 | 推理性理解子过程 | 理解监控子过程 |

图 6 - 4　阅读解码过程

(一) 解码子过程

解码子过程指读者揭示书面文字的代码,并了解其意义的过程。认知阅读心理学家埃里(Linnea C. Ehri)认为,解码子过程存在匹配、再编码两种形式。

匹配(matching)。将词语的视觉输入与学生已有的有关该词语的视听形象匹配,从而激活学生长时记忆中已储存的该词语的词义。贾斯特(Marcel Adam Just)和卡彭特(Patricia A. Carpenter)认为,匹配过程随学生阅读能力的获得而发展。最初,学生还不具备一目了然性的词汇,匹配过程仅在字母或构成字母的特征(如直线、圆形)的水平上运作。随着阅读能力的获得,这种知觉单元的规模逐渐增大至多个字母或音节,最终在整个词的水平上发生作用。

再编码(recoding)。学生遇到某个生词或过长的词时,先尝试发出读音,再根据读音来激活自己长时记忆中的词义。认知心理学家设想,这个过程会经历四个步骤:第一,将生词或过长的词分成若干音节;第二,发出各个音节的语音;第三,连贯读出这些语音;第四,以连贯的语音激活长时记忆中的词义。

(二) 字面性理解子过程

字面性理解子过程指读者掌握词语在当前语境中的确切意义。该过程可分解为词义提取和语法分析两个步骤。

词义提取(lexical access)。指从被知觉激活的所有词义中挑选出某词在当前上下文语境中最适当的含义。如学生阅读理解"绿林好汉"一词中"绿林"的含义,他可能激活"绿"字的两种读音:lǜ 和 lù。绿(lǜ)是名词,表示一种颜色,或作动词表示变成绿色。绿(lù)林的意思和上下文语境"好汉"不符。绿(lù)林好汉的意思指反抗官府或抢劫财物的集团,与上下文语境相符,从而获得适宜的词义。可见,词义提取是对学生获得个别词义的确切理解。

语法分析(parsing)。指读者根据某一语法规则,对阅读材料作出结构上的分析,以便形成更大的语言单元的意义。这是学生获得为理解句子所需的词之间关系的信息的过程。如学生阅读唐朝王维《使至塞上》的"大漠孤烟直,长河落日圆"诗句,按照句子的语法分析得出"直"在此不能做形容词,而是做动词,意为"无风笔直上升",整句意为苍茫的沙漠里,升起一缕长长的云烟,直长孤单。

通过词义提取过程,读者获得对个别词义的确切理解;通过语法分析过程,读者获得为理解句子所需的词之间关系的信息。读者未获得对个别词义的确切理解,语法分析过程仍可进行,但获得的理解并不完整。同样,若读者不能对句子作语法分析,获得的理解也并不完整。在字面性理解子过程中,两者必须相互作用。

(三) 推理性理解子过程

推理性理解子过程指读者超越文章阐述的信息,达到更加深入、广泛的理解。该过程可分解为整合、概括、精致等子过程。

整合(integration)。对文中的观念获得更加连贯的表征。通常是将复杂句之间、语段之间出现的两个甚至更多观念联系在一起。如上例"大漠孤烟直,长河落日圆"两句,学生理解它们都是描写大漠黄昏的景观。

概括(summarization)。指读者形成一种表达文章主要思想的总体结构或宏观结构。相当于读者心中形成一篇文章的提纲,通过一系列有层次、有组织的命题来捕捉文中的主要观念。如上例学生结合整首诗理解,作者把自己孤寂的情绪巧妙地融入广阔的自然景象的描绘中。

精致(elaboration)。指读者将先前的知识与现在要理解的信息联系起来,对当前的意义表征进行增加、补充甚至引申。如上例中学生结合自己去敦煌旅行的所见理解诗句的意境,学生曾看到敦煌莫高窟外沙漠中有一隆起的沙堆,掩埋着一位考古工作者的遗体。了无边际的沙漠上一座孤坟守护着艺术的宫殿,那场景似和诗句的意境极其相似。认知心理学家提出,精致有四种形式:举出文中提及的一般内容的实例;延续文中提及的内容;补充文中提及的细节;提出与文中相似的对象、情境或情形。

(四) 理解监控子过程

理解监控子过程指学生通过制定自己的目标、调用自己的认知资源,以有效地达成阅读目标。对阅读能力强的学生而言,理解监控在开始阅读时已经出现,并贯穿于阅读过程的始终。

脑科学研究者运用脑成像技术获得了大脑阅读时的清晰的加工过程:单词(例如"dog")首先被记录在视觉皮层,然后在左半球的角回处进行解码,在那里被分解为基本的声音或音素。这个过程激活了布洛卡区,单词被识别出来。脑内的词汇存储、思维推理和概念形成的能力与韦尼克区的激活相结合,产生单词的意义,形成一个"有毛的会叫的动物"的概念。所有这些加工过程在头脑中发生的时间都只不过是一瞬间。图 6-5 显示的加工概况看上去是线性且单一的,但实际上,它是双相并行的过程,在同一时间会进行许多音素的加工。

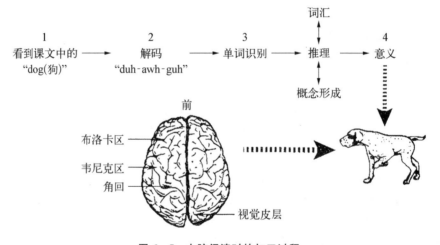

图 6-5　大脑阅读时的加工过程

认知心理学家认为,学生阅读期间工作记忆中的表征随出现的子过程而变化,这种变动为学生的目的与原有的技能所制约,呈现多样性。在阅读时,究竟出现何种过程,又以怎样的顺序出现,无法预先确定。有些学生甚至可以很快跳过其中某些子过程。

三、自下而上模式

拉伯格(David LaBerge)和塞缪尔斯(S. Jay Samuels)提出的自下而上模式又称为材料驱动模型(data-driven model)。该模式认为,阅读理解过程经历了由低级到高级的一系列信息处理过程。

(一) 模式特点

自下而上模式看重解码过程,认为当一个人阅读时,眼睛看到文字符号,脑子将符号转换成意义存储起来,需要信息时提取出来使用。假设学生阅读过程始于最小单位——汉字的笔画,由字组合成词再组合成句子,从而理解阅读内容,即阅读从字词的解码开始一直到获取意义。

这种模式与我们汉字的初始阅读经验相符。我国低年级儿童开始学习阅读基本上也是采用这种模式,即由字组合成词再组合成句子,从而理解阅读内容。例如,一年级学生阅读"小公鸡和小鸭子一块儿出去玩"。这个句子不仅要辨认出"小、公、鸡、和、小、鸭、子"等一个个字(多数要通过朗读把文字转化为语音),而且要在头脑中将一个个字迅速组合成"小公鸡、和、小鸭子"等词语。因为有口语和生活经验作为基础,他们能迅速作出反应,知道"小公鸡、和、小鸭子"等词指什么,进而把词语组合成句子,他们就能知道"小公鸡和小鸭子一块儿出去玩"指的是怎样一件事,从而获得句子的意义。在这种模式中,我们可以看到理解词义和掌握句式是阅读理解过程的关键,学生已有的知识经验也起着重要作用。

1986 年,高夫(Philip B. Gough)完整、系统地阐述了自下而上模式。他提出,阅读理解过程就是从字词的解码到获取意义的过程,也就是从看到文字符号的那一刻起,直到理解文字的意义的整个过程。他将阅读理解的心理过程分为肖像表征、字母辨认、词义了解、句子中词的加工和短时记忆五个阶段(见图 6-6)。

1. 肖像表征

该阶段眼睛扫描文字,在头脑中形成字母特征(如线、边、棱、角)的短暂表征。肖像表征的充分形成需要约 100 毫秒的时间,能够被随后的刺激模型抹掉或掩蔽。

2. 字母辨认

该阶段肖像表征中的直线、曲线、角等被当作字母来辨认。从肖像表征中识别出字母的速度非常快。即使彼此没有联系的字母,也能以每个 10~20 毫秒的速度从肖像表征中辨认出来。

3. 词义了解

该阶段根据字母的组合,在心理词典中找到词的意义。

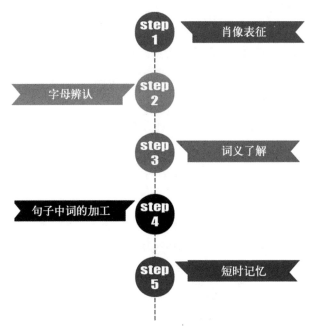

图 6 - 6 高夫的自下而上模式

4. 句子中词的加工

该阶段从左到右连续认知各个单词,并连词成句,理解整个句子。如果该词有多种意义,那么由句子语境决定应采用其中的哪种意义。

5. 短时记忆

该阶段短时记忆中存在一种"默林"(Merlin)机制,试图揭示材料的深层结构。如果默林成功,就达到了对阅读材料的一种语义解释,这时对阅读材料的语义解释就会被置于长时记忆中。如果无法达到对阅读材料的语义解释,则有可能要求继续注视阅读材料,从而花费更多的加工时间,或者要求眼睛重新扫描。

自下而上模式在 20 世纪 80 年代前后曾广泛流行,对西方阅读学习产生很大影响。我国语文教材编写先出现笔画偏旁,再出现字、词,接着出现句子、段、篇,也体现了该原理。

(二) 模式的不足

尽管自下而上模式能说明阅读理解阶段的某些现象,但它不能解释阅读过程中各种信息的相互作用。阅读时,遇到多义字读者常需要靠上下文来找出最合适的字义。因此,仅仅由解码来说明阅读过程,无法完全说明读者如何找出字与字之间的相互关系。

实际上,阅读心理加工的信息不仅来自学生阅读材料的感觉信息,而且包括学生头脑中已有的知识经验提供的非感觉信息。由于自下而上模式主张自下而上的加工,即任何低一级的信息输入都转换到高一级水平,在高一级水平上得到进一步加工,高、低水平信息之间的加工缺乏相互影响。因而,在自下而上模式中,信息的传递只有一个方向,即字母→单词→句子→意义,高水平的信息加工不可能影响低水平的信息加工。自下而上模式反映了早期信息加工线性模式对阅读研究的影响。

四、自上而下模式

自上而下模式又称为观念驱动模型(concept-driven model)。

(一) 模式特点

自上而下模式由古德曼(Kenneth S. Goodman)1976 年提出。该模式与自下而上模式相反。古德曼认为,阅读是预测下一步信息并作出肯定或否定反应的过程。他发现学生在边读边理解时,偶尔会读出与原文文字有差别的读音,如把"制服"读成"校服"。他解释这种现象并不是学生视觉扫描出错,而是学生理解笔画文字的结果。也就是,学生在阅读时用头脑中储存的知识,并根据读物的部分文字材料,预测要读的内容,然后通过阅读来证实自己的预想或期待是否正确。因此,古德曼认为,阅读是一种心理语言学的猜测游戏,包括思想和语言之间的相互作用。有效的阅读并不是精确知觉与辨认所有文字成分的结果。阅读过程存在眼的视线和心的视线。低水平的学生一定要看到全部文字才知道阅读材料讲的是什么,也就是说心的视线落后于眼的视线;较高水平的学生则是看了一部分文字便开始预测下面的文字,后续文字的阅读不过是对自己预测的证实或否定,在这种水平的阅读中,心的视线领先于眼的视线。例如,读一个句子:"小明打碎了……"读到谓语部分我们已经可以预测到打碎的必是茶杯、碗、玻璃一类易碎的东西,而不会是山峰、大海、天空。如果读到:"小明打碎了一块……"那么后面出现的一定是"玻璃"。预测的正确性达到100%,最后两个字看或不看都没有关系。由此可见,在某些情况下,阅读并不是只有从字到词再组合成句子才能获得意义。正如法国哲学家、文学家萨特所说:"阅读时你在预测,也在等待。你预测句子的末尾,预测下一个句子,预测下一页书。你等待它们来证明你的预测是否正确。"这是许多人都有的阅读经验。自上而下模式强调读者已有经验的作用,更加注重读者的主观能动性。

为了具体说明阅读理解的过程,古德曼提出了阅读过程的步骤(见图6-7)。

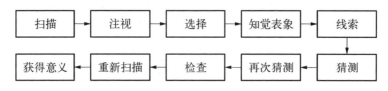

图6-7   古德曼提出的阅读理解过程的步骤

步骤一:扫描。从左到右扫描文字符号,并一行行阅读下去。

步骤二:注视。注视阅读材料的某一部分,这一部分的文字符号处于视觉中心,其余部分则处于视觉边缘。

步骤三:选择。这种选择既受到读者先前选择的限制,还受到读者的语言知识、认知方式和学会的阅读策略等因素的影响。

步骤四:知觉表象。通过选择得来的线索和其他预期的线索共同形成一种知觉表象。这种知觉表象部分来自读者看到的东西,另外一些则来自读者的预期。

步骤五:线索。读者从自己的记忆中寻找有关句法、语义和语音的线索。这有可能激发读者去选择更多文字和线索,同时重新形成知觉表象。

步骤六:猜测。读者会作出与文字符号线索一致的猜测或者暂时的选择。在继续阅读中获得的意义暂时保存在短时记忆里。

步骤七:再次猜测。若获得的线索不能用来进行任何猜测,读者将检查自己的知觉输入,而且再次进行尝试性猜测。如果此时猜测仍无法进行,读者将进一步阅读并聚集更多文字线索。

步骤八:检查。如果读者能够作出选择,那么要检查这种选择在上下文以及语法和语义方面的可接受性。

步骤九:重新扫描。如果这种暂时的选择在语法或语义上不可接受,那么读者会返回去重新进行扫描,直到在某处发现这种不一致为止。如果发现了不一致,读者就会在不一致地方详细阅读。如果没有不一致的地方,读者就会寻找另外的线索去解决这种异常的情况。

步骤十:获得意义。如果这种选择是可以接受的,那么继续扩展译码的过程,获得的意义也被先前获得的意义吸收、同化。同时形成对后面的内容的预期,于是开始新一轮的循环。

古德曼的模式可以表示为取样→预期→检验→证实这样一个循环过程,它在西方的阅读教学中有很大影响。由于古德曼强调过去经验和理解的作用,认为阅读过程只需要很少的关于文字方面的线索,因而也存在一些问题,如在阅读教学中忽视基本知识的作用,忽视字、词的认知加工的作用,这对学生阅读能力的形成会产生负面影响。因而,用绝对的自上而下模式来解释阅读理解过程也是有局限性的。

(二) 模式的不足

自上而下模式不承认低水平加工的重要性,轻视认字能力,认为若有不认识的字,学生可以通过图式的运作来填补理解上的漏洞。该模式无法解释若读者没有关于文章的知识,无法形成假设来理解这篇文章,那么阅读心理活动是如何进行的。

五、相互作用模式

上述两种阅读理解模式都忽视信息之间的交互作用问题,认为加工过程中的每个阶段都是独立的,其任务只是把加工的结果传递给下一个阶段,信息的传递只有一个方向,高级阶段的信息加工不能影响低级阶段的信息加工。其实,有一定阅读能力的人读一篇文章,开始时由于不了解阅读材料,会采用自下而上模式,而读到后面则较多地采用自上而下模式。如果对阅读材料的内容比较熟悉,人们会较多地采用自上而下模式,阅读材料难度较大时,则较多地采用自下而上模式。初学阅读时,由于阅读经验、语感较差而采用自下而上模式。低年级学生多用自下而上模式,逐字阅读,而中、高年级学生已经开始采用自上而下模式。相互作用模式又称相互作用模型(interactive model)。

(一) 模式特点

相互作用模式认为,阅读理解的心理过程既不是单纯的自下而上的过程,也不是单纯的自上而下的过程。阅读理解既受到阅读材料的制约,又取决于读者已有的知识和经验,以及采用的阅读方式。也就是说,读者阅读时要同时运用自下而上和自上而下的策略。先用自上而下的过程激活合适的智能去预测和推断。阅读目的和期望会影响对阅读材料的选择。相对来说,当读者注视文字时,就展开自下而上的过程,再激活合适的智能去对应输入的信息。

20世纪70年代,鲁墨哈特(David E. Rumelhart)提出的图式理论在众多相互作用模式中最具影响。鲁墨哈特把读者头脑中分层次安排好的知识结构称为图式。除了指知识本身之外,图式还包括这些知识如何被运用的信息。他认为,阅读时人脑像一个信息中心,不断收集输入的信息,并通过四个辅助储存库(表音法知识、构词法知识、句法知识和语义学知识)不断筛选,从低层次到高层次依次处理。与此同时,与之相反的信息处理也在发生,读者根据头脑中的背景知识和已有的语言知识对获得的信息立即提出假设,最先从语义学知识证实,然后分割成句法知识分析、构词法知识分析和表音法知识分析。通过一系列分析,对假设加以肯定或否定。每一阶段的知识分析不仅依赖高一级的知识分析,也依赖低一级的知识分析。一旦两者吻合,就产生令人满意的阅读理解。鲁墨哈特曾以被试阅读下面一篇短文为例,说明了图式理论如何解释阅读过程。

(1) 自从石油危机以来,买卖越来越糟。

(2) 似乎没有什么人再想要精致的东西了。

(3) 突然门被推开,一个穿戴讲究的人走进了陈列大厅。

(4) 约翰立即以最友好、最真诚的表情迎上去。

鲁墨哈特通过分析被试阅读时的手记发现:第一个句子通常被理解为买卖因石油而萧条;第二个句子倾向于肯定汽车买卖的假设;第三个句子暗示了汽车买卖的场地和买者;第四个句子中卖者约翰的出现,证实了由汽车买卖假设激起的预期。

相互作用模式强调任何层次的理解上的缺陷可互相填补。若读者认字能力不足,但对文章已有一些概念,自上而下模式可以帮助他理解;若读者没有相关知识,他的认字能力也可以让他自下而上地来理解文章。

(二) 模式的不足

人们发现,相互作用模式人为地把文本与读者当时的情感因素和环境因素割裂开了。也就是说,无法解释在不同的时间、空间,不同的场景,为什么同一个读者阅读同一篇作品,会产生截然不同的体验和感受。

六、交易阅读模式

20世纪70年代末,罗森布拉特(Louise M. Rosenblatt)提出交互作用的另一种形式——交易阅读模式。这种模式强调,在阅读环境中,读者与课文不再是物体,而是产生阅读理解的潜在力量。读者并不单纯追求作者在文章中表达的意思,而是创造性地理解作者传达的意义。由于读者的知识经验不同,阅读时的情境与环境不同,因此对同一文章会有不同的理解。罗森布拉特认为,由于阅读某篇文章总是发生在读者人生过程中的某个阶段、某种情境和某个时刻,因此读者的各种经历和体验、阅读情境,以及阅读者当时的心境,都会影响阅读理解程度。这些因素或者促进阅读理解,或者妨碍阅读理解。如果阅读材料、阅读情境与读者的心境呈现某种一致性,那么阅读理解的效果好。

该阅读模式强调阅读情境和阅读心境的和谐、协调,反映了阅读过程不是机械的知觉过程,而是读者的认知和情感的过程。近年来,风靡美国的整体语言教学法就充分体现了该模式的特点。

上述阅读理解模式提示,学生的阅读活动是一种根据作者及其创作环境和表达的修辞手法特征进行释义的过程。释义时需要学生已有知识结构的参与。即语文阅读是学生已有的知识结构与课文新知识相互联系和作用,从而在学生头脑中建立新的知识结构,或者对已有的知识结构进行调整、补充、丰富和修正的过程。阅读教学就是要启发、引导、帮助学生把新知识纳入或同化到已有的知识结构之中,重建新的知识结构。

七、整本书阅读指导

2019 年,全国中小学开始使用教育部组织编制的语文教材,各种阅读文体和课型的教学研究需求旺盛。我们利用纸质、网络、手机 App 上的电子资源时,都可以基于学生阅读理解的心理过程,开展有效的整本书阅读教学。

(一) 运用相互作用模式上阅读指导课

《西游记》是中国的经典名著,随着中国文化的传播,也进入欧美等国的中学语文教材。瑞典一所中学的教师为高中生讲解亚洲文学,便以《西游记》作为范例进行解读。首先,教师介绍了《西游记》的大概内容。

然后,教师就要求学生在一周内读完《西游记》,并布置了两项阅读任务。一是回答 15 个有关故事内容的问题,如:唐僧去西天找到了什么宝贝? 为什么找到后就不再西行探险了? 孙悟空的金箍棒有哪些魔法? 小说中的猪八戒这个形象是否可以删去? 这部小说的作者生活的年代是中国的哪个朝代? 二是就小说中的一个人物,写一篇人物分析的读书报告。

这位高中语文教师显然是运用交易阅读模式来引导学生阅读《西游记》的。在课堂上他借助 15 个自读问题,带领学生概览小说内容,如查找时代背景和中国历史,从而丰富西方学生有关中国文化的经验背景,这是自下而上的阅读过程。教师设计的写作任务则是引导学生运用小说的阅读图式开展批判性阅读,读懂中国名著,这是一个自上而下的阅读过程。这样,在教师的启发和引导下,学生把中国文学的新知识纳入或同化到自己已有的文学知识结构之中。

(二) 基于认知过程维度设计阅读分享课

下面是一位美国教师上的六年级的阅读分享课——格林童话《灰姑娘》。早在一周前,教师布置了课外独立阅读《灰姑娘》的任务。

课伊始,她先请一个学生上讲台讲一讲自己读的故事,然后开始提问。

1. **教师**:你们喜欢故事里面的哪一个人物?不喜欢哪一个人物?为什么?

学生 A:我喜欢灰姑娘和王子,不喜欢她的后妈和两个姐姐。因为灰姑娘善良、可爱、漂亮,后妈和姐姐对她不好。

2. **教师**:如果在午夜 12 点的时候灰姑娘没来得及跳上南瓜马车,你们想一想可能会出现什么情况?

学生 B:灰姑娘会变回原来脏兮兮的样子,穿着破旧的衣服,脸和手都很脏。

教师:所以大家要做一个守时的人,不然就会有麻烦。另外,你们不要邋遢地出现在朋友面前,你的朋友会吓跑的。女孩子们,你们要注意,将来长大和男孩子约会,千万不能被男朋友看到你脏乱的样子。不然,他们可能就吓晕了。

3. **教师**:好,第三个问题——如果你是灰姑娘的后妈,会不会阻止她去参加王子的舞会。为什么?

学生 C:会的,因为我爱自己的女儿,我希望自己的女儿当上王后。

4. **教师**:是的,我们看到的后妈好像大都不是好人,她们对自己的孩子很好,但是对别人不够好,她们不能够像爱自己的孩子一样去爱他人的孩子。孩子们,下一个问题——灰姑娘的后妈为了阻止她去参加舞会,想了很多办法,甚至把门都锁起来了,为什么灰姑娘还能成为舞会上最美丽的姑娘?

学生 D:因为有仙女的帮助,她给灰姑娘准备了漂亮的衣服,把南瓜变成了马车,把老鼠变成了马……

5. **教师**:对,你们说得很好!如果灰姑娘没有仙女帮忙,是不可能去参加舞会的。如果老鼠不愿意帮她,她在最后时刻能成功地跑回家吗?她就可能成功地吓到王子。所以,孩子们,无论走到哪里,我们都需要朋友。我希望你们每一个人都有很多朋友。第五个问题——如果灰姑娘因为后妈的阻止就放弃了机会,她有可能成为王子的新娘吗?

学生 E: 不能! 她就不可能来到舞会,不会被王子看到、认识并爱上她。

6.教师: 对极了! 灰姑娘没有妈妈,她的后妈也不爱她,但这也不能够让她不爱自己。就是因为她爱自己,她才可能去寻找自己希望得到的东西。如果你们当中有人觉得没有人爱,或者像灰姑娘一样有一个不爱自己的后妈,你们要怎么样?

学生: 要爱自己!

教师: 对! 没有任何人可以阻止你爱自己。如果别人不给你机会,你应该加倍地给自己创造机会。如果你们真的爱自己,就要为自己争取自己需要的东西,就像灰姑娘。没有人能够阻止她去参加王子的舞会,没有人能够阻止她当上王后,除了她自己。

7.教师: 最后一个问题——这个故事中有什么不合理的地方?

学生 F: 故事中写道:午夜12点以后,所有的东西都要变回原样。可是,灰姑娘的水晶鞋并没有变回去。

教师: 天哪,你太棒了! 你们看,就是伟大的作家也有出错的时候。所以,出错不是什么可怕的事情。我担保,如果你们当中谁将来要当作家,一定比这个作家更棒! 你们相信吗?

学生们欢呼起来。

整本书阅读是新课程标准中拓展型学习任务群的内容,也是当下国内阅读教学领域的一个研究热点。这位六年级教师设计的阅读分享课,在学生自读的基础上,基于认知过程设计了不同维度的问题,引领学生领悟主题。如问题1、问题3、问题6和问题7都是认知过程评价维度的问题,依次要求学生作出评价。

问题1:评价人物——喜欢故事里面的哪一个人物? 不喜欢哪一个人物? 为什么?

问题3:联系生活实际评价——如果你是灰姑娘的后妈,会不会阻止她去参加王子的舞会。为什么?

问题6:联系生活实际评价——如果你们当中有人觉得没有人爱或者像灰

姑娘一样有一个不爱自己的后妈,你们要怎么样?

问题 7:评价表达方法——这个故事中有什么不合理的地方?

设计知人论世,贴近小学生的生活实际,符合儿童的视角。在释义童话的过程中,始终关联学生已有的经验背景。尤其是最后一个问题,属于批判性阅读,认知难度高,但又提升了学生阅读的自信和乐趣。

问题 2、问题 4 和问题 5 都是理解维度的问题,分别要求学生进行阅读推断和说明。

问题 2:推断午夜 12 点灰姑娘若没能跳上南瓜马车,会产生什么后果。

问题 4:说明原因——灰姑娘的后妈为了阻止她去参加舞会,想了很多办法,甚至把门都锁起来了,为什么灰姑娘还能成为舞会上最美丽的姑娘?

问题 5:推断若灰姑娘因为后妈的阻止就放弃了,是否有可能成为王子的新娘。

在这堂阅读分享课上,教师基于认知过程的不同维度设计问题,引导学生分享自己的阅读体会,创造性地理解作者传达的意义。

第三节　速读心理与测评

速读即快速阅读,指视觉器官感知文字符号并直接将其转换成意义,消除脑中潜在的发音现象,是视觉器官感知文字符号并获得意义的过程。现代社会信息爆炸,快速提取和筛选信息已成为社会生活对公民的基本要求。

一、速读的心理机制

速读时,读者首先接收语言文字符号的是视觉分析器,视觉分析器获得的信息占全部信息的 90% 以上。眼睛获取信息的速度依赖它每次停顿时获取的信息量,阅读速度快和阅读速度慢的区别不在于读者眼睛跳动的快慢,而在于眼睛停顿时感知信息量的多寡。速读时,眼睛只在每一行的两三处停留,视觉分析器只从文章中吸取部分信息。

1. 注意力

注意力是速读最重要的心理因素。速读效果在很大程度上取决于学生对自己的注意力的控制程度,注意力决定阅读速度。当然,快速阅读和慢速阅读都会产生疲劳感,从而影响注意力集中的程度。

2. 记忆力

快速阅读要求将视觉获得的信息进行编码、储存,因此速读的有效性——有效读速取决于学生的记忆力和理解力。

二、速读标准

新课程标准在第三学段(五到六年级)的要求:默读有一定的速度,默读一般读物每分钟不少于 300 字。在第四学段(七到九年级)的要求:养成默读习惯,有一定的速度,阅读一般现代文每分钟不少于 500 字。

20 世纪 30 年代,我国心理学家龚启昌在速读实验条件下测得叙事文、写景文和说理文三种文章各年级的平均速度为:三年级每分钟 214 字,四年级每分钟 270 字,五年级每分钟 286 字,六年级每分钟 400 字。各年级相比较,三、四年级特别是五、六年级进步较明显,各类文章相比较,每个年级都以叙事文最快,说理文次之,写景文最慢。

黄仁发调查我国中学生的阅读速度,结果发现,小学高年级阅读速度为每分钟 250~300 字,初中为每分钟 300~400 字,高中为每分钟 400~500 字,从小学三年级到初中,再到高中,以每分钟 50~100 字的速度增长。

1987 年,杭州大学(现浙江大学)刘炳炎等人对浙江省城镇小学三至五年级 1 456 名学生进行默读速度调查,测得三年级有效读速为每分钟 170.8±12.1 字,四年级有效读速为每分钟 195.3±10.8 字,五年级有效读速为每分钟 267.4±14.4 字。

三、速读训练

从有效读速的概念来看,学生速读现状与课程标准要求尚有差距。学生阅读速度的提升是一个逐渐发展的过程,需要科学的训练。

1. 苏联的快速阅读训练方法

整体阅读法。从全部文字符号中寻找目标,迅速接收有用信息。

鉴别阅读法。主要步骤是找出关键词——确定概念——理解意图。

无声阅读法。为了克服阅读时发出声音,任金教授提出一种节奏敲打法,即在默读文章时手指头按照一定的节奏进行敲打。这样做既能防止内发音,又能防止外发音。

2. 法国小学快速阅读训练方法

扩大视域。要求学生不发音、不辨读、不转移视线，不管遇到什么字，每个字只注视一次。

寻读。不必阅读全文，要寻找希望获得的信息，把一页讲义交给学生，让他们看 20 秒钟，然后翻过来问这一页讲什么，学生不可能读完整页，必须采用各种方法寻找目标。

猜读。把一篇生疏的课文写在黑板上，写时留一些空缺，让学生猜测空缺的内容，学生可根据前几行的意思来理解并猜测缺少什么。

3. 乐连珠的速读实验

浙江省特级教师乐连珠尝试了多种快速阅读的训练方法。如速视图片、速读词语、速读句子、速读段、猜读、速读篇章等分步骤训练法，以及在篇章速读训练中提出目光注视的方法——意群注视法、垂直注视法、斜线法、波浪法等。

四、阅读速度测评

默读是一种不出声的阅读，速读是一种有速度要求的默读。检测学生阅读速度的方法较多，如数字法、计时法、悬牌法、划记法、消字法。随着信息技术的普及，人们也开始尝试机器测速法。

（一）数字法

先告诉学生默读后要复述，然后让学生默读测验材料，到一定时限（如 3 分钟）叫大家停止默读，各人在自己最后读的那个字上画圈或作其他标记。

案 例

二年级学生适用

1. 要求：默读短文

2. 默读材料

杜鹃(juān)鸟

在很远很远的南方住着年轻的妈妈和她的四个孩子。妈妈很爱她的孩子，为他们洗澡(zǎo)、做饭、缝衣服。可孩子们很调(tiáo)皮，一点也不听话。傍晚，妈妈做好饭，在门口叫："孩子们，回来吃饭吧。""不，妈妈，我们还没玩够(gòu)呢。"孩子们回答。等到他们玩够(gòu)了，回到家，饭菜早就凉了。妈妈只得再去热。这时，老大坐在椅子上叫道："妈妈，我的鞋里全是沙子，给我抖一抖。"老二脱下衣服扔给妈妈说："我的衣服湿了,给我烘(hōng)一烘。"妈妈饿着肚子忙给孩子抖鞋子、烘(hōng)衣服。

有一天,妈妈累得生病了,她躺在床上一动也不能动,轻声说："孩子们,到泉边打桶水来,妈妈想喝水。""不! 我没戴帽子!"老大叫道。"不! 我没穿鞋子!"老二说。"不,我提不动水桶!"老三摇着手说。连最小的孩子也不愿理睬妈妈。孩子争先恐后地跑出去玩了。傍晚,他们一进门就嚷(rǎng):"妈妈,饭烧好了吗? 我们饿死了!"可是,妈妈站在屋子中间看着他们,一句话也不说,眼泪哗哗地流了下来。不一会儿,妈妈身上长出雪白的羽毛,变成了一只杜鹃(juān)鸟,拍着翅膀飞出屋外,嘴里叫着:"咕咕咕,你们不给妈妈打水,我只好自己喝水。"孩子们吓坏了,一边追一边叫:"我们去打水!""咕咕咕! 太迟了! 孩子们,我不回来了!"孩子们哭着追,可是怎么也追不上妈妈,妈妈再也不回来了!

3. 使用说明

(1) 测验前先向学生说明测验方法:读一篇短文要求复述,听到铃声后将自己读的最后一个字圈起来。

(2) 测验时间:2 分 10 秒。

(3) 评分方法:按公式计算每位学生的默读速度,速度越快越好。

$$默读速度(字/分) = \frac{实际阅读字数(字)}{实际阅读时间(分)}$$

这里的实际阅读时间为 2 分钟 10 秒。

(4) 运用数字法时,过程较烦琐,且结果并不一定准确,若学生随意圈字则毫无意义。

(二) 计时法

让学生默读测验材料,全部读完后把阅读所用时间记录下来,然后利用下列公式计算默读速度。计时法一般适用于个别测验。

$$默读速度(字/分) = \frac{全文字数(字)}{实际阅读时间(分)}$$

(三) 悬牌法

让全班学生同时阅读一篇测验材料,其间,教师每隔 10 秒钟出示时间牌(或英文字母),学生读完材料交卷时,抄下黑板上时间牌记录的时间(或英文字母),然后利用公式(同上)计算出默读速度。

(四) 划记法

默读测验时,教师每隔10秒或20秒按铃一次。学生每次听到铃声,在读到的地方作一个记号,直到读完为止,然后计算所作的记号数。按公式可计算出学生每分钟默读的字数。但这种方法会干扰学生的正常阅读,其精确性不够。

$$默读速度(字/分)=\frac{全文字数(字)}{划记次数(次)}\times6(每10秒按铃一次)$$

或

$$默读速度(字/分)=\frac{全文字数(字)}{划记次数(次)}\times3(每20秒按铃一次)$$

(五) 消字法

在测验材料中加入一些多余的字,让被试在默读时随时划去。可通过划去的字数核算阅读字数和速度。

案 例

五年级学生适用

1. 要求:默读短文,划去多余的字。听到铃声就停笔。

2. 默读材料

冬 夜 苦 读

我国宋朝的地时候,有个著名的宰相叫范仲淹。他曾经说过两句非常有意义的话:"先天下之忧而忧,后天下之乐而乐。"这两句话的意思是说:吃苦在前,享乐在后。为什么生在封建时代的范仲淹能可够有这样好的思理想呢?这是跟他从小刻苦学习,深刻地了解人民大大众的疾苦分不开的。

范仲淹很小的时候就死了父亲,因为家里太穷,母亲就改嫁了。但是,后父的家境也不都宽裕,不能供范仲淹上学,所以范仲淹只有好寄住到亲戚家里去读书。

范仲淹深深知道,得到读书的机会是件不容易的事,于是就不分白天黑晚夜地苦读。他常常吃不饱饭,每天只能用一把米煮粥吃。他等煮好了粥冷下来凝结成块状的时,在中间划个十字,分成四块,每次吃一块,虽然环境这样艰苦,可是范仲淹却从来不叫苦。他常常不对人说:"一个人如果不能读书,即使能吃饱喝足,生活也没有多大小意义……"

范仲淹读书是有计兴划的,每天读多少页,不完成计划决不休息。冬天的夜晚,屋子里没有生火。呼呼的西北风从门缝里直钻进来,把人的手脚都冻麻了,有钱人生了火炉,钻进柔软的被窝还嫌不够热舒服,范仲淹却在这样的寒夜里,面对一盏孤灯,在那里刻苦用功。他坚持着要读完每当天该读的书以后才去休息。有时候,他冻冷得实在支持不住了,就用冷水洗一把脸,提提精神。每当他计划完成后去睡觉时,常常已经是后半夜了。可是,第二天一清早,他却又赶紧起过床,收拾好一切,又忙着读第二天的书。

范仲淹就这样刻苦地读了十多年书,积累了丰富的学识。后来,他当了上了宰相,他从自己的经历中知又道一个人求学的过程是十分艰苦的,有了学问就应当做些对人民有益的事情,不要忘和记自己当年的苦楚,不要忘记社会上受苦的人,因此,他才能说出全我们在前面提到过的那样非常有意义的话。

3. 使用说明

首先,测验前先向学生说明测验方法,即默读短文,划去多余的字。听到铃声即刻停笔。其次,限定默读时间为 5 分钟。对照表 6-2,可得出学生 5 分钟的阅读字数或用公式计算出学生的默读速度。

表 6-2　《冬夜苦读》对照表

划　去　字	自　然　段	阅　读　字　数
地	1	6
可	1	79
理	1	87
大	1	107
都	2	151
有	2	168
晚	3	209
的	3	246
不	3	286
小	3	313
兴	4	324
热	4	395
每	4	429
冷	4	447
过	4	503
了	5	546
又	5	560
和	5	596
全	5	623

五、有效阅读速度测评

有效阅读速度测评是测查学生以初步理解为基础的阅读速度。

案　例

三年级学生适用

1. 要求：迅速阅读材料

2. 阅读材料

国　王　的　信

从前有一个国王，写了一封信给另一个国王，信上说："请送我一只有红眼睛的绿色兔子，要不然——"另一个国王回信说："我没有这样的兔子，倘若有的话——"

两个国王都很生气，于是彼此打起仗来。他们调动全国的军队，打了好几次仗。后果是尸横遍野，血流成河。老百姓饱经患难，家破人亡，真是痛苦不堪。

双方相持多年都不能取胜。人民越来越苦，士兵也厌倦战争，两个国王无法再打下去，只好讲和。在讲和的时候，两个国王聚在一起，要把那两封信解释明白。

第二个国王说："你算是什么意思呢？你向我讨要一只有红眼睛的绿色兔子，怎么可以威吓我呢？"

"啊！"第一个国王说，"我从来没想到这个意思。我只这么说，请你送我一只有红眼睛的绿色兔子，或者其他颜色的兔子也可以。"

"啊，就是这样吗？可惜我不曾得到这样完整的一封信。"第二个国王答道。

"我也想知道你回信的意思呢。"第一个国王说道，"你说我没有这样的兔子，倘若有的话——"

"咦，我的回答不是和你的请求一样明白吗？我的意思是说，我没有这样的兔子，倘使有的话，我一定奉送。"

"啊，啊！"第一个国王说道，"我们无缘无故就打了起来。要是我们在打之前平心静气把这两封信解释清楚，那可以避免多少痛苦和灾难呀！"

读完上述材料的时间：＿＿＿分＿＿＿秒

3. 完成下列试题

下列各题中，如果你认为正确，则在括号内打"√"；如果你认为错误，则在括号内打"×"。

① 一个国王向另一个国王写信的内容是：请送我一只有红眼睛的绿色兔

子,要不然—— （　　）

  ② 另一个国王看了信后,认为是和自己开玩笑。 （　　）

  ③ 两个国家打仗的原因是,双方没有把信的内容写清楚,造成了误会。

（　　）

  ④ 双方打仗相持多年,民众生活越来越苦,士兵也厌倦战争,只好讲和。

（　　）

  ⑤ 后来另一个国王把兔子送给了写信的国王。 （　　）

  ⑥ 讲和时,两个国王聚在一起,谁也不愿讲自己的心里话。 （　　）

  ⑦ 最后两个国王认识到要是在打仗前把两封信解释清楚,就可以避免这场
战争灾难。 （　　）

  ⑧ 两个国王都为没有得到完整的一封信而感到遗憾。 （　　）

  ⑨ 第一个国王来信的真正意思是,请你送我一只有红眼睛的绿色兔子,要
不然我送你一只其他颜色的兔子。 （　　）

  ⑩ 另一个国王回信的真正意思是,我没有这样的兔子,倘若有的话,我一定
奉送。 （　　）

  4. 使用说明

  测验前先向学生说明测验方法和步骤。阅读完材料后根据教师告知的时
间记下阅读时间,然后不看阅读材料完成测验题。本次测验可评定三项成绩。

  首先,阅读速度为《国王的信》全文字数除以该学生实际阅读时间。(方法
同前)

$$其次,理解率(正确率)=\frac{答对题目数}{总题目数}$$

最后,有效阅读速度=阅读速度×理解率。

第四节　语感的心理分析与教学

  语感与语言学、心理学、文学、教育学等诸多学科有着密切的联系。从严格
意义上讲,语感并未成为某一学科特定的研究对象。然而,它在语文界一直受
到关注。

一、语感的含义

人们通常在宽泛、笼统的意义上使用"语感"一词,有关其界定也仁者见仁、智者见智。

我国最早提出语文教学要培养学生语感的是夏丏尊。浙江大学朱作仁先生认为,语感是指对语言文字正确、敏锐、丰富的感受力。王尚文先生查阅了《辞海》《辞源》《汉语大词典》《中国大百科全书》《简明不列颠百科全书》《语言与语言学词典》,均没有"语感"的词条。他在专著《语感论》一书中指出,语感就是对语言的"敏感"。他认为,语言有语言的理,它往往不理睬认识的理、逻辑的理而自行其是。从认识和逻辑的角度看,它简直不可理喻、蛮不讲理。理论上说,人们对语言的理解应当经过两个阶段:一是感知它的语音和字形;二是思索它表达的意义。但通常情况下,人们在感知它的语音和字形的同时,就了解了它表达的意义,无须思索。"语感就是在视听当下不假思索地感知语音和字形,理解语音和字形及其所表达的意义的能力。但语感不假思索并非感觉与思考的统一。"朱智贤在其主编的《心理学大词典》中界定,语感是一种对语言文字的敏锐感受力、正确理解力,即客观存在的言语成品和言语过程是主体形成语感的源泉。同时,语感应接受语言对象客观规律的规定和检验,使主体语感与客体对象自身的特点和规律相符。

尽管有关语感的界定尚未达成一致,但对"语感是一种直觉思维的心理感受力"这种表述,学者们已达成共识。

二、语感的心理因素

语感是多种心理功能协同活动的结果。它由感知觉、记忆表象、直觉思维、想象和联想、情感体验等多种心理因素构成(见图6-8)。

1. 感知觉

感觉是对客观事物个别属性的反映,知觉是对客观事物整体的反映,两者密不可分。例如,唐代张继的《枫桥夜泊》中,"月落乌啼霜满天,江枫渔火对愁眠"描述的是一种视觉景观。"姑苏城外寒山寺,夜半钟声到客船"描写的是一种听觉效应。学生对诗的意境感受主要是由视觉和听觉构成的悠扬动听、寂寞愁郁的语感。

2. 记忆表象

过去感知过的事物在头脑中再现出来的形象,我们称之为表象。

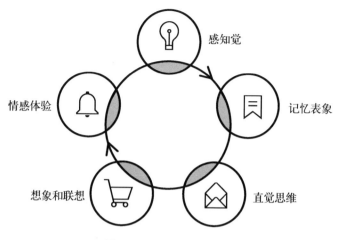

图6-8 语感的心理因素

案 例

于漪老师的《孔乙己》开场设计

语文教育名家于漪老师在上《孔乙己》一课时,设计过这样一段精彩的导语。

凡是读过鲁迅小说的人,几乎没有不知道孔乙己的;凡是读过《孔乙己》的人,几乎都在心底留下了这个旧社会苦人儿的形象。……有人说,古希腊的悲剧是命运的悲剧,莎士比亚的悲剧是主人公性格的悲剧,易卜生的悲剧是社会问题的悲剧。那么,鲁迅笔下的孔乙己究竟是怎样一种悲剧呢?是命运的悲剧?是性格的悲剧?还是社会的悲剧?学了这篇文章后,可以找到正确的答案。

课后学生谈到,听了这一段开场白,当时脑海中闪过的是莎士比亚笔下的哈姆雷特、易卜生笔下的娜拉……

《孔乙己》这篇文章,无数教师都曾精心演绎,以求学生产生共鸣。于漪老师开场部分的设计可谓经典。因为她将课文的主题浓缩、升华到如此高度,又以如此精辟的言语来表述,学生对孔乙己的兴趣不言而喻。这位学生的语感建立在他对读过的《哈姆雷特》《玩偶之家》的记忆的基础上。如果没有阅读的积累,该学生就不可能再现小说的人物形象。

3. 直觉思维

根据得出的结论是否经过明确的思考步骤和对过程是否有清晰的意识,思维可以分为直觉思维和分析思维。上海市语文特级教师贾志敏在作文教学演示课上,对学生的习作经常是在一读一听之际,就能迅速、敏锐地判断言语的正误、优劣、形象、情味和它们的细微差别,得出哪些地方上口、顺耳、畅达,哪些是佳句,用语精妙,哪些地方需要润饰或修改。能直觉地感受到这个字不合适,换另一个字才合适;这个说法不合适,换另一个说法才合适。这种不必进行语法规则和其他语文知识的专门分析,对语言文字的直觉感受和判断主要是直觉思维积极参与的结果。

4. 想象和联想

想象是对头脑中已有的表象进行加工,创造出新形象的过程。凡到过敦煌鸣沙山月牙泉的人,阅读诗人王维《使至塞上》中"大漠孤烟直,长河落日圆"的诗句,都能感受到开阔而又荒凉的意境,这是借助想象构成的画面。

联想由表象或词语唤起,由一个事物想到另一个或一类事物。如鲁迅在短篇小说《故乡》中,写中年闰土时联想到少年闰土的形象:他身材增加了一倍;先前的紫色的圆脸,已经变作灰黄,而且加上了很深的皱纹……以此与中年闰土的形象相对比,突出闰土的悲剧性。朱自清在散文《绿》中,为了突出梅雨潭绿得可爱,联想到什刹海的绿杨,虎跑寺近旁的"绿壁",西湖的波光,秦淮河的水色。

5. 情感体验

情感是客观事物是否符合自己的需要和愿望而产生的体验。语言文字用于表达思想感情。我们阅读普希金著名的童话叙事诗《渔夫和金鱼的故事》,当读到老太婆一次次提出无理的要求,我们都会厌恶她贪心不足;读到老太婆做了威严的女皇,竟把老头赶走,我们都会同情老头的悲惨遭遇。到最后金鱼让老太婆恢复原样,贪得无厌的人最后一无所获,我们又不由得感到欣慰和痛快。一个具有强烈语感的读者,必然会与作品中塑造的形象同悲同喜。

三、语感的特征

语感具有直觉性、模糊性、个体性、社会性和综合性等特征。

1. 语感的直觉性

语感的直觉性是指能对言语对象迅速作出正误、真伪、是非、美丑的判断,无理性分析。这是语感的核心因素和最基本的特征。

以某地一条马路两旁房地产商开发的楼盘名称为例。因为该条马路很长,跨越两个区县,所以沿路的楼盘有 10 多个,其名称有:农民新村、金沙雅苑、21

世纪街区、康桥半岛、泰宸新苑、舒适康庭、优诗美地、新长征花苑、建德花苑……若以名称选择购房楼盘,若以"苑"字为选择范围,即使一个人没有学过修辞知识,也可以根据生活经验和语言符号暗示出的形象,得出"金沙雅苑"是首选。因为他能体会到在"金色"的"沙滩"边生活的高质量和惬意。这就是人的直觉能自然而然地识别和理解词句,创造和生成词句。这是对言语的直接感受和直接判断,是直觉思维的结果。

可见,语感的直觉性具有非逻辑性、快捷、直接、整体的特点。也就是说,语感不需要某种逻辑规则和严密推理,带有一定的猜测和预见性;语感是一种自动化的瞬间活动;以非线性的跳跃方式径直指向最后的结论,而这一结论是把言语对象放在具体语境中完整感受后得出的。

2. 语感的模糊性

语感的模糊性反映了语感直觉性的局限,表现为对言语对象的理解较肤浅、不清晰。语感的直觉性使整体把握、笼统感受、模糊思维成为汉民族感受言语对象的主要的和擅长的方式。但是,这一特征也决定了语感短于分析、难以透彻的局限性。

3. 语感的个体性

语感的个体性是指语感以个体以往的生活和语言经验为基础,与自身所处的时代、所属的民族、所在的地域、生活的环境、接受的教育有关,且具有鲜明的个性,彼此各不相同。例如,在剧场里看话剧《马兰花》,当剧情发展到高潮,剧中的老猫为了躲避追捕跳下舞台,冲进观众群中。这时观看话剧的学生反应不一:一、二年级学生中胆小的生怕被老猫抓到,躲到了椅子下;三、四年级的学生又叫又跳,看得带劲;五、六年级的学生静观其变,暗想老猫跑不了;初中生则边看边发表议论;业余参加学校戏剧组的几个高中生则津津有味地欣赏着导演的创新之举——让观众成为话剧表演的一分子。在写作活动中,学生文笔的千差万别更是凸显了个体差异。

4. 语感的社会性

语感的社会性表现在说不同语种的人会有共性。说同一语种的人,语感更是会有基本的共同之处。这里的社会性比明确的知识具有更强烈的文化特征,这与一定文化传统中人们分享的概念、符号和知识体系分不开。如以汉语为母语的人看到"小心火车"的招牌,绝对不会有疑义,这显然是告知众人此地有火车通过,通行时应注意来往的列车。但对刚学汉语的外国人而言,则会产生误会：此地有一种罕见的新型火车,外形类似人的心脏。于是,傻傻等待那种并不存在的火车的到来。

5. 语感的综合性

语感的综合性可以从两个方面来理解：一是指语感是多种心理活动瞬间的联想的结果,其心理成分具有综合性;二是指语感的组成成分具有综合性。

有学者认为,语感成分应该包括文感、象感、意感、情感。文感指全面感知言语的外在形式,如语音、语法、语气、语体以及整体的畅达和分寸。我们在观看大学生辩论赛电视实况时会发现,有的大学生语言犀利,锋芒毕露;有的大学生娓娓道来,有理有节。象感指感知言语的内容,如形象、景象、物象、事例、道理、数据等。在谈话类节目中,有的人擅长数据把握和推理,有的擅长想象描述,有的则泛泛而谈,难以服人。意感指言语表达的旨意,即言语交际要表达的某种特定的意思或达到的特定目的。对言语信息的发送者而言,应当让交际对象了解自己为什么说(写)这些内容,如叙事、说理、传情等;对言语信息的接受者而言,应当明了表达者的意图。情感指言语信息的发送者和接受者流露或感知的思想情感、理想抱负、性情气质、人格品德等。

四、语感的教学

语感是很难用语言解说的一种心理品质和语言素养,它的重要心理机制是内隐学习过程。语感的养成过程是模糊的、难以用意识控制的,它是在不断的语言实践中慢慢形成的。语感可视为隐性认知能力,是对语言的一种直觉把握和领悟。

(一) 隐性知识显性化

1. 四种基本的知识学习模式

当今,越来越多的学者投入隐性知识显性化的研究。日本知识管理专家野中郁次郎(Ikujiro Nonaka, 1991)提出人类四种基本的学习和传播知识的模式。它们分别是：从隐性知识到隐性知识的模式,如拜师学艺的学习和传授;从显性知识到显性知识的模式,如语文教师通过课堂讲授学科知识和学生通过听讲学习知识的过程;从显性知识到隐性知识的模式,如汽车驾驶员先学交通规则和开车技术,数年后会开车且技术高超,却难以讲清在临时车位倒车的要领,只能说"这是一种感觉",这就是司机经历了知识内化或者说从显性知识到隐性知识的过程;从隐性知识到显性知识的模式,该模式常被人们忽视,为了说明这种模式的存在,也为了证明隐性知识的显性可能,野中郁次郎讲述了一个著名的案例。

案 例

田中郁子的松下烤面包机

1985 年,松下公司遇到一个难题:如何让面包机揉好面,做出来的面包更有风味？他们甚至比较了机器揉面和手工揉面,依然不得要领,机器总是比不过面包师,烤制的面包总是单调而缺少特色。于是,公司派出一位细心的软件工程师田中郁子去研究这个难题。田中郁子和同事们采取了不同寻常的办法,他们跑遍东京和大阪的面包房、西餐馆,走访研究面包师们如何做面包。他们仔细记录面包师们的制作过程,分析他们讲述的诀窍和心得,终于弄清了面包师们自己都讲不出、道不明的过程和技巧,编制出若干套各有特色的程序,并且把这些程序配置在不同型号的面包机上,松下的面包机终于能够烤出风味各异、美味可口的面包了,新型面包机创下了松下的销售新纪录。

田中郁子没有采用师徒相传式的从隐性知识到隐性知识的学习方式,但最终还是获得了面包师们的隐性知识技能。田中郁子将面包师们原先的隐性知识技能记录下来,将其显性化。田中郁子还和同事们一起用软件将这些原来只可意会不可言传的知识技能置于面包机的程序中,再通过文字写在产品开发文件和用户说明书中。这个案例清楚地表明了从隐性知识到显性知识的可能性,呈现了隐性知识的显性化。

2. 隐性知识显性化的思路

克罗(Georg Von Krogh)提出隐性知识显性化的五个主要策略:分享隐性知识、创造新的概念、验证提出的概念、建立基本模型、显现和传播知识。除此之外,还提出对应策略的五个步骤:形成知识愿景、安排知识谈话、刺激知识活动、创造适合的环境和个人知识全球化。

从学生个体的内隐学习来看,心理学家提出过程回忆、情境模拟、内省是通过个人努力使内隐知识显性化的三条途径。过程回忆是指努力回忆某种不明所以的直觉获得的过程,借助背景信息的丰富性,激活网络相近节点的相关信息,使模糊的直觉印象上升到意识层面,完成显性化。情境模拟是指个体回到事件发生的最初情境或人为构造一个模拟事件发生时的情境,借助熟悉情境的记忆痕迹激活相关信息,使直觉印象上升到意识层面。内省是指通过个体的意志努力,把注意焦点集中到细微的隐性知识上,使之显性化。

语文教师在教学中必须将学生不能言明的语感纳入考虑和研究范畴,发现并研究学生的语感能力。我们可以借助语感强的学生隐性知识的显性化,让其他学生分享并提升语感。

(二) 提供大量理解性输入

1. 理解性输入

克拉申(Stephen D. Krashen)认为,习得是在非正式教学(自然环境)中无意识获得语言能力的过程,而学习是在正式教学中有意识学习语言规则的过程。学习是习得之果,而不是习得之因。学习不能产生习得,对语言能力发展起决定性作用的是习得。因此,自然的语言输入就显得十分重要。据此,他提出输入假设(input hypotheses),认为为学生提供大量理解性输入(comprehensible input)(即听和读)有助于语言习得。克拉申强调语言输入(听和读)对语言习得的重要性,承认语言学习有一个沉默期,当输入进行到一定时候,学习者就可以自动输出(表达)了。如果从隐性知识的角度来看,习得强调内隐地获得语言能力的过程,学习则是显性知识的接受过程,而且显性知识的接受必须以隐性知识为基础。克拉申相信学生用内隐认识方式习得语言的运用的能力,而学生学习语言知识(显性知识)也必须借助隐性知识。我们不难看出,语言习得说十分强调隐性知识和内隐学习。

理解性输入是指稍超出学生现有水平的语言输入,克拉申用"i+1"加以说明:i指的是学生目前的语言水平,i+1则是学生按习得顺序紧随其后的阶段,即稍超出目前水平的阶段。学生通过理解大量的理解性输入而习得语言。在这一过程中,学生凭借一定的情景和语境、超语言信息(extralinguistic information)以及有关世界的知识使理解得以产生,从而使学生从i阶段过渡到i+1阶段。这种看起来自然的理解过程正说明了学生内隐知识的存在和先决性作用。因此,教师在教学中应为学生提供大量自然的可理解性语言输入,让他们充分调用自己的隐性知识,促进学生的内隐学习过程。内隐知识本质上是一种理解力,语感是内隐学习过程的一种结果。因此,比起传统的语言知识的灌输,让学生接受大量的语言输入以促进其语感的内隐学习这样一种学习途径和方式更为自动、自然,从某种意义上来说也更为有效。

2. 阅读积累

阅读积累是指反复诵读、潜心揣摩。熟读成诵的过程是语言内化的过程,也是情感、思想、文化积淀的过程,更是形成内隐记忆、获得内隐知识的过程。文学作品中诸多的养分蕴含在具体的语言材料中,内化为学生身心的一部分,并在大量语言实践的过程中,自动转化为语文能力。熟读成诵的文章会对学生发挥潜移默化的影响,这是一个潜滋暗长、积少成多、由感到悟、从量变到质变的过程。因此,诵读时要探究语言规律,如词义领会、标点的作用、段意领会等。

文章的解读要从情与美的角度去鉴赏、感悟,引领学生真正走进作品,走入人物的内心世界。人文素质的养成离不开直观的、形象的、具体的语言,但又不附加于教材,不能简单灌输。需要引领学生反复揣摩、思考、比较,体会文章深层的含义,分辨语言运用的细微差别,即涉及情感的投入、思维的调动、艺术氛围的创设、语言美感的品味等内隐学习。

(三) 为教学内容提供更多情景支持

1. 内隐知识的优先性

显性知识对隐性知识具有依赖性,无论在语言习得前阶段,还是在语言表述阶段,隐性知识都具有优先性。儿童以惊人的速度习得母语、进行人际交流,以及应对外部信息和事件,这归结于儿童内隐的力量。隐性知识的优先性启示我们,在语言学习初期,教师不必先进行显性知识(如语法知识)的教学,而是可以通过提供适当的语言情景,促使学生运用内隐的方式学习语言技能和习得语言运用能力——培养语感。

2. 全语文教学研究

如今盛行的全语文(whole language)教学研究,国内也称为"全语文取向"(whole language approach)或"全语言",被认为是一种教学模式或跨学科的学习模式。就全球范围而言,该研究的主要代表人物是古德曼,他对全语文运动的形成和推动产生了极大的影响。他认为:(1)语言学习由整体认知开始,而后才认识语文的各个部分(whole to part)。虽然在语文教学中我们常常把语文分成听、说、读、写四个部分,但实质上语言是包含这四个部分在内的一个不可分割的整体。(2)语言的音、字、词、短语、段落犹如一张木制桌子的原子和分子,研究桌子的碳、氢和其他元素及成分有助于我们加深对木材的认识,但用碳、氢等元素是造不出桌子的。同样,幼儿在家庭中学习语言表达并非始于单字,然后把单字组合成句子,而是从听懂父母用完整的句子传递的完整的意思开始,然后为了表达自身的需要和达到一定的目的,慢慢学着开口,用语言表达自己的意思。虽然婴儿只能用简单的文字表达,却传达出一个整体的意念。而且,事实证明,幼儿在这种自然环境中把语言当作一个整体来学习是相当成功的。(3)反对语文学习所谓的次序性(必须先学会阅读,然后才能通过阅读学习其他知识)。他指出,语文的认知学习是运用个人全方位的语文知识及策略,而这些知识及策略没有特定的阶段,因此语文学习不可以分阶段或等级。学生在语文学习时同时学会了听、说、读、写以及语言本身的形式和结构,它们是同时发生的。学习阅读和学科知识应该齐头并进,相辅相成,不存在先后轻重之分。

全语文教学理念的主要观点有:第一,语言不应划分成内容和技巧,学习者只有在有意义的真实情境中使用语言,才能学会语言。在阅读中学习阅读,在写作中学习写作。第二,语文教学要培养学生应用已有知识和创新思想的能力,尽量表达不属于他人而属于自己的、真实的、有意义的东西。第三,学生的语言错误只不过是学生语言学习不同阶段的真实反映,教师要容许学生犯错误,要扮演辅助者的角色,鼓励学生冒险并大胆使用语言表达自己的思想,即使不准确,也不是失败者。第四,语言是在社会交往和互动中获得的,因此学生之间也可以彼此学习。第五,语言的使用包括语意、语法和形音,因此语言是不可分割的整体。语言的使用还包括第四个系统——实用性。实用性的含义是"在一个特定的情境下语言使用的社会规则"。实用性是语文认知的过程与基础。语言文字的学习并不是认知语意和语法,而是包括语意、语法与应用三大要素。

(四) 正确认识语文知识与语感的关系

语感是在规范语言的长期运用和严格的语言训练中形成的。它既需要通过阅读、写作和有声语言的环境来积累语言经验,获得大量的感性认识,又需要联系生活经验去揣摩语言文字,提高语言素养以获得理性认识。教师要不断丰富学生的生活经验,引导他们联系生活经验,唤起有关表象,进行相关想象与联想,回忆自己经历的生活,从而体味语言构成的情景,领会其中蕴含的感情,获得理解语言的能力。

教师应正视知识基础与语感能力的关系。文化背景知识、语文基础知识和语文认知策略是培养听、说、读、写能力的基础,也是语感养成的重要条件。它们为培养语感提供了理性经验,使学生对语言的理解和鉴别既知其然,又知其所以然。语文教学应引导学生丰富文化知识,系统学习语文知识,初步理解语法规则,并用以指导听、说、读、写实践,进一步积累有理性渗透的言语经验,这种理性经验越丰富,学生就能越快地促进语感达到更高水平。

第七章

写作心理与教学

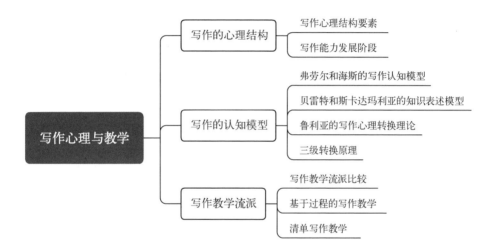

维果茨基是第一位在心理学中把书面语言作为特殊信号活动进行专门研究的学者。他认为,从心理学角度看,书面语言同口头语言、内部语言有质的区别。书面语言最完备、最精确,主语和谓语充分展开,因为书面语言是人们在不同情境中的交际工具。口头语言可能只有谓语,因为交谈者往往处于同一情境之中。内部语言则只有谓语,因为内部语言发生在个体的头脑之中,它的主语不言而喻。这种语言的结构源于语言具有的不同功能。可见,和其他两种语言相比,书面语言可以更加充分地表达交际内容,并且由不同的动机引起,具有更大的随意性和自觉性。这也是书面语言的心理特征。

第一节　写作的心理结构

写作是以书面语言表达观念的过程,是一种复杂的智慧技能。国外学者在写作心理结构方面的研究较少见,我国学者多关注写作心理因素方面的研究,且成果颇丰。

一、写作心理结构要素

国内学者大多把写作心理结构归为几个要素或因素。

(一) 谢锡金的观点

香港大学谢锡金借鉴西方学者的观点,认为写作能力包含五个因素。

(1) 掌握写作思维过程的能力。这是指学生从长时记忆系统提取资料,理解题目的含义并选取题材;操纵写作过程,如构思、衍生和取舍观念;动笔时能转换翻译,以及修订和重写等的能力。

(2) 掌握传意的能力。这是指明确作者和读者的身份,选择适当的人称、格式等的能力。

(3) 娴熟运用多种表达方式的能力。这是指运用记叙、描写、说明和抒情等方法的能力。

(4) 运用评鉴的能力。这是指发现错别字和修改作文,评价、欣赏自己和他人作文的能力。

(5) 解决写作困难的能力。这是指搜集和整理材料,运用多种方法产生创意等的能力。

(二) 朱作仁、祝新华的观点

朱作仁提出,小学生写作能力结构要素包括审题能力、立意能力、材料收集能力、选材和组材能力、语言表达能力、修改能力。

1991 年,祝新华对国内六省 17 所小学 402 名学生进行抽样测验并运用因素分析法,得出小学生写作能力包含五个因素。

(1) 确立中心的能力。这是指主题正确,并依据主题确定详略、删选材料的能力。

(2) 组材能力。这是指写作时句子连贯、层次分明,有条理地表达的能力。

(3) 选材能力。这是指所选材料真实、典型的能力。

(4) 语言基本功。这是指具有一定词汇量,能满足基本的表达需要,没有词不达意的能力。

(5) 修辞能力。这是指正确运用基本的修辞手法的能力。

（三）刘荣才、张鸿苓的观点

刘荣才和张鸿苓认为,写作能力结构要素包含:一是观察力、思考力、联想力和想象力;二是审题能力;三是运用表达方法的能力;四是审题和立意的能力;五是谋篇布局的能力,包括选材、剪裁,组合材料;六是运用书面语言的能力;七是修改能力。

上述观点可分为两类:一类是将写作视为积累、构思、表达和修改能力的表现,即一种特殊能力。如朱作仁和祝新华的观点。另一类将写作视为感知、记忆、想象、思维和语言能力的表现,即智力因素和语文特殊能力的融合。如谢锡金、刘荣才和张鸿苓的观点。但这些观点大多停留于经验型的分析与概括,有待心理学实证研究。

二、写作能力发展阶段

国内外学者对学生写作能力发展的阶段性特征也有所关注和研究。

（一）贝雷特的五阶段论

美国学者贝雷特(Carl Bereiter)认为,学生写作能力的发展可分为联想性写作、表现性写作、交际性写作、统一性写作和认知性写作五个阶段(见图7-1)。

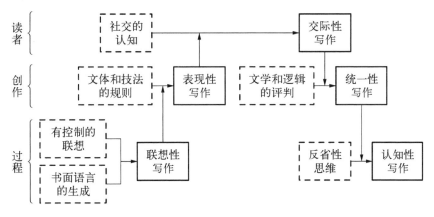

图7-1　写作能力发展的五个阶段

联想性写作阶段,学生想到就写。表现性写作阶段,学生能注意文章的风格和句法的规则。交际性写作阶段,学生会考虑读者,明确写作是为了与别人交流。统一性写作阶段,学生具有创作力,能从文学和逻辑的角度思考写作。认知性写作阶段,学生写作时已有反思性思维的参与。

（二）沃金森三个年龄组的研究

沃金森（A. Wilkinson）通过对三个年龄组 360 名学生的研究,发现不同年龄学生写作能力的发展有以下特征。

1. 七岁儿童组

（1）语言。书写速度很慢,文章长短、拼写正确与否差异很大,标点有时遗漏或误用,运用能力较弱。

（2）结构。只能依序复述事件,写故事欠连贯,发展不合逻辑,不会裁剪材料,无详略之分。

（3）行文。只能用记叙的表达方式。

（4）客观性。大部分学生以自我为中心,能表达自己的选择和感受,但不能自我批评。文章中虽会提及他人,但不能将他人作为不同的个体考虑。

（5）对读者的认识。认识不到读者的存在,经常会遗漏信息。

（6）风格。仍保留口语的特点,即简单直述句加上特定的连接词,很少有修饰语,多用意义具体的词语。

2. 十岁儿童组

（1）记叙。能依事件先后次序叙述,开始有情节安排,有开头和结尾,有详略,少数学生还能运用倒叙或回顾的方法。自传体记叙中,开始有描写的成分,以阐述情节。时间之外开始注意空间要素。

（2）情感。仍以自我为中心,较少评价自己的感受。开始注意自己以外的人物,并加以简单的描述。

（3）对读者的认识。部分学生有明显的读者观念,知道写作要符合读者的要求。

（4）对语体的注意。在记叙文中,有学生开始注意语体,如用对话表达情节。

（5）风格。基本形成书面语,字词运用渐趋正确,字词和成语运用较以前成熟,有的学生还会有意识地运用新学的词汇修饰文章。掌握句法,但还会写错长句。

3. 十三岁儿童组

（1）语言运用。较多接触不同的文体,对写作的范式较为熟悉。有语言区分能力,在不同的文体中会用不同的表达形式。

（2）记叙。能围绕事件的核心,删除与主旨无关的材料。提供资料,解释原因,使读者对事件的发展脉络更为清晰。

(3) 对读者的认识。明显认识到读者的存在,因此会运用各种手法使读者掌握更多信息。

(4) 对自己和他人的认识。逐渐认识到自己和他人的关系,明白自己和他人是不同的个体。尝试描述自己的感受,会描述他人的情况,逐步脱离自我中心。

(5) 虚假的感觉。学生希望在文章中表达独特的生活经验,但缺乏相应的语言描写,因词语使用不当,反而使文章夸张、失实。

(6) 风格。字句运用较之前灵活多变,介绍游戏时能运用适当的术语,运用参照、变换等方法保持行文的一致和连贯。开始运用反复、对偶、反语、比喻等修辞手法,以提高表达效果。[①]

(三) 朱作仁的五阶段说

朱作仁认为,学生写作能力的发展有五个阶段:写话期、过渡期、初级写作期、中级写作期和熟练写作期。每个阶段都有对应的表现特征(见表 7-1)。

表 7-1　学生写作能力发展的五个阶段

序号	分组	年级段	一般表现特征
1	写话期	小学低年级	作文的起步阶段,在识字、写字、说话和初步阅读的基础上,从口述到笔录。联词选句,开始会写 1~3 个句子,并联句成段(表达一个完整意思的句群);练习方式是先说后写,写作内容比较浅显,表达的意思十分简单。
2	过渡期	小学中年级	用文字写一个场景,一个人的肖像或一件简单的事等,篇幅加长,懂得写文章的难度;出现个别差异,有了不会写文章的学生。这个阶段基本完成从口述向笔述,从句、段向篇章的过渡,开始注意文章的构思。转变的趋势表现为从不切题到切题,从不能分清段落到分清段落,从写简单句到比较复杂的复句等。
3	初级写作期	小学高年级	写作范围扩大,联想合理,能分别运用记叙、描写、说明等表达方法;注意围绕中心选材、组材,思路日趋有条理;从自然的开头、结尾向多样化的开头、结尾发展;从平铺直叙、不善于表达思想感情向初步借物抒情发展,有一定的文字表现力;初步掌握了记叙文写作的一般要求和写作方法。

---

① 朱作仁,祝新华.小学语文教学心理学导论[M].上海:上海教育出版社,2001:203-204.

续　表

序号	分组	年级段	一　般　表　现　特　征
4	中级写作期	初中阶段到高中一年级	能运用形象思维和抽象思维对写作素材加以提炼和概括,确立明确的中心思想;运用五种表达方式(记叙、描写、说明、议论、抒情);注意应用修辞手法;词汇、句式、章法的储备日益丰富;运用语言材料比较熟练,文字表现力加强,有布局谋篇能力。
5	熟练写作期	高中阶段乃至以后	能处理内容复杂的材料(如人物众、场景变换多、头绪繁、事件容量大、论说事理较详等),综合而熟练地运用多种表达方式(夹叙夹议、议论中抒情、抒情中议论等);文章立意有一定深度;结构完整,逻辑严密;词汇丰富,写作速度快;文章较有文采,并出现向创作发展的倾向。

第二节　写作的认知模型

在西方写作心理学研究大多关注作者,包括名家、普通作者和初学者实际的写作过程。例如,1965 年洛曼(D. Gordon Rohman)提出预写作(prewriting)、写作(writing)、复查(rewriting)三阶段的写作过程模型。安德森(John R. Anderson)认为,口语表达和书面表达在认知操作过程中具有相似性,可以被视作语言生成过程的具体表现形式。他提出组织(construction,确定表达的思想)、转换(transformation,将思想转换成语言形式)、运用(execution,以语言形式表达信息)三阶段模型。此外,许多心理学家将写作活动视作问题解决的信息加工过程,如 1986 年弗劳尔(Linda S. Flower)和海斯(John Richard Hayes)提出的写作认知模型、贝雷特(Carl Bereiter)和斯卡达玛利亚(Marlene Scardamalia)的知识表述模型、苏联神经心理学家鲁利亚提出的写作心理转换理论等。

一、弗劳尔和海斯的写作认知模型

弗劳尔和海斯的写作认知模型将写作设想为一系列思维过程,作者在这些过程中组织思想并构成篇章。该模型不关注作品本身,而是强调写作过程中应用的程序。他们认为,写作是一个问题解决过程:作者确定一个问题空间,然后运行有关这一问题空间的心理表征,最终达到目标。这个过程由任务环境、作者的长时记忆和工作记忆三个部分组成,每一部分又包括若干成分(见图 7 - 2)。

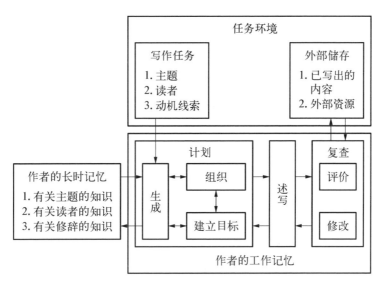

图 7 - 2　弗劳尔和海斯的写作认知模型

(一) 任务环境

任务环境包括作者的写作任务和可供作者利用的外部资料。如已写的内容、作文参考书、文摘卡等,因为这些资料保存在作者头脑之外,所以又称为外部储存。

写作任务包括要求作者写什么,即写作的主题是什么,读者是谁,写作的动机是什么。设想有这样一项写作任务:要求作者写一篇随笔,主题是"议论南方下雪天的利弊"。读者是语文教师和同班同学,动机是完成作业取得好成绩。可见,写作任务是对外部条件的界定,这些外部条件为作者对写作任务的初步表征提供了一个框架。外部储存包括作者写在纸上或电脑上的已经完成的写作内容。这些内容能提示作者保持前后逻辑的一致性。此外,作文参考书、文摘卡等能提示作者组织未完成的部分。作者通过查看和翻阅已写出的文章内容及外部参考资料,寻找自己需要的信息,而不必把这些信息全部记忆在脑中,从而大大减小了记忆负担。上述无论是写作任务的要求,还是已写出的内容及各种参考资料,均为外显内容。

（二）长时记忆

认知心理学家认为,知识以短时记忆和长时记忆两种方式储存在脑中。短时记忆指信息保持时间在一分钟以内,长时记忆是指信息保持时间在一分钟以上,甚至终生。

弗劳尔和海斯认为,与写作有关的三类知识储存在长时记忆中。它们是有关主题的知识、有关读者的知识、有关修辞的知识。储存在作者长时记忆中的知识是可用语言直接描述的陈述性知识,因此又可以把这部分长时记忆称作陈述性长时记忆。长时记忆中的有关知识对作品的优劣有重要意义。试想,作者掌握了有关主题的丰富知识,那么提取和生成观念的速度就快;掌握了有关读者和修辞的丰富知识,那么写出的作文就会中心明确、前后连贯、语句优美。相反,若学生缺乏主题内容知识或修辞知识,那么很可能偏离主题,不可能写出一篇合格的文章。

（三）工作记忆

弗劳尔和海斯认为,作者的工作记忆会经历计划（planning）、述写（translating）和复查（reviewing）三个过程。

1. 计划

计划是述写前的准备工作,包括建立目标（goal setting）、生成（generating）和组织（organizing）三个部分,类似于我们平时的构思。

（1）建立目标。这是指作者对自己提出写作要求或制定计划,以便自我引导、执行计划。这样的目标可以是长期的努力目标,如写一篇优秀的文章;也可以是短期目标,如第二段需要有个过渡段。可以是有关量的目标,如写一篇 800 字左右的文章或凑满 600 字即可;也可以是关于质的目标,争取写一篇能在校报上发表的随笔,或只要老师不让我重写即可。在整个写作过程中,建立目标随时发生,且目标是具体的（想交流什么）并具有程序性（怎样去交流或如何表达各部分的观点）。擅长写作的人在写作前心中已有了目标,但在写作的过程中,可能会认识到某个目标与写作无关,预示新的目标在实际的写作过程中会被提出来。

（2）生成。这是指在头脑中形成写作时将要使用的观念和内容。形成的观念可能来自长时记忆,例如"老师讲过议论文的三要素"。也可能来自外部环境,例如"我找到了我的摘抄本上的一段精彩的议论"。内容的提取则需要作者在记忆储存中搜索生活体验或阅读积累,当然也可以在外部积累的资料中搜索、提取，再确定表达的内容信息。

（3）组织。这是指对提取的观点和内容进行布局，以确定如何表达这些信息。写作开始时要组织，在整个写作过程中，作者要不时地对新段落、句子进行组织布局。一旦目标观念有变化，布局也会受到影响。

可见，计划过程中建立目标、生成和组织不是一次性完成的，它们会在写作的全过程中持续发生相互作用。

2. 述写

弗劳尔和海斯认为，作者工作记忆的第二个阶段就是把自己的观念转化为书面文字的过程。述写始于对写作任务的心理表征，这些表征可能是一个或一系列目标以及达成此目标的计划，或者仅仅是一个观念。其结果是写在纸上或电脑上的文章。

述写对作者工作记忆容量的要求很高。作者一般要在工作记忆中激活写作目标与计划，形成有关文章内容的一些观念，并回忆前面已写出的内容等。但是，当拼写、标点和语法方面的技能自动化或接近自动化时，作者工作记忆的负担会大大减小，可以把更多的记忆空间用于计划和复查等活动。

3. 复查

复查是指将写好的文章与心中的标准作比较，进行必要的修改，包括评价和修改。复查常发生在文章完成之后，但有时也发生在写作过程中。

弗劳尔和海斯认为，工作记忆是一个动态的过程，储存的是完成某项工作的程序性知识，不一定能用语言描述出来。这些程序性知识不是线性的，从计划到述写再到复查不是一次性完成的，而是存在复杂的相互作用。彼此之间有反复，有循环，从而形成螺旋往复的形式。因此，写作认知模型的三个加工过程都需要认知监控的参与和调节。

弗劳尔和海斯特定目标导向的问题解决过程模型的研究对象是高水平的成年作者。该成果被看作写作心理认知研究发展史上的标志性事件，对后来的研究影响深远。

二、贝雷特和斯卡达玛利亚的知识表述模型

贝雷特和斯卡达玛利亚以儿童（新手）的写作过程为研究对象，提出了写作的知识表述模型（knowledge telling process）（见图 7-3）。

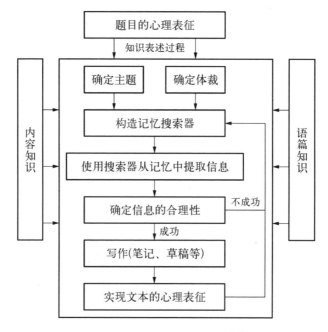

图 7 - 3 写作的知识表述模型①

（一）模型概述

贝雷特和斯卡达玛利亚的知识表述模型描述儿童写作过程是：作者根据题目要求，主动从记忆中搜寻并提取有关文章主题和体裁的知识信息；确定其合理性后，进行恰当组织；最后将组织好的知识用书面语言表达出来。

（二）模型分析

该模型假设，儿童（新手）有内容知识和语篇知识两个独立的知识来源，它们交互作用对儿童产生影响。儿童的写作活动更看重述写（转译）过程——把观念转换成书面语言文字，计划和复查并不受儿童重视。

三、鲁利亚的写作心理转换理论

写作心理转换理论认为，写作是学生把思维活动转变为语言表达的心理过程。在这一心理过程中，除了思维和表达两大因素外，还存在一个极为重要而又常常被人们忽视的因素，即转换。学生写作水平之所以难以提高，写作训练

---

① 彭聃龄.语言心理学[M].北京：北京师范大学出版社,1991：239.

之所以难见成效,关键就在于忽视了写作进程中的心理转换过程。关于"转换"有两种观点:一级转换理论和二级转换理论。

(一) 一级转换

人们的思维活动与语言表达之间有着密切的联系,但并不相同,它们之间有着不完全相同的组织结构和运作规律。

1. 思维活动与语言表达

第一,表达是线性的而思维是非线性的。不管是说还是写,在表达时都表现出一定的先后顺序,具有逻辑性。思维则更像一个无序的、变化万千的万花筒。要想用语言把思维表达出来,必须经过一定的转换,即把存在于脑海中的立体性思维逐一分解,形成便于表达的线性结构。将思维中需要表达的部分挑拣、固定下来,并进行一定的排列组合,从而形成一个便于语言表达的时间顺序。

第二,表达具有逻辑性而思维具有跃迁性。因此,表达思维必须经过一个按照逻辑规程规定的逻辑顺序加工、整理、规范的转换过程。

第三,表达具有交际性而思维是自足的。思维并不关心对方能否理解,因而其残缺不全者有之,含糊不清者也有之。把这种思维直接反映到作文中显然缺少转换能力。

2. 一级转换的理论框架

一级转换理论认为,写作是把思维活动转变为语言表达的心理过程,在这一心理过程中,经历了从思维到表达的转换,即用句法规则将非线性、无逻辑与自足的思维转换为线性、有逻辑的且具有交际性的表达。

一级转换理论的框架可以表示为:

$$\text{思维} \xrightarrow{\text{转换}} \text{表达}$$

3. 理论局限

一级转换理论的局限在于,研究者看到了思维与表达的差异,认识到其中有一个转换问题。但是,一级转换理论认为,从思维到表达的转换即运用句法规则将思维结果直接转换成言语形式表达出来。语言是用来表达思维的,语言表达离不开句法规则,因此在思维活动向语言表达转换时需要运用句法规则,这是一个不争的事实。但是,它并不能说明这一转换是如何进行的。因此,这种直接的一级转换理论虽然提出了转换问题,但并未从实质上解决转换是如何进行的问题。

（二）二级转换

苏联心理学家科瓦廖夫提出写作过程的双重变换特性。他认为,任何创作过程都包括两个方面:第一,个体在反映现实的过程中积累生活印象,舍此,任何创作都是不可思议的。第二,对这些印象进行创造性加工,并把这项工作的成果用语言形式投射出来。换句话说,创作过程不是别的,而是双重的变换过程:第一,把外部刺激的能量变换成知觉的显示或现实的形象;第二,把形象变换成作为形象客观化、物质化的体现的文字描写。

1. 科瓦廖夫的三个阶段说

科瓦廖夫认为,创作过程具有三个阶段:构思的产生——作品的形成——作品的文字体现。其中,构思的产生即思维活动,作品的文字体现即语言表达,作品的形成则是从思维活动到语言表达的中介,这个中介即"知觉的显示或现实的形象"。也就是说,写作首先是从思维活动转换为"知觉的显示或现实的形象",再从"知觉的显示或现实的形象"转换成语言表达。这经历了二级转换。

2. 鲁利亚的两次转换论

基于写作过程双重变换特性的理论,苏联著名神经心理学家鲁利亚(Alexander Romanovich Luria)提出,在写作中,要顺利完成将思维转换为扩展性话语这一过程,作者至少要在思维内部进行两次转换,即由思维转换为内部言语,再由内部言语转换为呈线性序列的外部言语。这两次转换都离不开作为中间环节的内部言语,它是第一次转换的终点,又是第二次转换的起点。这就是写作二级转换理论的雏形。

其基本框架可以表示为:

$$思维 \xrightarrow{\text{一级转换}} 内部言语 \xrightarrow{\text{二级转换}} 表达$$

在实际的写作过程中,学生进行一级转换,即将思维中想要表达的内容挑选并固定下来时,常运用语言点的形式,这些语言点就是内部言语,它赋予作者的表达活动以内容上的明确指向性。要很好地完成这一过程,需要作者思考清楚,在自己的思维中,哪些是打算写进作文中的,哪些是不需要写进作文中的,需要写进作文中的内容又有哪些是要详细写的,哪些只要简略写,哪些是首先要交代清楚的,哪些则是要放在后面讲的。一句话,就是对全文构想清楚,然后用语言点的形式将这些内容固定下来。这就要求作者有清晰的思路和用内部言语固定思路的能力。作者在进行二级转换,即在从内部言语向外部言语转换的过程中,常常按照内部言语产生的顺序,在内心悄悄试探扩展语言结构,排列词的顺序,并在心里默诵这些最初产生的句子,默诵中有暗自比较与选择,也有不断扩充与删改,最终完成从内部言语到外部言语的转换,形成完整的表述句表达出来。要想很好地完成这一步骤,需要具有丰富的词汇量,并且具有快速提取词汇,准确灵活地运用这些词汇的能力。同时,还要具有将内部言语中述谓结构的词扩展成合乎语法规则的句子的能力。

3. 理论局限

二级转换理论可以解释许多前人无法解释的问题,将写作研究大大向前推进了一步。但是,无法解释同为外部言语表达的口头言语和书面言语之间的关系。口头言语与书面言语同为外部言语表达,当然同样遵循思维——内部言语——表达的转换规律,同样的转换过程却得出不同的转换结果,说明二级转换模式尚不足以解释写作的全过程。

四、三级转换原理

写作是由思维到表达的心理过程,从思维到外部书面言语表达经过三级转换。第一级转换是从思维到内部言语的转换;第二级转换是从内部言语到外部书面言语表达的转换;内部言语到外部书面言语表达的转换要经过二级转换过程并进入第三级转换。

(一) 转换原理概述

第一级转换是从思维到内部言语的转换。这一级转换的形式是直接转换,与二级转换理论相同。第二级转换是内部言语到外部口头言语表达的转换。因为它经历了工作记忆的暂时存储过程,所以是间接转换。需要注意的是,从内部言语到外部书面言语表达的转换也经历了二级转换过程。在二级转换中,口头言语表达与书面言语表达是不完全相同的过程,但有相当部分的重叠。二级转换与三级转换之间有一个过滤器,过滤器的作用是筛选二级转换的结果:加工充分、质量好、能直接用于书面言语表达的部分被放行;表达上不合乎要求的则需要进行第三级转换,即进入再加工器,进行增加、删改、取消、更换、修饰等加工,而后进入书面言语表达;有关内容、结构表达等方面需要再加工的部分则返回内部言语,直至思维。在内部言语经过工作记忆进入二级转换之前,有一个表达通道开关。当运用口头言语表达时,书面言语通道关闭,口头言语通道接通,内部言语经二级转换加工后进入口头言语表达。当运用书面言语表达时,口头言语通道关闭,书面言语通道接通,内部言语经二级转换后进入三级转换,最终进入书面言语表达。整个加工过程均在自我监控之下进行(见图 7 - 4)。

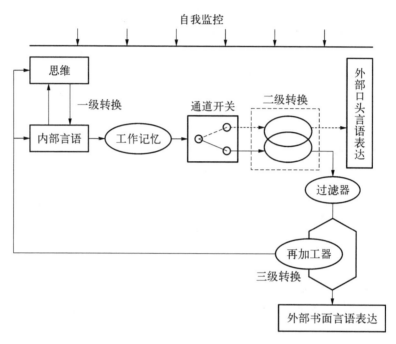

图 7 - 4　三级转换原理示意图[①]

三级转换是外部书面言语表达的重要转换过程,但并非必要过程。如果人们的言语表达能力达到相当水平,就不再需要经过三级转换过程。也就是说,所有二级转换的结果都顺利通过过滤器的检验而无须进行再加工。因此,从内部言语到外部书面言语表达的转换有如下三种可能。

(1) 对低年级学生而言,由于他们书面言语表达能力较低,再加工的能力有限,从而过滤器的检验水平受到限制,检验标准降低,放行度加大,因此少有三级转换过程,或三级转换过程常常不够完善。结果表现为,书面作文与口头作文水平无显著差异,书面作文常常是口头作文的记录形式。

(2) 对中、高年级学生而言,他们已具备一定的书面言语表达能力,但尚未达到心口如一的程度,因此三级转换过程比较充分,常常表现为书面言语表达更为精细。

① 　刘淼.作文心理学[M].北京:高等教育出版社,2001:44.

（3）对作家而言，他们已具备很强的言语表达能力，往往能够做到心口如一、言文一致，因此他们的书面言语表达也无须过多地经过三级转换过程，除书写外，其思维与表达常常能够达到同步。

（二）原理启示

三级转换原理对写作教学的三点启示。

（1）口头言语表达和书面言语表达是语言表达的两种形式，但大部分学生对书面言语表达难有兴趣。其根本原因是，书面言语表达比口头言语表达多经过一级转换（即需要经过第三级转换），因此需要更多的时间进行再加工，如推敲词语、斟酌语段、调整结构、增改内容等。此外，在这个过程中，构思好的东西一边进入工作记忆，一边表达。如果两者所需时间存在较大差异，就会导致学生原有的构思丢失。因为不断向工作记忆输送信息时，尚未及时表达出的信息被掩盖了。这个时间差包括书写速度的因素。

（2）口头言语表达和书面言语表达作为语言表达的两种形式，一个用嘴靠声音传播，一个用手靠文字记录。口头言语表达的训练有助于书面言语表达能力的提高。这是因为，首先，口头言语表达与书面言语表达共同经历了前两级转换过程。口头言语表达为第一、第二级转换训练，有较严格的时间限制，因而对其经历的两级转换也提出了更高的要求：必须直接考虑好，而不能指望再加工。书面言语表达有较多的时间，甚至不受时间限制，在训练前两级转换中就不如口头言语表达。其次，在前两级转换特别是第二级转换的结果中，可以直接运用于书面言语表达的东西越多，再加工的压力就越小，书面言语表达就越容易，这降低了书面言语表达的难度。二级转换结果中可以直接运用于书面言语表达的质量越高，其书面言语表达的水平就越高，这提高了书面作文的水平。所以，书面言语表达不一定要先经过口头言语表达的阶段，但必须经过二级转换的共同过程。因此，与其说形成两者联系的原因在于口头言语表达是书面言语表达的基础，不如说其根本原因在于二级转换是三级转换的基础，后者更为确切。

（3）口述作文是降低写作训练难度的有效途径。作文多重水平加工理论认为，写作困难的根本原因在于高水平与低水平加工同时进行，因此主张避免高水平与低水平同时加工以降低写作难度。在写作三级转换模式中，思维是高水平加工，表达为低水平加工。就表达而言，二级转换为初级水平加工，三级转换则为高级水平加工。依据多重水平加工理论，要降低难度，则需要将转换区分开来训练。直接进行书面言语表达训练因未将转换区分训练而难度大,仅仅训练口头言语表达虽然将转换区分开来,但对书面言语表达作用有限。口述作文训练既符合区分训练的要求,又能对书面言语表达产生重大影响,成为最佳方法。

第三节　写作教学流派

若以教学目标作为划分标准,国际写作教学发展主要经历了这样一个发展过程:关注结果(product)、关注过程(process)、关注语境(context)。与之相应,形成了文章写作(articles writing)、过程写作(process writing)、交际语境写作(communicative context writing)三大写作教学流派(见图7-5)。

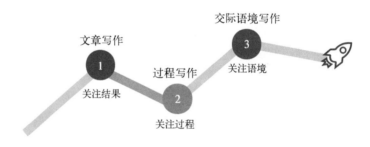

图7-5　国际写作教学发展历程

我国写作教学的主流是关注学生的写作结果——文章,并以此作为教学目的和评价对象,属于典型的文章写作教学流派。百多年来,我们积淀了放胆文、由说到写、读写结合、例文仿写、多读多写等丰富的中小学写作教学经验。但由于教学和研究的视域限于结果(一篇合格的文章),忽视写作的主体(有个性差异的学生及其写作行为),该流派的不足和弊端彰显无遗。这是我国写作教学改革裹足难行的重要因素之一。

一、写作教学流派比较

文章写作教学流派、过程写作教学流派和交际语境写作教学流派在研究视域的关注点、理论依据、课堂教学实施等方面有显著差别。因为交际语境写作在实践层面的研究尚不成熟,所以不纳入比较范围(见表7-2)。

表 7 - 2　两种写作教学流派的比较

比较项目＼教学流派	文章写作教学	过程写作教学
价值取向	一篇合格的文章。	每个学生参与写作过程。
学习观	基于行为主义学习观：学生学习写作就是在刺激与反应之间建立联系的过程。写作这种复杂行为是由简单行为构成的。	基于建构主义学习观：学生学习写作就是主动建构写作知识的意义，这种建构不可能由他人代替。强调学习的主观性、社会性和情景性。
教学预设	1. 学生是通过反复练习，才学会写作的。 2. 教师是学习过程中奖惩的实施者。	1. 每个学生都带着丰富的个人生活经验来到教室，若给他们机会说出自己的经历并写下来，他们总是有话题可写并能写很多。 2. 教师是写作任务的指导者。
教和学的行为	教师教授写作知识，学生反复练习。	教师以有指导的发现，鼓励学生有效参与，以合作学习为主。
教学关注点	1. 理解导向：重视写作知识的讲解。 2. 技能导向：鼓励学生多写多练以拥有写作技能。	实践导向：在写作各阶段关注每个学生的行为实践，使他们经历写作过程。
优　势	有利于学生理解写作概念、规则，记忆写作知识。	有利于学生参与写作实践活动，体验写作知识的运用，掌握写作方法。

（一）文章写作教学流派

该流派认为，写作教学的价值在于学生能写出一篇合格的作文。该流派依托行为主义学习观，将写作能力分割成静态的心理因素，认为学生的观察、记忆、想象、思维、动机、兴趣、情感、意志和性格对完成一篇作文都有影响。因此，在写作教学实践中，教师提炼了诸多写作方法以及与之对应的知识点，如从外形、颜色、滋味等方面观察植物的知识和方法，审题、立意、选材、结构、语言等方面的知识和开展思维活动的方法。课堂上教师精心设计教法，重在准确传授写作知识，并要求学生理解和熟记。

该流派认为，写作是写作知识与思维（行为）之间建立起某种联结。教师选择重要的写作知识和技能，将它们分解成若干小步子，并设计相应的强化—反应的关系，再引导学生一遍遍练习。学生反复练习，教师判断、强化，就自动形成写作能力。因此，写作课上教师的指导限于写作知识，主要是写作的陈述性知识(一种描述写作是什么和怎么样的静态知识)的传授。少部分学生——美国心理学家加德纳所言的言语/语言智能强的学生,通过自悟将教师传授的知识自觉运用于写作过程,形成写作技能,将写作的陈述性知识转化为程序性知识(一种关于如何写的与实践操作密切相关的动态性知识)。大部分学生虽然明了选材、布局、中心主题、表达手法等写作的陈述性知识及其重要性,却难以指导自己的写作行为。这就形成了写作的陈述性知识与程序性知识之间的断层,学生自身难以跨越而教师也无从入手。作文指导课上,中小学教师既无法掌控每个学生的思维活动过程,又要达成教学目标——完成一篇合格的作文,最常见的对策就是要求学生反复修改。其结果是让原本对写作兴趣不大的学生对作文课耿耿于怀。

文章写作教学流派的优势在于:强调传授学生扎实的写作知识。文章写作教学流派的弱点在于:未曾涉猎学生运用写作知识,即无法完成写作的陈述性知识向程序性知识的转化。文章写作教学流派只见物——文章,无视人——学生的本质属性,是该流派依托的学理依据和抉择的价值取向所决定的,是该流派自身无法突破的局限。行为主义学习观在帮助学生掌握写作知识方面有其不可忽略的价值,但抹杀了人类初级学习如抄写生字词与高级学习如写作之间的根本差异。

(二) 过程写作教学流派

建构主义学习观进入学生认知过程的视界,强调知识是一个动态系统,是学生对客观世界的经验、解释和假设,并被每个学生不断重塑。从关注文章到关注学生是写作教学研究视野和学理依据的更新。

过程写作教学流派认为,写作就是学生主动建构写作知识的意义,这种建构不可能由他人代替。因此,写作教学的价值在于引导每个学生参与写作全程。写作教学的重点在于教师指导学生发现,鼓励学生合作学习,有效参与写作过程,并在这个过程中运用写作的陈述性知识解决写作问题——形成写作的程序性知识。

从各国写作教学发展来看,文章写作教学向过程写作教学转型是必然的发展趋势。

二、基于过程的写作教学

写作教学是一门科学,其科学性表现为对学生书面语言表达规律的深度认识和基于此认识的教学方法创新。为促进国内写作教学转型，一方面需吸纳相关领域新近的研究成果，诸如写作转换理论；另一方面需拓展视野，借鉴国外有关写作教学改革的成果，尤其是教师如何指导学生开展不出声的言语活动的实践经验，改进我国写作教学行为。

（一）美国过程写作法

过程写作法（process writing approach）在美国中小学写作教学中盛行，属于过程写作教学流派。1996 年，美国《英语语言艺术标准》第 5 条写道："最近几年，许多学生从写作教学著名的'过程写作法'中获益。该法关注不同写作活动都涉及的过程步骤，如为真实的读者写计划、草稿、编辑和发表。"近 10 年来，过程写作法的实践研究有了更深入的发展。

1. 关注写作的五个阶段

美国过程写作法提出并关注学生写作活动的五个阶段：预写作（prewriting）、打草稿（drafting）、修改（revising）、校订（editing）、发表（publishing）（见图 7 - 6）。倡导教师全程指导，管理学生的写作行为。

图 7 - 6　过程写作法的五个阶段

2. 借助写作清单

写作清单是教师管理学生写作行为的重要媒介。所谓的写作清单（writing checklist）就是将写作要求，包含写作内容、表达方法、写作策略方面的知识，以清单的形式有序排列，供学生在写作全程中自检或互评。下面是一份中学小说（故事）写作清单，由内容和语言两部分组成，以问句的形式呈现。每一项目前设计了一个方格，便于学生打钩或打叉作评价标记。

案　例

小说（故事）写作清单

内容

☐ 1. 你思考过"Wh"问题吗？

☐ 2. 小说有定位吗？小说中的主、次要人物在何处介绍给读者？

☐3. 小说是否描述事件纠纷?

☐4. 事件纠纷中是否有对抗?

☐5. 描述主要人物时,是否叙述他们的反应?

☐6. 是否描述主要人物的结局?

☐7. 小说的篇幅合适吗? 是否分章节来写?

语言

☐8. 小说中的句子大多用一般过去式了吗?

☐9. 用过去式来表达主要人物的想法了吗?

☐10. 大部分动词是用主动语态了吗?

☐11. 运用直接引语描写人物对话了吗?

☐12. 直接描述有趣和重要的情节了吗?

☐13. 你是用第一人称或第三人称写的吗?

☐14. 你和读者直接对话吗?[①]

作文课上,教师借助写作清单呈现写作知识,指导学生开展不出声的言语活动,运用写作知识。通常,写作清单在第一阶段预写作活动结束时发给学生,伴随学生写作活动全程:打草稿阶段可参照要求;修改阶段评价、修正作文的标准;校订阶段可对照开展自我和同伴校对;发表阶段分享同学发表的作文。

3. 运用同伴和小组合作学习策略

在修改和校订阶段,过程写作法高频率地运用同伴和小组合作学习策略。这是教师创设的一个合作、对话、交流的写作共同体,以支持、帮助和促进每个学生建构和生成写作知识。如,当学生完成初稿后就进入合作学习小组,每个学生朗读自己的作文并获得组员反馈的建议,以确定自己需要修改的内容。合作学习小组的成员围绕作者表达的主题思想发表自己的意见(不关注格式、错别字、语法等技术性细节)(见表 7 - 3)。

(二) 教学实践启迪

过程写作教学流派研究学生及其动态的写作行为,美国过程写作法的创新之处在于:将二次转换理论描述的学生静默无声的思维全程分割成可管理的、外显的阶段性学习行为——预写作、打草稿、修改、校订和发表,打破了教师无法

---

① Brian Tomlinson, Jayne Barnes. Life Accents: An English Language Course for Upper Secondary "O Level" Book A[Z]. Federal Publications, 2004: 131.

表 7 - 3　小组合作学习要求

作　　者	组　　员
• 确定自己希望得到的帮助并告诉组员。 • 朗读自己的作文,可以要求组员复述。 • 询问需细化哪些内容。 • 提出自己的疑惑,请组员提出建议。	• 倾听作者的朗读。 • 对作者的问题作出反应并提供帮助。 • 指出文中自己喜欢的内容、词句。 • 指出文中写得不够清楚的地方,并提出修改建议。

监控学生写作这一魔咒。其中,写作清单、合作学习策略是这一教学方法的核心技术。

已有研究显示,过程写作法的五个阶段可以合并和重复,就像学生写作文一样,是一个反复循环的过程。应视其为作文教学的设计框架和学习支架,而不是简单的程式。

三、清单写作教学

过程写作教学流派引入国内后,一些研究者针对我国写作教学的现实困境,开展实践研究。清单写作教学便是依托弗劳尔和海斯的认知模型、鲁利亚的二级转换理论而进行的一项本土化实践研究。

(一)清单写作的含义

清单写作是教师以清单的形式呈现写作要求,指导学生借助清单管理自己的写作行为,完成写作任务的一种教学方法。该方法属于过程写作教学流派。

(二)写作清单的设计

过程写作教学流派对学生写作过程的管理,从教学组织形式看,主要依托合作学习小组,即采用合作学习教学策略来运作。从写作教学过程看,主要依托写作清单来管理写作行为。写作清单是教师管理学生写作行为的重要媒介。

1. 写作清单的构成要素

写作清单由标题、评价框和条款三部分构成。标题点明清单所属的作文题。评价框便于学生在写作全程中自检或互评。如作文写完后一一对照清单进行核查,再填入"√"或"×"作标记。条款是本次写作的具体要求。教师可以给每个学生发一张写作清单,用于自评或同桌互评;也可以每个合作学习小组发一张写作清单,以小组为单位评价他人的作文。

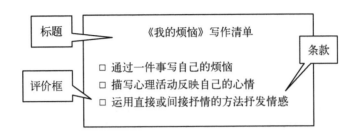

2. 写作清单的设计流程

写作清单是教科书写作任务的二次开发,旨在促进学生理解和把握本次写作要求,并自我监控写作行为。设计流程如下:

（1）研读

研读是指阅读理解"单元学习任务"中提出的写作知识和要求。部编版高中语文教材在每个单元的最后设计了"单元学习任务"板块。该板块会针对本单元的学习内容提出 3～4 个真实情境的学习任务。有的指向作品内涵的挖掘,人文价值的探讨;有的指向作品表达艺术的鉴赏,作家风格的研究;有的延伸至课外阅读,建构阅读方法策略;有的侧重写作与主题的融合,由阅读导入表达。这些任务基本涵盖了阅读、写作、口语交际以及合作性的综合实践活动。针对写作的任务往往配有支架性的学习材料。

如高一语文必修上册第三单元的"单元学习任务"共提出了四项学习任务,经过研读可以判定第三项任务是写作学习任务,教科书编写者还附上了《学写文学短评》的学习材料。

三、优秀的古诗词作品往往具有深刻的意蕴和独特的艺术匠心,学习欣赏时应当重点关注,细加品味。比如,曹操《短歌行》运用比兴手法和典故表述心志,陶渊明《归园田居》用白描呈现日常生活画面,李白《梦游天姥吟留别》用瑰丽的想象表现梦境,白居易《琵琶行》把抽象无形的音乐化为具体可感的形象等。从本单元选择一首诗词,就你感触最深的一点,写一则 800 字左右的文学短评。

学写文学短评（学习材料略）

这篇短小的学习材料补充了文学短评的写作知识。

（2）提炼

在准确理解教材编写意图，明确单元写作任务的基础上，筛选并提炼本次写作的具体要求。如上例根据第三项学习任务，可提炼如下要求：从本单元3篇教读诗词和4篇自读诗词中选一首诗词，写一则800字左右的文学短评。从支架性材料中可以提炼出文学短评的界定及体裁要求：文学短评应精要复述、介绍或引用作品内容；准确把握作品的情感、形象、思想内涵、艺术特点，并从中选择一二聚焦评论；要叙议结合。

（3）定准

同一项写作任务在不同学段的差异要求主要反映在难度上。如中小学都有写人记事的写作任务，小学五年级要求运用语言、动作、心理活动描写的方法，初中二年级要求有详有略地写几件事，且运用直接和间接抒情的方法，高一则要求选取典型事例，运用细节描写来刻画人物形象。这个度的把握通常应该以语文课程标准的"学段目标和内容"，教科书的单元导读、阅读篇目的表达手法和课后练习为依据。定准就是写作知识和要求在难度上的准确定位和细化。

（4）表述

清单的读者是学生，因此一般用短语或简短的陈述句式来表达，且需注意用词浅显、易懂，内容具体可操作。上例第三单元文学短评的写作清单可设计如下。

文学短评写作清单

☐ 从单元内选一首诗词写文学短评

☐ 精要复述、介绍或引用作品内容

☐ 准确把握作品的情感/形象/思想内涵/艺术特点

☐ 聚焦评论点，切入口小

☐ 800字左右

高一语文必修上册第二单元人物描写，《一个熟悉的劳动者》的写作清单可设计为：

《一个熟悉的劳动者》写作清单

□ 自拟题目，写一个熟悉的劳动者

□ 选取典型事例

□ 选取不同的生活侧面

□ 运用肖像描写和细节描写

□ 不少于 800 字

这样的表述形式便于学生理解条款内容，也有助于学生一一对应，判断作文是否达到要求。在表述写作清单时，一般不宜用"写清楚""写具体"这类模糊的、不具有操作性的词语。

3. 写作清单的设计主体

写作清单的设计主体一般是教师，一个写作题目或一次写作任务就对应一份写作清单。随着学生年级的提升，对写作清单认识的深入，设计主体可以由教师向学生转换。初高中生设计写作清单，是一次程序性知识的实践活动，其实质就是写作知识向能力转化的过程。

（三）清单写作教学实践

清单写作教学旨在将写作教学的目标从学生的文章转向每个学生参与并完成写作任务的全程。它要求教师的教学行为从写作知识讲授转换为对全班学生写作行为的有效监控：鼓励有效合作、全程参与、运用写作知识、完成写作任务。所以，合作学习小组建设是实施清单写作教学的第一步。

清单写作指导课一般由导入——阅读——独立写段/合作写作——分享总结四个教学环节构成。

导入。教师引导学生进行头脑风暴，开展发散性思维，确定写作素材。

阅读。学生阅读纸质文本如例文，阅读数字媒介如视频，理解写作清单的内容，学习相关的写作知识。

独立写段/合作写作。学生独立写重点段落或者以合作学习小组为单位，组内分工写段，合作成篇。

分享总结。学生同侪合作或各合作学习小组组间合作，依据写作清单互评分享的作文,教师随机批注、总结。

　　基于学生的写作心理过程,借鉴过程写作教学流派的清单写作教学,是写作教学观念、教学内容、教学策略的一体化变革探究,也是我国作文教学由文章写作走向过程写作的一次本土化创新实践。

第八章

听说心理与口语交际教学

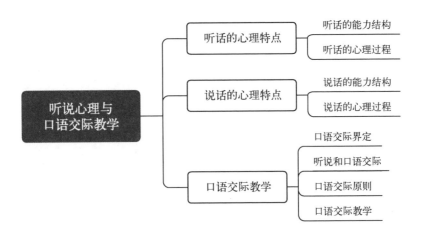

听和说是口头语言(spoken language)的两种表现形式,是人们运用语言材料和语言规则进行口语交际活动的过程。1874年,德国病理学家韦尼克(Carl Wernicke)发现,人类大脑颞叶的颞上回后部支配听音能力,该研究成果后也被证实。人们命名该区域为言语听觉区。1861年,法国外科医生布洛卡(Pierre Paul Broca)研究发现,人类大脑左侧半球中央前回底部支配人的发音能力,这项研究成果后也被证实。人们命名该区域为言语运动区或布洛卡区。这些生理学研究成果为心理学研究奠定了基础。语言心理学家发现,语言是人脑的一种特有的功能,人类语言优势在大脑左半球。左半球存在两个语言区:前语言区,主要具有语言表达的功能;后语言区,主要具有语言理解的功能。相关实验还表明,一般人右耳接受言语材料要比左耳灵敏,这正是因为言语听觉区在大脑的左半球,右耳的神经直接通到左脑。

随着信息社会的发展,人类耳听口说的功能愈加凸显:信息的交流,观点的传播,不同意见的讨论与争辩,人际关系的处理与协调,日常工作中的汇报情况、接待来访、批评、宣传、鼓动、座谈接洽、讨价还价……口语交际能力已成为现代社会人类生存和发展的基本能力。与此同时,信息技术的进步使口头语言的传递、储存、搜索、转换都与高科技结合,并以惊人的速度普及开来。过去需要书面文字传递的信息,如今借助手机、视频、微信可以即时交流。这种简便、高效的交流方式已经渗透到生活与工作的各个区域。培养学生在一个习得的母语环境中更好、更有效地学得规范的口语,已成为世界各国母语教育人士的共识。

第一节　听话的心理特点

听话和说话是从心理语言学的视角提出的概念,着眼于言语的心理方式。

一、听话的能力结构

(一) 听话的特点

与阅读相比,听话具有五大特点。

1. 快速、敏捷

语音不像文字那样固定,它是一说即过、稍纵即逝的。因此,听觉器官在接收信息和传递信息时,需要即时捕捉语点,否则很可能听不清、听不准,甚至什么也没有听到。

2. 同步进行

语音是一个连续的过程,听者在接收语音信息的同时,要边译码边加工,及时理解说话人话语的含义。在加工理解前一句话的同时,又在接收下一句的言语信息,如此反复交叉进行,直到听完对方的最后一句话。心理学实验表明,人们对事物感知停止后,在大脑中留下的印记可以保持 $0.25\sim2$ 秒,如果这时对进入大脑的信息加以特别注意,这种持续会进入 $5\sim20$ 秒的短时记忆,如不采取措施,也会遗忘。

3. 筛选、补漏

与书面言语相比,口头言语临时应对性强,说话人组织语言时常常来不及推敲,因而容易出现重复、脱漏、颠三倒四的情况,这就需要听者随即把听到的话语作筛选、补漏、整理,以便从杂乱重复中得出要点,从断断续续、不完整的句子中得到完整的意思。

4.留心情感信息

言语具有表意、表情的功能,口头言语表情功能更为明显、突出。听话时既可得到意义信息,又可直接感受到情感信息。所以,听话时不仅要听声音,而且要留心说话人所用的语调、语气,观察他的面部神态,只有这样才能准确领会对方话语的真实意图和全部意思。

5.主动分析

听话过程是一种主动的心理状态。一方面,听者主观的思想、情绪和愿望直接影响对话语的理解;另一方面,听者主动依靠句子中的各种语言制约来合成单词,并主动分析这些单词是否和所听的内容一致,还会主动推测没有听清楚的语句。人们在听取连续性话语时,始终处于分析与合成这样一个主动的心理状态。

(二) 听话的能力要素

听的能力主要指对言语语音的感知、辨析、思维等一系列心理过程构成的一种接收语言的能力(见图 8-1)。

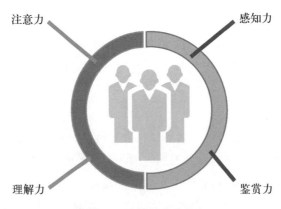

注意力   感知力

理解力   鉴赏力

图 8-1   听话的能力要素

1.注意力

由于有声语言稍纵即逝,停留时间极短,因此听者的注意力必须高度集中。听话注意力体现在敏感性、专注性和持续性上。

(1)敏感性。这是指听话时在生理和心理上对说话人语言作出快速反应。

敏感性越强,注意力就越集中;注意力越集中,敏感性就越强。两者相辅相成。

（2）专注性。这是一种高度集中,即心理活动高度集中在对方的话语上。例如,在听话时,人的心理活动不仅要高度集中在语音上,而且要高度集中在语义上,表达的是什么内容,正确与否,表达艺术怎样,等等,要一一辨清。

（3）持续性。这是一种连续不断,指听话的敏感性和专注性要贯穿听话过程的始终。

2. 感知力

在听话时,听者用自己的听觉器官去感知说话人发出的声音信息,并通过大脑活动揭示语音所代表的意义。它包括语音感知力、重音感知力和语气感知力。

3. 理解力

这是听话能力的核心要素。在感知语音的基础上,凭借个人过去的经验,通过思维去理解词语、句子以及整个话语的意思,揭示对方说话的全部意义（包括言外之意）,因而理解力便成了衡量听话能力的基本尺度。理解力又可分为表层意思理解力、深层意思理解力和概括力。表层意思理解力是指对说话的字面意思的理解力。它是初步的理解力。深层意思理解力,即对言外之意的理解力。概括力,即将听到的内容归纳起来的能力。这是全面理解话语意义的能力。

4. 鉴赏力

以听到的话语作为鉴别、欣赏对象,对听到的话语的正误、优劣、真善、美丑作出判断,并产生情感体验。包括内容鉴赏力和表达艺术鉴赏力。前者指对所听话语的内容作出评价,肯定真实的、美好的思想情感,否定虚假的、丑恶的思想情感。后者指鉴赏说话的语言形式和艺术特色。

二、听话的心理过程

现代认知心理学研究发现,说话人的言语以声波形式传给听者,听者的听觉器官接收说话人发出的声音信号,立即通过听觉传导神经把这些声音信号传到大脑左半球的言语听觉区域,并随即在大脑内迅速译码加工,从储存的语言信息库里找出相应的语词,按一定的结构法则排列起来,把声音信号变成语言句子,同时进行分析综合,从而理解其意思。

（一）听话的过程

听话的过程可以分为以下三个阶段。

1. 言语知觉阶段

该阶段是对听到的口头信息进行最初的编码，即分析句子的声音模式。

2. 语法分析阶段

该阶段信息中的词语被转换成它所表示的意思连贯的心理再现，即以句子的表面结构为线索来确定句子的意思。该阶段大脑检索词语的速度很快，有研究发现，人每分钟可以听辨 250 个英语单词，且不会发生大的理解错误。这包括听辨语音的时间和迅速译码的时间。目前，尚未有汉语词语检索速度的实验。但英语大多为多音节词，汉语词语大多为双音节词，汉语词语检索的速度不会比英语慢。

3. 利用阶段

该阶段听者把第二阶段得出的信息意思的心理再现付诸实际使用。例如，如果听到的是一种陈述，则把它存储于记忆中；如果听到的是一句问话，就可能作出回答。

（二）凯恩斯的模式

凯恩斯（John R. Keynes）等人曾用一个模式来说明听话的三个主要过程（见图 8-2）。

按照这个模式，说话人的声波即听觉信号，经语言知觉系统分析，结果为一连串知觉到的讲话的声音。这是第一阶段，对语音的感知和辨析，也称言语的接收或解码。然后，这一连串声音又得到句法的分析，词汇的搜寻辨明了每个词的意思，而句法加工则辨明了词义间的联系，句法加工的结果便是句子或分句的意思。这是第二阶段，对表达意义的分析、领会，也称言语的理解或译码。最后，意思被存储在记忆中。这是第三阶段，言语信息被大脑理解后进行编码和记忆，也称言语的存储。

听话心理过程显示，学生间的差异主要存在于第二阶段。学生的词句和语法规则的积累直接影响其搜寻、加工的速度和准确性。若学生的心理词典中没有

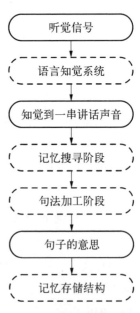

图 8-2　听话理解句义
　　　　的过程

听到的语汇,就无法明了说话者的含义;若学生对听到的语汇感到生疏,就影响其心理词典搜寻的速度或准确性。

第二节　说话的心理特点

言语是人们在各种交际活动中应用语言的过程,即个体的说和写,以及所说和所写,是个体的言语行为和结果。语言则是人类特有的交际和思维的工具,是人们用以说、写和存在于说、写结果中的音义结合的语音、语义、词汇、语法的规则系统。两者的区别在于,言语是一种心理现象,有个体性和多变性。不同的人有不同的言语风格,《文化苦旅》《行者无疆》呈现的就是余秋雨的言语风格。即使同一个人在不同的场合,面对不同的对象,其言语表达方式也是不同的。2000 年,余秋雨为国家级语文骨干教师演讲其《千年一叹》的写作经历和面对电视观众解说新作时,遣词造句就有很大的差异。前者文学术语较多和文学意境浓郁,后者则显得通俗易懂。语言是一种社会现象,具有较大的稳定性。世界上使用华语的地区,不管是欧洲还是东南亚,虽然相隔遥远,但是除了少数词汇的区域性界定,用华语交流不会有障碍,这就是语言的稳定性。

一、说话的能力结构

说的能力是指在思维的调控下,将内部言语顺利而有效地转化为外部口头言语的能力。说话能力包括组织内部言语的能力、快速选词组句的能力和运用语音表情达意的能力三个部分。

(1) 组织内部言语的能力,这是指人们对说话的内容、目的、方法等的思考能力。这种思考问题的活动就是组织内部言语,即思维活动。内部言语精密,口头表达就简洁、清楚、有条理;内部言语敏捷,口头表达就流畅、连贯。

(2) 快速选词组句的能力,这是指说话者根据需要迅速从自己的记忆库中选词组句,并按语法规范进行表达的能力。

(3) 运用语音表情达意的能力,这是指运用语音来表达情感、意思的能力。

二、说话的心理过程

说话是人们在大脑语言半球(左半球)前语言中枢的控制下,借助词语将自己的内部言语按一定句式快速转换为外部言语的过程,是一种复杂的心理活动。费罗姆金(Victoria Fromkin)等人将说话分为四个过程、七个阶段。四个过程是选择意思、创造句法结构、创造音素结构和运动过程(见图 8 - 3)。

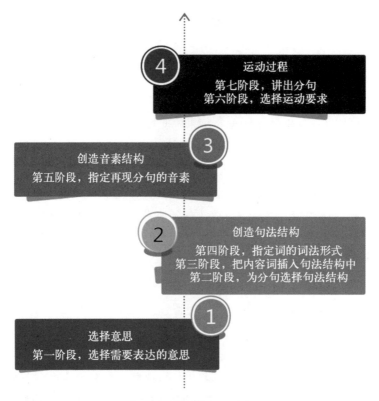

图 8 - 3　说话的心理过程

当人们进行语言交际时,说话者先产生说话的动机,根据说话目的和情境尽快调动、筛选、组合大脑中存储的信息,在很短的时间内,用极简缩的内部言语确定说话的大致内容。这是过程一,即选择意思。接着,说话者从大脑词汇库中搜寻并筛选出准确、生动、形象的词语和句式,按照一定的规范排列,形成比较完整的内部言语。这是过程二,即创造句法结构,该过程经历了三个阶段。随后,说话者选择语音、语气。这是过程三,即创造音素结构。最后借助发音器官——呼吸器官、喉头和声带、口腔和鼻腔的协调运动,将内部言语转换成有声的外部言语,传达给听者。这是过程四,即运动过程,该过程经历了两个阶段。在有些书中,前五个阶段称为编码过程,后两个阶段称为转码过程。

说话心理过程研究显示,学生的差异主要存在于创造句法结构这一过程。学生词句积累量和熟悉程度决定其表达的速度和质量。

听说心理过程及能力结构说明,学生听课不能很好地消化吸收,抓不住要点,理不清思路,笔记记不下来,学生口述见闻和说明事理时词不达意,语不成句,这些不能简单地归结为学习态度问题,要具体分析。因为学生的听说能力特点各有差异,有的记忆力佳,有的专注性强;有的善于分析、判断,思维敏捷,有的长于形象思维,富有想象力;有的语言积累匮乏,有的语言积累丰富。这是学生听说行为表现差异的重要原因之一。因此,听说教学要讲究科学性,无论是训练内容,还是难易程度都应作出科学的计划。只有有意识地、有针对性地培养,才可能使他们在原有水平上获得较大进步。

第三节　口语交际教学

2001 年,教育部颁布的《全日制义务教育语文课程标准(实验稿)》将语文课程内容整合为识字写字、阅读、作文、口语交际和综合性学习五个方面。其中"听说"改称"口语交际",可谓开中国语文教学五十多年历史之先河。改"听说"为"口语交际",反映了现代社会对未来公民素质的要求——具有文明、和谐地进行人际交流的素养,是我国语文教育界顺应社会发展之举。改"听说"为"口语交际",也标志着我国语文教育界就此问题在认识和理解上有所提升。

一、口语交际界定

1972 年,语言学家海姆斯(Dell Hymes)针对乔姆斯基(Avram Noam Chomsky)的语言能力(linguistic competence)提出了交际能力(communicative competence)这一概念,即交际能力包括语言能力和语言运用两个方面。20 世纪 50 年代以来,世界各国相继进行了母语课程改革运动。日本、美国、英国、法国、德国、澳大利亚、新加坡等国均把培养学生的口语能力作为母语课程的一项重要内容。

1. 口语

"口语交际"中的"口语"指的是口头言语,即一个人的发音器官能发出某种声音,用以表达自己的思想和情感。①

2. 口语交际

口语交际即口头言语的表达与交流,指的是人们运用有声语言传递信息、交流思想、表达情感的过程。

3. 口语交际能力

海姆斯认为,人们在社会生活和人际交往中逐渐发展出另一种使用语言的能力:知道什么时候该说话或不该说话,知道在什么时候、什么地方、以什么样的方式对什么人讲些什么话。海姆斯称这种能力为口语交际能力。它包括四个参数:合乎语法,即某种说法是否(以及在什么程度上)在形式上可能;适合性,某种说法是否(以及在什么程度上)可行;得体性,某种说法是否(以及在什么程度上)得体;实际操作性,某种说法是否(以及在什么程度上)实际出现了。换句话说,海姆斯理解的一个人的口语交际能力包括语法(合法性)、心理(可行)、社会文化(得体)和概率(实际出现)等方面的判断能力。

二、听说和口语交际

听说能力和口语交际能力的区别在于:听说能力是借助口头言语接收信息和表达信息的能力。口语交际则是言语知识和交际技能的结合,不仅要注意听说的品质,而且要注意交流的恰当、得体、机敏。与听说能力相比,口语交际能力具有动态性、复合性、临场性和简散性。

1. 动态性

动态性是指口语交际不仅包括单向表述,而且包括双向交流。在单向表述时,学生要考虑如何组织词句,言之有理。同时,还要注意根据听者的反应调整话题。话题在双向交流中,在双方的配合下逐步推进。

2. 复合性

复合性体现在两个方面。首先,对学生个体来说,在交际过程中他是发话者,同时也极可能是受话者。其次,对言语行为来说,完成口语交际必须有多个系统参与,如思维、语言、情感、态势、语境等,各个系统互相配合、协调一致才能完成交际任务。

---

① 朱智贤.心理学大词典[M].北京:北京师范大学出版社,1989:369.

3. 临场性

临场性是指所有口语交际活动都是面对特定的对象,在特定的语言环境中进行的,因此交际时必须考虑两个问题。第一,要根据具体语境进行言语交流,说话看人、地、时,合乎分寸;第二,交流过程中根据不同的反馈信息,进一步灵活采用各种交际策略,如解释、重复、停顿、迂回、猜测、转换话题等。

4. 简散性

"简"为用语简略,"散"为结构松散,在口语交际尤其是双向交流活动中,这一点尤为明显。这一方面是因为受时空限制,交际者来不及组织结构复杂的长句;另一方面是因为在特定的情景中,交际双方往往可以依赖体态、表情、语境等因素会意,无须多费口舌。

可见,口语交际能力虽然与说话能力有联系,但它较后者更具一种相对独立性,有着自己特有的深度和广度。它是言语知识和交际技能的结合,是一种类化了的口语交际经验在特定场景中活生生的显现。正因为如此,口语交际教学不仅应该包括普通话听说教学,而且应该包括在不同情境中交谈方法的教学,并通过实践活动有效提高学生的口语交际能力。也就是说,不仅要注意听说的品质,而且要注意交流的恰当、得体、机敏。口语交际能力的构成因素较听说能力要复杂得多,课程标准由听说改为口语交际,相关课程内容的条目及序列有必要作科学论证,而不是简单移植和提升。

案　例

一次抽样调查

华东师范大学董蓓菲教授曾接受上海市教育委员会委托,对上海市5个区10所小学1 000名一至四年级小学生进行听说能力和口语交际能力的抽样调查。其中,测试部分针对学生听说能力和口语交际能力的题目是不同的。

一、转述

1. 要求

听两遍通知,然后准备一下再将通知内容转告他人。

2. 材料

教导处有一个通知:三、四年级同学明天去春游,地点是世纪公园。请同学们七点三十分以前到校,穿春季校服,并带好午餐。

3. 使用说明

（1）测试前先向学生说明转述的含义和要求。转述就是把听到的话说给别人听。转述时可以用自己的话来说。

（2）录音材料 15 秒，学生准备时间 30 秒，转述时间 30 秒。

（3）转述要点。时间：明天早上七点三十分。地点：学校、世纪公园。干什么：春游。要求：穿校服、带午餐。

4. 评分标准：略

二、话题交谈

话题一：因为星期天看电视节目，只背了一遍古诗，所以第二天古诗默写只得了 30 分。你怎么和家长说，并请家长签名。

话题二：这学期你订了《少年日报》，也交了报费。但是老师弄错了，没有发给你报纸。你怎么向老师说明？

话题三：你在文具店买了一盒 0.5 毫米的铅芯，可是你的活动铅笔是用 0.7 毫米的铅芯。你怎么向营业员要求换铅芯。

转述题旨在了解学生的听记能力和理解能力，以及说话快速选词造句的能力，说话的条理性。话题交谈要求学生根据话题情境，考虑组织词句，言之有理，还要根据测评者的反应调整话题，交流要恰当、得体、机敏。因此，该转述题是一种听说综合能力的测试，话题交谈则是一种评价学生的口语交际能力的题型，学生的口语交际必须以基本的听说能力为基础。

三、口语交际原则

目前，口语交际讨论较多的语用原则是合作原则和礼貌原则。

（一）合作原则

1967 年，美国哲学家、语用学家格赖斯（Herbert Paul Grice）提出合作原则。他认为，人们的交际总是遵循一定的目的，能有默契，存在着双方都共同遵守的原则，简称 C 原则（cooperation principle）。合作原则共有四条。

1. 质的原则

要求说话人说的话是真实的，至少他本人认为是真实的、有根据的，不能自相矛盾或虚假。这是说什么的问题。

2. 量的原则

要求说话人提供给听者的信息量既足够又不超出限度。这是说多少的问题。

3. 关系原则

要求所说的话要紧扣话题,与交际意图密切关联。这是为什么说的问题。

4. 方式原则

要求话语清楚明白、简洁、井井有条。这是如何说的问题。

这四条原则不仅说话人需要遵循,听者也潜在地遵循着。这已为人们无数次的交际实践所证明。

(二) 礼貌原则

1983 年,英国语言学家利奇(Geoffrey Leech)提出礼貌原则(politeness principle),简称 PP 原则。这是与合作原则互相补充的另一个原则。利奇认为,礼貌原则包括以下六项:得体的。减少有损于他人的观点,增加有益于他人的观点。宽容的。减少有益于自己的观点,增加有损于自己的观点。表扬的。减少对他人的贬降,增加对他人的赞誉。谦逊的。减少对自己的赞誉,增加对自己的贬降。同意的。减少与他人在观点上的不一致,增加与他人在观点上的共同点。同情的。减少对他人的反感,增加对他人的同情。利奇认为,人们在交际时总是自觉不自觉地受礼貌原则的制约和影响。

四、口语交际教学

口语交际作为一种语言交际行为(speech act),可分为讲、述、谈、说四种。它们之间既有区别又有联系。

(一) 讲、述、谈、说

国外学者(Dirven,Goossens,Putseys,& Vorlat,1982)曾经对英语的讲(speak)、述(tell)、谈(talk)和说(say)进行分析,指出这四种口语交际行为之间的差别。该研究还特别分析了讲、述、谈、说在交际中的具体情况,并对它们进行了句法、语义和语用方面的分析。

1. 讲

讲是正式的口语交际行为,一般是有准备的、有听众的。在讲的过程中一切起承转合都要讲话人自己控制。讲的能力是成篇表达的能力,比如演讲、讲课、报告、新闻发布等,话语片段之间有很多联系和照应。可以说,讲的能力是口语交际能力的最高层次。

2. 述

述是陈述、复述。述的能力是口语交际能力的第二个层次。说话人只需要把一件事或者一个道理陈述清楚、明白,把必要的信息传达出来。复述是培养陈述能力的有效手段。

3. 谈

谈是谈话、对话。它是口语交际的第三个层次,同时也是最重要的层次。因为谈中可以有讲、有述、有说。在谈中存在着交际双方,且双方不断变换发话和受话的角色。谈话是一门艺术,交谈者根据不同的谈话对象和谈话场合,调整谈话的话题和交际方式,包括内容、风格、语音、语调、仪态等,并时刻揣摩对方的潜台词,即会话含义。

4. 说

说是一般的口语表达,是口语交际的第四个层次。说可以是简单的重复,也可以是个人独白。说与讲、述、谈的主要区别是,讲、述、谈都有听者,是双向的交际行为,说却不一定非有听者。说可以说自己的话,也可以说别人的话;可以说给别人听,也可以说给自己听。

因此,口语交际学习应正确认识听说和口语交际的区别,在听说能力的基础上学习口语交际能力。注意口语交际语境的多样化,同时应该考虑到不同的言语行为的能力层次,尤其应重视谈这种交际行为。

(二) 口语交际与听说学习

口语交际与听说学习有显著差异。

1. 关注的重点不同

听说教学关注学生语言能力的培养,训练学生正确发音、选用词语,说话符合语法规则。口语交际教学更关注学生的语境适应能力,训练学生根据对象、场合和情景,抓住话语主旨,推断他人的立场、观点和意图,恰当使用口头语言和体态语言,解决交际中的问题,达到自己的交际目的。

2. 学习活动的凭借不同

听说学习可以借助非交际活动开展,口语交际则必须借助交际活动开展。其区别特征是:学生有无交际愿望和目的;关注的重点是内容还是形式;教师干预多少;对教材的依赖程度。

总之,只有交际双方处于互动状态,才能产生真正的口语交际。口语交际教学并不能简单移植听说教学的目标、策略和方法。

（三）口语交际教学

中小学生常因性格内向和缺乏锻炼,在公开场合的口语交际活动中表现出一些心理障碍现象,如腼腆、胆怯。和好朋友私下交流时,他们往往滔滔不绝、眉飞色舞。一站上讲台说话就断断续续、吞吞吐吐,声音轻得像蚊子叫,还低着头,两眼盯着地面,眼神无处安放。有的甚至紧张得听不懂对方提出的问题,不知所云。一些初中学生由于正处于青春发育阶段的心理闭锁期,自我意识增长,自尊心较强。他们渴望交际,又担心说错话,不轻易发表自己的见解,更不愿在众人面前发言。这种矛盾的心理影响了他们的交际能力,又加重了他们胆怯、腼腆的心理障碍。

口语交际是人类特有的一种社会活动,它除了受语法规则的制约外,还受社会文化规则的制约,因此口语交际教学不仅涉及语音、词汇、语法等语言学因素,而且涉及交际目的、交际手段、交际形式、交际对象、交际内容、交际环境、交际规律等社会学因素。口语交际教学要指导学生根据交际目的、场合和对象,使用适合主题、目的和听众的口头语言,以进行恰当的、得体的、有效的交际作为口语交际课堂教学的重点。要实现恰当的、得体的、有效的交际,学生必须具备一定的口语交际策略能力,因而培养学生的口语交际策略能力也是口语交际教学的重点。

案　例

美国口语交际教学策略

为了提高中学生的口语交际能力,教师采用了读者剧场、配对朗读、朗诵课等策略。还有各种听说专项技能训练,比如辩论、新闻发布会等。

（一）辩论

教师将听说活动与交际语境融合在一起,组织学生开展有准备的辩论活动。当学生参与辩论时,听说技巧与论证技巧相融合,口语交际能力得到了发展。

1. 结对找论点

学生根据教师给的母题——驾驶年龄,确定自己的辩论主题,如是否应该将驾驶年龄提高到 18 岁,并与同伴合作寻找与主题相关的正反论点。

2. 讨论网记录

在讨论网上记录自己收集到的资料。讨论网是教师设计的一个思维导图,用来帮助学生思考整个辩论主题的结构。它包括主题、正反论点、结论和理由。学生和同伴讨论完成讨论网的记录,并通过对相关文本的理解最终达成一致意见——支持或反对,再在讨论网上写下结论及理由。以下是有关"是否应该将驾驶年龄提高到 18 岁"这个主题的讨论网。学生根据收集到的青少年新闻杂志提供的信息(《合适的驾驶年龄》,2011 年,《纽约时报》)完成讨论网(见图 8-4)。

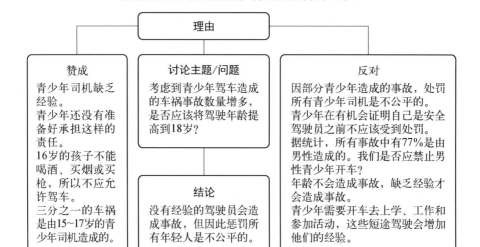

图 8-4   关于驾驶年龄的完整的讨论网

3. 全班大辩论

所有结对学生根据讨论网上的笔记,得出结论后,再组织全班大辩论,得出最终结论。

(二)新闻发布会

新闻发布会是一个以听说为主,融合阅读、写作能力的探究式专项训练。该专项训练可每周安排一次,每次只需要几分钟。学生通常在科学和社会研究/历史等学科课程中完成该训练。首先,学生自主选定与学习主题或事件有关的话题。然后,学生确定自己新闻发布会的时间,并在班级图表上记录下来。接着,学生确定三个相关的研究问题,并使用至少两个资料来源回答每个问题。

最后,完成研究后,学生在班上举行新闻发布会。新闻发布会包括共享信息和回答同学们提出的问题。有时候,发言者需要开展进一步的研究来回答班级成员的问题。表8-1为"海啸"新闻发布会的完整信息。

表 8 - 1 用于新闻发布会的完整信息[①]

研 究 问 题	来源 1: CBC 新闻	来源 2: 《国家地理》
1. 什么会造成海啸?	强大的地震会造成海啸。	海啸是由海底地震、火山爆发、山体滑坡造成的。
2. 海啸会对社区造成怎样的影响?	海啸可以摧毁电线,把汽车、房屋、土地和残骸冲向大海,从而摧毁社区。海啸可能会夺走数千人的生命。	海啸可以造成数千人死亡,人们会被海浪吞没,洪水可以移动汽车,摧毁房屋和海滩。
3. 如何保护自己免受海啸的影响?	人们可以听海啸警报,也可以远离海岸线,搬到更高的地方。如果在大楼里,人们可以上到更高的楼层。	为了防止海啸,人们可以听海啸警报,制定疏散计划,可以搬到更高的地方,而不是待在海边。

小结

海啸是由海底地震、火山爆发或山体滑坡引起的。海啸可以杀死数千人,摧毁社区。它摧毁电线,把汽车、房屋、土地和残骸冲向大海。海啸也可以摧毁海滩。为了保护人们不受海啸的影响,应该注意听警报信号并制定疏散计划。人们可以远离海岸线,移至高地。

我们可以发现,这些有准备的、系统的口语交际活动,使每个学生都在充分准备语言材料的基础上开展活动,使之有话想说,有的放矢地说,不因阅读积累等因素而干扰口语交际活动的实施。

① Maureen McLaughlin. Inside the Common Core Classroom: Practical ELA Strategies for Grade 6 - 8 [M]. Pearson Education, 2015: 111.

第九章

文化学习心理与语文教学

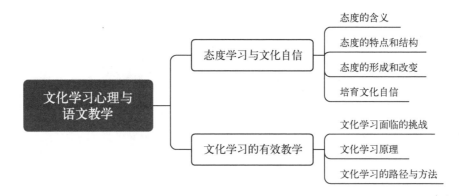

课程改革 20 多年来,学界从认知、情感和动作三个方面对语文学习作了深入探究,尤其在认知领域收获颇丰。但是,有关文化学习的研究相当匮乏。文化心理学认为,文化是人的本质特征。它依附于人,内化于人,人通过各种方式创造文化。这些文化反过来又影响人的心理建构,如此反复以至永久。①

中华优秀传统文化、革命文化、社会主义先进文化的学习,仅有有效的认知是不够的,还需关注情感领域的目标,即学生在对文化知识有效认知的同时,在情感方面是否产生相应的改变。

第一节　态度学习与文化自信

人的成长和发育可分为两个过程:自然成长和社会化过程。前者的结果是

① 陈红.人格与文化[M].合肥:安徽教育出版社,2009:14.

为社会提供了一个可塑造的生命有机体;后者的目的是把自然人塑造成一个社会人。个体从自然人成为一个符合社会要求的社会人,需要一个社会规范学习的过程。社会规范的学习按内容可以分为思想规范的学习、政治规范的学习、法律规范的学习、道德规范的学习、生活规范的学习、工作规范的学习和学习规范的学习等。中华优秀传统文化、革命文化、社会主义先进文化的学习,属于社会规范中的思想规范范畴。教育心理学认为,学生社会规范学习的这个过程,主要表现为态度和品德的养成。学生学习中华优秀传统文化、革命文化、社会主义先进文化,重在文化态度的形成与改变。该过程遵从态度的养成规律。

一、态度的含义

态度(attitude)是个体习得的,影响个体对特定对象作出行为选择的、有组织的内部反应倾向。[①] 它决定人们是愿意做这个动作,期待这项任务,还是避之不及,想远远逃离某个人、某件事、某个物。它融入情感因素,是一个人对事物的倾向、情感、观念等的总和。我们通常用喜欢/不喜欢、好/不好、亲近/回避等词汇来表达态度。

态度不是天生的,而是学习的结果——学生通过与周围环境相互作用,形成和改变态度。加涅认为,态度与个体行为之间不存在必然的因果关系,态度和行为往往存在差异。换言之,一个学生在 40 分钟的书法课上,按时完成了临摹柳公权的书法作业,并不等同于该生对书法有积极的态度。但是,一旦学生对书法艺术形成积极的态度,就会选择并接受那些有利于自己学书法的信息,一旦完成一项优质书法作品,就会带来满足感。即使知道高考语文没有书法一项,业余时间他还会抽空研习书法。因为他练书法不是根据高考试卷的内容要求,而是对书法的固有态度,也就是对中国传统文化——书法艺术的态度。

二、态度的特点和结构

(一) 态度的特点

态度具有对象性、间接性、社会性、稳定性和系统性的特点。

对象性。这是指学生的态度往往是针对某一个对象的,不存在没有对象的态度。这个对象可以是具体形象的人、事、物,如对科幻小说《三体》的态度;也可

---

① 卢家楣.学习心理与教学——理论和实践[M].上海:上海教育出版社,2009:228.

以是比较抽象的人、事、物,如对中国传统文化中庸的态度。

间接性。这是指学生的态度只是针对某一个对象的一种行为倾向,并不是行为本身。比如,学生对中国传统节日充满好奇,很有兴趣了解其典故渊源,甚至缠着家里的老人学包粽子、猜灯谜。这里的学包粽子、猜灯谜是具体的行为,不属于态度。"充满好奇""很有兴趣"则是该生对中国传统文化的行为倾向,是其态度。

社会性。这是指学生对某一个对象的态度并不是与生俱来的,而是在学习和生活中逐渐形成的。比如,甲学生对春节给长辈拜年、拿红包乐在其中,乙学生对整个家族的除夕团圆聚餐、走亲访友兴趣寥寥,宁愿宅在家里看手机。甲乙两人对中国传统习俗的不同态度与他们各自的家庭生活息息相关。

稳定性。这是指学生一旦形成对某一对象的态度,则比较难改变。我们往往可以从学生对这类对象的反应中发现一定的规律性。就如同上面甲乙两个学生对春节习俗的反应,各有特点。

系统性。从系统论的观点来看,学生对各类对象的态度构成了一个态度群,即态度系统。其要素就是对同类事物中不同对象的态度,要素之间存在紧密的联系。这种较为固定的联系,可以帮助我们从学生对一类事物中某个对象的态度,推测其对同类事物中其余对象的态度。

(二) 态度的结构

态度由认知、情感和行为倾向三种成分构成(见图 9-1)。态度既可以通过关于态度对象的知识和观念表现出来,也可以通过对态度对象的情感显示出来,还可以通过与态度对象发生相互作用的行动计划和实际行动表现出来。

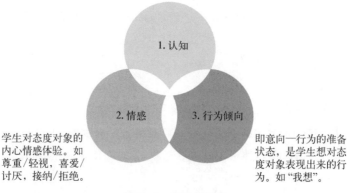

学生有关态度对象的知识和观念。如一名高中生认识到"熟练掌握实用文写作很重要,因为日常工作生活中的应聘、写通知会用到"。

1.认知

2.情感

3.行为倾向

学生对态度对象的内心情感体验。如尊重/轻视,喜爱/讨厌,接纳/拒绝。

即意向—行为的准备状态,是学生想对态度对象表现出来的行为。如"我想"。

图 9-1　态度的构成

态度的认知成分不仅包括对事物的认识和理解,而且包括对事物的评价,如赞同或反对。认知成分是态度的基础,情感成分是影响学生行为表现的重要动因,是态度的核心成分。态度的三种成分会出现不协调、不一致的现象。其间,态度的认知成分的转变比较容易,情感成分的转变非常困难。因为认知成分与情感成分的相关性相对比较弱。同理,态度与行为相背离的原因也是如此。比如,绝大部分学生都知道写作对自己的日常学习、未来工作都非常重要,但是并非绝大部分学生写作态度都端正,真正喜欢写作的学生更是凤毛麟角。

(三)态度的五个维度

态度是外界环境刺激与学生个体反应之间的一个中介因素。外界环境是可观察、可测量的,学生个体反应也是可观察、可测量的。但是,联结这两者的中介——态度既难以观察,又不好测量。只能借助外界环境刺激后个体作出反应的变化来推测。

态度是行为反应的决定因素,是行为的基础。个别学者认为,态度的评价有指向、强度、深度、向中度和外显度五个维度。

指向,是指个体对态度对象是肯定还是否定,如赞同"春节收红包的习俗",是肯定指向;反对"春节收红包的习俗",是否定指向。

强度,是指个体对态度对象指向的牢固程度,如喜欢过年的时候在门上贴迎新春联,非常喜欢过年的时候在门上贴迎新春联,酷爱过年的时候在门上贴迎新春联,三者对"贴迎新春联"肯定指向的强度是不同的。

深度,是指个体对态度对象的卷入程度,即有所谓或无所谓。如每年过年的时候必在门上贴迎新春联,或不在意过年时门上是否贴迎新春联,认为可贴也可不贴。

向中度,是指对某一对象的态度在个体态度系统中所处的位置,接近核心价值系统的程度。如语文课代表极其冷漠地对待班上语文成绩滞后的同学。若这一态度同该生与人相处的态度系统和歧视弱者的价值观非常吻合,那么向中度就高。

外显度,是指个体对某一对象表现出的态度的明显程度。我们可以通过观察个体的行为指向和行为方式来获悉。

三、态度的形成和改变

态度是学生与周围环境相互作用而形成和改变的,可以训练。影响学生态度学习的客观因素有社会、家庭、学校、班集体、同伴小组以及榜样和偶像。其中,榜样和偶像是影响学生态度形成和改变的重要因素。智力水平、受教育程度、认知水平是影响学生态度学习的主观因素。

态度包括对人、对事、对物、对己的态度。其中,学生对社会道德规范的态度,就是我们所说的品德。皮亚杰和科尔伯格有关道德发展水平和阶段的研究成果(见第二章第四节),同样可用于对学生态度学习认知水平的认识。

(一) 态度学习的形式

根据美国心理学家班杜拉的社会学习理论,学生通过观察和模仿他人(榜样)来学习态度。

1. 观察学习

观察学习(observational learning)是指个体以旁观者的身份观察他人(榜样)的行为表现,并不亲身经历和体验就能形成相应的态度和行为方式。如甲学生发现,在公共场合,每次进入电梯大人总会去按开门键,直到最后一人进入电梯。他在进入学校的电梯后,就有按电梯开门键的想法。甲学生的这种欲望和行为倾向是通过观察学习获得的。

2. 模仿学习

模仿学习(imitation learning)是指个体通过仿照他人(榜样)的态度和行为方式,使自己的态度和行为方式与之相同。同样是在公共场合坐电梯,乙学生总是学着大人的样子:先按楼层键再按开门键,直到最后一人进入电梯。每次走进学校的电梯,乙学生都有按电梯开门键等他人进电梯的冲动。乙学生的这种冲动和行为倾向,则是通过模仿学习获得的。

模仿学习有直接模仿、象征模仿、创造模仿和延迟模仿四种类型(见图9-2)。

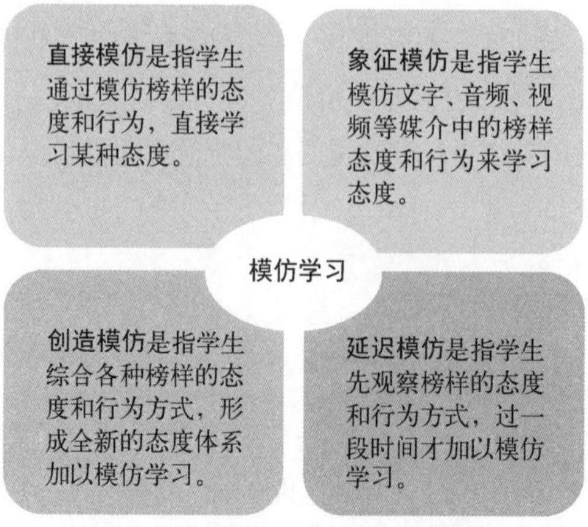

直接模仿是指学生通过模仿榜样的态度和行为,直接学习某种态度。

象征模仿是指学生模仿文字、音频、视频等媒介中的榜样态度和行为来学习态度。

模仿学习

创造模仿是指学生综合各种榜样的态度和行为方式,形成全新的态度体系加以模仿学习。

延迟模仿是指学生先观察榜样的态度和行为方式,过一段时间才加以模仿学习。

图9-2　模仿学习的四种类型

（二）态度学习的顺序

加涅认为,学生的榜样学习一般按以下顺序进行:首先,塑造榜样的感染力和可信度。其次,引导学生回忆态度对象、态度对象出现的情境,以唤起学生所学态度的心理意义。再次,榜样人物的态度示范或符合态度的个人行为示范。最后,介绍或呈现榜样人物受到的正面强化的结果,激发学生形成替代强化。

（三）态度学习的三个阶段

态度学习即社会规范学习,是从外到内的转化过程,要经历不同的阶段。科尔曼认为,态度的形成和改变需要经历顺从、认同和内化三个阶段。

1. 顺从

顺从也称为依从,是指个体为了获得物质与精神的奖励,或者为了避免惩罚而采取的表面上的服从行为。这种服从的行为并不是个体发自内心的愿望,而是迫于权威或情境的压力,不得已而为之。因此,顺从具有一定的盲目性和被动性。一旦某些奖惩条件不复存在,外部监控和压力消失,顺从的行为也可能同时消失。虽然态度学习的第一阶段顺从是被迫进行的,但它是态度形成和改变的必由之路,不能忽略。

2. 认同

认同是指个体主动地接受某种观点、信念,使自己在思想、情感和态度上与他人的要求相一致。认同可以是对具体榜样的认同,也可以是对抽象观念的认同。虽然在这个阶段,个体对态度必要性的认识还存在不足,但是已有明确的行为意图。认同是态度学习的深入阶段。

3. 内化

内化是指当一种观念和行为与个体自身的价值体系相一致时,个体就会接受这种观念和行为,并将它与自己已有的价值体系融为一体。到了内化阶段,个体从内心深处相信并接受他人(榜样)的观点,并主动把它纳入自己的价值体系,成为自己态度的一个有机组成部分。对规范的信奉具有高度的自觉性和主动性,而不再是屈从外界的压力和控制。一旦进入内化阶段,态度即社会规范就会持久并难以改变。

可见,学生文化传承与理解的态度学习,不能仅仅停留在表面顺从的阶段。要引导学生对中华优秀传统文化、革命文化、社会主义先进文化进行思考、分析和判断,促进对文化的认知并走向内化。

四、培育文化自信

新课程标准明确了义务教育阶段语文课程中华文化学习的总目标是："热爱国家通用语言文字,感受语言文字及作品的独特价值,认识中华文化的丰厚博大,汲取智慧,弘扬社会主义先进文化、革命文化、中华优秀传统文化,建立文化自信。"①

(一) 文化自信的含义

文化自信主要指人对身处其中作为客体的文化,通过对象性活动形成的对自身文化确信和肯定的稳定性心理特征。② 就质而言,它是人在文化选择过程中的一种价值诉求;就学生个体而言,它是学生对中华人民共和国和中华文化的积极态度和充分肯定,标志着他/她对国家和文化的价值取向认同和身份认同。

新课程标准指出,语文课程文化教育的目标——文化自信是指"学生认同中华文化,对中华文化的生命力有坚定信心",并诠释文化自信的外延包括"通过语文学习,热爱国家通用语言文字,热爱中华文化,继承和弘扬中华优秀传统文化、革命文化、社会主义先进文化,关注和参与当代文化生活,初步了解和借鉴人类文明优秀成果,具有比较开阔的文化视野和一定的文化底蕴"。显而易见,文化自信是核心素养时代学生的一种深度发展,是学生在文化上增进自我、扩展自我的表现。

(二) 文化自信的养成过程

文化心理研究指出,文化自信的养成需经历"文化认知、批判、反思、比较及认同等系列过程,形成对自身文化价值和文化生命力的确信和肯定的稳定性心理特征"③。文化自信的形成主要包含三个阶段:第一,对文化的认知,即在当下跨越时空去感知和理解文化的本源;第二,对文化的比较、反思和批判的过程,即在时代背景下实现对文化的筛选;第三,对文化的认同,即将筛选过的文化与时代现象融合,形成新的稳定的文化。这样新生的文化既有传统的"根",又符合时代的需求。

语文学科文化自信的养成,是从学生对中华优秀传统文化、革命文化、社会

---

① 中华人民共和国教育部.义务教育语文课程标准(2022 年版)[S].北京:北京师范大学出版社,2022:6.

② 廖小琴.文化自信:精神生活质量的新向度[J].齐鲁学刊,2012(2):79 - 82.

③ 刘林涛.文化自信的概念、本质特征及其当代价值[J].思想教育研究,2016(4):21 - 24.

主义先进文化的认知起步走向文化认同,从而实现对中华文化的自信。

(三) 文化认同概述

1. 文化认同

认同是态度学习的深入阶段,表示承认、赞同、认可的意思。它既是一种社会心理过程,也是过程的结果。认同的实现需要遵循社会心理规律。影响认同的因素是多样的、动态的和复杂的。它与认同对象本身有关,同时当代中国社会的政治、经济、文化、科技、教育、社会等因素也深刻影响学生自身需求的满足和利益诉求的实现。此外,世代相袭、不断累积的文化传统,如价值观念、风俗禁忌、集体无意识、社会心理等,也对学生的认同产生深刻的影响。

文化认同是指人类对文化的倾向性共识与认可,这种共识与认可是人类对自然认知的升华,并形成支配人类行为的思维准则与价值取向。[①] 政治认同和文化认同是国家认同的两个层面,它们构成公民对国家忠诚的情感。其中,文化认同是国家认同的起始与结果。

文化认同包括两个层面:一是对主流文化价值观念的认同。学生要在理性、自觉的层面实现对价值观念的认同,要借助抽象思维开展深入学习和思考。只有这样才能在思想意识和心理层面实现对价值观念的认同。二是对主流文化价值观念的外化形式的认同。这主要表现为人们对特定伦理道德规范的遵守,对政治法律制度的尊重,对政策措施的认可与支持,对体制机制的肯定与依赖。最终表现为个体在日常学习生活和社会交往中的各种行为。

2. 文化认同的特征

文化认同是学生传承或习得社会主流价值观和社会准则的过程,是社会濡化的结果,具有社会建构的色彩。学生在学校感知、体悟、学习主流文化的核心价值理念,在社会环境中受到主流文化的约束、陶冶、规训和指导,进而逐步建立起文化认同。

文化认同是理念认知和行为方式的统一。学生的文化认同总是从感性认识开始,通过感知、辨认和理解,逐渐认识价值理念。随着认识的不断深入,学生在生活和学习实践中不断修正并调整自己对主流文化的认识,并以此来指导自己的实践和日常行为。因此,文化认同具有知行合一的特性。

---

① 　郑晓云.文化认同论[M].北京:中国社会科学出版社,1992:4.

（四）文化认同的建构

1. 遵循社会心理

文化认同是学生对主流文化认可、赞成和同意的精神性过程。其建构和实现过程是学生思维活动持续不断开展的过程和结果。在这个过程中，学生自身的需求及需求满足状态，对文化认同的实现有极为重要的作用。因此，学校文化认同教育要关注不同年龄段学生的需求，引导学生开展深入的思维活动。

学生的文化认同实现也遵循社会心理规律，如从众效应、汇聚效应、社会情绪传染等。尤其是当今网络社会信息传播速度快，我们不可能为学生屏蔽各类非主流文化。因此，在文化认同过程中，学生同样会受到社会心理效应的影响。

2. 理念认知与行为方式相统一

从文化认同形成的认识和实践规律来看，文化认同是理念认知与行为方式的统一。从认识的规律来看，学生总是从文化观念的外化形式及其实践状况的感性认识开始，如对道德规范、行为范式等的感知、辨认和理解，逐步认识蕴藏于这些现象背后的价值观，即经历由感性体悟到理性认知这样一个过程。随着认识的不断深入，学生在自己的社会实践活动中开始不断修正和调整自己对文化的认识，并以此指导自己的生活实践和日常行为。

综上，文化自信的培育需遵循从文化认知到文化认同的发展过程，这个过程对语文课程而言，就是学生基于语言运用获得语言发展的过程。概言之，语文课程的文化教学应融于学生语言文字的运用，该运用包括学生课堂学习和生活实践中的听、说、读、写活动以及文学活动。它们如影随形、相伴相生，在学生语言发展的同时，达成文化自信的目标。

第二节　文化学习的有效教学

《心理学大词典》界定"价值观"为：推动并指引一个人采取决定和行动的经济的、逻辑的、科学的、艺术的、道德的、美学的、宗教的原则、信念和标准，一个人思想意识的核心。它影响人对事物的价值判断，进而影响人的态度和行为。一个国家大多数人承认和奉行的价值观，就是该国的社会规范。语文课程中中华文化的"文化传承与理解"目标，是要求学生学习现代中国的社会规范，更准确地说,是学习中国社会主流文化价值观。其实质就是实现对中华文化由顺从、认同到内化的过程。

一、文化学习面临的挑战

我国自 20 世纪 90 年代起,革命年代形成并发展的价值观——集体主义、理想主义、大公无私等,在市场化、商品化、个人主义价值观面前受到挑战。能解读并引领社会发展的文化研究在一定程度上未能跟上社会转型的节奏,无法满足大众的精神文化需求。恰在此时,文化全球化裹挟着西方消费主义文化、个人主义乘虚而入,苦苦寻觅自我认同方式的人们可能会错误吸收外来不良文化。网络信息的快速传播、分享途径的增多,消费成了这个时代人们自我表达与身份认同的主要形式之一,消费主义、个人主义文化就这样逐渐拥有一定的话语权。

文化全球化和文化认同原理有助于我们洞察语文课程面临的时代难题,反思中华传统文化,包容和借鉴外来文化。文化全球化和文化认同原理启示我们,语言、传统、学校教育等的转变与认同,就是形塑学生的文化认同。语文课程在族群或民族文化认同过程中责任重大。在多元文化、多元价值理念被广泛接受,个人自由选择得到推崇的时代,语文课程践行文化传承与理解目标,需改变简单、粗暴的灌输方式。

二、文化学习原理

语文课程的文化教育有别于语文知识教育,应倡导体验式学习,且与学生个体的社会化发展阶段和需求相吻合。语文教师必须认识到,在文化认知到认同的过程中,学生并非被动学习,遵从既定的社会行为规范,他们甚至会挑战已有的社会行为规范,其实质往往是两种不同文化之间的互动。教师要建构环境和氛围,有效设计并引领学生亲历文化学习的过程。网络时代的社会化具有开放性、多元性、虚拟性、符号性的特点,语文教师不仅要与时俱进,认识其特性和利弊,而且要赋予文化认同学习以时代特征。

(一) 认知不协调理论

社会心理学家费斯汀格(Leon Festinger)提出认知不协调理论(the cognitive dissonance theory),认为当各认知因素之间出现不一致关系时,个体就会进入不协调的动机状态。这种状态会促使个体重新认知,以改变相关的信念或行为,从而避免或减少这种不协调。[①]

认知不协调理论提出解决不协调性的原则：增加一致性，通过信念和行为来改变态度。比如，中国女学生去法国留学，发现"熟人之间打招呼要亲吻、行贴面礼"。而国内的教育让她坚信"女孩子不应该随便亲吻他人"。这两种不一致的认知让她在法国和熟人握手时，总感到很不安。这种不协调的动机状态，促使她要么改变已有信念，要么改变问候他人的行为，其实质就是对西方问候礼仪态度的改变。

消除或者减少认知不协调的具体方法有以下三种。第一，改变或否定一种认知因素。"熟人之间打招呼要亲吻、行贴面礼""女孩子不应该随便亲吻他人"是两个不一致的认知因素。该女生只要否定或改变其中一个因素，坚信另一个因素，就可以减少或消除这种不协调。比如，改变"女孩子不应该随便亲吻他人"这个信念，认为"在法国问候他人行贴面礼并不是随便的行为，是入乡随俗"。第二，同时改变两种认知因素的强度。比如，"熟人之间打招呼亲吻、行贴面礼是法国人的礼仪，我是中国人，也可以握手行礼""我和熟人打招呼亲吻、行贴面礼是遵循法国的礼仪文化，并不表示我为人随便"。这样同时改变两种观念的强度，该女生在与人交往时就不会那么紧张，不协调的状态也会得到缓解。第三，引进新的认知因素。既不改变也不采纳原有的两种不同的认知，而是引入新的认知来消除不协调。比如，接纳"了解东西方文化差异，入乡随俗。在法国行贴面礼，在中国用握手礼"这种新观念或认知，就能使该女生在法国的留学生活更有价值，见面打招呼也变得轻松自在。

认知不协调理论启示我们，在语文课程文化传承与理解的学习中，文化认知必不可少。众所周知，中国社会主义核心价值观的产生和发展与中国历史和文化传统分不开。但是，从纵向的历史演变来看，有着上下五千年文明积淀的中国，近代以来受到西方文明的持续冲击和挑战。语文教学在关注学生文本理解的同时，必须基于文本开发中华文化学习资源，增强学生对中华文化的认知。

（二）文化体验学习理论

莫兰（Patrick R. Moran）在《文化教学实践的观念》中首次提出"文化体验"（culture experience）这一概念。他指出，文化体验就是用体验的方式来学习文化，让语言学习者积极接触目的语文化，广泛了解目的语文化中人们的行为习

---

① 钟毅平.社会认知心理学[M].北京：教育科学出版社，2012：106.

惯以及生活方式、文学艺术、价值观念等。通过教师的积极引导、有效的课程设置和各种文化学习活动,语言学习者从生理上、智力上、心理上和精神上都完全参与进来,深入了解目的语文化的内容。

1. 体验的特点

体验是指个体在亲身经历的基础上,感知对象、生成情感、领悟意义的活动。"以身体之,以心验之"概括了体验的内涵。体验具有亲历性、情感性和意义性三大特征。

亲历性是指学生不是旁观者,而是亲身经历的参与者,产生切己的感受和理解。如果当下或过去都没有相关的生活经验、经历,就难以产生体验。体验的亲历性意味着体验往往是高度个性化的。

情感性是指学生体验的过程伴随着情感。在体验之初,学生总是基于内心积累的情感和先前的感受。积极的情感促使个体全身心投入体验活动,产生积极的态度。消极的情感使得学生远离、排斥体验对象,产生消极的态度。在体验中,学生可能产生移情。移情是把自身情感转移到体验对象上,是一种深刻的感同身受。体验的结果不仅有知识、原理和技能,而且有情感、态度和价值观。如果说认知侧重把握事物的客观方面,体验则侧重把握事物对自己的意义以及与自己的关系,是一种内心感受和情绪把握。

意义性是指体验与价值追寻相连。体验一方面是直观的、形象的,另一方面又是间接的、抽象的。它超越具体的感官,指向深刻的价值世界。因此,体验需要一个领悟的过程,一旦"体验到",就难以忘却。

2. 文化体验教学

莫兰提出文化体验教学主要有两个角度:一是文化认知,二是文化内涵。莫兰用文化认知框架描述文化体验的教学内容,包括信息、实践、观念、自知。他还提出文化体验教学模式,即文化学习的四阶段论:参与(participation)、描述(description)、阐释(interpretation)和反应(response)(见图9-3)。

(三) 文化认知教学内容

莫兰的文化认知框架是针对外语学习提出的。目的语是指要学习的外语,如中国学生学英语,英语就是目的语。相应的目标文化是指以英语作为母语的国家文化,如英国文化、美国文化、加拿大文化。框架内容阐述见图9-3内圈。

理解内容(knowing about)——学生需收集和解释文化信息。具体包括文化事实、数据、产品知识、实践、文化观等文化信息,简称"信息"。

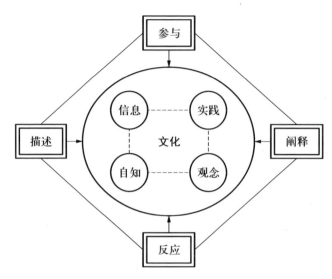

图 9-3　语文课程文化教学示意图①

理解方法(knowing how)——学生习得行为、活动、技能,以及说、触摸、看或其他形式的文化实践行为,简称"实践"。

理解原因(knowing why)——学生理解观念、信仰、价值观、态度等文化构成或文化观念,简称"观念"。

自我意识(knowing oneself)——学生关注自己的价值观、评价、情感,提出问题,产生反应、思想、主张等自身文化价值。作为文化体验的中心,它涉及文化自知,简称"自知"。②

基于文化认知框架,莫兰提出的文化认知教学内容具体见表 9-1。

(四) 文化体验教学模式

莫兰提出的文化体验教学模式包括参与、描述、阐释和反应四个阶段(见图 9-3 外圈)。

参与,即学生参加文化实践活动,获得文化信息,理解文化内容。

描述,即学生陈述文化实践中发生的事件,知道如何开展实践活动,理解实践方法。

---

① 参考 Patrick R. Moran. Teaching Culture：Perspectives in Practice[M]. Cengage Learning，2015：19，34-36.

② Patrick R. Moran. Teaching Culture：Perspectives in Practice[M]. Cengage Learning，2015：17.

表 9 - 1　基于文化认知框架的文化认知教学内容①

主　题	教　学　内　容
理解内容	1. 目标文化：关于语言的产品、实践、观念、社群、个体的文化信息。 2. 学习者文化：学生带进教室的产品、实践、观念、社群、个体的文化信息。 3. 文化概念：关于文化本质的信息——文化定义、文化理论和文化术语。 4. 文化学习：关于学习文化的本质的信息——文化濡化、文化同化、文化适应、身份发展的概念，以及应对文化差异的策略。 5. 个体经历：教师或学生直接(或间接)体验目标文化或其他文化的信息。
理解方法	1. 语言：掌握语言形式(语音、词汇、语法)。 2. 语言—文化：根据特定的情境，或者在特定的社区中，通过行为、操作和设想，有能力选择语言形式和非语言行为。 3. 文化：能够以合适的方式处理文化产品。
理解原因	1. 主体文化：学生解释自身的文化、价值、信仰、态度。 2. 客体文化：学生解释目标文化、价值、信仰、态度。 3. 比较：学生比较自身文化和目标文化，了解不同文化间的异同。
自我意识	1. 反应：对目标文化或文化学习中的现象、经历产生看法、感觉、信仰、态度。这种反应通常是感性的、本能的，或是没有经过反思或思考的即时反应。 2. 反馈：对自身反应的反思，或是个人在进入或适应文化时面临选择的反思。这是一种深思熟虑的、有意识的审视，需要时间思考和分析个人的反应，并为后续的文化学习选择策略。 3. 探究：除了对目标文化作出反应和反馈外，还要审视和表达自身的世界观。这种探究包括澄清个人的价值、信仰、态度，以及在特定文化情境之外的实践。

　　阐释，即学生解释文化实践活动并赋予其意义，认识文化形成的原因。

　　反应，即学生根据个人目标回应文化实践，认识自我文化。

　　每一个学习阶段都有明确的要点，清晰的内容、活动和结果。在前三个阶段，学生的关注点是所要学习的文化。在最后一个阶段，关注点转向学生的内部自我。经由这四个阶段的循环，学生从一个体验活动进入另一个活动，逐渐走近文化学习的对象，掌握所学的文化内容。

三、文化学习的路径与方法

　　基于语文课程标准有关"文化传承与理解"的核心素养目标，我们在课堂教

---

① Patrick R. Moran. Teaching Culture：Perspectives in Practice[M]. Beijing：Foreign Language Teaching and Research Press，2004：139 - 148.

学中除可以运用观察学习、模仿学习的方式外,还可以尝试如下一般教学方法。

(一) 文化学习教学方法

1. 增加法

就是根据教科书篇目,适当补充与篇目主题有关的文化内容,作为教学补充资源。增加文化知识学习,让学生拥有相关的文化认知。也可以针对篇目内容,附加设计相应的文化学习活动,促进文化理解。如:

三年级语文下册《古诗三首》中,《元日》描绘了春节除旧迎新的景象。《清明》描写了清明时节,诗人孤身行路的感受和心情。《九月九日忆山东兄弟》抒发了作者在九月初九重阳节那天,思念家乡和亲人的情感。这一课的教学目标是识写字词,有感情地朗读、背诵、默写,借助注释了解诗句的意思,描述诗中节日的情景。教学中我们可以在贯通文意的基础上,附加设计一些有关中国传统文化习俗的知识学习活动。

(1) 通读三首古诗,找出体现特定节日的词语:元日、爆竹、屠苏、春风、桃符,清明、断魂、酒家,登高、茱萸。

(2) 根据这些词语,识别三首诗分别描写什么节日。

(3) 整合一首诗的词语,想象节日那天的生活场景。

(4) 查阅日历,今年的春节、清明节、重阳节分别在什么时候。

(5) 选一个节日,组内讨论:那天"我"要做什么。

2. 辨析讨论法

就是针对课文描述或反映的一些文化现象、疑惑,或者结合与课文内容有关的社会热点问题,组织学生展开小组辨析讨论,分辨正确与错误、合理与不合理,厘清相关的文化知识,促进文化理解。如:

五年级语文下册课文《军神》描写了刘伯承元帅在战争年代眼睛受了重伤,为了保持大脑的清醒,他拒绝使用麻醉剂,忍着剧痛摘除了坏死的眼球,反映了他钢铁般的意志。教师可以在学生初读理解课文的基础上,把全班学生分为两组,开展辩论:刘伯承在手术过程中一直数着沃克医生割的刀数,他很疼。刘伯承在手术过程中一直数着沃克医生割的刀数,他不怎么疼。要求学生用文中的语句,支撑自己的观点。

学生深入品读课文的语言,想象当时的场景,结合生活经验开展辩论。这个过程其实就是让学生深入了解革命年代,走近革命先辈,感受革命党人的沉着坚毅和超越常人的承受力。

3. 文化体验法

就是让学生在文化学习活动中,通过身心的体验来理解相关的生活方式、民俗、艺术、价值观等文化知识,养成积极的文化态度,形成文化理解能力。其中,教育戏剧教学法是一种高效的文化体验学习策略。教师通过提问角色、教师入戏、肢体剧场、朗读剧场、故事剧场等方法,引发学生对教科书中文化主题内容的深度理解。学生通过角色扮演进行换位思考,体验不一样的人生境遇,感受不一样的社会身份,尝试不一样的思维方式,并将文本内容与通过亲身经历获得的真实感受、经验关联与整合起来,在"润物细无声"中达成文化学习的目标,从而掌握文化知识,生成情感、态度和价值观。如:

四年级语文下册《小英雄雨来》刻画了抗日战争时期,生活在晋察冀边区的少年雨来。他擅长游泳、聪明勇敢,为了掩护交通员李大叔,机智地同日本鬼子作斗争,成了家喻户晓的抗日小英雄。

教师可运用教育戏剧教学法教课文的第三部分,让学生扮演角色。

人物:雨来、李大叔、鬼子军官、鬼子、村民、小伙伴。

场景:雨来的家、种满芦苇的河堤。

道具:缸、箩筐、课本、生字、枪、糖。

为了表演,学生阅读、理解课文,换位思考,深入感受雨来的情绪情感,把握雨来的性格特征,体验与自己生活的时代完全不同的雨来的境遇,以及抗日小英雄的身份和思维方式。将语言文字描摹的抗日生活与通过亲身经历获得的真实感受和经验不断关联与整合起来,从而穿越时光,感知、理解战争年代少年儿童的机智勇敢。

4. 亲身实践法

就是在语文教学中,让学生直接参与文化理解的实践。通过听文化讲座、与文化学者对话、观看文化主题的影视作品、阅读文化典籍、访问文化专题网站、参观文化展览等方式开展研习活动。在亲身参与的研习中获得文化认知和理解能力以及比较、参照、取舍和传播文化的能力。如:

四年级下册《黄继光》和课后链接《祖国,我终于回来了》叙述的都是抗美援朝战争年代发生的故事。教师可以下载《长津湖》《长津湖之水门桥》等影视片段,让学生在形象、直观的故事情境中,跨越时空隔阂,感悟志愿军战士大无畏的英雄气概和爱国主义、国际主义精神。设计书面表达或口头述说的方式,记录自己的想法("我想对您说"),以表达自己的观后感。

案　例

　　统编版高一语文必修下册的《子路、曾皙、冉有、公西华侍坐》《齐桓晋文之事》《庖丁解牛》，涵盖中国古代思想史中影响最大的儒、道两家的经典。《子路、曾皙、冉有、公西华侍坐》以"言志"为主线，体现孔子四位弟子的人生志向和理想的社会图景；《齐桓晋文之事》以对话形式表现孟子"保民而王"的政治主张。这两篇文章体现的儒家思想同中有异，孔子更重视"为国以礼"，而孟子则强调"发政施仁"。《庖丁解牛》体现了庄子善用寓言说理的特点，通过庖丁解释自己"道进乎技"才能游刃有余，阐明了应对外部世界应"依乎天理"，顺势而为的道理，与儒家形成巨大的反差。

　　教师可将这个单元对应"思辨性阅读与表达"学习任务群，渗透优秀传统文化教学。

　　1. 教《子路、曾皙、冉有、公西华侍坐》一课时，教师随文讲解文化常识，比如弟子的名与字；提点、疏通"侍坐""章甫""宗庙""冠者"等富有传统文化内涵的字词文意，增加学生对古代政治文化、祭祀文化和礼仪风俗的理解。补充孔鲤过庭的文言故事、《论语》中"内圣外王"的表述，辅助学生理解孔子四位弟子的志向，从而理解儒家"内圣外王"的核心要义。

　　2. 学完《子路、曾皙、冉有、公西华侍坐》和《齐桓晋文之事》后，教师设计表格，要求学生比较孔孟观点的差异。

| | 理想社会 | 政治主张 | 施政者 | 具体措施 | | | 生活时代 | 社会时局 | 思想倾向 |
				军事	经济	礼教			
孔子	人民康乐，盛世太平，天下大同	以礼治国为政以德	仁人君子（克己复礼）	强兵（有勇，且知方也）	足民	非常重视"礼"	春秋末期	以礼争霸相对稳定	简政施仁，不越礼。道不行，乘桴浮于海。理想破灭生出世念头。
孟子	天下归一，人民康乐，盛世太平	发政施仁，保民而王	具有不忍之心（推恩）	反对"兴甲兵，危士臣，构怨于诸侯"	制民之产	谨庠序之教	战国中期	十分动荡	施仁政，重义。民为贵，社稷次之，君为轻。当今之世，舍我其谁的自信，强势入世。知其不可而为之。

　　3. 学完这个单元的所有课文后，教师再把《子路、曾皙、冉有、公西华侍坐》《齐桓晋文之事》《庖丁解牛》三篇文章放在一起，引导学生比较分析儒道两家的观点差异。

观　点	观　点　内　涵	表　达　方　式	与其他观点的关系
吾与点也	向往太平盛世民生和乐，感慨道之不行（后世解说甚多）	语录体、训诫式，简要，态度明确。本文内涵表达较为含蓄。	与子路、冉有、公西华的观点既有差异，又有相通之处。
保民而王	国之本在民，只有让人民衣食无忧、守礼知义，才会天下归心	对话体、论辩性，直接、明确，因势利导、思辨性强、善于取譬设喻。	中心观点，全文的思路由此出发，又归结于此。
依乎天理	存身、做事、处世都应该顺乎自然，不可强为（后世解说甚多）	寓言体，用寓言来表达，形象生动。但不能论证。	是对"解牛"过程的解说，暗合寓意，文中并无明确的观点。

4. 组织学生课外观看李泽厚视频讲座；选读李泽厚《中国思想史论》、吕思勉《先秦学术概论》、冯友兰《中国哲学简史》等学术著作，了解儒家思想的内涵。课堂组织辩论：儒家思想在当时的意义和在当代的不足。

5. 要求学生联系生活实际，思考《庖丁解牛》在现实背景下的价值意义。

（改编自笔者指导的硕士生论文：孙伊蕾.高一语文学科优秀传统文化教学案例分析[M].2021年华东师范大学硕士学位论文.）

（二）教育戏剧的教学策略

教育戏剧是指在中小学通过提问角色、教师入戏、肢体剧场、朗读剧场、故事剧场等戏剧策略，引发学生对相关教学内容的学习，以期让学生在学习过程中掌握知识和技能，生成情感、态度和价值观，发展核心素养的教学活动。教育戏剧是一种高效的文化体验学习策略。

1. 教育戏剧的文化体验功能

教育戏剧具有多种文化体验功能。在认知方面，它能优化学生的理解、分析、创作；在行为方面，它能改善学生的朗读表现，让学生深入体验角色的内心世界；在情感方面，它能让学生在愉悦的情绪状态中学习文化，提高学习参与度，并在移情中深化文化体验；在情境方面，它能模拟再现文化事件和人物关系，为学生的想象创设自由而宽容的开放情境。

2. 教育戏剧的策略

英国教授尼兰德兹（Jonothan Neelands）在《建构戏剧：戏剧教学策略100式》一书中，将教育戏剧策略分为四种类型：建立情境的活动、叙事性活动、诗化活动、反思活动。在中小学课堂上，这些策略具有很强的操作性（见表9-2）。

建立情境的活动(context-building action)是教师设置特定的场景和角色,学生创设并参与戏剧情境。叙事性活动(narrative action)是教师关注能够推动叙事和情节发展的重要事件,学生在戏剧中检验对"故事"的假设和预测,运用适宜的语言和形体动作推动故事发展。诗化活动(poetic action)是教师的关注从叙事内容转向艺术形式,学生通过精心选择语言和形体动作,探索各种艺术符号和意象的可能性。反思活动(reflective action)是学生认识角色的内心想法,回顾并评价戏剧过程,进行反思。[①]

表 9 - 2　教育戏剧策略示例[②]

类别	教育戏剧策略示例	教 学 活 动
建立情境的活动	墙上的角色 (role-on-the-wall)	把一个关键角色的图片张贴在墙上。学生轮流扮演该角色,即兴发挥,参考墙上角色的资料,并为它增添内容,通过反思深入理解角色。
	定格画面 (still-image)	学生利用身体构成一幅图画,定格某一时刻、观点、主题。
	线索材料 (unfinished materials)	教师以物体、文章、剪报、信件或者故事的开头等作为戏剧的开端,学生从材料中寻找线索,建构戏剧,探索主题、事件和意义。
叙事性活动	坐针毡 (hot-seating)	学生以自己或者角色身份,向扮演某角色的焦点人物提问,焦点人物回答问题。
	专家外衣 (mantle of the expert)	在戏剧情境中,学生扮演具备专业知识的角色,比如历史学家、社会工作者、登山者等,运用专业知识和技能完成情境中的任务。
	报道文学 (reportage)	学生运用头版故事、电视新闻或者纪录片等报道文学的形式解释或呈现事件。学生可以扮演媒体角色,也可以跳出角色,分析事实如何被报道者扭曲。
	教师人戏 (teacher-in-role)	教师扮演戏剧情境中的某一角色,激发学生兴趣,鼓励学生参与,制造戏剧张力,推进故事发展,提供多种选择,创设学生在角色中互动的机会,引发学生对戏剧活动各类相关问题的思考。
	打电话 (telephone)	学生可以两人一组互通电话,说明当前情况,透露消息,提供信息;也可以只有一方接听电话。教师可以使用这个策略搜集建议,制造外来事件,引入新的信息。

---

① Neelands, J., & Goode, T. Structuring drama work: 100 key conventions for theatre and drama [M]. Cambridge University Press, 2015.

② 池夏冰.语文学科教育戏剧的文化体验研究[D].华东师范大学博士研究生学位论文,2020.

续　表

类别	教育戏剧策略示例	教　学　活　动
诗化活动	另一个我 (alter-ego)	学生两人一组，一人扮演角色，一人将该角色的内心想法说出来，特别关注与表面行动和对话相矛盾的想法和感觉。
	仪式 (ceremony)	学生合作设计特殊的活动来纪念、庆祝具有文化或历史意义的事件。
	论坛剧场 (forum-theatre)	小组表演与戏剧主题相关的一个场景，其他学生观看。当观众认为剧情需要改变时，可以随时叫停表演，上台取代角色或者增加新角色。有时表演可以由教学组织者或者外部成员进行，他们可以随时停下表演，询问观众的意见。
	面具 (masks)	面具可以改变视角，制造距离感，产生陌生化效果。面具的种类很多，有全面具、半面具、角色面具、匿名面具等。
	默剧 (mimed activity)	默剧是演员使用形体动作而不是语言进行表演。即使运用语言，语言也只起辅助作用。默剧鼓励用行为而不是语言来表达意思。
	朗读剧场 (readers' theatre)	学生通常坐或站在固定的位置，手持剧本或把剧本放在讲台上进行朗读，用声音和表情生动地展示虚拟场景中的角色。朗读者不需要和其他表演者进行目光交流，但要关注台下的观众。
	仪式 (ritual)	仪式是一种与传统习俗和规约相关的程式化表演，参与重复的仪式使个体接受群体文化或伦理。
反思活动	立体人物 (gestalt)	学生两人一组，设计主角在关键时刻与其他角色的对话，通过不同的社会互动场景和视角，探讨人物的动机、态度和价值观念。学生要分析主角的性格，选择合适的角色，理解人物的复杂性。
	假如我是你 (if I was you)	也叫"良心胡同"(conscience alley)，用于人物面临选择、进退两难、作出抉择的关键时刻。一名学生扮演该角色，从排成两列的学生中间走过，两边的学生以自己或某个角色的身份提出意见或者建议，可以回应前面的剧情，也可以重复角色的台词，促进对问题的分析、解决和反思。
	真实时刻 (moment of truth)	学生对剧情进行反思讨论之后，想象和预测最后的关键时刻，并把这个富有戏剧张力的时刻表演出来，让观众相信这是真实的。这个时刻由不同的学生表演，直至大家认为这段表演合理地反映了现实。
	不同的观点 (spectrum of difference)	学生想象有一条连接两级选择的隐形线，通过站位表示他们的观点。越靠近端点，代表观点越鲜明，中间代表中立的态度。学生可以说出选择的原因，也可以不用口头表达。这个活动能让学生看到全班的不同观点。

在中小学生核心素养培育、学科立德树人的履职中,语文课程责无旁贷地担负着文化传承与创新的使命。在基于教科书的听、说、读、写教学中,我们都可以通过分析教科书文本资料的文化现象,挖掘文化教学资源,创新教学方法,融入文化学习,从而践行在语文课程中学生由文化认知到文化认同这样一个文化学习的过程。

第十章

语文教学评价

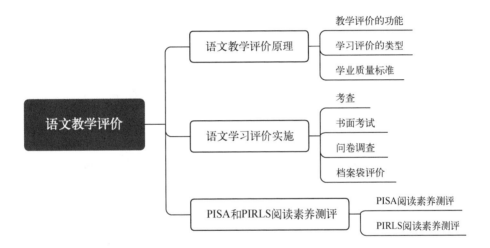

核心素养时代的语文课程评价要准确反映学生的语文学习水平和学习状况，注重考查学生的语言文字应用能力、思维过程、审美情趣和价值立场，关注学生的学习过程和学习进步。学业质量标准反映了语文学科核心素养的要求，因为它是以核心素养为主要维度，结合课程内容，对学生语文学业成就具体表现特征的整体刻画……按照日常生活、文学体验、跨学科学习三类语言文字运用情境，结合识字与写字、阅读与鉴赏、表达与交流、梳理与探究等语文实践活动，描述学生语文学业成就的关键表现，体现学段结束时学生核心素养应达到的水平。①

---

① 中华人民共和国教育部.义务教育语文课程标准(2022年版)[S].北京：北京师范大学出版社，2022：37.

第一节　语文教学评价原理

一个完整的课程实施过程包括确定目标、选择内容、拟定教法、实施教学和评价效果五个基本环节。语文教学在评价效果这一环节具体包括两个方面：一是针对教师的教学评价，判断教师的教学活动是否达到语文教学目标；二是针对学生的学习评价，评定学生的学习结果达到语文教学目标的程度，即学业质量水平。

一、教学评价的功能

语文教学评价具有衡量、评定教学效果，诊断学习困难，激发学习动机的作用。

1. 衡量学生语文素养，评定语文教学效果

学生的语文学业成绩不仅标志着他们对语言文字的理解水平和表达水平，而且反映了他们具有的语文素养。教学中我们借助考查、考试等手段可以检查学生语文知识的深度、广度和熟练程度，也可以了解学生语文能力的高低。同时，借助教学过程中的观察、问卷调查、学生自我评价、学生之间的评价也可以获得学生语文学习过程与方法，情感、态度与价值观方面的情况。这些结果在一定程度上也反映了语文教师的教学效果。当然，还可以进课堂听课，组织教师说课，运用循证研究等方法，直接评估教师的教学水平。

2. 诊断学生学习困难，反馈语文教学情况

利用考试等手段获得的学业质量信息，可以帮助教师了解学生已经掌握哪些语文知识，这些知识的运用已经达到怎样的能力水平；学生在语文知识和能力上的不足；学生语文学习在过程与方法，情感、态度与价值观方面存在的问题以供教师改进教学。

3. 激发学生学习动机，促进教学工作

学业评价直接显示教学效果，因此在考试中取得好成绩是学生和教师的一种外部动机，这一动机促使学生更努力地学习，促使教师更勤奋地工作。地区统一的语文学科质量监控测试，如初中和高中升学考试往往对教与学的影响最大。同时，学业评价也有选拔的功能。目前，一些办学质量上乘的初中、高中，

在生源充沛的情况下通过入学考试来筛选优生,就是利用了学业评价的选拔功能。

当然,学业评价在激发学生学习动机的同时,也可能存在负面效应。教师要避免高分的学生骄傲自满,低分的学生自暴自弃。视学业评价为教与学主要的、本质的、综合的组成部分,注重教、学、评的一致性,突显评价的发展性功能。

发挥语文教学评价的发展性功能,要求我们在语文教学评价的实施过程中坚持做到四点:第一,坚持教学评价的目的不仅是考查学生达到学业质量标准的程度,而且是检验和改进学生的语文学习和教师的语文教学,改善课程设计,完善教学过程,从而有效促进学生的发展,全面落实语文课程目标。第二,评价要以关键能力为载体,体现学业质量的整体性和阶段性。整体性主要包括两个方面。从评价内容看,应该包括识字与写字、阅读与鉴赏、表达与交流、梳理与探究四个方面表现出来的学习态度、参与程度和核心素养的发展水平。从评价领域看,不能仅限于知识和能力,即认知领域,还要从过程与方法,情感、态度与价值观多个领域评价。第三,注重评价手段的多样化和灵活性。书面考试只是评价的方式之一,在过程性评价和终结性评价中要加强过程性评价。应根据各个学段的学习内容和学业质量要求,通过课堂观察、小组分享、典型作业、学习反思、汇报展示、演讲表演、阶段性测试等方式,甚至借助信息技术手段搜集评价资料并加以分析。第四,关注评价主体的多元和互动。将教师的评价、学生的自我评价与学生间的互相评价相结合。加强学生的自我评价和互相评价,有条件的还可让学生家长积极参与评价活动。在评价时要尊重学生的个体差异,促进每个学生健康发展。

二、学习评价的类型

针对学生的学习评价旨在评定学生的学习结果达到学业质量标准的程度。它是教学评价的一个重要组成部分。

(一)学习评价分类

依据不同的分类标准,学习评价有不同的分类。常用的分类标准有评价结果呈现形式、评价内容、评价用途、分数解释参照标准、评价形式、评价时间和功能六种(见表10-1)。

表 10 - 1   学习评价分类

划 分 标 准	类 型
评价结果呈现形式	1. 定性评价
	2. 定量评价
评价内容	1. 专项评价
	2. 综合评价
评价用途	1. 成绩评价(成就测验)
	2. 水平评价
	3. 学能评价(能力倾向评价)
分数解释参照标准	1. 目标参照评价
	2. 常模参照评价
评价形式	1. 口试
	2. 笔试
	3. 操作评价
评价时间和功能	1. 安置性评价
	2. 形成性评价
	3. 诊断性评价
	4. 终结性评价

按评价结果呈现形式,学习评价分为定性评价和定量评价。定性评价是用文字形式对学生学习质量的评价,定量评价是用量化的数据对学生学习质量的评价。

按评价内容分,学习评价分为专项评价和综合评价。专项评价又称单项评价,即把评价内容分成若干细小部分,如将基础知识分为拼音、识字与写字、词语、句子、段和篇等,然后就这些内容分门别类编制试题,逐一加以评价,最后将各项分数综合起来以全面衡量学生的学业成绩。综合评价是指将各种语文知识、能力交叉渗透进行评价,以衡量学生语言文字的综合运用能力。如由基础知识、阅读分析、作文组成的小学生毕业评价就是一种综合评价。

按评价用途,学习评价分为成绩评价、水平评价和学能评价。成绩评价又称成就测验,主要考核学生一段时间内的学业进展状况。期中考、期末考、统考、毕业考都属于这一类,着眼于考查学生的过去。水平评价不问以往的学习内容,只考查学生现有水平,如外语学校入学考属于这一类,着眼于考查考生的现在。学能评价又称能力倾向评价,着眼于考查学生的未来,了解学生语言文字学习的潜在能力,带有预测性质。

按分数解释参照标准,学习评价分为目标参照评价和常模参照评价。目标参照评价检查学生是否达到学业质量标准,即是否"及格"。如摸底考试、单元考试、期末考试和毕业考试。常模参照评价不以是否"及格"为标准,而是把考生的成绩与同类考生作比较,确定录取的分数线,如分班分组考试、学科竞赛。

按评价形式,学习评价分为口试、笔试和操作评价等。如小学口语交际考试常采用学生间的交谈;高校自主招生考试也常安排6~7个学生围坐在一起,就一个话题展开讨论,考官在旁观察各位考生的应变、逻辑和口才。这些都采用口试的形式进行。要求小学生用部首查字法查诺贝尔奖获得者屠呦呦的"呦"的读音,这属于操作评价。

按评价时间和功能,学习评价分为安置性评价、形成性评价、诊断性评价、终结性评价。如学期开始,新生入学的考试属于安置性评价;一学期中的单元考试属于形成性评价;就学习过程中出现的典型问题,围绕这个问题设计专题测试,属于诊断性评价,目的是发现学生群体性出错的原因;学期末的考试就是终结性评价。

按不同标准对学习评价的分类强调,每种评价类型的适用范围和基本要求各有侧重。

(二) 表现性评价

书面考试可以评价学生掌握了哪些语文知识,而表现性评价(performance assessment)关注学生在真实情境下的实际表现能力。它以学生为中心,强调学生的参与,测评学生理解和运用知识的实践能力。因此,它是学生语文学习成就的一种真实性评价(authentic assessment)。

表现性评价的特点是重视知识和技能的应用,利用现实问题,鼓励发散性思维,寻求多种答案。由于它将评价的内容和过程自然融为一体,反映了当代先进的教育评价理念。常用的表现性评价形式有操作、作品集、档案袋、项目研究、编剧、日志、展览、观察等。

三、学业质量标准

学业质量是学生在完成语文课程阶段性学习后的学业成就表现,是对学生核心素养表现的总体描述。新课程标准颁布的学业质量标准,根据语文学科学习任务群的内容要求,总体描述学生语文学业成就表现。它是日常学习评价、阶段性评价、学业水平考试和升学考试命题的重要依据。

义务教育语文课程学业质量标准以核心素养为依据,按照日常生活、文学体验、跨学科学习三类语言文字应用情境,呈现学生在文化自信、语言应用、思维能力、审美创造四个方面的整体表现。每个方面都按照识字与写字、阅读与鉴赏、表达与交流、梳理与探究的具体活动内容,来描述学生语文学业成就的关键表现。表 10-2 是学生在不同语言文字运用情境中,开展阅读与鉴赏、表达与交流、梳理与探究三种学习活动时能力表现的观察点。

表 10-2 核心素养能力表现的关键要素①

情　境	实　践　活　动		
	阅读与鉴赏	表达与交流	梳理与探究
日常生活	• 整体感知 • 整合信息	• 陈述与叙述 • 描绘与表现	• 筛选与提炼 • 归整与分类
文学文化	• 理解阐释 • 推断探究	• 解释与分析 • 介绍与说明	• 比较与抽象 • 搜集与组合
跨学科学习	• 赏析评价	• 应对与调整	• 发现与再造

第二节 语文学习评价实施

针对语文知识与能力的学习评价方法颇多,大致可分成考查和考试两大类,具体见图 10-1。针对学生语文学习情感、态度、价值观的评价,大多利用问卷调查的方式进行。

一、考查

考查的方法有课堂提问、作业批改、日常观察和阶段考查四种。

1. 课堂提问

课堂提问是教师获得反馈信息的最直接、最迅速的方式。通过学生的回

---

① 郑国民,李宇明.义务教育语文课程标准(2022 年版)解读[M].北京:高等教育出版社,2022:228.

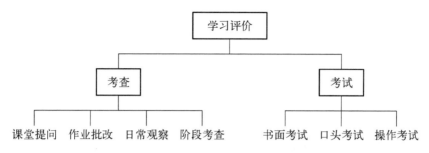

图 10-1 语文知识与能力的评价方法

答,教师在检查学生知识掌握及运用水平的同时,还可以了解该生思考问题的方法、分析解决问题的能力、语文表达的特性等诸多情况,并根据这些信息调整自己的教学。课堂提问问题的设计,要注意目的性和适切性,课堂提问对象的挑选应注意针对性和差异性。

2. 作业批改

作业批改是运用频率最高的一种考查方法,教师在运用这个方法时应注意激励性。如在一年级语文学科抄写作业中,用激励性的图示来替代传统的"√""×""○"。旨在引导学生在语文学习的起步阶段形成认真、仔细的良好学习态度。

案 例

批 改 符 号

上海市浦东新区浦明师范附小采用激励性图示的批改方式:语文作业本上不再出现"×",凡是学生作业出错之处,都示以"∕",待学生修正之后,变为"√"。对作业正确的学生给予形象的笑脸"☺";对作业正确、作业态度认真的学生给予形象的笑脸"☺☺";对作业正确、作业态度认真、书写整洁漂亮的学生给予形象的笑脸"☺☺☺"。

3. 日常观察

在强调全面考查学生的语文素养的今天,日常观察显得尤为重要。在评价学生听、说、读、写能力的同时,还应关注学生的情感、态度和价值观。这就要求教师在自然状态下多角度关注学生的行为表现,通过观察了解学生的语文学习兴趣、爱好、习惯,了解学生语文学习的方法和态度,甚至可以借助信息技术手段进行实时记录和统计分析。

案　例

拿手帕的男生

一位四年级语文教师接班不久就发现，班上一个男同学在默写生词时手中紧拽着手帕一角，不停地看，不停地往嘴里塞。仔细观察一番，学生并没有作弊，只是机械性地咬手帕一角。经过一段时间的追踪观察，教师发现该生每时每刻都离不开手帕，只有在两种情境中他才会暂时忘记自己的"宠物"：一是请他个别朗读课文，二是代表班级登台独唱。经过与家长联系，教师找到了原因：该生从小独睡一间卧室，以手帕来分散自己的恐惧感。

4. 阶段考查

阶段考查是在语文教学经过某一阶段后实施的，一般多用等级制的计分方法，如：合格和不合格，优和良，及格和不及格，优良、合格和必须努力等。

二、书面考试

书面考试又称纸笔测验，是学习评价中最常用的一个手段。实施过程包括编制双向细目表、编拟试题、实施、评分、分析结果五个步骤。

（一）编制双向细目表

在试卷编制过程中，编制双向细目表的过程是提高命题科学性的重要一环。这里的"双向"是指测验的具体知识和能力。知识是指语文学科内容知识，能力是指学生在认知和行为上要达到的目标。编制双向细目表就是根据所学的语文知识、能力的重要程度分配题量和分数。我们提倡运用安德森修订的分类作为编制双向细目表的依据。不过，大多数语文教师还是习惯用布卢姆认知领域教育目标分类原理作为分类依据。

双向细目表编制流程为：知识点纵向设计——能力水平横向设计——合计总分以及分数再分配。

1. 按知识要点进行纵向设计

按知识要点进行纵向设计的过程包括：第一，列要点。先要认真分析教材，把教材中的知识点找出来，然后列出其中的重点，通常是把新教授的、经过一定训练的内容作为测验重点。第二，定比例，即定每类要点应占的分数比例。测验求总分时，为了显示各分测验项目在总测验中具有相对重要性，各分测验得分应分别乘以不同的系数，这个系数就是权数。中小学学业成绩测验较多采用的加权形式是百分数的自重权数(分值),即权数直接体现在各分测验的总分中,各分值累加正为100分。其中,书写为5分。

2. 按能力水平进行横向设计

根据布卢姆的认知领域学习水平分类说,学生的学习能力水平可分为识记、理解、应用、分析、综合、评价六个层次。按能力水平进行横向设计的过程包括:第一,将能力要求从左到右逐步提高列出,后一项要求应包含前一项要求。如应用比理解的要求高,所以在应用的要求中包含理解的要求。第二,参照比例及本单元教学要求分配分数。对于某一要点,如果既有前一项目的要求,又有后一项目的要求,就填入后一项目中。例如,选词填充既需学生理解词义,又要求学生应用这些词语,就应把该题的分数填入应用项目里。

3. 将双向设计的合计总分根据各知识点的内容进行再分配

表 10 - 3　某地高考双向细目表

项目 ＼ 能力 分值	识记	理解	应用	分析	综合	评价	合计
一、基础知识	10	16	4				30
二、现代文阅读		2	9	24			35
三、文言文阅读		12		13			25
四、写作					50	10	60
合　计	10	30	13	37	50	10	150

(二) 编拟试题

编拟试题包括选择题目内容和确定题型。语文试题类型很多,根据学生作答的范围和评分方法的不同,可将试题分为客观性试题和论文式试题两大类。

1. 客观性试题

客观性试题往往只有一个正确答案,具体包括填空题、判断题、选择题、配合题和简答题。

案 例

题 型 举 例

一、填空题

名句填空。

1. (   ),事定犹须待阖棺。(陆游《病起书怀》)

2. 西北望长安,(   )。(辛弃疾《菩萨蛮·书江西造口壁》)

3. 东风恶,欢情薄。(   ),(   )。(陆游《钗头凤》)

二、判断题

下面加点的字意思相同吗? 用"√"或"×"表示。

1. 熏陶   熏染   □

2. 名不虚传   莫名其妙   □

3. 化险为夷   夷为平地   □

三、选择题

读对联,按要求选择。

1. 消息连通九万里外,往来不过一刹那间。

2. 但愿世间无人病,何愁架上药生尘。

3. 虽是毫末技艺,却是顶上功夫。

4. 巧手度外,天衣无缝;匠心裁来,长短合身。

5. 谷乃国之宝,民以食为天。

6. 有个邻居想开一家理发店,请你帮忙选择一副对联。你会选第_____
(填入序号)。

四、配合题

将相关作者、诗(词)名和诗(词)句用直线连起来。

李清照   《临安春雨初霁》   不要人夸颜色好,只留清气满乾坤。

崔 颢   《墨梅》   小楼一夜听春雨,深巷明朝卖杏花。

陆 游   《黄鹤楼》   日暮乡关何处是,烟波江上使人愁。

王 冕   《渔家傲》   天接云涛连晓雾,星河欲转千帆舞。

五、简答题

1. 默写李煜的《望江南》

_____,昨夜梦魂中。还似旧时游上苑,_____。花月正春风。

2. 阅读回答问题

有人说这是一首极尽繁华之作,有人说这是一段凄凉无限之吟唱。请从艺术手法运用的角度谈谈你对这首词的看法。

_____

_____

2. 论文式试题

论文式试题的形式主要有两种:一是翻译题,如将古诗文译为现代汉语;二是作文题,即用文字表述自己的见闻。作文题又包括统一题、选做题、范围题和自由题。

案 例

题 型 举 例

一、翻译题

解释王维《汉江临眺》"江流天地外,山色有无中"的含义:

_____

二、作文题

1. 统一题。就是教师命题,学生统一作文。如:

(1) 以《啊,童年!》为题,写一篇400字左右的记叙文。

(2) 世上许多重要的转折是在意想不到时发生的,这是否意味着人对事物发展进程无能为力?

请写一篇文章,谈谈你对这个问题的认识和思考。要求:自拟题目,不少于800字。(2020年上海高考)

2. 选做题。就是由教师出一组题目,学生从中选一个题目写一篇作文。如:

(1) 从以下三个题目中选择一个,写一段话(300字左右)。

我能行;我错了;我成功了

(2) 阅读下面的材料,根据要求写作。

春秋时期,齐国的公子纠与公子小白争夺君位,管仲和鲍叔分别辅佐他们。管仲带兵阻击小白,用箭射中他的衣带钩,小白装死逃脱。后来,小白即位为君,史称齐桓公。鲍叔对桓公说,要想成就霸王之业,非管仲不可。于是,桓公重用管仲,鲍叔甘居其下,终成一代霸业。后人称颂齐桓公九合诸侯、一匡天下,为"春秋五霸"之首。孔子说:"桓公九合诸侯,不以兵车,管仲之力也。"司马迁说:"天下不多(称赞)管仲之贤而多鲍叔能知人也。"

班级计划举行读书会,围绕上述材料展开讨论。齐桓公、管仲和鲍叔三人,你对哪个感触最深? 请结合你的感受和思考写一篇发言稿。

要求:结合材料,选好角度,确定立意,明确文体,自拟标题;不要套作,不得抄袭;不得泄露个人信息;不少于800字。(2020年高考全国Ⅰ卷)

3. 范围题。就是教师规定题目或者内容范围、要求,让学生自由选材作文。

(1) 选择下面所列的一个人物或文学形象作为话题,自选角度,写一篇不少于800字的作文。注意:题目自拟、立意自定、文体自选、不得抄袭。

人物:孔子、苏轼、曾国藩、鲁迅、史蒂芬·霍金

文学形象:曹操、宋江、薛宝钗、冬妮娅、桑提亚哥

(2) 我想对_____说

要求:把题目补充完整,在直线上可以填入称呼,如妈妈、王老师;可以填入人称,如你、她;也可以填入动植物、小物件,如小狗、向日葵、机器猫。写一篇400字左右的记叙文。

4. 自由题。就是教师基本上不定写作范围、题材内容,学生自由选择。如:给"书"组4个词,再用其中一个词为题写一段话。

3. 情境化试题

随着核心素养的提出,评价实施中以具体情境为载体的情境化试题成为一种新的题型。该类试题通常模拟学生生活中的现实情境,如具体的对象、目的、场合、拟解决的问题等以引发任务需求。具体有基于情境的写作试题和基于情境的口语交际试题两种。

基于交际情境的写作试题一般要具备以下特点:任务提供了狭义的现场语境,具体的写作对象、目的、场合、拟解决的问题等。如:作文题《我的动物朋友》创设了三个情境,提出了三项写作任务,要求学生选择一个任务情境,描写动物的外形和生活习性(见图10-2)。

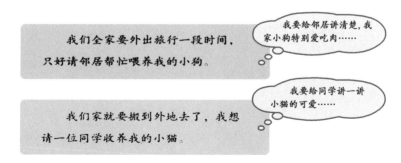

图 10 - 2　四年级作文《我的动物朋友》

A：为了请小伙伴帮忙找丢失的小羊，我要和他们描述小羊的特征：左眼圈是黑色的。

B：为了请邻居代喂养小狗，我要和他们讲清楚小狗的饮食偏好。

C：为了找一位同学收养小猫，我要夸奖小猫有多可爱。

这个习作题创设了小羊、小狗、小猫三个具体的对象；同一个村子、左邻右舍、学校教室三个潜在的场合；找羊、代喂小狗、领养小猫三个明确的目的；写清楚小羊的外形特征，写明小狗的生活习性，介绍小猫的特点三个急需解决的问题。它成功设计了三个驱动性的习作任务供学生自选，拟真且兼顾了城市和农村同龄人的生活场景。

这类情境任务驱动的作文试题与一般作文试题的差异在于：有交际目的，阐明为了什么而写；创设的任务源自或模拟真实的生活世界；重视解决问题所需的思维，而不是单纯地背诵或生搬硬套动物外形、生活习性的知识。

基于情境的口语交际试题一般要提供具体的交流对象、目的、场合、拟解决的问题等。如初中试题《参观××博物馆》。初一学生小林要在十一长假期间，带老家来的 5 岁的表弟、12 岁的表妹、70 岁的姥爷以及舅舅去参观当地的博物馆，请仔细阅读"××博物馆十一长假开放须知"（略），回答如下问题：

第一，小林是否需要网上预约购票？为什么？

第二，小林是否要提醒表妹带好学生证？

第三，如果小林自己也要进博物馆，他一共需买几张票？为什么？

第四，小林的表弟和姥爷可以走绿色通道吗？为什么？

（三）评分

语文教学中，常用的评分方法有等级制和百分制两种。

1. 等级制

等级制包括绝对评价等级制、相对评价等级制两种。

绝对评价等级制。这是一种以教学目标作为评价依据的等级评分方法，如五分制。这种等级记分法常用"5、4、3、2、1"五个等级，分别表示"优秀、良好、及格、不及格、劣等"。其中：5分的要求是透彻熟悉与理解课程标准所规定的全部教材，并能深刻领会和巩固掌握。对于问题能作出正确的回答，在各种实际作业中善于独立运用所学知识，在口头和书面回答中能正确表达而不出现错误。

3分的要求是熟悉课程标准规定的基本教材。在实际作业中应用知识有一些困难，但经教师稍加帮助即可克服。答案内容与语言结构极少出现错误。1分是对所学教材完全不了解。4分介于3分与5分之间。2分介于1分与3分之间。

这种记分方法简单明了，在平时考查中运用比较方便，但具体掌握评分标准时有一定困难，如3分与4分、4分与5分之间有时难以确定。因此，又产生了4＋、4－等表示成绩的等级。

相对评价等级制。这里所说的等级制不是把学生的学习成果与某一既定的标准进行对照，而是根据学生的学习成绩在学生团体中所处的相对位置来确定其相应的等级分数。具体的评定方法是把学生的成绩（通过考试或教师综合评估后得到的成绩）从高分到低分排列，然后根据考生总数按照下面两种方案所给的比例对属于各个等级的人数进行评定。以五分制为例。

正态分布面积比例法。这种方法根据人的能力通常服从正态分布的假定，把正态分布曲线下位于正负三个标准差范围内的面积以等距的方式划分为五部分，使这五部分的面积百分比结构为 3.5：24：45：24：3.5，然后把考生的成绩从高到低依次按上述五部分的面积比例来确定五个等级的人数及比例，即 A 等（5分）占 3.5％，B 等（4分）占 24％，C 等（3分）占 45％，D 等（2分）占 24％，E 等（1分）占 3.5％。

按 1：2：4：2：1 的比例分配法，即把评为 A 等（5分）、B 等（4分）、C 等（3分）、D 等（2分）、E 等（1分）这五个等级的人数按照规定的 1：2：4：2：1 的比例进行分类，形成中间多、两头少的人数结构。若把这里的比例换算成百分比结构,不难知道,A、B、C、D、E 五个等级的人数比例分别是 10％、20％、40％、20％和 10％。可见,这种比例结构实际上是参照上述正态分布面积比例结构的一种调整。这种方法实行后不久人们就很清醒地意识到,无论教师如何努力,始终是中间多、两头少的人数结构。因此,这种按比例划分等级的记分方法不利于调动师生的积极性。

2. 百分制

百分制在中国有着悠久的历史。1903 年,清朝颁布的《钦定学堂章程》中规定:"评定分数,以百分为满格,通各科平均计算,每科得 60 分者为及格,不及 60 分者为不及格。"这种百分制方法一直沿用至今。它的特点是等级多,可对学生的成绩进行排列。缺点是没有确定的评分标准,每分的意义不明确。一般规定 60 分及格,但其含义不明确。若题目难度大,学生往往得不到及格分;若题目过于容易,则有很多学生得高分。百分制记分法用于简答题、作文题,很难得到准确的结果。

(四) 分析结果

实施一次完整的语文考试并评分之后有个重要的环节——结果分析,即分析本次考试质量和教学情况。结果分析包括分析考试质量和分析教学水平。通常采取抽样、测验效度分析、测验信度分析、难度分析和区分度分析五个步骤。学校常用的数据主要是后两者。

1. 难度分析

试题的难度是指一组考生对该题作答的困难程度,一般用难度系数(P)表示。难度是衡量试题质量的基本指标之一。

$$难度系数(P)=\frac{答对人数}{测验人数}$$

如初二年级某次语文测验现代文阅读中分析用词准确性小题,已知测验人数为 50 人,答对此题有 24 人。

$$P=\frac{24}{50}=0.48$$

一般常模参照考试,难度系数 P 以 0.5 为宜。目标参照考试以 0.6 为宜。P 越大,说明此题难度越小;P 越小,说明此题难度越大。上例 P＝0.48,小于常数 0.5,说明有些难度。

2. 区分度分析

区分度是表示试题区分能力大小的指标,水平高的考生得高分,水平低的考生得低分。区分度亦是衡量试题质量的基本指标之一,试题的区分度计算步骤如下。首先,将参试学生的试卷按分数由高至低排列。其次,将学生参试人数乘以0.27,小数点后四舍五入,取整数 n。再次,取 n 个最高分数,组成上组,再取 n 个最低分数,组成下组。最后,把该题上组答对人数减去下组答对人数,再除以 n。

即

$$区分度 = \frac{上组答对人数 - 下组答对人数}{每组人数(n)}$$

如某题要求学生辨识比喻的修辞手法,参试学生总数为 58 人,$n = 58 \times 0.27 = 15.66 \approx 16$ 人,该题上组答对人数为 8,下组答对人数为 3,得出区分度为 0.31。

一般区分度总在 -1 和 $+1$ 之间,0 为无区分度。区分度大于 0.3,说明此题能很好地区分出学生水平。区分度大于 0.2 且小于 0.29,说明此题尚能区分出学生水平,但要改进。区分度小于 0.19,说明此题将淘汰或作较大修改。上例区分度为 0.31,说明该题能很好地区分出学生水平。

三、问卷调查

新课程标准强调,从知识与能力,过程与方法,情感、态度与价值观等几方面进行评价,以全面考查学生的语文素养。例如,对识字与写字的评价既要从音、形、义的结合上评价学生的识字能力,也要重视学生识字和写字的兴趣及习惯。评价学生的阅读能力,既要综合考查学生阅读过程中的感受、体验、理解和价值取向,也要考查其阅读兴趣、方法、习惯,以及阅读材料、阅读量和阅读速度。有关态度评估的常用方法有观察、访谈、态度量表和问卷调查。其中,阅读态度量表有利克特量表(又称总加量表,summated rating scale)、塞斯顿量表(又称等距量表,equal-appearing interval scale)、语义差异量表。

(一)学习态度评估

西方国家的中小学生学习评价坚持:对于一个学生,积极的学习态度比学习成绩更重要。对学习态度的评估包括以下因素(见表 10-4)。

表 10-4　学习态度评估表

内 容 目 标	说　　明
努力程度	1. 有毅力、热心、努力
	2. 一般，断断续续
	3. 不努力、懒惰
注意力	1. 集中、持久、有规律
	2. 断断续续，不稳定
	3. 注意力不能集中
纪　律	1. 有自制力，遵守纪律
	2. 因怕处罚而守纪律，默默服从
	3. 不遵守纪律
学习速度	1. 快
	2. 一般
	3. 非常慢
学习信心	1. 稳重、自信
	2. 过于自信
	3. 缺乏自信，没把握

(二) 学习习惯评价

　　了解学生的语文学习习惯，经常让学生自我评估和改进自己的学习习惯，有助于学生的学习发展。学生学习习惯的调查可借助调查问卷。

案　例

阅读习惯调查问卷

在最符合自己情况的"□"内打钩。

对阅读和阅读习惯的自我感知

学校　　　　班级　　　　姓名

如何选书

□ 我经常选择比较容易读懂的书。

□ 我喜欢不同类型的书。

□ 如果我的朋友告诉我有本好书，我肯定会去读。

如何读书

□ 我喜欢在学校里安安静静地读书。

□ 我喜欢在家里读书。

☐ 我喜欢读教师曾经大声朗读给我们听的书。

对于我读过的书

☐ 我喜欢谈论我读过的书。

☐ 我通常能理解我读过的书。

☐ 我知道怎么从书中找问题的答案。

读书活动

☐ 当读一本书时，我通常会作一些记录。

☐ 我喜欢和别人一起完成读书计划。

☐ 我喜欢和朋友一起读书。

(三) 学习兴趣调查

1. 阅读兴趣调查

案　例

《高中生名著悦读》校本课程问卷调查

亲爱的同学：

　　你好！

　　《高中生名著悦读》是一门旨在提高高中生阅读兴趣、传递阅读策略的校本课程。感谢你本学期参与课程学习，期待你反馈上课的感受和改进建议。本调查不记名，请填写你的真实意愿。谢谢你的支持与配合！

课程研发部

2022.9

一、对于每一题，请选择一个答案打"√"。

根据 9 次课的学习经历	完全同意	同意	勉强同意	不太同意	不同意
1. 我希望语文课中加入这一门选修课。					
2. 我觉得这门课程有帮助。					
3. 上这门课程增加了学习负担。					
4. 上课内容有助于理解欣赏经典作品。					

续　表

根据9次课的学习经历	完全同意	同意	勉强同意	不太同意	不同意
5.我对课程活动有兴趣。					
6.我喜欢老师教学的方式。					
7.我会将所学方法应用到语文学习中。					
8.我能认真参与每次课程学习。					
9.我希望学校能开设类似的选修课程。					
10.我在课上始终能与同学分享阅读感受。					

二、在"图读经典"单元,你喜欢思维导图笔记法吗? 为什么?

_____

三、在"趣读经典"单元,你喜欢添加的元素有:(可多选)_____

　　A. 分享经典作品中的人生启示

　　B. 以童话作为阅读材料

　　C. 辩论方式

　　D. 多角度阅读

四、在"美读经典"单元诗歌模块,你喜欢添加的元素有:(可多选)_____

　　A. 流行音乐歌词　　　　　　　B. 评鉴名家朗读

　　C. 中国文化介绍　　　　　　　D. 诗词内容分析

　　E. 朗读指导

五、在"易读经典"单元,你喜欢添加的元素有:(可多选)_____

　　A. 世界历史背景　　　　　　　B. 影视作品

　　C. 小剧场知识介绍　　　　　　D. 拓展阅读

六、这门课程中,你收获最多的单元是:_____

　　A. 图读经典　　　　　　　　　B. 趣读经典

　　C. 美读经典　　　　　　　　　D. 易读经典

七、你对这门课程的建议有:

_____

_____

2. 阅读个性调查

案　例

高中生文学作品阅读个性调查

姓名_____　性别_____　年级_____

请圈出答案序号,若选"其他",请简要写出答案。

一、您的课内阅读目的是

1. 考高分　　　　　　　　　2. 学习知识

3. 满足兴趣爱好　　　　　　4. 完成学习任务

5. 其他

二、您的课外阅读目的是

1. 体味乐趣　　　　　　　　2. 追求新奇

3. 接受教育　　　　　　　　4. 借鉴写作经验

5. 其他

三、您在阅读一本书的过程中

1. 持久稳定　　　　　　　　2. 勉强读完

3. 有时中断阅读　　　　　　4. 经常中断阅读

四、您的阅读兴趣

1. 广泛　　　　　　　　　　2. 喜欢传奇类作品

3. 喜欢武侠类作品　　　　　4. 喜欢言情类作品

5. 喜欢诗歌类作品　　　　　6. 喜欢散文类作品

五、您选择课外阅读书目

1. 受大众心理影响　　　　　2. 受新闻传媒影响

3. 有明确的阅读计划　　　　4. 根据老师布置的任务

六、课堂阅读您总是

1. 不爱说话,自己一个人独立阅读课文

2. 听老师讲解不发言

3. 边读边思考提出问题

4. 发言与他人争论

七、您感觉自己文学阅读期待类型属于

1. 满足信息需求欲望　　　　2. 崇尚名家、名著

3. 满足求知欲　　　　　　　4. 感受艺术美

四、档案袋评价

如果要收集到足以代表学生典型行为的表现样本,可以使用档案袋评价。例如,运用写作档案袋可以评价学生的写作能力。

(一) 档案袋类型

中小学常用的语文学习档案袋有最佳作品档案袋和学习进步档案袋两种类型。

1. 最佳作品档案袋

最佳作品档案袋收集的是学生在学习过程中完成得最好的作品,目的是用来呈现自己课程学习的最佳表现,以参加学业评价、展示、向家长汇报等。这类档案袋是由学生自主决定选择呈现哪些作品,以及作品呈现的形式,以满足评分标准。

2. 学习进步档案袋

学习进步档案袋收集的是记录学生学习进步,付出的努力和最终成果的信息,目的是让学生了解和评估自己的学习进步。如收集同一篇作文的草稿、修改稿和最终的定稿,以显示学生习作能力的发展。

(二) 档案袋的制作

一个大信封或一个塑料文件夹/袋就可以制作学生的档案袋,档案袋的封面可由学生装饰。通常,档案袋的封面上附一张目录清单,里面存放某一学科的最佳作品或反映学习过程的作业,以及教师提供的评价标准。作文和艺术设计样例可以直接放入文件夹,口语和戏剧表演样例可以先录音或录像,再把录音或录像带放入档案袋。

表 10 - 5　作文档案袋目录

_____年级 ____班_____第____学期作文档案袋目录

序	日期	作文题目	自　我　评　价
1	2/27	热闹的春节	写了挂灯笼、吃年夜饭、看春晚等活动 未能运用场景描写
2	3/5	我的烦恼	具体叙述了令我烦恼的事情 没有描写心理活动
3			
4			
5			
6			
7			

(三) 档案袋的建立

1. 讲解含义

为了使样例能准确反映学生语文学习的发展历程,培养学生的自我评估能力,学生必须认识到档案袋是他们自己作品的集合,而不是收集教师要评分的作品的临时容器。因此,教师要向学生讲解档案袋的含义和作用。

2. 决定收集类型

每个学期开始,教师可以和学生一起讨论决定学科档案袋或者跨学科学习档案袋收集的内容。一般可以从某一学科、某个方面开始,随着学生熟悉和掌握制作过程,逐渐把其他学科、其他方面的内容纳入其中。学生的写作过程尤其适合运用档案袋评价法。下面是美国英语课程依据听、说、读、写、观看和视觉表达六种能力设计的档案袋样例类型:

- 自己写的书,如《我》
- 自传
- 诗歌
- 报告
- 故事
- 给笔友、作者的信、商务信函及回信的复印件
- 教师提供的标准
- 绘画、插图和表格
- 学习日记(阅读日记、实验日记)
- 阅读的书籍、读过的书目
- 朗读(录音或录像)
- 口头报告(录音或录像)
- 设计
- 多媒体程序目录
- 木偶(照片)
- 木偶戏表演(录像)
- 历史大事年表和重要的交通线路图
- 配合故事的插图和电影说明

3. 确定样例标准

师生合作商讨确定样例标准。由于不同学生的作品/作业各不相同,因此确定标准并不是一件简单的事。标准一经确定,还必须有具体、明确的使用说明。

美国英语教师甘蒂女士在带领学生阅读整本书并观看同名电影《查理和巧克力工厂》后,确定整本书阅读样例标准为:创意设计作品。图 10 - 3 是两个学生自选的收入阅读档案袋的《查理和巧克力工厂》阅读样例。

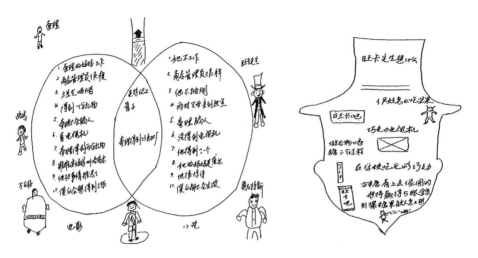

图 10 - 3　学生的档案袋作品

4. 学生评估自己的作品

在教师的指导下,学生可以整体评估或者分项评估,也可以综合使用上述两种方法。这种自我评估可以成为每个学生的日常学习活动。学生在一张小纸片上简要写下自我评估意见,包括作品(作业)的主要优点和不足、改进设想和日期,以便追踪学生自我评估能力的进步。每一张自我评估表还必须与相应的作品订在一起存放。

5. 收集作品样例

学生收集完成的作品放进合适的文件夹和笔记本,然后存放在文件柜、储物箱或其他合适的场所。这些样例包含指定项目和自选项目两种类型。当学生在选择自选项目左右为难时,教师要帮助学生决定是否将该作品装入档案袋。

　　档案袋评价是根据档案袋汇集的学生学习成就或持续进步信息,以评价学生一段时间内获得的知识、技能和能力,较好地体现了我国新课程标准倡导的过程性评价理念。在档案袋评价中,学生主动参与收集、制作、选择语文学习成果,使评价过程成为教学的一个部分。档案袋评价是学生自我纵向发展比较,有利于显现学生在某一时期内取得的进步,促进学生后续的学习。档案袋评价可以在学校(还可以通过互联网在家中)与家长分享、交流学生的在校表现。

第三节　PISA 和 PIRLS 阅读素养测评

　　国际学生评估项目(PISA)由国际经济合作与发展组织主持,面向 15 岁初三学生。国际阅读能力发展研究(PIRLS)由国际教育成就评估协会主办,面向 9 岁四年级学生。二者在阅读素养测评方面给各国语文教学评价带来了诸多启迪。

一、PISA 阅读素养测评

　　国际学生评估项目每三年会修订评估框架,这些修订是在汲取并运用当代阅读素养理论研究成果的基础上进行的。

(一) 阅读素养测评框架

　　2018 年,国际经济合作与发展组织新发布了《分析框架草案》(Draft Analytical Frameworks),聚焦阅读素养内涵的发展性、人们在现实生活中的阅读情境性,以及学生在各类情境中获取与使用信息的现实需求,提出阅读素养是阅读者通过理解、应用、评价、反思和沟通文本,从而实现自己的目标,增进知识、发挥潜能,参与社会活动的能力。其研究发展主要体现在阅读素养的定义、认知过程、文本类型三个方面。

　　1. 影响阅读认知过程的因素

　　国际学生评估项目认为,影响学生阅读理解心理过程的因素主要是读者、文本、任务三类。其中,读者因素包括动机、已有知识和其他认知能力;文本因素包括文本数量、文本格式、语言复杂度等;任务因素包括任务数量、任务复杂度、任务目的,以及时间和其他客观限制因素。基于这三个因素,国际学生评估项目构建了一个包含文本处理、任务管理两个维度的阅读认知过程框架。国际经济合作与发展组织拟在 2022 年的测评中新增"创造性思维评估项目"。

2. 文本类型

PISA 2009 从文本形式角度将文本分为连续性文本、非连续性文本、混合文本和多重文本四种类型。PISA 2018 认为,随着信息技术和数字媒体的发展,人们阅读电子文本的时间会越来越多,也越来越频繁。数字媒体阅读能力显得越来越重要。文本(text)的形式应包括手写(handwritten)、印刷(printed)、屏显(screen-based)。除了单纯的文字符号外,文本还包括含有文字的图表、照片、地图、表格等。同时,随着数字阅读中导航工具(滚动条、标签、超链接等)的运用,评估学生处理与应用导航工具的能力也不可或缺。因此,PISA 2018 依据数字文本结构的复杂程度和导航工具的密度,将数字文本划分为静态文本和动态文本。依据文本来源,将文本分为单一来源文本和多来源文本。

连续性文本是由句段构成的文本,句子是文本的最小单位,如节、章、整本书。

非连续性文本是由表单构成的文本,以多种方式呈现信息,如表格、图形、清单、地图、目录、索引、收据、证书执照等。

混合文本是由连续性文本和非连续性文本构成的文本,如报告、电子邮件、论坛等。

多重文本由多篇独立的文本因某种特定的联系和目的组合在一起。这些独立的文本彼此之间的关系可能是松散的、不明显的,也有可能相互补充或相悖。

3. 任务管理

任务管理针对读者的阅读元认知,国际经济合作与发展组织通过问卷调查获悉学生在阅读文本时可能使用的元认知策略。具体而言,是将学生的排序与阅读专家的排序进行比较,若两者一致性高就认为该生具有较好的元认知策略。

案　例

如果你必须理解并记住文中的信息,你如何评价下列策略的有效性? 请按"根本没用"到"非常有用"进行排序。

A. 我的注意力会集中在文章中容易理解的部分

B. 我快速地把文章读两遍

C. 读完文章后,我会和别人讨论文章的内容

D. 我画出文章的重要部分

E. 我用自己的话总结文章内容

F. 我大声地把文章读给他人听

(二) 阅读目的

国际学生评估项目认为,评估学生阅读能力应该考查学生达到个人目的、公共用途、工作需要和接受教育这四种不同阅读目的的能力(见图 10 - 4)。

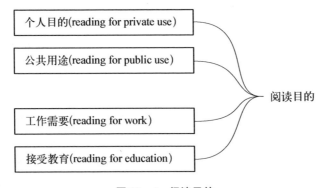

图 10 - 4　阅读目的

这种多样化的阅读目的具体表现如下。

个人目的的阅读,主要满足个人兴趣,保持和发展与他人的关系。内容包括阅读私人信件、小说、传记、散文,电子邮件、手机短信、微信、博客,以及满足好奇心的信息阅读。这种阅读是休闲、娱乐活动的一部分。在评估中此类阅读占总量的 28%。

公共用途的阅读,满足个体参与社会活动的需要,内容包括官方文件和有关公共事业的信息,如官方网站、公众通知、规章小册子等。在评估中此类阅读占总量的 28%。

工作需要的阅读,是与评估目的紧密相关的一类阅读。国际学生评估项目认为,有一大部分 15 岁学生在一两年以后将参加工作。工作需要的阅读内容包括说明书、手册、计划表、报告、备忘录、项目表等,即"为了做而阅读"。在评估中此类阅读占总量的 16%。

接受教育的阅读,这是更大范围学习项目的一部分。阅读材料一般不是学生自选的,而是由指导者为了教育目标而特别选择、设计的。内容包括教科书、

学习手册、学习软件、地图、纲要等，即"为了学习而阅读"。在评估中此类阅读占总量的 28%。

（三）国际学生评估项目阅读样例《乍得湖》

图 10-5 显示乍得湖的水深改变状况。约在公元前 20000 年，最后一次冰河时期，乍得湖完全消失了。直至公元前 11000 年它又再次出现。今湖水的深度仍然跟公元 1000 年大致相同。

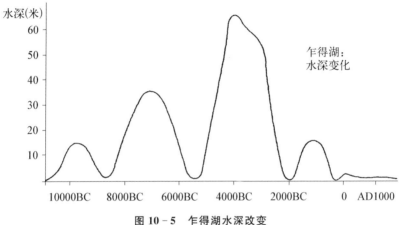

图 10-5　乍得湖水深改变

图 10-6 显示撒哈拉岩石艺术图（在山洞石壁上发现的古代图案或图画）和野生动物的变化样式。

撒哈拉岩石艺术图和野生动物的变化样式

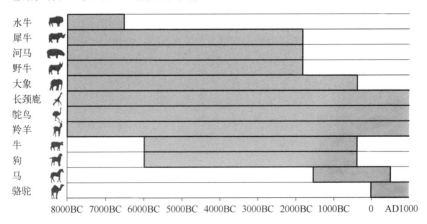

图 10-6　撒哈拉岩石艺术图

依据前面有关乍得湖的资料,回答下列问题。

(一)乍得湖目前的湖水深度是多少?

    1. 约 2 米

    2. 约 15 米

    3. 约 50 米

    4. 它完全消失不见了

    5. 并没有提供资料

(答案:1)

(二)图 10-5 描绘的内容大约起自何年?

_____

(答案:公元前 11000 年,或在公元前 12000—公元前 10500 年之间的约数)

(三)为什么作者选择这一年作为开始?

_____

_____

(答案:指出湖的重现。注意:若这题答对了,即使前一题答错了,也给予满分。

    1. 乍得湖约在公元前 20000 年完全消失后,在公元前 11000 年重现。

    2. 乍得湖在冰河时期完全消失,而差不多在这时重现。

    3. 它又重现。

    4. 大约在公元前 11000 年重现。

    5. 消失了 9 000 年之后,乍得湖又再重现)

(四)图 10-6 是根据以下哪一项假设来制作的?

    1. 岩石艺术图上的动物在绘制的时候就已经存在。

    2. 绘制动物的艺术家技巧十分高超。

    3. 绘制动物的艺术家曾到很多地方旅行。

    4. 没有人想要饲养在岩石艺术图上所描绘的动物。

(答案:1)

(五)收集图 10-5 和图 10-6 的信息回答:犀牛、河马和野牛从撒哈拉岩石艺术图中消失是起于:

    1. 最近一次冰河时期。

2. 乍得湖湖水最深的中段时期。

3. 乍得湖湖水深度持续下降已一千多年后。

4. 不间断干旱时期。

（答案：3）①

(四) 试题分析

1. 文本

国际学生评估项目将阅读文本分为连续性文本、非连续性文本、混合文本和多重文本四种类型。上述样例属于非连续性文本，这类图表阅读试题在国际学生评估项目中占一定的比例。

2. 试题

样例中题（二）主要评估学生获取信息的能力：从文中找出相关信息，如事件的主角，发生的时间、地点、背景，文本的主题、观点。学生在图 10-5 的文字叙述中可以读到："直至公元前 11000 年它又再次出现。"或从图 10-5 直角坐标原点位置也能直接推算出时间。

样例中题（四）主要评估学生对文本形成整体的理解能力：形成对文本的整体感知和理解，如通过标题确认文本的写作目的、主题，解释说明顺序，明确图表的数据范围、用途，描述故事的主角、背景和环境等。图 10-6 前有关岩石艺术图的解释，岩石艺术图（在山洞石壁上发现的古代图案或图画）是一种生活的记录和反映，显然图中的动物应该先于艺术图而存在。这样的整体理解需要学生多元知识和生活经验的参与。

样例中题（一）主要评估学生解释文本中信息的能力：全面阅读文本，联系各个部分的相关信息，从逻辑上理解文本。学生比较和对比文本（图表）信息，联系文本（图表）中相关信息，推论作者意图，列举相关证据，得出结论等。如学生通过阅读理解"今湖水的深度仍然跟公元 1000 年大致相同"这句话，并在图表中找出"AD1000"对应的纵坐标数据，结合文字和图示，才能得出"约 2 米"的答案。

同理，样例中题（五），学生通过阅读图 10-6 可以知道，犀牛、河马和野牛从撒哈拉岩石艺术图中消失约在公元前 1900 年；再通过图 10-5 查出公元前 1900

---

① PISA Home. PISA 2006 Results［EB/OL］.（2008－01－11）［2022－06－02］. http://www.pisa.oecd.org/pages/0,2987,en_32252351_32235731_1_1_1_1_1,00.html.

年左右乍得湖水持续下降的曲线特点，从而排除其他三个答案。本题需要学生整合两个图，转换信息才能得出结论。

样例中题(三)主要评价学生反思、评价文本表达形式的能力，如评价文本的结构、类型、语言特点，评鉴作者的写作风格和语言运用的细微差异，如某个形容词的选用对表达效果的作用。学生必须结合句子"直至公元前 11000 年它又再次出现"，推断作者的制图意图：原点设计为(11 000,0)，使图示明确、简便。

国际学生评估项目认为，此项评估的对象是接近完成基础教育的 15 岁学生，评估重点是这些学生能否将在校习得的知识与技能应用于进入社会后面临的各种情境及挑战，因此侧重学生阅读理解的实用能力评估。我国对中小学生阅读能力的评估侧重理解能力。理解能力指把感知的语言文字材料联系起来，利用已有知识经验，通过想象与联想、分析与综合、归纳与概括、判断与推理等思维活动，了解其本质含义的过程。然而，在现行评估中往往不能兼顾理解能力的各个方面，存在重分析与综合、归纳与概括，轻判断与推理、想象与联想的现象。

二、PIRLS 阅读素养测评

针对 9 岁儿童(小学四年级)阅读素养的国际阅读能力发展研究每五年进行一次，由阅读理解测验及问卷两部分组成。阅读理解测验要求学生在 80 分钟内阅读两篇篇幅为 800～1 000 字的文本并完成文后约 12 道试题，提供的文本分属两种文体：一种是信息类(informative)文本，就是我们常说的说明文、实用文；另一种是文学类(literacy)文本，如小说、故事。问卷共有五种，分别是学校、教师、家长、学生、课程问卷。五种问卷旨在了解基本人口资料、学生阅读态度、学生的阅读环境(包括家中教育资源)、父母阅读习惯、教师阅读教学、学校阅读教育政策、整体阅读课程安排等。

上述五种问卷有一些题目是交叉呈现的，如儿童和父母都需估计家中藏书，儿童和教师都填写阅读教学活动，校长和教师都被问及教师对教学的满意度等，以此比较对同一事件不同角度的看法。

(一)国际阅读能力发展研究阅读样例《善知鸟之夜》

在冰岛的希米岛上，每年都能见到一种长着黑白色羽毛和橙色嘴巴的善知鸟。由于它们长得矮胖，翅膀又短小，因此动作笨拙。这种鸟每年在大海度过冬天后就会飞到希米岛产卵并抚育幼雏，那是它们唯一上岸的时候，小岛的天空到处是善知鸟的身影。

　　岛上的小居民 10 岁的夏娜和她的朋友,每到这个季节就攀上悬崖观察善知鸟。他们看见一对对善知鸟用嘴巴轻拍对方,不久就到悬崖深处照料它们的蛋。孵化后的雏鸟将迎来它们的第一次飞行——夜飞。

　　整个夏天,成年的善知鸟捕鱼、喂食,精心照料雏鸟,到了八月,盛开的鲜花把鸟儿的洞穴遮得严严实实,洞内的雏鸟已经长成年轻的善知鸟。夏娜早早地开始准备硬纸盒,为善知鸟的夜飞作准备。

　　是夜飞的时候了,从今晚开始的两个星期,善知鸟将飞离希米岛,去大海过冬。晚上,夏娜和她的朋友带着纸盒和手电筒,为小鸟夜飞忙碌起来。在漆黑的夜晚,幼小的善知鸟离开巢穴,进行短暂的飞行——从悬崖上张开翅膀飞下去。大多数鸟儿可以降落到大海上,但是有一些小鸟错把村子里的灯光当作海面反射的月光,坠落在村子里。由于它们不会在平地起飞,因此数以百计的善知鸟只能到处乱走,寻找躲藏的地方。村里的猫狗会吃了它们,公路上行驶的汽车会误伤、碾压它们。晚上十点,希米岛上热闹非凡,到处是夏娜和同伴的身影,他们在比赛谁能拯救最多的善知鸟。夏娜拿着手电筒在村里搜索,在黑暗处她终于发现了一只善知鸟,她追逐着小鸟,抓住它并把它放在随身带的硬纸盒里。一只又一只,夏娜和朋友在这两个星期都很晚睡觉。

　　第二天早晨,夏娜带着硬纸盒来到海边放生。她打开纸盒盖,把小鸟放在手掌上,让它拍动翅膀。然后,温柔地抓着它,挥动手臂,投向大海。目送着善知鸟安全地降落在浪花四溅的海面,夏娜大声说着:再见! 再见!并默默地祝福它们旅途顺利!

　　一天又一天,希米岛上的孩子们不知疲倦地寻找并放生善知鸟,直到夜飞结束。就这样一年又一年,夏娜们拯救了成千上万的善知鸟。

问题:

1. 为什么善知鸟在起飞和降落时动作很不灵敏?

　　A. 因为它们住在雪地里　　　　　B. 因为它们极少游到岸边

　　C. 因为它们经常停留在悬崖高处　D. 因为它们的身躯矮胖、翅膀短小

　　(答案:D)

2. 善知鸟在哪儿度过寒冬?

　　A. 在悬崖内　　B. 在沙滩上　　C. 在大海上　　D. 在雪地上

　　(答案:C)

3. 为什么善知鸟会来到岛上?

    A. 等待救援   B. 寻找食物   C. 产卵   D. 学习飞翔

    (答案:C)

4. 夏娜怎么知道幼小的善知鸟将要学飞?

    A. 善知鸟的父母把捕来的鱼带给它   B. 巢穴上的花朵正盛开着

    C. 雏鸟躲藏起来   D. 夏天刚刚开始

    (答案:B)

5. 在善知鸟之夜发生了什么?

    A. 一对一对的善知鸟以嘴巴相互轻碰

    B. 幼小的善知鸟第一次学飞

    C. 善知鸟的蛋孵化成雏鸟

    D. 幼小的善知鸟从大海来到岸上

    (答案:B)

6. 村庄里的居民可以做些什么,以避免善知鸟错误地降落在村庄内?

    A. 关灯   B. 准备一些纸箱

    C. 把猫和狗关在屋内   D. 用手电筒照向天空

    (答案:A)

在问题 7 和 8 中,请解释夏娜如何拯救善知鸟。

7. 试解释夏娜如何利用手电筒拯救了幼小的善知鸟。

    _____

    _____

    (答案:利用手电筒的光亮,在村庄内黑暗的地方寻找到处乱走、躲藏起来的善知鸟。)

8. 试解释夏娜如何利用硬纸盒拯救幼小的善知鸟。

    _____

    _____

    (答案:找到善知鸟后,夏娜抓住它并放进硬纸盒带回家。第二天早上,把盛满善知鸟的盒子带到沙滩放飞。)

9. 根据这篇文章,幼小的善知鸟面对以下哪一种危险?

    A. 降落时溺死在海中   B. 在地洞迷失

    C. 父母没有供应足够的鱼   D. 被汽车和货车碾过

（答案：D)

10. 为什么要选在白天的时候,孩子们才能将善知鸟带到海边放飞? 请利用文章的资料解释。

_____

_____

（答案:因为在晚上,部分善知鸟会把村庄里的灯光当作海面反射的月光,降落在村庄里,而在平地它们无法起飞,会遇到危险。)

11. 夏娜和她的朋友放飞善知鸟后,它们有什么动作?

A. 在沙滩上行走　　　　　　　B. 从悬崖起飞

C. 在村庄中躲藏　　　　　　　D. 在海面上游泳

（答案:D)

12. 试写出夏娜放走幼小的善知鸟后,可能有的两种不同的感受。试着分别解释为什么她会有这两种感受。

(1) _____

_____

(2) _____

_____

（参考答案:难过,因为一年里再也见不到善知鸟了;高兴,因为救了迷途的善知鸟。)

13. 你会跟夏娜和她的朋友一起拯救幼小的善知鸟吗? 试利用文章的资料解释。

_____

_____

（参考答案:会,因为每天晚上有数以百计的善知鸟降落村庄,如果得不到帮助,鸟儿们会有危险,也无法回到大海。拯救善知鸟的过程也很有趣。)

(二) 试题分析

1. 体裁

国际阅读能力发展研究界定阅读功能为:信息类阅读旨在搜寻、获取、应用资讯,以应对或解决生活中的问题;文学类阅读旨在享受阅读乐趣,丰富生活经验。测试也相应采用两种体裁的文本,文学类体裁以故事叙述为主,上文《善知鸟之夜》就是典型的例子。

2. 题型

国际阅读能力发展研究有选择题和简答题两种题型,简答题又依据答案封闭与开放分为开放性的简答题和封闭性的简答题。前者如 12、13 题,答案不唯一;后者如 7、8、10 题。

3. 阅读理解能力

上述 13 道试题,若按国际学生评估项目五种阅读能力分析,样例第 1、2、3、7、8 题,学生可以直接找到所需的资料,属于获取信息的范畴。第 4、5、6、9、10、11、12 题,总结论据的要点,归纳文章主旨,形容人物间的关系,属于对文本形成整体理解的范畴。第 13 题要求把文本信息应用于现实生活,并加以解释,属于解释文本中的信息的范畴。

参 考 文 献

【中文文献】

[美] Anita Woolfolk.教育心理学(第十版)[M].何先友,译.北京:中国轻工业出版社,2018.

[美] David A. Sousa.脑与学习[M]."认知神经科学与学习"国家重点实验室 脑与教育应用研究中心,译.北京:中国轻工业出版社,2005.

[美] Thomas Armstrong.课堂中的多元智能——开展以学生为中心的教学[M].张咏梅,等译.北京:中国轻工业出版社,2003.

[美] 陈杰琦,霍华德·加德纳.多元智能在全球[M].多元智能学会,译.北京:中国人民大学出版社,2010.

[美] 戴尔·H.申克.学习理论(第六版)[M].何一希,等译.南京:江苏教育出版社,2012.

[美] 卡罗琳·查普曼.在课堂上开发多元智能[M].郅庭瑾,等译.北京:教育科学出版社,2004.

[美] 劳拉·A.金.体验心理学(第二版)[M].曲可佳,译.北京:电子工业出版社,2018.

[美] 理查德·迈耶.学科教学心理学[M].姚梅林,等译校.南京:江苏教育出版社,2010.

[美] 罗伯特·J.斯滕伯格,温迪·M.威廉姆斯.斯滕伯格教育心理学[M].姚梅林,张厚粲,等译.北京:机械工业出版社,2012.

D. M.巴斯.进化心理学:心理上的新科学(第二版)[M].熊哲宏,译.上海:华东师范大学出版社,2007.

W. James Popham.促进教学的课堂评价[M].国家基础教育课程改革"促进教师发展与学生成长的评价研究"项目组,译.北京:中国轻工业出版社,2003.

艾伟.汉字问题[M].上海:中华书局,1949.

曾继耘.差异发展教学研究[M].北京:首都师范大学出版社,2012.

陈红.人格与文化[M].合肥:安徽教育出版社,2009.

池夏冰.语文学科教育戏剧的文化体验研究[D].华东师范大学博士研究生学位论文,2020.

戴健林.学习能力发展心理学[M].合肥:安徽教育出版社,2004.

邓志伟.促进新课程实施过程中的教师角色转变[J].全球教育展望,2005(9).

董蓓菲.语文教育心理学[M].北京:北京大学出版社,2017.

冯晔,等.社会也是课堂,生活也是老师[J].小学语文教师,2005(4).

韩雪屏.语文教育的心理学原理[M].上海:上海教育出版社,2001.

胡平.汉语儿童识字的心理机制及其给教育的启示[J].华东师范大学学报(教育科学版),2001(1).

孔凡哲.数学学习心理学[M].北京:北京大学出版社,2012.

乐连珠.小学快速阅读教学[M].济南:山东教育出版社,1997.

雷纳特·N.凯恩.创设联结:教学与人脑[M].吕林海,译.上海:华东师范大学出版社,2004.

李洪志.学习能力发展心理学[M].合肥:安徽教育出版社,2004.

李建周.教师心理训练[M].北京：教育科学出版社,1996.

李士绮.数学教学心理学[M].上海：华东师范大学出版社,2011.

廖小琴.文化自信：精神生活质量的新向度[J].齐鲁学刊,2012(2).

刘林涛.文化自信的概念、本质特征及其当代价值[J].思想教育研究,2016(4).

刘淼.语文教育中的心理学问题[M].济南：山东教育出版社,2013.

刘淼.作文心理学[M].北京：高等教育出版社,2001.

刘儒德.学习心理学[M].北京：高等教育出版社,2010.

卢家楣.学习心理与教学——理论和实践[M].上海：上海教育出版社,2009.

罗小兰.教师心理学——教师心理特点之探析[M].北京：中国社会出版社,2008.

马笑霞.语文教学心理研究[M],杭州：浙江大学出版社,2001.

马欣川.现代心理学理论流派[M].上海：华东师范大学出版社,2003.

莫雷.中小学生语文阅读能力结构的发展特点研究[J].心理学报,1996(2).

彭聃龄.语言心理学[M].北京：北京师范大学出版社,1991.

皮连生.教育心理学(第四版)[M].上海：上海教育出版社,2011.

钱谷融,鲁枢元.文学心理学[M].上海：华东师范大学出版社,2003.

时蓉华.社会心理学[M].上海：上海人民出版社,1986.

谭顶良.学习风格与教学策略[J].教育研究,1995(5).

谭顶良.学习风格论[M].南京：江苏教育出版社,1995.

汪潮.语文学理：语文学习的心理学原理[M].杭州：浙江大学出版社,2013.

王沛,贺雯.社会认知心理学[M].北京：北京师范大学出版社,2015.

韦洪涛.学习心理学[M].北京：化学工业出版社,2011.

吴立岗.小学语文教学研究[M].北京：中央广播电视大学出版社,2004.

徐丽华,等.中小学教师教学风格的影响因素研究[J].课程·教材·教法,2005(6).

闫国利.阅读发展心理学[M].合肥：安徽教育出版社,2004.

严明.语言教育心理学理论研究[M].长春：外语教育出版公司,2009.

杨成章.语文教育心理学[M].成都：四川教育出版社,1994.

叶浩生,等.具身认知——原理与应用[M].北京：商务印书馆,2017.

叶澜.试论当代中国教育价值取向之偏差[J].教育研究,1989(8).

尹文刚.神经心理学[M].北京：科学出版社,2007.

张大均.教学心理学[M].重庆：西南师范大学出版社,1997.

张向葵,吴晓义.课堂教学监控[M].北京：人民教育出版社,2004.

郑国民,李宇明.义务教育语文课程标准(2022年版)解读[M].北京：高等教育出版社,2022.

郑晓云.文化认同论[M].北京：中国社会科学出版社,1992：4.

中华人民共和国教育部.义务教育语文课程标准(2022年版)[S].北京：北京师范大学出版社,2022.

钟为永.语文教育心理学——语文教育科学性、艺术性探索[M].北京：警官教育出版社,1998.

钟毅平.社会认知心理学[M].北京：教育科学出版社,2012.

周明星,邓新华.成功学生全面素质测评手册[M].北京：人民日报出版社,2000.

周小蓬.语文学习心理学[M].北京：语文出版社,2013.

朱晓斌.写作教学心理学[M].杭州：浙江大学出版社,2007.

朱智贤.心理学大词典[M].北京：北京师范大学出版社,1989.

朱智贤.中国儿童青少年心理发展与教育[M].北京：中国卓越出版公司,1990.

朱作仁,祝新华.小学语文教学心理学导论[M].上海：上海教育出版社,2001.

朱作仁.小学作文教学心理学[M].福州：福建教育出版社,1993.

【英文文献】

Blatchford, P. (2003). *The class size debate: Is small better?* Open University Press.

Brown, H. D. (2000). *Principles of language learning and teaching*. New York: Pearson Education.

McLaughlin, M. (2019). *Inside the common core classroom: Practical ELA strategies for grade 6 – 8*. Pearson Education, Inc.

Moran, P. R. *Teaching culture: Perspectives in practice*. Cengage Learning, 2015.

Neelands, J., & Goode, T. (2015). *Structuring drama work: 100 key conventions for theatre and drama*. Cambridge University Press.

OECD. PISA 2021 Creative Thinking Framework (THIRD DRAFT)[EB/OL]. (2019 – 04 – 08)[2021 – 01 – 14].http://www.oecd.org/pisa/publications/PISA-2021-Creative-Thinking-Framework.pdf.

OECD. PISA 2018 Draft Reading Literacy Frameworks[EB/OL].(2017 – 04 – 09)[2022 – 07 – 21]. http://www.oecd.org/pisa/data/PISA-2018-draft-frameworks.pdf.

Dirven, R., Goossens, L., Putseys, Y., & Vorlat, E. (1982). *The scene of linguistic action and its perspectivization by SPEAK, TALK, SAY, and TELL*. John Benjamins.

Pajares, M. F. (1992). Teachers' beliefs and educational research: Cleaning up a messy construct. *Review of Educational Research*, 62(3), 307 – 332.

Pascal Bressoux. Teachers' Training, Class Size and Students' Outcomes: Evidence from Third Grade Classes in France[EB/OL].(2005 – 12 – 05)[2022 – 05 – 29]. http://www.doc88.com/p-536463149497.html.

PISA Home. PISA 2006 Results[EB/OL].(2008 – 01 – 11)[2022 – 06 – 02].

Schmidt, M. (2013). Transition from student to teacher: Preservice teachers' beliefs and practices. *Journal of Music Teacher Education*, 23(1), 27 – 49.

Thousand, J. S., Villa, R. A., & Nevin, A. I. (2007). *Differentiating instruction: Collaborative planning and teaching for universally designed learning*. Corwn Press.

Tompkins, G. E. (2005). *Language arts: Patterns of practice*. Pearson Education, Inc.

概念速查表

（按概念的汉语拼音排序）

1. **班风**指班级同学在长期交往中形成的一种共同的心理倾向。

2. **产生式**是表征程序性知识的最小单位。人经过学习，头脑中储存了一系列以"如果……那么"的形式编码的规则，这种规则就是产生式。

3. **产生式系统**是多个产生式按一定的目标连接成的一个有组织的目标层级的整体。

4. **长时记忆**是指1分钟以上直到许多年甚至终身保持的记忆。长时记忆是对工作记忆反复加工的结果。

5. **陈述性知识**指能被人陈述和描述的知识，也叫描述性知识。主要说明事物是什么、为什么、怎么样，用于区别、辨别事物。

6. **程序性知识**是关于人怎么做事的知识，即做什么和怎样做。也称操作性知识，包括关于解决问题的思维操作过程的知识，以及如何实现从已知状态向目标状态转化的知识。

7. **从众**是指个体为了与群体规范保持一致，采取积极或消极的方式来改变自己的行为。

8. **道德发展**是指随着年龄的增长，个体的思想、情感和行为在自我指导原则与价值观上的变化。

9. **动作技能**也称运动技能，指通过练习获得的按一定规则协调自身肌肉运动的能力。

10. **发现学习**是指教师不讲述，学习者独立发现和揭示问题，探索解决问题方法的一种学习方式。

11. **发展中形成的素质**是学生在后天发展中形成的，是先天和后天相互作用的产物，是能被心理测量测试的能力与特质。

12. **符号学习**是指学习一个符号或一组符号代表的意义。符号既包括语言符号（词汇），也包括实物、图像、图形等非语言符号。

13. **附属内驱力**指学生为了获得长辈（教师、家长等）和同伴的赞许或认可，而表现出来的一种好好学习的需要,属于外部动机。这种需要是对长辈和同伴感情上的依附。

14. **复述策略**是指通过反复读写所学的材料,在记忆中保持信息的策略。

15. **概念学习**的实质是掌握一类事物的共同的本质属性和关键特征。

16. **高阶思维**是基于思维的复杂程度,将记忆、理解、应用视为低阶思维;将分析、评价和创造视为高阶思维。

17. **个体差异**也称个别差异,可以将其理解为学生个体之间存在的,影响学生学习结果的比较稳定的品质,通常用与学习关系密切的能力倾向来表示。

18. **个性**是区别个体的重要标志,也是个体表现出来的与众不同的心理特征和精神面貌的总和。

19. **工作记忆**也称短时记忆、操作记忆,是指一次呈现后,保持在 1 分钟以内的记忆,它是人们在从事各种工作时不可缺少的。

20. **共情**指个体深入他人的主观情感并想象他人的情感,体验到他人感受的心理过程。

21. **观察学习**是指观察者只观察榜样的行为而不作出直接的反应就能够模仿学习。

22. **合作学习**就是在教学上运用小组形式使学生共同活动,以最大限度地促进自己和小组成员的学习。

23. **机械学习**是指学生只记住了某个符号,并不理解符号代表的知识。

24. **价值观**是推动并指引一个人采取决定和行动的经济的、逻辑的、科学的、艺术的、道德的、美学的、宗教的原则、信念和标准,一个人思想意识的核心。

25. **教师信念**即教师在教学情境与教学过程中,对教学工作、教师角色、课程、学生、学习等因素持有的信以为真的观点。

26. **教学个性**是指教师在生活实践和教学实践中形成的相对稳定的、独特的个性气质、精神风貌、学识才能、艺术追求和审美情趣等方面的特点的总和。

27. **接受学习**是指学习内容以定论的形式呈现给学习者的一种学习方式。

28. **精加工策略**是对记忆材料补充细节、举出例子、作出推论或使之与其他观念形成联想,以达到长期保持的目的。

29. **刻板印象**是有关某一群体成员的特征及其原因的比较固定的观念或想法。

30. **口语交际**即口头言语的表达与交流,指的是人们运用有声语言传递信息、交流思想、表达情感的过程。

31. **口语交际能力**在海姆斯看来,就是知道什么时候该说话或不该说话,知道在什么时候、什么地方、以什么样的方式对什么人讲些什么话。这种使用语言的能力就是口语交际能力。

32. **口语**指的是"口头言语",即一个人的发音器官能发出某种声音,用以表达自己的思想和情感。

33. **理解控制策略**是指在学习过程中,学生始终能意识到自己做的是什么(任务目标),意识到自己使用的策略,以及对这些方法进行相应的控制和调整。

34. **逻辑/数学智能**指的是对逻辑结构关系的理解、推理、思维表达能力,主要表现为个体对事物间各种关系,如类比、对比、因果和逻辑等关系敏感,以及能够通过数理进行运算和逻辑推理等。

35. **命题学习**是指学习由几个概念构成的复合意义,既学习若干概念之间的关系。

36. **模仿学习**是指个体通过仿照他人(榜样)的态度和行为方式,使自己的态度和行为方式与之相同。

37. **内化**是指当一种观念和行为与个体自身的价值体系相一致时,个体就会接受这种观念和行为,并将它与自己已有的价值体系融为一体。

38. **亲历学习**是通过直接经验和亲身体验进行的学习。

39. **情绪**是有机体的自然需要能否获得满足而产生的一种反应,它是一种层次比较低的情感,是人和动物所共有的。

40. **全纳教育**是指学业障碍学生在普通教育环境中接受教育,学校为学生提供支持性的服务。

41. **群际冲突**是指人们不把自己看作一个单独的个体,而是把自己视为不同社会群体的成员,从而发生的内隐或外显的对抗行为。

42. **群体差异**包括不同种族、民族、阶层、性别和年龄群体的心理差异。

43. **人际关系智能**指的是理解他人的能力,即对他人的表情、说话、手势动作的敏感程度,以及对此作出有效反应的能力。

44. **认同**是指个体主动地接受某种观点、信念,使自己在思想、情感和态度上与他人的要求相一致。

45. **认知策略**是指支配注意、学习、记忆和思维以提高认知活动效率的能力,是学习过程中的控制能力。有时简称策略、策略性知识。

46. **认知内驱力**是一种了解与理解知识、阐述与解决问题的需要,是一种内部动机。

47. **认知学徒制**指学习者通过与某个专家互动,从而逐渐获得知识经验的过程。

48. **社会认同**是指社会的认同作用,或一个社会类别的全体成员得出的自我描述。它是有关"我"是谁或"我们"是谁;"我"在哪里或"我们"在哪里等的反思性理解。

49. **社会认知**的狭义解释是人们如何理解社会以及自己在社会中的位置。其研究主要包括个体层面、人际层面、群际层面以及社会实践认知层面的内容。

50. **社会学习**是指通过观察环境中他人的行为以及行为结果来进行学习。社会学习也称为观察学习。

51. **身体/运动智能**指的是个体的身体协调和平衡能力,以及运动的力量、速度和灵活性等,表现为用身体表达思想、情感的能力和动手的能力。

52. **视觉/空间智能**指在脑中形成一个外部空间世界的模式并能够运用和操作这一模式的能力,即一种很强的观察、创造、再现图片和影像的能力。

53. **速读**即快速阅读,指视觉器官感知文字符号并直接将其转换成意义,消除脑中潜在的发音现象,是视觉器官感知文字符号并获得意义的过程。

54. **态度**是个体习得的,影响个体对特定对象作出行为选择的、有组织的内部反应倾向。

55. **图式**就是人脑中关于普通事件、客体与情景的一般知识。

56. **文化认同**是指人类对文化的倾向性共识与认可,这种共识与认可是人类对自然认知的升华,并形成支配人类行为的思维准则与价值取向。

57. **文化体验**就是用体验的方式来学习文化,让语言学习者积极接触目的语文化,广泛了解目的语文化中人们的行为习惯以及生活方式、文学艺术、价值观念等。

58. **文化自信**主要指人对身处其中作为客体的文化,通过对象性活动形成的对自身文化确信和肯定的稳定性心理特征。

59. **习得素质**是学生在后天环境中,主要是学校教育环境中经过学习获得的素质。

60. **先天素质**是学生与生俱来的素质,也就是遗传素质,是指那些与遗传基因联系着的有机体的内在因素。

61. **先行组织者**是在呈现学习材料之前,给学生的一个抽象的、概括性较强的引导性材料。先行组织者可以是一个概念、一条定律、一段概括性的说明文字,它是学生新知识与旧知识发生联系的桥梁。

62. **兴趣差异**是指不同的学生在同一学习活动中产生的一种力求认识世界、渴望获得知识,并带有强烈情绪色彩的心理倾向的强弱。

63. **学科教学知识**指善于根据语文学科和学生的年级水平、需求,选择教学材料、教学方法和策略。

64. **学习策略**是学习者为了提高学习效果和效率,在学习活动中用来保证有效学习的规则、方法、技巧及其调控措施。

65. **学习风格**是学生持续一贯的、带有个性特征的学习方式,是学习策略和学习倾向的总和。

66. **学习焦虑**是指学生对学习活动产生的紧张、不安、忧虑、烦恼等不愉快的复杂的情绪状态。

67. **学习倦怠**是指学生因长期的学习压力和过度消耗精力而丧失学习热情、情感冷漠、成绩不如预期的一种现象。

68. **学习**是行为或按某种方式表现出某种行为的能力的持久变化。它来自实践或其他形式的经历。

69. **言语信息**是指用陈述性的语言文字表达知识的能力。

70. **言语/语言智能**是个体掌握和灵活运用语言文字的能力,表现为能顺利且有效地运用语言描述事件、表达思想并与他人交流。

71. **研究性学习**是指学生在教师的指导下,从自然现象、社会现象和自我生活中选择和确定研究专题,并在研究过程中主动获得知识、应用知识、解决问题的学习活动。

72. **音乐/韵律智能**是指个体感知、欣赏、表达音乐的能力,表现为个体对节奏、音调、音色和旋律的敏感性,以及通过作曲、演奏、歌唱等形式来表达自己的思想或情感。

73. **有意义学习**是指以符号为代表的新知识与学生认知结构中已有的相关知识建立非任意的、实质性的联系。

74. **语感**是一种对语言文字的敏锐感受力、正确理解力。

75. **元认知策略**是学习者用来评估自己的理解、安排学习的时间、选择计划有效学习或解决问题,监控自己的学习情况等方面的策略。

76. **元认知**是指个体有关自己的认知过程的知识,以及调节这些过程的能力。

77. **阅读素养**就是阅读者通过理解、应用、评价、反思文本以及沟通,实现自己的目标、增进知识、发挥潜能、参与社会活动的能力。

78. **智慧技能**是指运用概念和规则办事的能力。

79. **智力**是以思维力为核心的观察力、记忆力、思维力、想象力和注意力的有机结合。

80. **准备差异**是指学生掌握的与新知识相关的已有知识、技能和背景经验的多少。

81. **自然观察者智能**指的是观察自然界各种形态，对各种物体进行辨认和分类的能力。即人们辨别生物(植物和动物)以及对自然世界(云朵、石头等的形状)的其他特征敏感的能力。

82. **自我认知智能**指的是个体认识、洞察和反省自身的能力，表现为个体意识和评价自己的动机、情绪、个性等，并且有意识地运用这些信息去调适自己生活的能力。

83. **自我提高内驱力**指学生因自己的胜任能力而赢得相应地位的需要，属于外部动机。在学习中，学生不是指向学习任务和目标，而是指向在集体和他人心中赢得怎样的地位。

84. **自主学习**是指学生自己主宰自己的学习：一是事先计划和安排自己的学习活动；二是自我检查、评价和反馈自己的实际学习活动；三是调节、修正和控制自己的学习活动。

85. **组织策略**是指将学习材料加工成有组织的结构，以便长久保持。

86. **最近发展区**是指学生有两种发展水平：一种是学生的实际发展水平，即儿童独立解决问题的水平；一种是学生潜在的发展水平，也就是在成人指导下，或与有能力的同伴合作时解决问题的水平。这两种水平的差距就是最近发展区。

图书在版编目（CIP）数据

语文教学心理学 / 董蓓菲著. — 上海：上海教育出版社，2023.10
（上教心理学教材系列）
ISBN 978-7-5720-2074-2

Ⅰ.①语… Ⅱ.①董… Ⅲ.①语文教学－教学心理学－高等学校－教材 Ⅳ.①H09

中国国家版本馆CIP数据核字(2023)第187492号

策划编辑　谢冬华
责任编辑　徐凤娇
封面设计　郑　艺

上教心理学教材系列
语文教学心理学
董蓓菲　著

出版发行　上海教育出版社有限公司
官　　网　www.seph.com.cn
地　　址　上海市闵行区号景路159弄C座
邮　　编　201101
印　　刷　上海展强印刷有限公司
开　　本　700×1000　1/16　印张 23.5　插页 1
字　　数　400 千字
版　　次　2023年10月第1版
印　　次　2023年10月第1次印刷
书　　号　ISBN 978-7-5720-2074-2/B·0047
定　　价　98.00 元

如发现质量问题，读者可向本社调换　电话：021-64373213